ことば選び実用辞典

CHOICES OF WORDS

学研
辞典編集部
編

学研

■企画・編集

学研辞典編集部（水野春彦）

■編集協力

㈱日本レキシコ、佐藤盛男、渡辺崇子

■装丁

日下充典

■組版

㈲東京タイプレスセンター

まえがき

文章を書こうと思ってペンを握ったり、キーボードに向かったとき、言いたい言葉が出てきそうで出てこない、という経験はありませんか。または、よりよい表現を使おうと思って、あちこちに国語辞典を引いた経験など…。本書はそんなときのために、少しでも適切な言葉や気のきいた表現を、簡便に見つけられるように作られた類語辞典です。

キーワード（見出し語）として「愛」から五十音順に約五八〇語を選び出しました。収録語には、漢字語を中心に約一万語を掲載し、手紙やレポート、エッセイ、小説、詩や俳句、短歌など、さまざまな文章作成に役立つものになっています。

これらの言葉の検索にあたっては、巻末に設けた索引を充実させ、キーワードと収録語を掲載しました。頭に浮かんだ語を索引中から探し、その該当ページに並んだ類語の中から適切な言葉を選べる使い方ができます。

＊

本書は、小社刊『言いえて妙な　ことば選び辞典』をコンパクトサイズに編集し直したものです。いつでもどこでも携帯し、簡便に使える本を目指しました。

本書を用いることで、読者の方々のよりよい文章作成の一助になることを心から願ってやみません。

二〇〇三年九月　学研　辞典編集部

凡例

1キーワード（見出し語）

●日本語の中で日常的によく使われ、かつ類語や言い換え言葉を豊富に持つものを選んで収録した。

●キーワード見出しの配列は、五十音配列とした。

2解説

●各キーワードの類語、言い換え言葉を、その読みの五十音配列で示した。同音、同訓の場合は、第一字目の漢字の画数順とした。

●類語や言い換え言葉の簡潔な語義を上段に付し、下段 例 に用法が端的にわかるような用例を示した。

【艶麗（えんれい）】なまめかしく美しい。 例艶麗な貴婦人。
【華美（かび）】華やかで美しい。派手でぜいたく。 例華美な衣装。
【華麗（かれい）】明るく華やかで美しい。 例華麗な転身をとげる。

●スペースの都合などで解説できなかった言い換え言葉は そのほかの表現 として示した。このうち重要なものは巻末索引にも収録した。

そのほかの表現 幸運／福祉／裕福／ハッピー／ハピネス／ラッキー／ボナンザ／リッチ

●⇩この項目も として、関連するキーワードの参照項目を示した。この該当ページを調べることでさらに語彙を増やすことができる。

⇩この項目も 感じる・情け・心

3索引

巻末にキーワードと見出し語の索引を掲載した。キーワードは太字で記してある。思いついた言葉をここから引き、該当ページに記されたよりよい表現の類語、関連語を選び出せる。

歌曲	44
瑕瑾	112
書く	**91**
各	184
各位	17
仮寓	176
楽音	77
確言	29
覚悟	6
格差	203
画策	131, 262
拡散	205
確実	190

あ

あい

あいする　愛　愛する

【愛玩】（あいがん）気に入ったものをかわいがる。　例 犬を愛玩する。

【愛顧】（あいこ）目をかけてひいきする。　例 ご愛顧に感謝いたします。

【愛護】（あいご）動物などをかわいがって守る。　例 野鳥愛護週間。

【愛好】（あいこう）物事を愛し、好む。　例 絵画愛好家の集まり。

【愛憎】（あいぞう）愛することと憎むこと。　例 愛憎のはざまで苦しむ。

【愛着】（あいちゃく）愛する物事から心が離れない。　例 強い愛着を抱く。

【遺愛】（いあい）故人が生前大切にしていた物品。　例 亡き父の遺愛の硯。

【恩愛】（おんあい）親子などの慈しみ、恵む心。　例 母の恩愛を回想する。

【敬愛】（けいあい）尊敬をこめた親しみの心。　例 敬愛する恩師に再会した。

【慈愛】（じあい）いつくしみ愛する。　例 慈愛に満ちた微笑を浮かべた。

【純愛】（じゅんあい）混じり気のないひたむきな愛情。　例 純愛を捧げる。

【鍾愛】（しょうあい）この上なくかわいがる。　例 末の妹は父の鍾愛の的だ。

【情愛】（じょうあい）思いやりを伴った愛情。　例 美しい夫婦の情愛。

【仁愛】（じんあい）広く人を深く思いやる心。　例 仁愛を座右の銘とする。

【性愛】（せいあい）性本能に根ざす異性間の愛。　例 性愛を主題とするドラマ。

【寵愛】（ちょうあい）特別に目をかけてかわいがる。　例 国王の寵愛を受ける。

【溺愛】（できあい）度を超してかわいがる。　例 初孫を溺愛する。

【熱愛】（ねつあい）熱烈に愛する。　例 彼女は私の熱愛を受け入れた。

【博愛】（はくあい）多くの人を区別せず愛する。　例 崇高な博愛主義の精神。

【偏愛】（へんあい）かたよった愛。　例 偏愛が不満を生む。

【盲愛】（もうあい）やみくもにかわいがる。　例 父の盲愛が悲劇を生んだ。

【恋愛】（れんあい）男女が互いに異性を恋い慕う。　例 恋愛感情。

そのほかの表現　愛情／友愛／異性愛／同性愛／父性愛／母性愛／隣人愛

⇩この項目も　恋

あいさつ　挨拶

【一礼】（いちれい）一度礼をする。　例 聴衆に一礼する。

【会釈】（えしゃく）軽く頭を下げて挨拶する。　例 会釈して別れる。

【敬礼】（けいれい）敬意を表する正式の礼。　例 国賓に敬礼する。

【叩頭】（こうとう）頭を地にすりつけるお辞儀。 例 叩頭して謝罪する。

【式辞】（しきじ）儀式や催しで述べる挨拶。 例 卒業式で式辞を述べる。

【祝辞】（しゅくじ）めでたい席で述べる祝いのことば。 例 友人代表の祝辞。

【脱帽】（だつぼう）帽子を脱いで敬意を表する。 例 脱帽して入場のこと。

【弔辞】（ちょうじ）死者をとむらうことば。弔詞。 例 霊前に弔辞を捧げる。

【答辞】（とうじ）祝辞などに対する答礼のことば。 例 卒業生代表の答辞。

【答礼】（とうれい）相手の礼に礼を返す。返礼。 例 答礼使節を派遣する。

【拝礼】（はいれい）神仏に頭を下げて拝む。 例 本尊に拝礼する。

【目礼】（もくれい）目配せで挨拶する。 例 目礼して着席する。

【黙礼】（もくれい）黙って挨拶する。 例 弔問客が黙礼を交わす。

そのほかの表現　握手／お辞儀／土下座／仁義／謝辞／オマージュ（賛辞）

あう　合う

【一致】（いっち）複数のものがぴったり合う。 例 二人の意見が一致する。

【合致】（がっち）ぴったり合って違いがない。 例 方針に合致する。

【均衡】（きんこう）釣り合いがとれていること。 例 収支の均衡を保つ。

【均整】（きんせい）釣り合いがとれて整っている。 例 均整のとれた肢体が美しい。

【結合】（けつごう）複数のものが結びつく。 例 分子と分子が結合する。

【混合】（こんごう）複数のものが混ざり合う。 例 薬物を混合する。

【整合】（せいごう）複数のものがぴったり合う。 例 主旨と整合する。

【接合】（せつごう）物と物とがくっつく。 例 角材に板を接合する。

【相応】（そうおう）ふさわしく合っている。 例 身分相応の身なり。

【相当】（そうとう）適切に釣り合っている。 例 五千円相当のギフト券を進呈。

【調和】（ちょうわ）釣り合いのとれた状態である。 例 調和のとれた図柄。

【適合】（てきごう）ある状況にうまく当てはまる。 例 時代の趨勢に適合する。

【符合】（ふごう）複数のものがぴったりと合う。 例 他の証言と符合する。

そのほかの表現　フィット／マッチ／コンビネーション（結合）／ハーモニー

⇩この項目も　合わせる・交ぜる

あう　会う（遭・遇・逢）

【引見】（いんけん）貴人が下位の者を招いて会う。 例 国王が使節を引見する。

【会見】（かいけん）日時・場所を決めて人と会う。 例 定例記者会見。

- **【邂逅（かいこう）】** 偶然の思いがけないめぐり会い。 例旧知との邂逅。
- **【奇遇（きぐう）】** 予期していない出会い。 例ここで会ったのは実に奇遇だ。
- **【再会（さいかい）】** 久しぶりにまた会うこと。 例再会が楽しみです。
- **【際会（さいかい）】** 事件や機会にたまたま出会う。 例難局に際会する。
- **【咫尺（しせき）】** 貴人に近づいて会見すること。 例咫尺の栄誉を賜る。
- **【初会（しょかい）】** 初めて面会すること。 例初会で好印象を残す。
- **【接見（せっけん）】** 貴人が直接人と会うこと。 例特に接見あそばされる。
- **【遭遇（そうぐう）】** 思いがけず出会う。 例未知との遭遇。
- **【遭難（そうなん）】** 危険の伴う困難な事態に出会う。 例嵐の海で遭難する。
- **【対面（たいめん）】** 初めて、または、久しぶりの顔合わせ。 例十年ぶりの対面。
- **【直面（ちょくめん）】** ある事態に出会って、直接対する。 例難問に直面する。

- **【拝謁（はいえつ）】** 高貴な人に会う。謙譲語。 例陛下に拝謁する。
- **【拝顔（はいがん）】** 高貴な人に会う。謙譲語。 例拝顔の栄に浴する。
- **【逢着（ほうちゃく）】** ある事態や局面に出くわす。 例危機的状況に逢着する。
- **【密会（みっかい）】** （特に男女が）ひそかに会う。 例密会がばれる。

あおあおい　青　青い

- **【浅葱色（あさぎいろ）】** 緑がかった薄い藍色（あいいろ）。 例浅葱色の裏地。
- **【群青（ぐんじょう）】** 濃い青色の絵の具。また、その色。 例群青色の海。
- **【紺青（こんじょう）】** 明るく鮮やかな藍色（あいいろ）。 例紺青の地色。
- **【紺碧（こんぺき）】** （空や海の）深みのある濃い藍色（あいいろ）。 例紺碧の空。
- **【茄子紺（なすこん）】** ナスのような濃い紺色。 例茄子紺のスクールカラー。

- **【納戸色（なんどいろ）】** 緑みを帯びたくすんだ藍色（あいいろ）。 例納戸色で粋（いき）に決める。
- **【花色（はないろ）】** ツユクサの花の色。薄い青色。 例花色木綿。
- **【縹色（はなだいろ）】** 薄い藍色（あいいろ）。 例縹色の風呂敷。

そのほかの表現 ブルー／シアン（染色・印刷などの青）／アズーリ（イタリア語の青）

あかあかい　赤　赤い

- **【茜色（あかねいろ）】** 黒みがかった濃い赤色。 例茜色の夕空。
- **【小豆色（あずきいろ）】** 黒ずんだつやのある赤色。 例小豆色の漆器。
- **【暗紅色（あんこうしょく）】** 黒みを帯びた暗い赤色。 例暗紅色の花が咲いた。
- **【臙脂（えんじ）】** 黒ずんだ赤色。 例臙脂のマフラー。
- **【柿色（かきいろ）】** 柿の実のような色。赤黄色・赤茶色。 例柿色の夕日が山の端に沈んだ。

【唐紅】（からくれない）濃い紅色。多く美しさを誉めていう。例紅葉が川を唐紅に染めた。

【桜色】（さくらいろ）桜の花のような色。淡い紅色。例桜色の肌。

【朱色】（しゅいろ）黄みを帯びた赤色。例朱色の注意書き。

【真紅】（しんく）深みのある濃い紅色。深紅。例夕空が真紅に染まる。

【鮮紅色】（せんこうしょく）鮮やかな紅色。例鮮紅色の血が飛び散った。

【淡紅色】（たんこうしょく）淡い紅色。浅紅色。ピンク。例頬を淡紅色に染めた。

【鴇色】（ときいろ）鴇の羽のような淡紅色。薄い桃色。例鴇色のセーターを編む。

【薔薇色】（ばらいろ）淡紅色。明るい未来を象徴する色。例薔薇色の人生。

【緋色】（ひいろ）濃いめの明るい赤色。例緋色の毛氈（もうせん）。

【紅色】（べにいろ）鮮やかな赤色。くれない。例紅色の鳥居。

【桃色】（ももいろ）桃の花のような色。淡紅色。ピンク。例美しい桃色のサンゴ。

そのほかの表現　レッド／ワインレッド／ルージュ／ピンク／マゼンタ（染色・印刷などの赤）

あがる　上がる
あげる　上げる（揚・騰）

【栄進】（えいしん）より高い地位・役職にのぼる。例専務に栄進する。

【栄達】（えいたつ）きわめて高い地位に昇る。出世する。例身の栄達を図る。

【急騰】（きゅうとう）物価・株価などが急激にあがる。例相場が急騰する。

【謹呈】（きんてい）謹んで差し上げること。例拙著を謹呈いたします。

【掲揚】（けいよう）旗などを高く掲げる。例国旗を掲揚する。

【向上】（こうじょう）技量や品質などがよくなる。例学力が向上する。

【高騰】（こうとう）物価・株価などがはね上がる。例生鮮食品が高騰する。

【高揚】（こうよう）気分が高まる。意気が上がる。例精神が高揚する。

【昇格】（しょうかく）地位・役職などが上がる。例課長に昇格する。

【昇級】（しょうきゅう）等級が上がる。進級。例資格昇級試験。

【昇給】（しょうきゅう）給料が上がる。例成果に応じて昇給する。

【上昇】（じょうしょう）位置・程度などが高くなる。例物価が上昇する。

【昇進】（しょうしん）上の地位・役職などに進む。例念願の昇進を果たす。

【上達】（じょうたつ）技能や学問の程度が上がる。例英語の上達が著しい。

【昇天】（しょうてん）天に高く昇ること。天に召されること。例竜が雲を呼んで昇天する。

【昇任】（しょうにん）上の地位・役職にのぼる。例部長に昇任する。

【進呈】（しんてい）物を進んでさしあげること。例珍品を進呈する。

【沖天】（ちゅうてん）空高くのぼる。意気盛ん。例沖天の勢い。

【騰貴】(とうき) 物価・値段が上がる。 例物価騰貴が懸念される。

【騰勢】(とうせい) 物価が上昇へ向かう。 例物価の騰勢を抑える。

【発揚】(はつよう) 精神や気持ちを高め、奮い立たせる。 例国威を発揚する。

【飛揚】(ひよう) 空高く飛び上がること。 例トンビが飛揚している。

【暴騰】(ぼうとう) 物価が短期間に並はずれて上がる。 例野菜類が暴騰する。

そのほかの表現 贈呈／呈上／進歩／飛び上がる／エスカレーション(段階的拡大)／プロモーション(昇進・促進)

あかるい　明るい

【明明】(あかあか) 非常に明るいさま。 例明明と灯がともる。

【快活】(かいかつ) 気性が明るく活発なさま。 例快活に振る舞う。

【外向】(がいこう) 心が外部に向かって開かれている。 例外向性に富んだ性格。

【皓皓】(こうこう) (月の光が)白く輝くさま。 例皓皓たる月夜。

【燦燦】(さんさん) 太陽が光り輝くさま。 例陽光が燦燦と降り注ぐ。

【燦然】(さんぜん) 鮮やかに光り輝くさま。 例燦然と輝く大記録。

【精通】(せいつう) 物事に明るく詳しい。 例パソコンに精通している。

【澄明】(ちょうめい) 水・大気などが澄み切って明るい。 例澄明な山の空気。

【通暁】(つうぎょう) 学問などに詳しく明るい。 例古代史に通暁している。

【陽気】(ようき) 明るく賑やかなさま。 例陽気に浮かれる。

【陽性】(ようせい) 陽気で積極的な資質。 例陽性の性格。

そのほかの表現 薄明かり／月明かり／星明かり／窓明かり／チアフル(明朗)／ライト

あき　秋

【秋口】(あきぐち) そろそろ秋になるころ。初秋。 例秋口には台風が多い。

【季秋】(きしゅう) 秋が終わるころ。晩秋。 例季秋の月夜。

【秋色】(しゅうしょく) 秋の気配。秋の雰囲気。秋の景色。 例日増しに秋色が濃くなる。

【初秋】(しょしゅう) 秋の初めごろ。 例初秋の爽やかな風。

【新秋】(しんしゅう) 秋の初めごろ。初秋。 例新秋の候を迎える。

【早秋】(そうしゅう) 秋の初めごろ。初秋。 例早秋、軽井沢に遊ぶ。

【爽秋】(そうしゅう) さわやかな秋。 例爽秋の候。

【中秋】(ちゅうしゅう) 陰暦八月十五日の異称。 例中秋の名月。

【仲秋】(ちゅうしゅう) 秋の半ば。陰暦八月の異称。 例仲秋の候。

秋の終わりごろ。陰暦九月の異称。【**晩秋**（ばんしゅう）】例 晩秋の趣。

秋の終わりごろ。晩秋。【**暮秋**（ぼしゅう）】例 武蔵野は暮秋の風情。

秋の初めごろ。陰暦七月の異称。【**孟秋**（もうしゅう）】例 早や孟秋の候となり。

暦のうえで秋が始まる。【**立秋**（りっしゅう）】例 立秋を過ぎても残暑が厳しい。

涼しい秋。陰暦九月の異称。【**涼秋**（りょうしゅう）】例 涼秋の候。

そのほかの表現　今秋／去秋／昨秋／秋期／秋季／出来秋／行く秋／オータム

あきらか　明らか（彰・章・顕）

説明などが簡潔でわかりやすい。【**簡明**（かんめい）】例 簡明な解説。

非常にはっきりしていて明らか。【**顕然**（けんぜん）】例 顕然たる事実。

際だって目立っている。【**顕著**（けんちょ）】例 顕著な特徴を示す。

説明するまでもなく明らか。【**自明**（じめい）】例 失敗の理由は自明だ。

鮮やかではっきりとしている。【**鮮明**（せんめい）】例 鮮明な画像。

際だって鮮やか。【**鮮烈**（せんれつ）】例 鮮烈な印象を受ける。

明らかにわかる。【**判然**（はんぜん）】例 いまだに判然としない。

明らかに区別できる。【**分明**（ぶんめい）】例 善悪は分明である。

わかりよく、はっきりしている。【**平明**（へいめい）】例 平明な文章。

筋道が通っていて、はっきりしている。【**明快**（めいかい）】例 明快な返答。

はっきりして疑う余地がない。【**明確**（めいかく）】例 明確さを欠く答弁。

明らかではっきりしている。【**明晰**（めいせき）】例 明晰な論理。

間違いなく明らか。【**明白**（めいはく）】例 犯人は明白だ。

明らかではっきりしている。【**明瞭**（めいりょう）】例 明瞭な音声。

はっきりと明らかなさま。【**瞭然**（りょうぜん）】例 その差は瞭然として明らかだ。

はっきりと明らかなさま。【**歴然**（れきぜん）】例 責任の所在は歴然としている。

疑いもなく明らか。【**歴**（れっき）】例 歴とした証拠。

そのほかの表現　はっきり／クリア

あきらめる　諦める

ある事態を予期して心を決めること。【**覚悟**（かくご）】例 決死の覚悟。

悟ってあきらめる。【**観ずる**（かんずる）】例 世の無常を観ずる。

心静かに考えてあきらめること。【**観念**（かんねん）】例 もうだめだと観念する。

迷いを振り払って理解する。【**悟る**（さとる）】例 死期を悟る。

(不本意ながら)あきらめること。【**断念**（だんねん）】例 旅行を断念する。

あきらめて超然とした態度をとる。【諦観（ていかん）】例人生を諦観する。

あきらめの心。【諦念（ていねん）】例前途に諦念を抱く。

そのほかの表現　ギブ・アップ

あきる　飽きる（厭）

飽きて嫌になる。【倦む（う）】例仕事に倦む。

疲れて飽きること。【屈託（くったく）】例ありふれた日常に屈託する。

飽きていやになること。【倦厭（けんえん）】例倦厭の情にたえない。

飽きてものうくなること。【倦怠（けんたい）】例ひどく倦怠を感じる。

同じものの繰り返しに飽きる。【食傷（しょくしょう）】例魚には食傷気味だ。

つまらなくて飽きること。【退屈（たいくつ）】例長い退屈な映画。

しつこさにうんざりすること。【辟易（へきえき）】例自慢話に辟易する。

飽きるほど食べること。【飽食（ほうしょく）】例現代は飽食の時代と言われる。

飽きるほど食べて満足すること。【飽満（ほうまん）】例美味しい食事に飽満する。

あさ　朝

夜が明けかかり、薄明るくなったころ。【暁（あかつき）】例暁の静けさ。

東の空が白み始めるころ。【曙（あけぼの）】例ほの明るい曙の空。

夜明けのほんのり明るくなったころ。【朝ぼらけ（あさぼらけ）】例朝ぼらけの海辺。

夜が明けきらず、まだ薄暗いころ。【朝まだき（あさまだき）】例朝まだきに出立する。

空に月を残して夜が明けること。【有明（ありあけ）】例有明の月。

薄暗い明け方・夕暮れのころ。【彼者誰時（かわたれどき）】例彼者誰時の薄闇。

（朝早く鳴く意から）明け方。【鶏鳴（けいめい）】例鶏鳴暁を告げる。

今日の明け方。【今暁（こんぎょう）】例今暁、事故が発生した。

東の空がほの明るくなるころ。【東雲（しののめ）】例東雲の微光。

夜が明け始めるころ。早朝。【早暁（そうぎょう）】例早暁に旅立つ。

間もなく夜が明けるころ。【払暁（ふつぎょう）】例払暁を期して出発する。

夜が明けやらぬころ。【未明（みめい）】例未明に出動する。

夜が明け始めるころ。【黎明（れいめい）】例近代の黎明を告げる事件。

あざける　嘲る

慰みものにして、もてあそぶこと。【玩弄（がんろう）】例人をいいように玩弄する。

馬鹿にして、もてあそぶこと。【愚弄（ぐろう）】例愚弄に耐える。

あざけって笑うこと。【嗤笑（ししょう）】例周囲の嗤笑を買う。

自分で自分をあざけること。【自嘲（じちょう）】例自嘲の笑いを浮かべる。

馬鹿にしてあざ笑うこと。【嘲笑（ちょうしょう）】例世間の嘲笑を買う。

あざけりののしること。【嘲罵（ちょうば）】例激しい嘲罵を浴びる。

馬鹿にしてもてあそぶこと。【嘲弄（ちょうろう）】例嘲弄の的となる。

皮肉などを言ってからかうこと。【揶揄（やゆ）】痛烈に揶揄する。

あざやか　鮮やか

明るくはなやかである。【華麗（かれい）】例華麗な群舞。

新しくてみずみずしい。【新鮮（しんせん）】例新鮮さを感じる。

この上なく巧みで見事である。【絶妙（ぜつみょう）】例絶妙のテクニック。

あざやかで、はっきりしている。【鮮明（せんめい）】例画像を鮮明にする。

あざやかで美しい。【鮮麗（せんれい）】例鮮麗な朝の陽光。

非常にあざやかなさま。【鮮烈（せんれつ）】例鮮烈な印象を残す。

人間業とは思えないほどあざやか。【入神（にゅうしん）】例入神の技を披露する。

あでやかで美しい。【美麗（びれい）】例美麗な模様の織物。

よどみなく美しいさま。【流麗（りゅうれい）】例流麗なメロディー。

そのほかの表現　神業（わざ）／神技／至妙／目覚（ま）しい／煌（きら）びやか／清（さや）か／水際立つ／ビビッド（鮮やかな）

あし　足

柔道・相撲などで、足を使った技。【足技（あしわざ）】例足技を掛ける。

足の付け根からひざまでの内側。【内股（うちまた）】例内股に張りが出る。

人の足。脚部。【下肢（かし）】例下肢がしびれる。

ひざから足首までの部分。【下腿（かたい）】例下腿骨を骨折する。

人工の足。【義足（ぎそく）】例精巧に作られた義足。

毛が多く目立つすね。【毛脛（けずね）】例毛脛を投げ出す。

長い距離を歩ける丈夫な足。【健脚（けんきゃく）】例人一倍の健脚を誇る。

早く走れる足。足が速い。「俊足」。【駿足（しゅんそく）】例駿足をとばす。

足の付け根からひざまでの部分。【上腿（じょうたい）】例上腿を負傷する。

片方の足。片足。【隻脚（せっきゃく）】例隻脚の首相。

力を込めたほうの足。相撲の四股（しこ）。【力足（ちからあし）】例力足を踏む。

足首の先が斜になる歩き方。【鰐足（わにあし）】例鰐足で歩く癖（せ）。

そのほかの表現　片足／両足／フット（足）／レッグ（足・脚）／アキレス腱

あじ　あじわう
味
味わう

【味見（あじみ）】飲食物の味を調べる。例汁を味見する。

【後味（あとあじ）】あとに残る味。物事のあとの感じ。例後味の悪い決着。

【塩梅（あんばい）】味加減。物事の調子や具合。例いい塩梅に晴れた。

【佳味（かみ）】よい味。味のよい食べ物。例天下一品の佳味。

【雅味（がみ）】上品で風雅な味わい。例掬（きく）すべき雅味がある。

【甘味（かんみ）】甘い味。甘い食べ物。「あまみ」。例甘味が強すぎる。

【玩味（がんみ）】意味・内容を味わい、理解する。「含味」。例万葉名歌を玩味する。

【興趣（きょうしゅ）】おもしろいと感じる味わい。例興趣が尽きない。

【享受（きょうじゅ）】自分のものとして受け入れ、楽しむ。例外国文化を享受する。

【香味（こうみ）】におい・かおりと味わい。例香味ゆたかな山菜。

【五味（ごみ）】甘い、塩辛い、酸っぱい、辛い、苦い。例五味を取り混ぜた料理。

【滋味（じみ）】よい味わい。栄養のある食べ物。例滋味ゆたかな名文。

【賞玩（しょうがん）】よい味をほめて味わう。「賞翫」。例活魚料理を賞玩する。

【情趣（じょうしゅ）】しみじみとした味わい。例情趣あふれる演技。

【賞味（しょうみ）】おいしい食べ物をほめ、味わう。例珍味を賞味する。

【咀嚼（そしゃく）】かみ砕いてよく味わう。例難解な原文を咀嚼する。

【反芻（はんすう）】繰り返し味わい、考える。例思い出を反芻する。

【風趣（ふうしゅ）】風景などから感じられる味わい。例風趣漂う暮色。

【風味（ふうみ）】上品で、趣のある味。例新茶の風味を味わう。

【芳醇（ほうじゅん）】酒などの香りと味がよいさま。例芳醇な味を楽しむ。

【味得（みとく）】味わって身に付ける。例茶道を味得する。

【野趣（やしゅ）】自然のままの素朴な味わい。例山間に野趣を満喫する。

そのほかの表現　テイスト（味）／フレーバー（風味）

⇩この項目も　旨い

あずかる　あずける
預かる
預ける

【依託（いたく）】すべてを他人に任せてやってもらう。例政府の依託学生。

【委託（いたく）】仕事や物事を人にやってもらう。例配送を委託する。

【寄託（きたく）】金品の保管・管理を頼んで預ける。例浄財を寄託する。

【供託（きょうたく）】金銭などを公的手続きにより預ける。例家賃を供託する。

【受託】じゅたく　委託を受ける。　例業務の一部を受託する。

【信託】しんたく　信用して任せる。　例国民の信託に応えねばならない。

【託児】たくじ　幼児を預けて面倒を見てもらう。　例託児所。

【付託】ふたく　物事の処理などを任せる。　例審議を付託する。

【保管】ほかん　預かって管理する。　例貴重品を保管する。

【預金】よきん　銀行などに金を預ける。　例預金を引き出す。

【預託】よたく　金品を預け、運用をゆだねる。　例有価証券を預託する。

そのほかの表現　デポジット（預金・保証金）／トラスト（信託）

あそび　あそぶ
遊び　遊ぶ

【外遊】がいゆう　勉学などの目的で、海外旅行をする。　例外遊の途上にある。

【休閑】きゅうかん　土地を遊ばせておくこと。　例休閑地を利用する。

【旧遊】きゅうゆう　昔、その地に遊んだこと。　例旧遊の地を回想する。

【豪遊】ごうゆう　豪勢に遊ぶ。　例料亭で豪遊する。

【行楽】こうらく　郊外などに出かけて遊び楽しむこと。　例行楽の季節。

【児戯】じぎ　子供の遊びのように他愛ないこと。　例児戯に類する。

【周遊】しゅうゆう　広く旅をして回る。　例北海道を周遊する。

【酒色】しゅしょく　酒と女性相手の遊び。　例酒色にふける。

【清遊】せいゆう　上品で風雅な遊び。　例伊豆にご清遊の由…。

【曾遊】そうゆう　かつて、その地に遊んだこと。　例曾遊の地を訪れる。

【漫遊】まんゆう　当てもなく気楽に旅をする。　例諸国を漫遊する。

【遊技】ゆうぎ　技をともなった、娯楽としての遊び。　例たかが遊技だ。

【遊戯】ゆうぎ　遊び戯れること。　例運動会のお遊戯。

【遊休】ゆうきゅう　設備などが利用されていないこと。　例遊休施設を活用する。

【遊興】ゆうきょう　遊び興じる。　例遊興にうつつを抜かす。

【遊楽】ゆうらく　遊び楽しむこと。　例遊楽にふける。

【遊覧】ゆうらん　名勝などを見物して回る。　例瀬戸内を遊覧する。

【遊歴】ゆうれき　各地を巡り歩く。歴遊。遍歴。　例西国を遊歴する。

【来遊】らいゆう　来て遊ぶ。遊びに来る。　例友の来遊を待つ。

あたえる
与える

【下付】かふ　政府が民間に金や物を渡し与える。　例書類の下付を申請する。

【喜捨】（きしゃ） 寺社に寄進する。貧者に施す。 例 応分の喜捨をする。

【寄贈】（きぞう） 公共施設などに金品を贈り与える。 例 図書館に蔵書を寄贈する。

【供与】（きょうよ） 物品などを提供し、与える。 例 活動資金を供与する。

【謹呈】（きんてい） 物を贈るときの謙譲語。 例 小著を謹呈いたします。

【恵贈】（けいぞう） 物を贈られたときの尊敬語。 例 ご恵贈を賜る。

【献上】（けんじょう） 神仏・貴人などに差し上げる。 例 絹布を献上する。

【交付】（こうふ） 政府などが書類や金銭を引き渡す。 例 免許証を交付する。

【支給】（しきゅう） 金品を渡し与える。 例 賞与を支給する。

【授与】（じゅよ） 賞などを授け与える。 例 功労賞を授与する。

【所与】（しょよ） 与えられたもの。 例 所与の条件を満たす。

【進呈】（しんてい） 人に物品を差し上げる。 例 著書を進呈する。

【贈呈】（ぞうてい） あらたまって、差し上げる。 例 記念品を贈呈する。

【贈与】（ぞうよ） 金銭・物品を贈り与える。 例 財産を贈与する。

【貸与】（たいよ） 金銭・物品を貸し与える。 例 制服を貸与する。

【呈上】（ていじょう） 贈り物を差し上げる。 例 米百俵を呈上する。

【投与】（とうよ） 医師が患者に薬を与える。 例 鎮静剤を投与する。

【付与】（ふよ） 資格などを授け与える。 例 指揮権を付与する。

【分与】（ぶんよ） 分け与える。 例 遺産を分与する。

【報謝】（ほうしゃ） 恵みに感謝して報いる。僧侶に施す。 例 巡礼にご報謝。

【与奪】（よだつ） 与えることと奪うこと。 例 生殺与奪の権。

そのほかの表現 献じる／奉（ほう）じる／送呈／恵送（けいそう）／進上／ギブ／サプライ（供給）

⇩**この項目も** 送る

あたたか あたたかい

温か 温かい （暖）

【温潤】（おんじゅん） あたたかく、潤いがある。 例 気候が温潤な地域。

【温床】（おんしょう） 人工的にあたためた苗床。 例 温床で栽培する。

【温情】（おんじょう） あたたかい思いやり。 例 温情あふれる措置。

【温暖】（おんだん） あたたかく穏やか。 例 温暖な気候。

【温和】（おんわ） あたたかく穏やか。 例 気候が温和でありがたい。

【懇切】（こんせつ） 親切で行き届いている。 例 懇切に説明する。

【親切】（しんせつ） あたたかい気持ちで人に接する。 例 親切に教える。

【暖気】（だんき） あたたかい空気。 例 暖気が流れ込む。

【暖色】（だんしょく） 赤・黄などあたたかい感じの色。 例 暖色を基調にする。

【温温(ぬくぬく)】 あたたかく心地よいさま。満ち足りているさま。㊀なんの苦労もなく温温と暮らす。

【温もり(ぬくもり)】 やわらかな暖か味。㊀暖房の温もりが残る。

【長閑(のどか)】 温暖でゆったりと穏やか。㊀長閑な春の日。

【微温(びおん)】 生ぬるいこと。㊀微温的な施策。

【陽和(ようわ)】 あたたかくのどかな春の陽気。㊀陽和な春日を楽しむ。

そのほかの表現 温気(うんき)／温色(おんしょく)／ホット／ウォーム／マイルド

あたま　頭

【頭株(あたまかぶ)】 集団の中の主だった人。㊀頭株の男と談判する。

【毬栗頭(いがぐりあたま)】 丸刈りにした頭。㊀毬栗頭の少年。

【石頭(いしあたま)】 頑固で物分かりが悪いこと。㊀石頭で付き合いきれない。

【光頭(こうとう)】 はげて光っている頭。㊀見事なまでの光頭。

【首(こうべ)】 首から上の部分。「頭」。㊀首を巡らす。

【頭脳(ずのう)】 人間の頭と脳。頭の働き。知力。㊀頭脳明晰。

【双頭(そうとう)】 一つの体に頭が二つついていること。㊀双頭の鷲(わし)。

【頭角(とうかく)】 頭のてっぺん。㊀頭角を現す（抜きん出る）。

【禿頭(とくとう)】 はげあたま。㊀禿頭病に悩む。

【脳天(のうてん)】 頭のてっぺん。㊀大音響が脳天を突き抜ける。

【筆頭(ひっとう)】 一番目の人。先頭。㊀前頭筆頭に昇進する。

そのほかの表現 胡麻塩頭／才槌頭／トップ／ブレーン／ヘッド／スキンヘッド

あたらしい　新しい

【斬新(ざんしん)】 目立って新しい。㊀斬新な構想を練る。

【新鋭(しんえい)】 新しく現れて勢いが強いこと。㊀水泳界の新鋭。

【新規(しんき)】 すっかり新しい。㊀新規まき直しでやり直す。

【新進(しんしん)】 新しく進出すること。㊀新進歌手が活躍する。

【新鮮(しんせん)】 新しくて生きがよくさわやか。㊀高原の新鮮な空気を吸う。

【新米(しんまい)】 その年にとれた米。まだ一人前でない。㊀新米社員がまごつく。

【新味(しんみ)】 従来にない新しい味わい。㊀この作品には新味がない。

【新来(しんらい)】 新しく来ること。また、その人・物。㊀新来の仲間。

【生新(せいしん)】 生き生きと新しい。㊀生新な雰囲気を醸し出す。

【清新(せいしん)】 すがすがしく新しい。㊀清新の気にあふれる。

【生鮮(せいせん)】 とりたてで生き生きしている。㊀生鮮な果物。

（そのほかの表現）ニュー／ブランニュー（真新しい）／フレッシュ／フレッシュマン

あたり　辺り

ある地域の全体。【一円（いちえん）】例関東一円に降雨が予想される。

まとまった平らな区域。【一面（いちめん）】例一面に銀世界が広がる。

一続きの地域。【一帯（いったい）】例大水で付近一帯が浸水する。

駅。駅の前。その周辺。【駅頭（えきとう）】例駅頭で別れる。

街路や町角のあたり。【街頭（がいとう）】例街頭で知人に出会う。

ある範囲の地域。【界隈（かいわい）】例銀座界隈には老舗（しにせ）が多い。

門に近いあたり。門のそば。【門辺（かどべ）】例門辺で客を見送る。

机に近いあたり。机のそば。【机辺（きへん）】例机辺に書棚を置く。

そこから近いあたり。【近辺（きんぺん）】例東京近辺の行楽地。

近い所。近所。付近。【近傍（きんぼう）】例京都近傍の古寺を訪ねる。

人や物のまわり。【四辺（しへん）】例四辺を見回す。

人や物を囲むまわり。【周囲（しゅうい）】例周囲を敵に囲まれる。

人や物を中心として、そのまわり。【周辺（しゅうへん）】例周辺に人材がいない。

街路の曲がり角。そのあたり。【街角（まちかど）】例街角で人を待つ。

（そのほかの表現）近所／店頭／付近

あたる　当たる
あてる　当てる

あるものに当てはまる。【該当（がいとう）】例勤続十年の該当者を探す。

激しく突き当たる。【激突（げきとつ）】例トラックが電柱に激突する。

金銭・物品などを振り向ける。【充当（じゅうとう）】例損傷分を予備で充当する。

突き当たる。【衝突（しょうとつ）】例自動車が電柱と衝突する。

人や物がふれあう。軽く当たる。【接触（せっしょく）】例接触事故。

相応に当てはまる。【相当（そうとう）】例一億円相当の資産。

後ろから前の物に当たる。【追突（ついとつ）】例トレーラーに追突する。

矢などが的に当たる。【的中（てきちゅう）】例砲弾が敵陣に的中する。

考えなどが正確に当たる。【適中（てきちゅう）】例予想が適中する。

選挙で選ばれる。【当選（とうせん）】例当選確実になる。

くじに当たる。【当籤（とうせん）】例福引きで一等に当籤する。

銃弾・矢などが当たる。【命中（めいちゅう）】例目標に命中する。

（そのほかの表現）食中（しょくあた）り／湯中（ゆあた）り／大当たり／目当て／当てにする

あつい 厚い（篤い）

- 【厚手（あつで）】紙・布などの地が厚いこと。 例厚手のコピー用紙。
- 【温情（おんじょう）】あつい思い遣り。 例恩師の温情が身にしみる。
- 【厚誼（こうぎ）】厚いよしみ。深い交際。 例ご厚誼を賜る。
- 【厚志（こうし）】あつく親切な気持ち。 例ご厚志に感謝いたします。
- 【厚情（こうじょう）】あつい情け。温かい気持ち。 例平素のご厚情。
- 【懇篤（こんとく）】親切で手厚い。 例懇篤な指導を受ける。
- 【重厚（じゅうこう）】重々しくて落ち着きがある。 例重厚な人柄。
- 【深厚（しんこう）】心や気持ちが深くて厚い。 例深厚な謝意を表する。
- 【篤実（とくじつ）】人情に厚く誠実である。 例篤実で人望がある。

あつい 熱い（暑）

⇩この項目も　情け

- 【炎暑（えんしょ）】夏の燃えるような暑さ。 例耐えがたい炎暑が続く。
- 【炎天（えんてん）】夏の焼けるように暑い空。 例炎天下の熱戦。
- 【炎熱（えんねつ）】夏の燃えるような暑さ。 例炎熱の野道を行く。
- 【激暑（げきしょ）】きびしい暑さ。 例異常な激暑に音を上げる。
- 【向暑（こうしょ）】暑い時季を迎える。手紙文の挨拶。 例向暑の候。
- 【酷暑（こくしょ）】夏の猛烈な暑さ。 例酷暑にめげずに働く。
- 【酷熱（こくねつ）】きびしい暑さ。 例酷熱の地で活動する。
- 【残暑（ざんしょ）】立秋を過ぎて残っている暑さ。 例残暑が終わらない。

- 【灼熱（しゃくねつ）】焼けつくような熱さ。 例灼熱の大地。
- 【焦熱（しょうねつ）】こげつくような熱さ。 例焦熱地獄に落ちる。
- 【情熱（じょうねつ）】ある対象へ燃え上がる気持ち。 例音楽への情熱。
- 【暑気（しょき）】夏の暑さ。 例暑気払いに冷酒を飲む。
- 【盛暑（せいしょ）】夏の暑い盛り。 例もうすぐ盛暑の時期が来る。
- 【熱情（ねつじょう）】熱っぽい思い。 例熱情を込めて訴える。
- 【熱烈（ねつれつ）】感情が激しく高まるさま。 例熱烈な歓迎を受ける。
- 【避暑（ひしょ）】熱さを逃れて転地すること。 例この夏は避暑に行く。
- 【防暑（ぼうしょ）】暑さを防ぐこと。 例木陰の昼寝が一番の防暑法だ。
- 【猛暑（もうしょ）】猛烈な暑さ。 例連日の猛暑にうだる。

そのほかの表現　ホット／パッション

あつまる　あつめる
集まる　集める

【蝟集】（いしゅう）多くのものが群がり集まる。 例 大スターにファンが蝟集する。

【一群】（いちぐん）一つの群れ。人・物のひとまとまり。 例 一群の盗賊。

【雲集】（うんしゅう）雲のように群がり集まる。 例 貴顕紳士が雲集する。

【応募】（おうぼ）募集に応じる。 例 社員募集に応募する。

【黒山】（くろやま）人が大勢集まるさま。 例 黒山のようなひとだかり。

【群集】（ぐんしゅう）群がった大勢の人の集まり。群衆。 例 犯人が群集の中に紛れ込む。

【群像】（ぐんぞう）人の集団の姿・ありさま。 例 政治家群像をえがく。

【結集】（けっしゅう）多くの人・物をまとめる。 例 英知を結集する。

【公募】（こうぼ）おおやけに広く募集する。 例 デザインを公募する。

【呼集】（こしゅう）呼び集める。 例 当直者全員を呼集する。

【採集】（さいしゅう）動植物などを採り集める。 例 昆虫を採集する。

【参集】（さんしゅう）多くの人が集まってくる。 例 閣僚が首相官邸に参集する。

【集会】（しゅうかい）多くの人が同じ目的で集まること。 例 抗議集会を開く。

【集結】（しゅうけつ）人・物が一箇所に集まる。 例 現地に集結する。

【集合】（しゅうごう）集まること。集めること。 例 午前八時に集合する。

【収集】（しゅうしゅう）寄せ集める。趣味として物を集める。 例 廃棄物を収集する。

【集束】（しゅうそく）光線などが一点に集まること。 例 レンズで光を集束する。

【集大成】（しゅうたいせい）多くのものをまとめ上げること。 例 業績の集大成を出版する。

【集団】（しゅうだん）多くの人や物の集まり。 例 頭脳集団を作る。

【集中】（しゅうちゅう）ある一点に集めること。集まること。 例 人口が集中する。

【集配】（しゅうはい）郵便物などを集め、配ること。 例 集配が遅れる。

【集約】（しゅうやく）多くのものを集め、簡潔に整理する。 例 データを集約する。

【召集】（しょうしゅう）多くの人を招き集める。 例 議員を召集する。

【徴集】（ちょうしゅう）国などが、人・物を強制的に集める。 例 食糧を徴集する。

【密集】（みっしゅう）人・物がすきまなく集まる。 例 人家が密集する。

【類従】（るいじゅう）文書などを分類して集める。 例 群書類従。

そのほかの表現　グループ／コレクション／モブ（群衆）

あと
後

【後後】（あとあと）このあとずっと。のちのち。 例 後後まで祟（たた）る。

【後釜】（あとがま）前任者の後に来る人。後任者。 例 後釜に座る。

【後口（あとくち）】後味。また、順番などの後のほう。 例 後口に回す。

【後先（あとさき）】物事の前後。また、物事の順序。 例 後先が逆になる。

【向後（こうご）】これからのち。今後。 例 向後、改善していく。

【後刻（ごこく）】後の時。のちほど。 例 後刻また連絡します。

【後日（ごじつ）】のちの日。将来。 例 後日に禍根（かこん）を残す。

【後手（ごて）】相手に先を越されて受け身になる。 例 すべて後手に回る。

【事後（じご）】物事が起こったあと。 例 事後処理に苦労する。

【爾後（じご）】それからのち。 例 爾後、身を慎むように。

【殿（しんがり）】一番あと。 例 殿をつとめる。

【直後（ちょくご）】物事が起こったすぐあと。 例 事故直後に駆けつける。

【後程（のちほど）】あとで。しばらくしてから。 例 後程、参上します。

【没後（ぼつご）】死んでからのち。死後。 例 没後百年を記念する。

【予後（よご）】病気の経過についての見通し。 例 予後を慎重に見守る。

【老後（ろうご）】年老いたあと。 例 老後を幸せに暮らす。

そのほかの表現 ラスト／アフター

あと
跡（痕）

【跡形（あとかた）】あとに残った形・しるし。 例 跡形もなく消え失せる。

【跡目（あとめ）】相続して家を継ぐこと。相続人。 例 跡目を継ぐ。

【遺址（いし）】昔、宮殿・城などがあったあと。 例 古城の遺址。

【旧址（きゅうし）】歴史上有名な建物や事件などのあと。 例 旧址に往時をしのぶ。

【形跡（けいせき）】物事が行われたあと。 例 それらしい形跡はない。

【血痕（けっこん）】血の付いたあと。 例 衣服に血痕が付着している。

【航跡（こうせき）】船が通ったあとに残る波の筋。 例 白い航跡を描く。

【古址（こし）】昔の建造物などがあったあと。 例 古址を保存する。

【古跡（こせき）】歴史的事件などのあった場所。 例 古跡を探訪する。

【痕跡（こんせき）】起きたことやあったことのあと。 例 痕跡が全くない。

【罪跡（ざいせき）】犯罪の証拠となるあと。 例 罪跡を隠滅する。

【残痕（ざんこん）】（傷痕などの）残っているあと。 例 二の腕の残痕。

【史跡（しせき）】歴史上重要な場所や建物などのあと。 例 秀吉の史跡を訪ねて歩く。

【事跡（じせき）】事件や出来事のあと。「事蹟」。 例 明治維新の事跡をたどる。

【城址（じょうし）】昔の城のあと。 例 城址の公園で遊ぶ。

【証跡（しょうせき）】証拠として残るあと。 例 証跡を撮影する。

人の通ったあと。【人跡】（じんせき）例人跡まれな奥地。

あしあと。あとかた。【踪跡】（そうせき）例踪跡を追う。

あしあと。人がなし遂げた業績。【足跡】（そくせき）例偉大な足跡を残す。

銃弾・砲弾が当たったあと。【弾痕】（だんこん）例暗黒街の弾痕を見出す。

逃げるあとを追いかけること。【追跡】（ついせき）例犯人を追跡する。

爪を立てたあと。災害などのあと。【爪痕】（つめあと）例いまだに震災の爪痕が消えない。

刀で傷つけたあと。【刀痕】（とうこん）例顔に刀痕のある浪人者。

皮膚に残る傷やできものなどのあと。【瘢痕】（はんこん）例手術で瘢痕を消す。

犯行・犯罪のあと。【犯跡】（はんせき）例犯跡をくらます。

車が通ったあとの車輪のあと。【轍】（わだち）例泥道に轍が残る。

そのほかの表現　跡継ぎ／跡取り／跡追い／跡付ける

あなた　貴方（彼方）

相手の体に対する尊敬語。【御身】（おんみ）例御身お大切に。

(主に文章で)皆様。皆様方。【各位】（かくい）例関係者各位。

男性が目下の相手を敬っていう語。【貴下】（きか）例貴下の書状熟読いたしました。

男性が目下の相手を敬っていう語。【貴君】（きくん）例貴君の活躍を祈ります。

男性が対等または、やや目上の相手を敬っていう語。【貴兄】（きけい）例貴兄のご健勝をお祈りいたします。

男性が目下の相手を呼ぶ語。【貴公】（きこう）例貴公に頼みたい。

男性が対等または目下の親しい相手を呼ぶ語。【貴様】（きさま）例貴様はけしからん。

(主に公用文で)相手を敬っていう語。【貴所】（きしょ）例貴所のご支援をお願い申し上げます。

相手を敬っていう語。【貴台】（きだい）例貴台におかれましては…。

男性が相手を敬っていう語。【貴殿】（きでん）例貴殿ますますご清栄の由…。

多くの対等または目下の相手にいう。【諸君】（しょくん）例満場の諸君。

多くの男性に対する敬称。【諸兄】（しょけい）例諸兄ならびに諸姉。

多くの男性に対する敬称。【諸賢】（しょけん）例ご列席の諸賢。

多くの女性に対する敬称。【諸姉】（しょし）例諸姉の献身的なご努力。

対等または目下の相手を敬っていう語。【足下】（そっか）例足下のご援助に感謝いたします。

やや目上の相手を敬っていう語。【尊兄】（そんけい）例尊兄のご指導をいただきました。

目上の相手に対する敬称。【尊台】（そんだい）例尊台のご書簡拝読いたしました。

かなり目上の相手に対する敬称。【尊堂】（そんどう）例尊堂様には相変わらずご壮健の由。

やや目上の相手を敬っていう語。【大兄】（たいけい）例大兄のご忠告に感謝いたします。

同輩または目下のものに対して。【汝】（なんじ）例汝自身を知れ。

あ

あなどる　侮る

【貶める】見下げる。さげすむ。例人を貶める扱い。

【玩弄】かろんじて慰みものにする。例思うように玩弄する。

【愚弄】馬鹿にしてからかう。例周囲の愚弄に耐える。

【軽視】軽く見る。かろんじる。例相手の実力を軽視する。

【軽侮】軽く見てあなどる。例軽侮の色を浮かべる。

【軽蔑】馬鹿にして、さげすむ。例軽蔑のまなざしで見る。

【嘲弄】あざけりからかう。例あらぬ嘲弄を浴びる。

【侮蔑】軽く見て馬鹿にする。例侮蔑の態度を示す。

【蔑視】見下げること。あなどること。例女性蔑視には耐えられない。

【黙殺】無視して取り合わない。例抗議を黙殺する。

⇩この項目も　恥

あに　兄

【兄弟子】先輩に当たる弟子。例兄弟子にしごかれる。

【家兄】自分の兄。文章語。例家兄に相談いたします。

【義兄】義理の兄。配偶者の兄など。例義兄に保証人を頼む。

【愚兄】自分の兄の謙称。例愚兄も同じ大学です。

【賢兄】他人の兄の敬称。例賢兄の受賞を喜んでいます。

【次兄】二番目の兄。例次兄が一番社交的だ。

【実兄】両親が同じ兄。例実兄だから頼りになる。

【舎兄】自分の兄。他人にいう語。例舎兄はまだ独身です。

【尊兄】手紙文で、他人の兄を敬っていう語。例尊兄もご一緒にどうぞ。

【長兄】一番上の兄。例長兄には長兄としての責任がある。

【令兄】他人の兄の敬称。例令兄にはお会いしたことがある。

あね　姉

【姉御】女性の敬称。実力ある女性の敬称。例主任は姉御肌だ。

【義姉】義理の姉。配偶者の姉など。例義姉のほうが私より若い。

【次姉】二番目の姉。例次姉は活発な女性だ。

【実姉】両親が同じ姉。例実姉は嫁いでいる。

【長姉】一番上の姉。例長姉はおっとりしている。

他人の姉の敬称。【令姉(れいし)】例ご令姉にはお世話になった。

あばく あばかれる
暴く 暴かれる

悪事や不正をあばき責任を追及する。【弾劾(だんがい)】例当事者を弾劾する。

つまみだす。えぐりだす。「剔出」。【摘出(てきしゅつ)】例悪の根元を摘出する。

悪事や不正をあばく。【摘発(てきはつ)】例選挙違反を摘発する。

不正をえぐりだしてあばく。【剔抉(てっけつ)】例違法支出を剔抉する。

隠していた悪事を明るみにだす。【暴露(ばくろ)】例公金横領を暴露する。

悪事や隠し事が見つかる。【発覚(はっかく)】例醜聞が発覚する。

自分の悪い所をわざと見せる。【露悪(ろあく)】例露悪趣味の私小説。

秘密が外部にもれる。「漏泄」。【漏洩(ろうえい)】例国家機密が漏洩する。

隠していたことが知られてしまう。【露見(ろけん)】例裏金が露見する。

そのほかの表現 暴き出す／洗い出す／洗い立てる／表立つ／素(す)っ破(ぱ)抜く

あぶない あやうい
危ない 危うい

安全と危険。【安危(あんき)】例一国の安危にかかわる問題だ。

先行きが危険な状態・時期。【危機(きき)】例未曾有の危機に直面する。

目前に危険が迫っている状態。【危急(ききゅう)】例危急を知らせる。

あぶないさま。【危険(きけん)】例身の危険を感じる。

きわめてあやういこと。【危殆(きたい)】例危殆に瀕(ひん)する。

危険な場所。危険な立場・境遇。【危地(きち)】例危地を脱する。

病気などで命があぶない。【危篤(きとく)】例ついに危篤に陥る。

命にかかわるほどの危険な災難。【危難(きなん)】例危難をのがれる。

ほとんど命が助からないと思われるほどの危難。【九死(きゅうし)】例九死に一生(いっしょう)を得(え)る。

追い詰められた苦しい状態。【窮地(きゅうち)】例窮地に立つ。

状況がとげとげしく、あやういさま。【険悪(けんあく)】例険悪な空気が立ちこめる。

あぶないさま。不安なさま。「険呑」。【剣呑(けんのん)】例夜道は剣呑だ。

身の危険を感じるさま。【物騒(ぶっそう)】例近頃は何かと物騒だ。

非常に不安定で危険なさま。【累卵(るいらん)】例累卵の危うき。

そのほかの表現 クライシス（危機）／リスク（危険）

⇩この項目も 災い

あまい
甘い

【甘辛】（あまから） 甘さと辛さ。また、甘さと辛さが入り混じった味。 例甘辛人生。

【甘党】（あまとう） 酒を好まず、甘いものを好む人。 例甘党を自認する。

【甘言】（かんげん） 聞いて快い甘い言葉。 例甘言にだまされる。

【寛大】（かんだい） 心が広く思い遣りがあること。 例寛大な処置をとる。

【甘美】（かんび） 甘くておいしい。また、うっとりするほど快い。 例甘美なメロディーに酔う。

【寛容】（かんよう） 広い心で他人のあやまちを許すこと。 例寛容な態度。

そのほかの表現 甘口／甘酸っぱい／甘ったるい／大目に見る／お手柔らか／生緩（なまぬる）い／緩（ぬる）い／緩（ゆる）い／スイート

あまり　あまる
余り　余る（剰）

【過剰】（かじょう） 適当な数量・程度を超えている。 例過剰在庫を抱える。

【残余】（ざんよ） 残った余り。 例残余を処分する。

【剰員】（じょういん） 余った人員。むだな人員。「冗員」。 例剰員を新任務に回す。

【剰余】（じょうよ） 必要な数量を満たした余り。 例剰余資材を保管する。

【突破】（とっぱ） ある数量を超えること。 例大雨で警戒水位を突破した。

【端数】（はすう） 切りのよい数から残った数。 例端数は切り捨て。

【半端】（はんぱ） 定められた数量以外に余ったもの。 例半端がでる。

【有余】（ゆうよ） （年数に添えて）それ以上。 例あれから五年有余。

【余蘊】（ようん） 残された部分。余ったところ。 例余蘊なく語り尽くす。

【余剰】（よじょう） 必要な部分を除いた余り。 例余剰農産物の処理が問題だ。

【余勢】（よせい） 事を終えて調子づき、余った勢い。 例余勢を駆る。

【余地】（よち） 余って、空いている土地・場所。 例立錐（りっすい）の余地もない。

【余分】（よぶん） 余った分。また、不要なもの。 例余分な金を預金する。

【余命】（よめい） 残された命。 例余命幾許（いくばく）もない。

【余力】（よりょく） 余っている力・能力。 例明日に余力を残しておく。

そのほかの表現 超過／余白／余裕／余り物／オーバー／エクセス（過剰）

あめ
雨

【雨脚】（あまあし） 雨が通り過ぎていく。雨が糸筋のように見える。 例雨脚が激しい。

【淫雨】（いんう） いつまでも降り続く雨。 例淫雨にため息をつく。

【陰雨】（いんう） じめじめと降り続く雨。 例うっとうしい陰雨。

【煙雨】（えんう） けぶるように降る細かい雨。 例煙雨にけぶる山並み。

【霧雨】（きりさめ） 霧のように細かい雨。 例霧雨が小止みなく降る。

【豪雨(ごうう)】激しく多量に降る雨。 例山で豪雨に見舞われる。

【小糠雨(こぬかあめ)】細かくけぶるように降る雨。 例そぼ降る小糠雨。

【細雨(さいう)】細かい雨。小雨。 例細雨の山道を歩く。

【五月雨(さみだれ)】陰暦五月ごろに降り続く雨。 例五月雨で川が増水する。

【山雨(さんう)】山に降る雨。山の方から降る雨。 例山雨の気配。

【地雨(じあめ)】同じような強さで降り続く雨。 例地雨で、やみそうもない。

【時雨(しぐれ)】晩秋から初冬にかけて降る小雨。 例時雨模様の天候。

【篠突く雨(しのつくあめ)】篠竹で刺すように激しく降る雨。 例篠突く雨に目が覚める。

【驟雨(しゅうう)】急に激しく降り、すぐにやむ雨。 例町で驟雨に遭う。

【秋霖(しゅうりん)】秋の長雨。 例静かな秋霖の一日。

【多雨(たう)】雨の日が多いこと。雨量が多いこと。 例高温多雨の地帯。

【天気雨(てんきあめ)】日が射しているなかで降る雨。 例天気雨だからすぐ上がる。

【菜種梅雨(なたねづゆ)】三月下旬から四月にかけて降る長雨。 例菜種梅雨の長雨。

【涙雨(なみだあめ)】悲しむかのような雨。少し降る雨。 例故人をしのばせる涙雨。

【俄雨(にわかあめ)】急に激しく降りだしてすぐにやむ雨。 例途中で俄雨に遭う。

【白雨(はくう)】俄雨。夕立。 例夕刻、白雨あり。

【麦雨(ばくう)】麦が実るころに降る長雨。五月雨。 例あいにくの連日の麦雨に泣いた。

【微雨(びう)】わずかに降る雨。 例微雨のなかを歩く。

【氷雨(ひさめ)】晩秋・初冬に降る冷たい雨。また、ひょう・あられ。 例氷雨でいちだんと冷える。

【日照り雨(ひでりあめ)】日が照っているなかで降る雨。 例日照り雨で蒸し暑い。

【暴風雨(ぼうふうう)】激しい風をともなった雨。あらし。 例暴風雨で被害がでる。

【村雨(むらさめ)】激しく降ってすぐやむ雨。 例村雨が通り過ぎる。

【雷雨(らいう)】稲妻・雷鳴とともに降る雨。 例雷雨注意報がだされる。

【涼雨(りょうう)】暑い時季に涼しさをもたらす雨。 例恵みの涼雨。

【霖雨(りんう)】長く降り続く雨。 例霖雨に倦(う)む。

【冷雨(れいう)】冷たい雨。 例冷雨にそぼぬれる。

あやしい あやしむ

怪しい
怪しむ
(妖)

【訝る(いぶかる)】あやしく思う。疑う。 例相手の真意を訝る。

【異様(いよう)】普通と異なっているさま。 例異様な雰囲気が漂う。

【胡散臭い(うさんくさい)】様子がおかしく、疑わしい。 例態度が胡散臭い。

【胡乱(うろん)】あいまいであやしい。 例胡乱な男がうろつく。

【怪異(かいい)】不思議であやしい。 例怪異な現象。

【怪奇（かいき）】 常識を超えていてあやしい。 例複雑怪奇な政変。

【奇怪（きかい）】 普通と異なっていて理解しがたい。 例まことに奇怪な話だ。

【疑団（ぎだん）】 心中の疑念の固まり。あやしむ心。 例疑団が解ける。

【怪訝（けげん）】 いぶかり、不思議に思うさま。 例怪訝な顔をする。

【嫌疑（けんぎ）】 あやしく疑わしいこと。 例嫌疑をかける。

【猜疑（さいぎ）】 ことさらあやしみ、疑うこと。 例猜疑心が強い。

【面妖（めんよう）】 不思議であやしい。 例はて、これはまた面妖な。

【容疑（ようぎ）】 犯罪をおかした疑い。 例容疑が晴れる。

そのほかの表現　奇妙／如何（いか）わしい／訝（いぶか）しい／解（げ）せない／ミステリー／ミステリアス

⇩この項目も　疑う

あやまち　あやまる
過ち　誤る

【遺漏（いろう）】 注意が足りず、落ちがあること。 例万事遺漏のないように。

【落ち度（おちど）】 あやまち。過失。 例警備員に落ち度はない。

【過誤（かご）】 誤りやまちがい。 例とんでもない過誤をおかす。

【過失（かしつ）】 不注意でおかしたあやまち。 例重大な過失が事故を招いた。

【怪我（けが）】 失敗して損害を負う。 例株取引で大怪我をする。

【誤算（ごさん）】 計算をまちがえる。見通しをあやまる。 例業績悪化は誤算だ。

【誤謬（ごびゅう）】 考えなどのあやまり。 例偏見と誤謬に満ちている。

【錯誤（さくご）】 見込みと事実のくいちがい。 例錯誤を繰り返す。

【蹉跌（さてつ）】 手違いや失敗で行き詰まる。 例計画が蹉跌をきたす。

【粗相（そそう）】 不注意から失敗する。 例粗相のないように。

【大過（たいか）】 大きなあやまち。 例大過なく日を送る。

【咎（とが）】 責められるべき過失。罪。「科」。 例盗みの咎。

【不覚（ふかく）】 油断してしくじる。 例弱敵に不覚をとる。

そのほかの表現　欠点／詫（わ）び言／失敗／仕損じる／手抜かり／見紛う／見損う／エラー／ミス／ミステーク／フォールト（過失）／アナクロニズム（時代錯誤）

⇩この項目も　損なう

あやまる
謝る

【謝意（しゃい）】 謝罪・感謝の気持ち。 例謹んで謝意を表する。

【謝罪（しゃざい）】 犯した罪・非礼などをわびる。 例過失を謝罪する。

【深謝】（しんしゃ） 深くあやまる。心から感謝する。 例不行き届きを深謝いたします。

【多謝】（たしゃ） 非礼・失礼をわびるときに用いる語。 例ご厚情多謝。

【陳謝】（ちんしゃ） 事情を言ってあやまる。 例責任者が陳謝する。

【万謝】（ばんしゃ） 深くわびる。また、深く感謝する。 例ただ万謝あるのみ。

そのほかの表現 平謝り／詫び言／ソーリー／パードン

あらい　荒い（粗）

【雑駁】（ざっぱく） 考えが荒っぽく、まとまりに欠ける。 例雑駁な論文。

【杜撰】（ずさん） 間違いや手抜かりが多い。 例計画が杜撰で失敗する。

【粗雑】（そざつ） いい加減で荒っぽい。 例粗雑な意見はとらない。

【粗放】（そほう） 考え方などがおおざっぱ。「疎放」。 例言行がいささか粗放だ。

【粗暴】（そぼう） 性質などが荒々しい。 例粗暴な性格がなおらない。

【粗末】（そまつ） 品質が悪い。物事を荒っぽく扱う。 例紙を粗末にするな。

【粗野】（そや） 言動が荒っぽく、下品なこと。 例言葉遣いが粗野だ。

【粗略】（そりゃく） 投げ遣りでいい加減なこと。「疎略」。 例客を粗略に扱う。

そのほかの表現 狂暴／凶暴／獰猛／野蛮／乱暴／ラフ（粗い）／ハード

⇩この項目も 激しい

あらそい　争い
あらそう　争う

【軋轢】（あつれき） 仲間同士のもめごと。 例同僚間に軋轢が生じる。

【暗闘】（あんとう） 表立たずに争う。 例主導権をめぐって暗闘が続く。

【諍い】（いさかい） 言い合って争う。 例隣人と諍いがたえない。

【角逐】（かくちく） 互いに競り合う。 例トップの座をめぐる角逐。

【葛藤】（かっとう） 利害などをめぐる対立やいざこざ。 例ライバル会社との葛藤。

【共闘】（きょうとう） 手を組んで共通の相手と争う。 例共闘に踏み切る。

【係争】（けいそう） 訴訟などで争う。「繋争」。 例その件は係争中だ。

【抗争】（こうそう） 対立し、張り合って争う。 例抗争に巻き込まれる。

【訌争】（こうそう） 内部の者同士が争う。内輪もめ。 例見苦しい訌争。

【私闘】（しとう） 個人的な恨みから争う。 例みにくい私闘を演じる。

【争奪】（そうだつ） 争って奪い合いをする。 例政権を争奪する。

【争乱】（そうらん） 争いごとで世の中が乱れる。 例各地に争乱が起きる。

【対決】（たいけつ） 二者が相対して、優劣を決める。 例両雄が対決する。

【対抗】（たいこう） 二者が相対して争う。張り合う。 例新兵器で対抗する。

相手を倒すために闘い争う。【闘争（とうそう）】例闘争心が燃え上がる。

組織・集団内部の争い。【内訌（ないこう）】例あの社は内訌が絶えない。

組織・集団内部のいざこざ。【内紛（ないふん）】例党に内紛が起こる。

争いやもめごと。生活上の風と波。【風波（ふうは）】例このところ風波が絶えない。

物事がもつれてもめる。【紛擾（ふんじょう）】例失言が紛擾の種になる。

物事がもつれて争う。【紛争（ふんそう）】例紛争が拡大する。

二者の関係がきしむ。【摩擦（まさつ）】例見解の相違で摩擦を起こす。

もつれ合い。もめごと。【悶着（もんちゃく）】例一悶着起きそうだ。

そのほかの表現 競争／商戦／政争／戦争／一悶着／トラブル／ファイト／コンペ（競技会）／フリクション（摩擦）／ウォー／レース／ファイト／コンフリクト（葛藤）

⇩この項目も 競う・戦う

あらたまる あらためる

改まる 改める（革・更）

世の中のすべてが改まり新しくなる。【維新（いしん）】例明治維新。

すべてを新しくする。【一新（いっしん）】例面目を一新する。

改めてかえって悪くなる。【改悪（かいあく）】例結果として改悪になる。

制度・機構などを改めてかえる。【改革（かいかく）】例構造改革を断行する。

書類などの字句を密かに書き換える。【改竄（かいざん）】例公文書を改竄する。

信仰していた宗教をかえる。【改宗（かいしゅう）】例改宗を決心する。

政治制度などを改めて新しくする。【改新（かいしん）】例大化の改新。

悪いところを改めてよくする。【改善（かいぜん）】例待遇を改善する。

組織や機構を改める。【改組（かいそ）】例大規模な改組を行う。

内容を改めて、変える。【改変（かいへん）】例記述の一部を改変する。

悪いところを直してよくする。【改良（かいりょう）】例品質を改良する。

政治組織などを改めて新しくする。【革新（かくしん）】例革新を訴える。

根本からあらためる。やり方を変える。【革命（かくめい）】例流通界に革命を起こす。

制度や契約を新しいものに変える。【更改（こうかい）】例保険契約を更改する。

古いものを新しいものに改める。【更新（こうしん）】例免許証を更新する。

税務・登記などで、誤りを改める。【更正（こうせい）】例更正手続きをとる。

状況を実地に見て調べる。【査察（ささつ）】例被害地を査察する。

悪いところを一掃して新しくする。【刷新（さっしん）】例古い体質を刷新する。

悪いところを直す。【修正（しゅうせい）】例計画の軌道修正をする。

誤りや悪い点を直す。【是正（ぜせい）】例不当な処遇を是正する。

【訂正（ていせい）】発言や文章の誤りを正す。例 前言を訂正する。

【変改（へんかい）】改めて、別の状態にする。例 人事機構を変改する。

【補正（ほせい）】足りないものを補って正しくする。例 時差を補正する。

そのほかの表現 改正／改定／レボリューション（改革）

⇩この項目も 変える・直す・正す

あらまし

【大方（おおかた）】物事の大半。ほとんどの人。例 大方は賛成派だ。

【大筋（おおすじ）】おおよその筋道。例 大筋のところは合意できる。

【大凡（おおよそ）】だいたいのところ。例 大凡の事は承知している。

【概況（がいきょう）】だいたいの状況。例 業績の概況を報告する。

【概要（がいよう）】物事の要点の集約。例 用件の概要を伝える。

【概略（がいりゃく）】内容のあらまし。例 計画の概略を説明する。

【主旨（しゅし）】内容のおもな事柄。要点。例 主旨を尊重する。

【大意（たいい）】だいたいの意味。例 文章の大意を把握する。

【大概（たいがい）】ほとんど全部。たいてい。例 大概のことは我慢する。

【大綱（たいこう）】根本となる点。内容のだいたい。例 大綱を発表する。

【大要（たいよう）】だいたいの要点。おおよそ。例 大要は以上の通り。

【大略（たいりゃく）】物事のあらまし。例 まず大略を述べる。

【要旨（ようし）】文章や話の中心となる事柄。例 要旨だけ話す。

【要約（ようやく）】重要な事柄のまとめ。例 簡潔に要約する。

【輪郭（りんかく）】おおよその形。だいたいの様子。例 事件の輪郭が浮かぶ。

そのほかの表現 粗方／粗筋／大抵／大体／要点／凡（おおよ）そ／一概に／アウトライン／ダイジェスト（要約）／サマリー（要約）／プロット（粗筋）

あらわす　あらわれる
表す　現れる

【隠見（いんけん）】見えたり隠れたりする。見え隠れ。例 灯台の光が隠見する。

【具現（ぐげん）】具体的な姿で現す。例 理想像を具現する。

【顕現（けんげん）】目に見える形で現れる。例 人道主義を顕現する。

【現出（げんしゅつ）】実際に現れる。例 夢の世界を現出する。

【現前（げんぜん）】現れて目の前にある。例 れっきとして現前する。

【示現（じげん）】神仏が神秘の力を現すこと。例 神の示現を目撃する。

【出没（しゅつぼつ）】現れたり隠れたりする。例 怪しい男が出没する。

【新出】（しんしゅつ）初めて現れてくる。例新出の英単語。

【続出】（ぞくしゅつ）つぎつぎと出てくる。例故障者が続出する。

【体現】（たいげん）抽象的な事柄を具体的な形に現す。例教えの体現。

【輩出】（はいしゅつ）優れた人物がつぎつぎと世に現れる。例人材を輩出する。

【発揮】（はっき）持ち前の能力などを現し示す。例才能を発揮する。

【発現】（はつげん）現象などが現れ出る。例自覚症状が発現する。

【発露】（はつろ）気持ちなどが自然に表れる。例友情の発露。

【表示】（ひょうじ）表して示す。図表にして示す。例ベストテンを表示する。

【表出】（ひょうしゅつ）心にあるものを外に表す。例感情を表出する。

【表白】（ひょうはく）心のうちを言葉や文章で表す。例粉飾のない表白。

【表明】（ひょうめい）意見などを明確に表す。例見解を表明する。

【頻出】（ひんしゅつ）頻繁に現れる。例試験に頻出する英単語。

【流露】（りゅうろ）心のうちが自然に表れる。例真情の流露を見る。

【露出】（ろしゅつ）あらわにさらす。例肌を大胆に露出する。

【露呈】（ろてい）隠れていたものが現れる。例準備不足が露呈する。

そのほかの表現 表現／実現／出現／再現／登場／重出／裸出（らしゅつ）／デビュー／エクスプレッション（表現）

⇩この項目も 述べる

ありがたい　有り難い

【御礼】（おれい）謝意を表すこと。感謝のしるし。例心から御礼を言う。

【過分】（かぶん）分に過ぎてふさわしくない。例過分な賛辞を頂戴する。

【感恩】（かんおん）恩を感じてありがたく思う。例感恩にむせぶ。

【感佩】（かんぱい）深く感謝して忘れない。例御仁愛の深きを感佩する。

【謝意】（しゃい）感謝の気持ち。例ご賛同に謝意を表する。

【謝礼】（しゃれい）感謝を込めた御礼。また、その金品。例協力者に謝礼を贈る。

【深謝】（しんしゃ）深く感謝する。例ご厚意に深謝いたします。

【多謝】（たしゃ）厚く礼を言う。また、深くわびる。例ご支援に多謝。

【拝謝】（はいしゃ）礼とわびの謙譲語。例拝謝の意を述べる。

【万謝】（ばんしゃ）深く感謝する。例ご高配に万謝を捧げる。

そのほかの表現 感謝／サンクス（感謝）

ある　有る（在る）

ありなし。あるかないか。【有無】(うむ) 例欠席者の有無を確かめる。

間にはさまって存在する。【介在】(かいざい) 例不純な動機が介在する。

物事の外部にある。【外在】(がいざい) 例外在的な要因がある。

以前から存在している。【既存】(きそん) 例既存の権益を守る。

異なるものがともに存在する。【共存】(きょうそん) 例友好的に共存する。

共同で所有・使用する。【共有】(きょうゆう) 例駐車場を共有する。

必要なものが備わっている。【具備】(ぐび) 例相応の条件を具備している。

性質・才能などをそなえ持っている。【具有】(ぐゆう) 例優れた学才を具有する。

見える形で存在する。【顕在】(けんざい) 例悪事が顕在化する。

今。また、現にある。【現在】(げんざい) 例現在住んでいる村。

今、実際にある。【現存】(げんそん) 例遺物が現存する。

明確に存在する。【厳存】(げんそん) 例その資料は厳存している。

入り混じって存在する。【混在】(こんざい) 例異質な要素が混在する。

外国にいる。外国にある。【在外】(ざいがい) 例在外資産を保護する。

袋や箱の中に入っている。【在中】(ざいちゅう) 例重要書類在中。

広く散らばっている。【散在】(さんざい) 例山間に民家が散在する。

実際に存在する。【実在】(じつざい) 例今でも子孫が実在する。

表面に出ないで存在する。【潜在】(せんざい) 例まだ潜在能力がある。

存在するかしないか。【存否】(そんぴ) 例古文書の存否をたずねる。

点々と散らばっている。【点在】(てんざい) 例平地に木立が点在する。

もの自体の内部にある。【内在】(ないざい) 例困難な問題が内在する。

隠れて存在する。【伏在】(ふくざい) 例多くの障害が伏在している。

分かれて存在する。【分布】(ぶんぷ) 例桜は全国的に分布している。

一部にかたよって存在する。【偏在】(へんざい) 例富が偏在する。

あまねく存在する。どこにでもある。【遍在】(へんざい) 例神は遍在する。

そのほかの表現 実存／存在／兼備／所有／所持／保有／有り合わせ／有る無し／エグジスタンス(実存)／ザイン(存在)

あるく あゆみ
歩く
歩み

目的をもって各地を訪ねて回ること。【行脚】(あんぎゃ) 例遊説行脚の旅に出る。

大またに歩く。威張って歩く。【闊歩】(かっぽ) 例天下の往来を闊歩する。

諸方を巡り歩く。【巡行】(じゅんこう) 例京都の史蹟を巡行する。

長い道のりや険しい道を歩き通す。【踏破】(とうは) 例密林を踏破する。

普通の速さの歩き方。【並足（なみあし）】例並足で一時間の道のり。

速く歩く歩き方。【早足（はやあし）】例気が急いて早足になる。

ひとまたぎ。一歩。わずかな距離。【一足（ひとあし）】例駅までは一足だ。

（多くの人が）歩くときの調子。【歩調（ほちょう）】例歩調をとる。

そのほかの表現 ウォーク／ウォーキング

あわせる 合わせる（併）

別な数量を合計する。【合算（がっさん）】例期別の売上高を合算する。

合わさって一つになる。【合体（がったい）】例小会派同士が合体する。

合わせて一つにする。【合併（がっぺい）】例子会社を合併する。

照らし合わせて異同を確かめる。【校合（きょうごう）】例写本と校合する。

利害などを調整して、力を合わせる。【協調（きょうちょう）】例与党と協調する。

一つに合わさる。【合一（ごういつ）】例神仏の奇妙な合一が見られる。

数を合わせて和を求める。【合計（ごうけい）】例収入を合計する。

結合させて一つのものにする。【合成（ごうせい）】例写真を合成する。

混ぜ合わせて一つのものにする。【混成（こんせい）】例二球団の混成チーム。

数値を集めて合計を出す。【集計（しゅうけい）】例集計して平均を出す。

照らし合わせる。【照合（しょうごう）】例伝票と帳簿を照合する。

すべての数値を合計する。【総計（そうけい）】例支出の総計を出す。

環境などにうまく合う。【適応（てきおう）】例どんな状況にも適応する。

まとめて一つにする。【統合（とうごう）】例校舎を一箇所に統合する。

うまく取り合わせる。【配合（はいごう）】例色の配合に気を遣う。

一つにまとめ合わせる。【併合（へいごう）】例市が町を併合する。

手術のあとなどを縫い合わせる。【縫合（ほうごう）】例傷口を縫合する。

一つにとけあう。【融合（ゆうごう）】例自然と人工が融合する。

傷などが治って開口部が合わさる。【癒合（ゆごう）】例患部が癒合する。

そのほかの表現 トータル／コーポレーション（共同）／コラボレーション（共同）／コンビネーション（結合）

⇩この項目も 組む・合う

あわてる 慌てる（周章）

思いがけないことにまごつく。【狼狽える（うろたえる）】例財布を忘れて狼狽える。

急いで懸命に物事を行うさま。【大童（おおわらわ）】例仕度に大童だ。

【恐慌】（きょうこう）恐れ慌てる。 例会社中に恐慌を来す。

【周章】（しゅうしょう）慌てふためく。 例突然の悲報に周章する。

【倉皇】（そうこう）ひどく慌てるさま。「蒼惶」。 例倉皇として辞去する。

【転倒】（てんとう）気持ちの平静さを失う。「顛倒」。 例思いがけない事件に気が転倒する。

【動転】（どうてん）驚き慌てて、何もわからなくなる。 例あまりのショックに動転する。

【動揺】（どうよう）心が揺れ動く。平静さを失う。 例内心の動揺を抑える。

【狼狽】（ろうばい）慌てふためく。うろたえる。 例狼狽の色を隠さない。

あわれむ　哀れむ（憐）

【哀願】（あいがん）哀れそうに願う。同情心に訴える。 例涙声で哀願する。

【哀惜】（あいせき）人の死などを惜しみ悲しむ。 例哀惜の念に堪えない。

【幼気】（いたいけ）かわいらしくて痛々しいさま。 例幼気な女の子。

【慈悲】（じひ）哀れみいつくしむ。 例みほとけの慈悲にすがる。

【不憫】（ふびん）哀れに思う。あわれみ。 例親に死なれて不憫な子だ。

【憐憫】（れんびん）かわいそうだと思う。 例憐憫の情を抱く。

⇩この項目も　悲しい・情け

あんしん　安心（安神）

【安堵】（あんど）心配事がなくなって安心する。 例無事の知らせに安堵する。

【休心】（きゅうしん）（多く手紙文で）安心。「休神」。 例どうかご休心ください。

【心丈夫】（こころじょうぶ）頼りになって心強い。気丈夫。 例警護を心丈夫に思う。

【放心】（ほうしん）心配をやめる。 例解決しましたのでご放心ください。

【放念】（ほうねん）気遣いをやめる。 例例の件、ご放念ください。

【楽観】（らっかん）将来を明るく考えて心配しない。 例先行きを楽観する。

い

いう　言う（云・謂）

【悪態】（あくたい）口汚くののしる。悪口。 例悪態をついて立ち去る。

【一言】（いちごん）短く言う。ひとこと。「いちげん」。 例一言あって然るべきだ。

【確言】（かくげん）確かなことを言い切る。そのことば。 例実行を確言する。

【甘言】（かんげん）人に取り入るための巧みなことば。 例甘言にだまされる。

【換言】（かんげん）別なことばに言い換える。 例換言すれば…。

【諫言（かんげん）】 (目上の人を)いさめる。忠告。 例 死を覚悟で諫言する。

【極言（きょくげん）】 極端な言い方で言う。 例 極言は慎みたい。

【言明（げんめい）】 はっきりという。 例 値上げはしないと言明する。

【口外（こうがい）】 秘密などを他人に言う。 例 内部情報を口外する。

【公言（こうげん）】 おおやけに堂々と言う。 例 秘密はないと公言する。

【広言（こうげん）】 大きなことを言う。 例 広言してはばからない。

【巧言（こうげん）】 口先だけでうまいことを言う。 例 巧言に乗せられる。

【抗言（こうげん）】 逆らって言い返す。 例 お言葉だが、あえて抗言する。

【高言（こうげん）】 偉そうに大きなことを言う。 例 思い上がった高言。

【豪語（ごうご）】 自信に満ちて大きなことを言う。 例 成功疑いなしと豪語する。

【失言（しつげん）】 不都合なことを、うっかり言う。 例 失言を取り消す。

【雑言（ぞうごん）】 さまざまな悪口を言う。 例 無礼な雑言を浴びせる。

【大言（たいげん）】 威張って大げさに言う。 例 見え透いた大言を吐く。

【他言（たごん）】 秘密などを他人に話す。 例 この件は他言しないでくれ。

【断言（だんげん）】 きっぱりと言い切る。 例 不正はないと断言する。

【直言（ちょくげん）】 意見などを遠慮なく言う。 例 上司に直言する。

【痛言（つうげん）】 手厳しいことを言う。 例 綱紀について痛言する。

【毒舌（どくぜつ）】 辛辣な批判・皮肉などを言う。 例 毒舌を振りまく。

【独白（どくはく）】 一人でせりふをしゃべること。 例 独白に思いを込める。

【発言（はつげん）】 人前で意見などを言う。 例 緊急の発言を求める。

【付言（ふげん）】 付け加えて言う。 例 関連案件を付言する。

【放言（ほうげん）】 無責任に思っていることを言い放つ。 例 放言を無視する。

【暴言（ぼうげん）】 状況を配慮せず、乱暴なことを言う。 例 暴言に怒りを覚える。

【明言（めいげん）】 はっきりと言う。 例 必ず実現すると明言する。

【妄言（もうげん）】 根拠のない出任せを言う。 例 妄言をわびる。

【約言（やくげん）】 要点を言う。 約束する。 例 約言をたがえる。

【遺言（ゆいごん）】 死の前に言い残す。法律では「いごん」。 例 父の遺言を果たす。

【予言（よげん）】 未来のことを予測して言う。 例 危機の到来を予言する。

【預言（よげん）】 預けられた神の言葉を告げること。 例 預言者。

【力説（りきせつ）】 強く主張して言う。 例 事実無根を力説する。

そのほかの表現 陳述／ワード／パスワード／ランゲージ(言語)／ディスクール(言説)／ボキャブラリー(語彙)／センテンス／フレーズ／エクリチュール(書き言葉)／パロール(話し言葉)／ダイアローグ(対話)／モノローグ(独白)

⇩この項目も 述べる・話す

いかり おこる
怒り 怒る

【鬱憤】（うっぷん） つもりつもった怒り。 例 日頃の鬱憤を晴らす。

【嚇怒】（かくど） 激しく怒る。「赫怒」。 例 部下の失態に嚇怒する。

【癇癪】（かんしゃく） 短気で怒りっぽい性質。その発作。 例 失敗を繰り返して癇癪を起こす。

【義憤】（ぎふん） 正義に反することへのいきどおり。 例 汚職に義憤を感じる。

【逆上】（ぎゃくじょう） かっとなってわれを忘れる。 例 怒りのあまり逆上する。

【激怒】（げきど） 激しく怒る。嚇怒。 例 嘲笑に激怒する。

【激憤】（げきふん） 激しいいきどおり。 例 思わぬ反抗に激憤する。

【激高】（げっこう） 怒りで感情が高ぶる。「激昂」。 例 部下の反逆に激高する。

【業腹】（ごうはら） 腹に据えかねること。 例 あやまるのも業腹だ。

【私憤】（しふん） 私事の怒りや恨み。 例 根底には私憤がある。

【瞋恚】（しんい） 激しく怒り、憎む。 例 瞋恚の目で見つめる。

【痛憤】（つうふん） ひどくいきどおる。 例 不公正な扱いに痛憤する。

【怒気】（どき） 怒った気持ち。 例 われを忘れて怒気を発する。

【悲憤】（ひふん） 悲しみいきどおる。 例 悲憤のあまり号泣する。

【憤慨】（ふんがい） ひどく腹を立てる。 例 同志の裏切りに憤慨する。

【憤激】（ふんげき） ひどくいきどおる。 例 憤激して立ち上がる。

【憤然】（ふんぜん） 激しくいきどおるさま。 例 憤然と抗議する。

【憤怒】（ふんぬ） 激しく怒るさま。 例 憤怒の形相で仇敵に迫る。

【憤懣】（ふんまん） 腹が立ってもだえる気持ち。 例 憤懣やるかたない。

【余憤】（よふん） 心に残るいきどおり。 例 容易に余憤がおさまらない。

そのほかの表現 公憤／憤激／立腹

いきおい
勢い

【威勢】（いせい） 威圧する勢い。また元気のよいさま。 例 威勢よく駆けだす。

【気運】（きうん） 世間がある状態になろうとする傾向。 例 新しい気運が芽生える。

【権勢】（けんせい） 権力を持ち、勢力のあること。 例 ほしいままに権勢を振るう。

【現勢】（げんせい） 現在の勢力や情勢。また、成り行き。 例 各国の現勢を分析する。

【攻勢】（こうせい） 攻撃する態勢。また、その勢い。 例 攻勢に転じる。

【勝勢】（しょうせい） 勝ちそうな勢い。 例 先手の勝勢がはっきりする。

【時流】（じりゅう） その時代の社会全般の風潮。 例 時流に乗じて人気を博す。

【衰勢】（すいせい） 勢いが衰える。 例社業の衰勢を食い止める。

【勢威】（せいい） 権勢で威圧すること。 例勢威を振るう大国。

【勢力】（せいりょく） 他を恐れさせ従わせる力・勢い。 例圧倒的な勢力。

【舌鋒】（ぜっぽう） 弁舌の勢い。 例舌鋒鋭く論破する。

【体勢】（たいせい） 物事に対応する体の構え。 例有利な体勢に持ち込む。

【退勢】（たいせい） 勢いが衰え、形勢が悪くなる。 例退勢を挽回する。

【態勢】（たいせい） 物事に対応する構え。 例準備態勢を整える。

【潮流】（ちょうりゅう） 潮の流れ。また、世間の流れ。 例時代の潮流を見きわめる。

【騰勢】（とうせい） 物価・相場などが上昇傾向にある。 例株価が騰勢に転じる。

【筆勢】（ひっせい） 筆づかいの勢い。また、その趣。 例力強い筆勢。

【暴威】（ぼうい） 荒々しい勢い。 例台風が暴威を振るう。

【猛威】（もうい） すさまじい勢い。 例流行性感冒が猛威を振るう。

【優勢】（ゆうせい） 相手にまさっている状況。まさっている勢力。 例圧倒的優勢を誇る。

【余勢】（よせい） 何かをし遂げて、調子に乗った勢い。 例余勢を駆って連勝する。

【劣勢】（れっせい） 相手に劣る勢力。劣っている状況。 例劣勢に耐える。

【論鋒】（ろんぽう） 相手を攻撃する議論の勢い。 例鋭い論鋒で非難する。

⇩この項目も 成り行き

いさましい 勇ましい

【果敢】（かかん） 思い切りよく大胆に行うさま。 例果敢にゴールをねらう。

【果断】（かだん） ためらわずに実行するさま。 例果断な行動に出る。

【敢為】（かんい） 断固として実行すること。 例敢為の気性に富む。

【敢然】（かんぜん） 思い切ってことをなすさま。 例敢然と挑戦する。

【剛胆】（ごうたん） 肝が太く、動じないさま。「豪胆」。 例剛胆な武将。

【剛勇】（ごうゆう） 強くて勇ましい。「豪勇」。 例剛勇で名高い武士。

【精悍】（せいかん） たくましくて活気があふれている。 例精悍なプレーぶり。

【壮烈】（そうれつ） 勇ましく、激しいさま。 例壮烈な突撃を敢行する。

【忠勇】（ちゅうゆう） 忠義の心をもち、勇気がある。 例忠勇な兵士。

【沈勇】（ちんゆう） 沈着で勇気がある。 例沈勇の指揮官。

【蛮勇】（ばんゆう） 分別のない勇気。 例あえて蛮勇を振るう。

【猛然】（もうぜん） 勢いが激しいさま。 例猛然とスパートをかける。

【猛勇】（もうゆう） たけだけしく、勇ましい。勇猛。 例猛勇で鳴る剣客。

【勇敢】（ゆうかん） 勇気があってひるまない。 例強敵と勇敢に戦う。

【勇気】（ゆうき） ひるまずに物事に立ち向かう気力。 例 勇気ある行動。

【勇壮】（ゆうそう） 勇ましく、意気盛んなさま。 例 勇壮なメロディー。

【勇武】（ゆうぶ） 勇気があって武術に優れていること。 例 勇武の家柄に生まれる。

【凛乎】（りんこ） 勇ましく、りりしいさま。 例 凛乎とした若武者。

そのほかの表現
毅然／決然／正大／壮絶／堂堂／奮然／雄勁（ゆうけい）／雄壮／勇猛／雄雄しい／凛凛（りり）しい／ブレイブ（勇敢な）

いそがしい　忙しい

【齷齪】（あくせく） 目先のことにこせこせと忙しい。 例 仕事に齷齪する。

【倥偬】（こうそう） 忙しく、慌ただしい。 例 兵馬倥偬。

【性急】（せいきゅう） 慌ただしく、せわしない。 例 性急に方針を立てる。

【匆匆】（そうそう） 慌ただしく忙しい。 例 匆匆の間に処理する。

【倉卒】（そうそつ） 慌ただしく忙しい。「草卒」。 例 倉卒として出て行く。

【怱忙】（そうぼう） 忙しくて落ち着かない。 例 怱忙を極める。

【繁劇】（はんげき） きわめて忙しいこと。 例 繁劇の職務をこなす。

【繁多】（はんた） 仕事や用事が多くて忙しい。 例 事務繁多の時期になる。

【繁忙】（はんぼう） 非常に忙しい。 例 年末の繁忙期を迎える。

【繁用】（はんよう） 用事が多くて忙しい。 例 ご繁用とは存じますが…。

【忙殺】（ぼうさつ） 非常に忙しい。 例 書類づくりに忙殺される。

いそぐ　急ぐ

【火急】（かきゅう） 突然で、差し迫っている。 例 火急の事態に対処する。

【緩急】（かんきゅう） 遅いことと速いこと。急なこと。 例 緩急自在のピッチング。

【危急】（ききゅう） 危険が目前に迫ること。 例 まさに危急の状況にある。

【急遽】（きゅうきょ） 急いで事を行うさま。 例 急遽予定を変更する。

【急激】（きゅうげき） 物事が突然激しく変わるさま。 例 急激な変動。

【急場】（きゅうば） 急いで対処しなければならない状況。 例 なんとか急場をしのぐ。

【急迫】（きゅうはく） 重大な事態が差し迫る。 例 戦局は急迫を告げる。

【緊急】（きんきゅう） 重大で至急対処の必要があること。 例 緊急指令を出す。

【緊切】（きんせつ） 差し迫っていて、大切である。 例 緊切な課題。

【緊迫】（きんぱく） 非常に情勢が差し迫っていること。 例 事態が一挙に緊迫する。

【至急】（しきゅう） 非常に急ぐこと。 例 仕事に至急とりかかる。

【切迫】（せっぱく） 時間や重大な事態が目前に迫ること。 例 切迫の度合いを高める。

【早急(そうきゅう)】非常に急ぐこと。「さっきゅう」。 例早急に取り掛かる。

【倉皇(そうこう)】急ぎあわてるさま。「蒼惶」。 例倉皇として別れる。

【匆匆(そうそう)】あわただしいさま。「草草」。 例匆匆の間。

【倉卒(そうそつ)】あわただしいこと。「草卒」。 例倉卒として去った。

いたむ 痛む
いたみ 痛み

【哀傷(あいしょう)】(人の死に際して)悲しみいたむ。 例深い哀傷の念を抱く。

【哀惜(あいせき)】死や失われた事物を惜しみ悲しむ。 例哀惜に堪えない。

【哀悼(あいとう)】人の死を悲しみいたむ。 例謹んで哀悼の意を捧げる。

【痛手(いたで)】深い傷。重傷。転じて、損害。 例株式投資で痛手を受ける。

【汚損(おそん)】物が汚れていたむ。 例壁面の汚損が激しい。

【感傷(かんしょう)】悲しく感じて心をいためること。 例漠然とした感傷にふける。

【毀損(きそん)】傷つけこわすこと。 例名誉毀損で訴える。

【激痛(げきつう)】激しい痛み。 例患部に激痛が走る。

【愁傷(しゅうしょう)】嘆き悲しむこと。 例まことにご愁傷様です。

【傷心(しょうしん)】傷ついた心。打ちひしがれた気持ち。 例傷心を抱いて帰郷する。

【心痛(しんつう)】心配事などで心をいためること。 例心痛のあまり寝込む。

【折損(せっそん)】折れて損傷する。 例支柱が折損する。

【疝痛(せんつう)】腹部臓器の病気による痛みの発作。 例持病の疝痛が起こる。

【損傷(そんしょう)】こわれ傷つくこと。 例内部の損傷がひどい。

【沈痛(ちんつう)】深い悲しみに心をいためるさま。 例沈痛な面持ち。

【鎮痛(ちんつう)】痛みをしずめること。 例鎮痛剤を投与する。

【追悼(ついとう)】故人をしのび、いたみ弔うこと。 例追悼の辞を述べる。

【痛痒(つうよう)】痛みとかゆみ。また、影響や利害。 例痛痒を感じない。

【疼痛(とうつう)】うずくような痛み。 例虫歯の疼痛に悩む。

【破損(はそん)】物の一部分がこわれる。 例後部の破損が大きい。

【悲傷(ひしょう)】心が痛み、嘆き悲しむこと。 例悲傷にうち沈む。

【悲痛(ひつう)】悲しみで心がひどく痛むさま。 例悲痛な声がほとばしる。

【腐敗(ふはい)】腐る。食品がいたむ。 例野菜類の腐敗が進む。

【腰痛(ようつう)】腰の部分の痛み。 例腰痛で起き上がれない。

いつも 何時も

【恒常(こうじょう)】常に一定して、変化しないこと。 例恒常的な赤字。

【始終（しじゅう）】始めから終わりまで絶えず。 例始終監視されている。

【常在（じょうざい）】いつもある場所にいること。 例支店の常在社員。

【常時（じょうじ）】常日ごろ。いつでも。 例常時点検を怠らない。

【常住（じょうじゅう）】常にそこに住む。また、常々。平素。 例常住感じることがある。

【常駐（じょうちゅう）】いつも駐在する。 例警察官が常駐する。

【随時（ずいじ）】必要な、また、適当な時にいつでも。 例随時休憩する。

【通常（つうじょう）】日常的に普通なこと。 例授業は通常の通り行う。

【常常（つねづね）】常日ごろ。いつも。 例常々言い聞かせている。

【不断（ふだん）】絶えることなく続く。 例不断の努力が役に立つ。

【平常（へいじょう）】いつもと同じさま。 例運転ダイヤは平常どおり。

【平生（へいぜい）】普通の毎日。ふだん。 例平生の暮らしを楽しむ。

【平素（へいそ）】変わらない日々。常日ごろ。 例平素から万一に備える。

【毎次（まいじ）】回を追って。そのたびごと。 例毎次、報告すること。

いのち

命

【息の緒（いきのお）】長く続く呼吸の意。命。玉の緒。 例息の緒が絶える。

【一命（いちめい）】ただ一つの大切な生命。 例一命をとりとめる。

【死生（しせい）】死と生。死ぬか生きるか。 例死生をさまよう。

【定命（じょうみょう）】前世の因縁で定められている寿命。 例定命が尽きる。

【常命（じょうみょう）】仏教で、普通の寿命。 例常命を保つ。

【身命（しんめい）】体と命。 例身命を賭して闘う。

【長寿（ちょうじゅ）】長い寿命。長生き。 例祖父の長寿を祝う。

【長命（ちょうめい）】長く生きること。 例矍鑠（かくしゃく）として長命を保つ。

【天寿（てんじゅ）】天から授けられた寿命。天命。 例天寿を全うする。

【天命（てんめい）】天から授けられた寿命。また、運命。 例これは天命というしかない。

【薄命（はくめい）】寿命の短いこと。また、不幸せ。 例薄命の詩人。

【命数（めいすう）】命の長さ。寿命。 例ついに命数が尽きる。

【命脈（めいみゃく）】絶えずに続く命。 例かろうじて命脈を保つ。

【余命（よめい）】残っているいのち。 例余命いくばくもない。

【落命（らくめい）】災難などで命を落とす。死ぬ。 例不慮の事故で落命する。

【露命（ろめい）】すぐに消える露のようにはかない命。 例露命をつなぐ。

そのほかの表現 息の根／命冥加／寿命／人命／生／生命／短命／玉の緒／ライフ

い

いのる 祈る（禱る）

【祈願】（きがん） 神仏に祈って願い事をする。 例 交通安全を祈願する。

【起請】（きしょう） 神仏に誓紙を差し出して誓う。 例 起請文を取り交わした。

【祈禱】（きとう） 神仏に願い事の成就を祈ること。 例 雨乞いのために祈禱を行う。

【祈念】（きねん） 心をこめて祈る。 例 両親の健康を祈念する。

【護摩】（ごま） 密教で護摩木を燃やして祈ること。 例 荘厳な護摩供養が行われた。

【勤行】（ごんぎょう） 僧侶が読経や焼香をして祈ること。 例 朝の勤行が始まった。

【参籠】（さんろう） 社寺にこもって祈願する。 例 参籠して平癒（へいゆ）を祈願する。

【祝禱】（しゅくとう） キリスト教で、神の祝福を願う祈り。 例 牧師が祝禱をささげた。

【誓願】（せいがん） 誓いを立て願いをこめて神仏に祈る。 例 優勝を誓願する。

【発願】（ほつがん） 神仏に祈り、願をかけること。 例 創業を発願する。

【黙禱】（もくとう） 目を閉じ、黙って心の中で祈る。 例 墓前で黙禱する。

【立願】（りつがん） 神仏に願を立てる。「りゅうがん」。 例 家運挽回を立願する。

いま 今

【今時】（いまどき） 今ごろ。近ごろ。今の時代。 例 今時の若い人。

【今日日】（きょうび） 今日このごろ。 例 今日日もうけ口などはない。

【現下】（げんか） 今の時点。 例 現下の経済情勢。

【現今】（げんこん） 今現在。方今。 例 現今の景況を分析する。

【現時】（げんじ） 今。現時点。 例 現時の備蓄を確認する。

【古今】（ここん） 昔と今。昔から今まで。 例 古今の文献を渉猟する。

【今昔】（こんじゃく） 今と昔。 例 思えば今昔の感に堪えない。

【昨今】（さっこん） このごろ。最近。 例 昨今は何かと事件が多い。

【時下】（じか） （手紙文などで）このごろ。現在。 例 時下、ご清祥の御事と…。

【即座】（そくざ） その場ですぐに。 例 即座に返事をする。

【即刻】（そっこく） 間をおかずに。ただちに。 例 即刻出頭せよ。

【只今】（ただいま） ちょうど今。少し前。 例 只今帰りました。

【当今】（とうこん） このごろ。最近。 例 当今は着物姿が見られない。

【当世】（とうせい） 今の世の中。現代。 例 当世風の服装。

【当節】（とうせつ） このごろ。近ごろ。 例 当節は暮らしにくい。

【当代】（とうだい） 今の時代。現代。 例 当代随一を誇る。

【目下】（もっか） 今。ただ今。今の時点。 例 目下の状況は厳しい。

いましめる 戒める

【遺訓（いくん）】故人の残した教えや戒め。 例先祖の遺訓を守る。

【戒告（かいこく）】罪や過失を戒める。「誡告」。 例戒告処分。

【戒飭（かいちょく）】行いを慎むように戒める。 例当事者を戒飭する。

【諫言（かんげん）】目上の人をいさめる。 例死を覚悟で諫言する。

【教訓（きょうくん）】教えさとすこと。 例先輩の教訓が役に立つ。

【訓戒（くんかい）】さとし戒めること。「訓誡」。 例綱紀のゆるみを訓戒する。

【訓示（くんじ）】心得・注意などを言い聞かせる。 例責任者として訓示する。

【訓辞（くんじ）】戒めや教えのことば。 例長官が訓辞を述べる。

【訓諭（くんゆ）】教えさとす。 例上司から訓諭を受ける。

【警戒（けいかい）】万一に備え、注意し気をつける。 例周囲を厳重に警戒する。

【警告（けいこく）】あらかじめ伝えて戒める。 例不法駐車に警告を出す。

【警世（けいせい）】世間の人々を戒める。 例警世の鐘を鳴らす。

【自戒（じかい）】自分で自分を戒める。 例気のゆるみを自戒する。

【持戒（じかい）】仏教で、戒律を守り、犯さないこと。 例持戒の高僧。

【十戒（じっかい）】仏教で、十悪に対する戒め。 例沙弥（しゃみ）の守るべき十戒。

【叱正（しっせい）】しかって誤りを正すこと。 例ご叱正をこう。

【叱責（しっせき）】しかりとがめる。 例遅刻した生徒を叱責する。

【垂訓（すいくん）】教えを与えること。その教え。 例山上の垂訓。

【説教（せっきょう）】さとして戒める。小言を言う。 例親父の説教は聞きあきた。

【切言（せつげん）】心をこめて忠告する。 例友の切言に心を打たれる。

【説諭（せつゆ）】過ちを改めるよう、さとす。 例説諭だけで放免する。

【忠言（ちゅうげん）】いさめる。忠告。 例素直に忠言を聞く。

【忠告（ちゅうこく）】相手のためを思って言う。 例あえて忠告する。

【懲戒（ちょうかい）】懲らしめ、戒める。 例懲戒処分を受ける。

【破戒（はかい）】（特に仏教で）戒めを破ること。 例破戒僧。

【諭告（ゆこく）】上の者が下の者にさとし告げること。 例諭告処分。

【諭旨（ゆし）】理由をさとし、言い聞かせること。 例諭旨免職。

いもうと 妹

【妹御（いもうとご）】他人の妹に対する古風な敬称。 例先日、妹御にお会いした。

【義妹（ぎまい）】義理の妹。配偶者の妹など。 例義妹の関係にある。

い

【愚妹（ぐまい）】愚かな妹。自分の妹をいう謙称。　例愚妹に届けさせます。

【実妹（じつまい）】血を分けた妹。実の妹。　例実妹が二人いる。

【令妹（れいまい）】他人の妹に対する敬称。　例ご令妹も一緒にどうぞ。

いれる　入れる（容）

【移入（いにゅう）】物資などを移し入れる。　例隣県から米を移入する。

【格納（かくのう）】物を特定の場所にしまい入れる。　例ジェット機を格納する。

【吸引（きゅういん）】吸い込む。また、引き寄せる。　例吸引力が強い。

【混入（こんにゅう）】混ぜ入れる。　例毒性物質が混入する。

【竄入（ざんにゅう）】文面に誤った字句などが紛れ込む。　例竄入の有無を調べる。

【収納（しゅうのう）】しまい入れる。　例不用品をロッカーに収納する。

【収容（しゅうよう）】人・物を一定の場所に入れる。　例難民を施設に収容する。

【受容（じゅよう）】受け入れて取り込む。　例海外の文化を受容する。

【挿入（そうにゅう）】さし入れる。さし挟む。　例図表を挿入する。

【注入（ちゅうにゅう）】そそぎ入れる。つぎ込む。　例タンクに水を注入する。

【投函（とうかん）】郵便物をポストに入れる。　例年賀状を投函する。

【投入（とうにゅう）】投げ入れる。つぎ込む。　例資金を投入する。

【導入（どうにゅう）】引き入れる。取り入れる。　例新技術を導入する。

【入庫（にゅうこ）】物を倉庫などに入れる。　例新刊書を入庫する。

【入力（にゅうりょく）】データをコンピュータに入れる。　例名簿を入力する。

【納入（のうにゅう）】金銭や物品を納める。　例学費を納入する。

【搬入（はんにゅう）】運び入れる。　例展示物を搬入する。

【封入（ふうにゅう）】袋や箱に入れて封じ込む。　例ガスをボンベに封入する。

【編入（へんにゅう）】組織などに組み入れる。　例第四学年に編入する。

【包容（ほうよう）】包み入れる。　例人を温かく包容する。

【流入（りゅうにゅう）】流れ込む。　例外国資金が流入する。

そのほかの表現　エンター／インサート／イントロダクション／インプット

いろ　色

【暗色（あんしょく）】暗い感じの色。明度の低い色。　例暗色を基調にする。

【異彩（いさい）】異なった色合い。際立った趣。　例ひときわ異彩を放つ。

【色気（いろけ）】色彩の感じ。また、性的魅力。　例色気のいいコート。

【色艶（いろつや）】色とつや。また、物事の味わい。　例顔の色艶がいい。

【色目】（いろめ）色の具合・調子。 例 色目のいい振り袖。

【寒色】（かんしょく）冷たい感じのする青系統の色。 例 寒色を生かした絵画。

【間色】（かんしょく）原色を混ぜ合わせてできる色。 例 淡い間色の着物。

【毛色】（けいろ）体毛の色。人・物の性質や種類。 例 毛色の変わった人物。

【血色】（けっしょく）赤みのさした顔の色つや。 例 健康で血色もいい。

【原色】（げんしょく）色合いのはっきりした色。 例 原色のマフラーを編む。

【五彩】（ごさい）五種類の色。特に、青・黄・赤・白・黒。 例 五彩の朝雲。

【彩色】（さいしき）色を塗ること。「さいしょく」。 例 陶器に彩色を施す。

【雑色】（ざっしょく）種々混ざった色。さまざまな色。 例 雑色の金魚。

【地色】（じいろ）生地や下地の色。 例 地色を生かした配色。

【色彩】（しきさい）色。いろどり。色合い。 例 豊かな色彩感覚。

【色相】（しきそう）色合い。 例 彩度・明度・色相が色の三要素。

【色調】（しきちょう）色の濃淡・明暗などの調子。 例 硬質な色調で描く。

【染色】（せんしょく）染料で布地などを着色する。 例 茶色に染色する。

【退色】（たいしょく）色があせる。「褪色」。 例 日に焼けて退色したカーテン。

【単色】（たんしょく）純粋なただ一つの色。 例 単色の写真。

【暖色】（だんしょく）暖かい感じのする赤・黄系統の色。 例 暖色のセーター。

【着色】（ちゃくしょく）色をつけること。 例 人工着色の食品。

【天然色】（てんねんしょく）自然そのままの色。 例 天然色映画。

【同色】（どうしょく）同じ色。同じ色彩。 例 スーツと同色の帽子。

【補色】（ほしょく）混ぜると灰色になる関係にある二色。 例 赤と緑は補色の関係にある。

【迷彩】（めいさい）周囲の色と似た色で偽装すること。 例 自衛隊の迷彩服。

【明色】（めいしょく）明るい感じの色。明度の高い色。 例 商品デザインを明色で統一する。

【憂色】（ゆうしょく）憂いの色を浮かべた様子。 例 不利で憂色が濃い。

【容色】（ようしょく）（特に女性の）顔かたち。 例 美しい容色を保つ。

そのほかの表現 有色／無色／顔色／体色／色白／五色（ごしき）／余色（よしょく）／七彩（しちさい）／警告色／極彩色／中間色／保護色／スペクトル／カラー

いわう 祝う

【内祝】（うちいわい）身内だけでする祝い事。 例 出産の内祝を送る。

【御慶】（ぎょけい）（特に新年を）祝うこと。 例 新年の御慶を申し上げます。

【謹賀】（きんが）謹んで喜びを述べる。 例 謹賀新年。

【慶賀】（けいが）喜び祝う。 例 このたびの受賞は慶賀に堪えない。

【慶祝】（けいしゅく）喜び祝う。例慶祝の宴を張る。

【心祝い】（こころいわい）ごくささやかな、気持ちだけの祝い。例仲間だけで心祝いをする。

【言祝ぐ】（ことほぐ）お祝いのことばを述べる。例新年を言祝ぐ。

【参賀】（さんが）皇居に行き、祝賀の意を表すること。例新春参賀。

【祝儀】（しゅうぎ）祝いの儀式。また、引出物。例参会者に祝儀を渡す。

【祝着】（しゅうちゃく）相手のめでたいことを喜び祝う。例ご婚約、祝着に存じます。

【祝賀】（しゅくが）祝い喜ぶこと。例創立五十周年記念祝賀会。

【祝勝】（しゅくしょう）勝利を祝う。例祝勝パーティー。

【祝福】（しゅくふく）幸福を祈り祝うこと。例新郎新婦の前途を祝福する。

【大慶】（たいけい）非常にめでたいこと。例ご結婚とは大慶至極。

【拝賀】（はいが）高貴な人に祝いのことばを述べる。例宮中で拝賀する。

【奉祝】（ほうしゅく）謹んで祝う。例ご成婚奉祝式典。

そのほかの表現 賀正／年賀／祝い歌／祝い酒／祝い箸／祝い物／お目出度（めでた）い／前祝い／賀する／セレブレート（祝福する）／コングラチュレーション（祝い）

う

うけもつ　受け持つ

【管轄】（かんかつ）公的機関の管理する範囲。例本件は管轄が異なる。

【差配】（さはい）手分けして仕事をさせること。例担当者を各業務に差配する。

【所轄】（しょかつ）公的機関の管轄範囲。例所轄の警察署。

【所管】（しょかん）事務などを管理する範囲。例農水省所管の施設。

【担当】（たんとう）仕事などを受け持つ。例広報業務を担当する。

【担任】（たんにん）（特に教師が）任務を受け持つ。例三学年の担任。

【負荷】（ふか）任務や責任を負うこと。例負荷の大きい任務。

【負担】（ふたん）物事を責任・義務として引き受ける。例負担が大きすぎる。

【分掌】（ぶんしょう）手分けして受け持つ。例経理を三課で分掌する。

【分担】（ぶんたん）分けて担当する。例費用を全員で分担する。

うける　受ける（承・請）

【受身】（うけみ）守勢だけの立場。例受身から攻勢に転じる。

【嘉納】（かのう）進物などを、喜んで受ける。例進言をご嘉納になる。

【享受】（きょうじゅ）受け入れて楽しむ。例文化的な生活を享受する。

【継承】（けいしょう） 地位・財産などを受け継ぐこと。 例 王位を継承する。

【後継】（こうけい） 地位や仕事などのあとを継ぐ。 例 よい後継者を得る。

【収受】（しゅうじゅ） 受け取って収める。 例 収受の有無を確認する。

【受給】（じゅきゅう） 給与・年金などを受け取る。 例 年金を受給する。

【受注】（じゅちゅう） 注文を受ける。「受註」。 例 受注産業。

【受動】（じゅどう） 働きかけを受ける。 例 あくまで受動的な立場を貫く。

【受容】（じゅよう） 受け入れる。 例 異文化を寛大に受容する。

【受理】（じゅり） 受け取って処理する。 例 申請書を受理する。

【承諾】（しょうだく） 聞き入れる。引き受ける。 例 依頼を承諾する。

【笑納】（しょうのう） 快く受け取る。 例 粗品ですがご笑納ください。

【接受】（せつじゅ） 受け取ること。受け入れること。 例 駐日大使を接受する。

【頂戴】（ちょうだい） 有り難く受け取る。 例 お祝いを頂戴する。

【納得】（なっとく） 理解して受け入れる。 例 明快な説明に納得する。

【落掌】（らくしょう） 手紙などを受け取る。落手。 例 貴簡落掌しました。

【領収】（りょうしゅう） 金銭などを受け取る。 例 料金を領収する。

そのほかの表現 受太刀／受付／受取／受納／落手／喫する／負う／レセプション（受付）／パッシブ（受動的）

⇩この項目も 収める・もらう・引き受ける

うごく 動く

【異動】（いどう） 職場で地位・任務を変える。 例 人事異動を行う。

【運動】（うんどう） 物体が動く。体を動かす。 例 周期運動。

【活動】（かつどう） 活発に動く。元気に働く。 例 火山が活動を始める。

【可動】（かどう） 動かすことができる。 例 可動式の書棚。

【起動】（きどう） 動き始めること。 例 モーターが起動する。

【機動】（きどう） 機敏に動くこと。 例 機動力を発揮する。

【激動】（げきどう） 激しく動く。 例 経済情勢が激動する。

【行動】（こうどう） 動いてある事を行う。 例 慎重に行動する。

【作動】（さどう） 機械、また、その一部が動く。 例 エンジンが作動する。

【始動】（しどう） 機械などが、動き始める。 例 発電機が始動する。

【蠢動】（しゅんどう） うごめく。陰でこそこそ動く。 例 反対派が蠢動する。

【振動】（しんどう） ゆれ動く。物理で、周期的に動く。 例 振り子の振動。

【震動】（しんどう） 震え動く。 例 地響きがして家が震動した。

【震撼】（しんかん）震え動かす。 例 一事件が世界を震撼させる。

【生動】（せいどう）生き生きとして動き出しそうなこと。 例 画面に生動感があふれる。

【扇動】（せんどう）人の気持ちをあおり動かす。「煽動」。 例 うかうかと扇動に乗る。

【顫動】（せんどう）続けて細かく震え動く。 例 かすかに顫動が伝わる。

【蠕動】（ぜんどう）身をくねらせるように動く。 例 小腸の蠕動運動。

【胎動】（たいどう）胎児が体内で動く。内面で動き出す。 例 変化のきざしが胎動する。

【他動】（たどう）他からの働きかけで動くこと。 例 他動的な要素。

【動向】（どうこう）動く方向・傾向。 例 世界経済の動向を占う。

【動作】（どうさ）事を行うときの体の動き。 例 動作に少しのむだもない。

【動静】（どうせい）物事の状態や動き。 例 敵の動静をうかがう。

【動体】（どうたい）動いているもの。また、気体・液体。 例 動体視力抜群のスポーツ選手。

【動態】（どうたい）物事が動く状態。 例 人口動態を分析する。

【動揺】（どうよう）揺れ動く。 例 心の動揺をしずめる。

【発動】（はつどう）動きを起こす。法的権限を行使する。 例 指揮権を発動する。

【反動】（はんどう）反対方向に力が働くこと。 例 好況の反動を恐れる。

【浮動】（ふどう）当てもなくゆれ動く。 例 浮動票が選挙戦を左右する。

【変動】（へんどう）状態などが変わり動くこと。 例 物価が変動する。

【脈動】（みゃくどう）脈打つように、生き生きと動く。 例 組織全体が脈動する。

【鳴動】（めいどう）大きな音を立てて揺れ動くこと。 例 噴火で大地が鳴動する。

【妄動】（もうどう）軽々しく行動すること。「盲動」。 例 妄動は許さない。

【躍動】（やくどう）生き生きと活発に動く。 例 プレーに若さが躍動する。

【律動】（りつどう）一定のリズムで動く。 例 律動感のあふれる演技。

【流動】（りゅうどう）流れるよう動く。 例 事態は流動的だ。

【連動】（れんどう）関係を保って動く。 例 通信システムと連動させる。

そのほかの表現 自動／微動／不動／感動／変化／躍る（おどる）／動きが取れない／蠢く（うごめく）／震える／揺り動かす／揺れる／アクション／ムーブメント

うしなう
失う

【遺失】（いしつ）置き忘れたりして、物を失う。 例 駅の遺失物係。

【散逸】（さんいつ）散らばって行方がわからなくなる。 例 古い文献が散逸する。

【失意】（しつい）望みがかなわず、落胆すること。 例 失意の日々を過ごす。

【失格】（しっかく）資格を失う。資格に合わないこと。 例 規則違反で失格する。

【失脚】（しっきゃく）失敗して地位を失う。 例 大臣の失脚をたくらむ。

う

法的な効力を失う。【失効（しっこう）】例期限が切れて失効する。

気を失う。「失心」。【失神（しっしん）】例驚きのあまり失神する。

飛行機が速度を失う。勢いを失う。【失速（しっそく）】例経済が失速する。

失敗して面目を失うこと。「失体」。【失態（したい）】例人前で失態を演じる。

権威・名誉などを失うこと。【失墜（しっつい）】例信用が失墜する。

記憶を失う。うっかり忘れる。【失念（しつねん）】例相手の名前を失念する。

視力を失う。【失明（しつめい）】例事故で失明する。

物が消えてなくなる。【消失（しょうしつ）】例権利が消失する。

焼けてなくなる。焼いて失う。【焼失（しょうしつ）】例火事で自宅を焼失する。

（おもに抽象的なものを）失う。【喪失（そうしつ）】例意欲を喪失する。

紛れてなくなる。物をなくす。【紛失（ふんしつ）】例書類を紛失する。

物がなくなる。また、なくす。【亡失（ぼうしつ）】例記録を亡失する。

忘れて失う。また、忘れる。【忘失（ぼうしつ）】例財布を忘失する。

滅びてなくなる。【滅失（めっしつ）】例町としての機能が滅失する。

流れてなくなる。【流失（りゅうしつ）】例洪水で堤防が流失する。

そのほかの表現　散失／ロス／ロスト

⇩この項目も　絶える・欠ける

うすい　薄い

味や厚みが薄い。【薄口（うすくち）】例薄口のしょう油。

布地・陶器などの厚みが薄いこと。【薄手（うすで）】例薄手の茶碗。

薄く織った織物。夏用の薄手の衣服。【薄物（うすもの）】例薄物を羽織る。

少なく薄い。意識などが乏しい。【希薄（きはく）】例勤労意欲が希薄だ。

軽々しく、考えが薄っぺらなさま。【軽薄（けいはく）】例軽薄な言動。

品物が不足している。【品薄（しなうす）】例品薄で値上がりする。

知識が浅く考えが薄っぺらなさま。【浅薄（せんぱく）】例浅薄な思想。

あっさりした薄いいろどり。【淡彩（たんさい）】例淡彩の風景画。

人手が足りないさま。【手薄（てうす）】例裏手の警備が手薄だ。

意志や体力が弱い。【薄弱（はくじゃく）】例薄弱な精神を鍛え直す。

思いやる心が薄い。【薄情（はくじょう）】例肉親なのに薄情だ。

薄く張った氷。危険なものの喩え。【薄氷（はくひょう）】例薄氷を踏む。

夕暮れ。たそがれどき。【薄暮（はくぼ）】例やまなみに薄暮が迫る。

短命なこと。また、不幸せなこと。【薄命（はくめい）】例薄命の詩人。

【薄利（はくり）】利益が薄いこと。儲けが出ないこと。例デフレが薄利を加速する。

【薄給（はっきゅう）】給料の少ないこと。例薄給に甘んじて働く。

【薄幸（はっこう）】幸せに恵まれないこと。「薄倖」。例薄幸の身の上を恨む。

【浮薄（ふはく）】あさはかで、うわついていること。例浮薄な態度をとる。

うそ　嘘

【似非（えせ）】名詞の前について、まやかしの。例似非紳士。

【仮構（かこう）】ないことを仮にあるとすること。例仮構が目立つ小説。

【偽悪（ぎあく）】わざと悪人ぶること。例ひねくれた偽悪家。

【偽善（ぎぜん）】うわべを善のように見せかけること。例偽善に満ちた言行。

【虚偽（きょぎ）】うそ。いつわり。例虚偽の証言をする。

【虚言（きょげん）】うそのことば。例平気で虚言を吐く。

【虚構（きょこう）】ないものを、あるかのように作る。例虚構の人間像。

【虚実（きょじつ）】うそとまこと。虚構と真実。例証言の虚実を調べる。

【虚妄（きょもう）】うそ。いつわり。例虚妄の世界。

【作為（さくい）】意図をもって手を加えること。例報告に作為を感じる。

【真贋（しんがん）】本物とにせ物。例真贋を識別する。

【真偽（しんぎ）】真実とうそ。本当かうそか。例事の真偽を確かめる。

【真否（しんぴ）】本当であるかないか。例生存の真否は不明だ。

【空言（そらごと）】根拠のないことば。例空言を聞く耳は持たない。

【空事（そらごと）】根拠のない事柄。つくりごと。例事業は空事でない。

【偽物（にせもの）】本物に似せて作った物。「贋物」。例ブランド品の偽物が出回る。

【法螺（ほら）】大きなことやでたらめを言うこと。例大法螺を吹く。

【眉唾（まゆつば）】真偽がはっきりしないさま。例その話は眉唾だ。

そのほかの表現　いかさま／絵空事／千三つ／二枚舌／不実／フェイク（にせの）／フィクション（虚構）／イミテーション（偽物）

うたう　歌う（唄・詠・謡）

【詠歌（えいか）】詩や歌を詠むこと。また、御詠歌。例詠歌の伝統。

【謳歌（おうか）】声をそろえて幸せをたたえる。例青春を謳歌する。

【凱歌（がいか）】戦勝を祝う歌。勝利をたたえること。例凱歌を上げる。

【歌曲（かきょく）】独唱用の声楽曲。リート。例シューベルトの歌曲。

【歌唱（かしょう）】歌を歌うこと。また、その歌。例歌唱力を鍛える。

【合唱（がっしょう）】 同じ曲を、声を合わせて歌う。 例 校歌を合唱する。

【歌謡（かよう）】 韻文文芸。節をつけて歌うもの。 例 万葉歌謡。

【吟詠（ぎんえい）】 詩歌を詠む。詩歌を歌う。 例 朗々と漢詩を吟詠する。

【賛歌（さんか）】 ほめたたえる歌。「讃歌」。 例 雪山賛歌。

【詩歌（しいか）】 詩・短歌・俳句など、韻文の総称。 例 詩歌をたしなむ。

【重唱（じゅうしょう）】 二つ以上の声部を重ねて歌う。 例 三重唱。

【唱歌（しょうか）】 歌を歌うこと。また、その歌。 例 文部省唱歌。

【頌歌（しょうか）】 神・英雄などをたたえる歌。 例 頌歌を奉呈する。

【斉唱（せいしょう）】 大勢が一斉に同じ歌を歌うこと。 例 国歌斉唱。

【絶唱（ぜっしょう）】 優れた詩歌。声を限りと歌うこと。 例 デビュー曲を絶唱する。

【即詠（そくえい）】 即座に詩歌を詠む。また、その詩歌。 例 即詠の和歌。

【独唱（どくしょう）】 （専門歌手が）一人で歌う。 例 独唱コンサート。

【挽歌（ばんか）】 人の死を哀傷する詩歌。 例 亡き友へ捧げる挽歌。

【悲歌（ひか）】 悲しみを表した詩歌。エレジー。 例 先人の悲歌が聞こえる。

【輪唱（りんしょう）】 二声部が追いかけながら合唱する。 例 見事なハーモニーの輪唱。

そのほかの表現 御詠歌／相聞歌／俗曲／鼻歌／舟歌／牧歌／シャンソン（フランスの歌）／カンツォーネ（イタリアの歌）／エレジー（悲歌）

うたがう
疑う

【懐疑（かいぎ）】 疑いをもつこと。 例 懐疑的な態度を示す。

【疑義（ぎぎ）】 内容の疑わしい点。 例 見解に疑義を挟む。

【疑獄（ぎごく）】 罪状がはっきりしない事件。汚職事件。 例 疑獄による政変。

【疑似（ぎじ）】 よく似ているが本物ではない病気。 例 疑似コレラの症状を示す。

【疑心（ぎしん）】 疑う心。心中の疑い。 例 部下の行動に疑心を抱く。

【疑点（ぎてん）】 疑問に思われるところ。 例 疑点が浮かんでくる。

【疑念（ぎねん）】 あやしいと疑う思い。 例 当時の処理方法に疑念が残る。

【疑問（ぎもん）】 疑わしく、わからないこと。 例 疑問を解決する。

【疑惑（ぎわく）】 真実かどうか疑いをもつこと。 例 疑惑の目で見る。

【嫌疑（けんぎ）】 罪のあるなしを疑う。 例 詐欺の嫌疑をかける。

【猜疑（さいぎ）】 人をねたんで疑う。 例 何かにつけ、猜疑心が強い。

【質疑（しつぎ）】 疑問を問いただす。 例 法案について質疑を行う。

【容疑（ようぎ）】 罪を犯した疑い。 例 警察官が容疑者を連行する。

そのほかの表現 クエスチョン／ダウト

（疑い）／サスピション（疑念）

⇩この項目も 怪しい

うつ 打つ（撃）

【殴打(おうだ)】人をひどく殴りつける。 例頭部を殴打する。

【撃砕(げきさい)】敵を撃ち砕く。 例押し寄せる敵を撃砕する。

【撃退(げきたい)】敵を撃ちしりぞける。 例水際で撃退する。

【撃墜(げきつい)】敵機を撃ち落とす。 例侵犯機を撃墜する。

【撃破(げきは)】敵を撃ち破る。 例敵の戦車を撃破する。

【撃滅(げきめつ)】敵を撃ち滅ぼす。 例敵の根拠地を撃滅する。

【攻撃(こうげき)】敵を攻め撃つ。非難を浴びせる。 例先制攻撃をかける。

【射撃(しゃげき)】銃砲を撃つこと。 例目標に向かって射撃する。

【襲撃(しゅうげき)】不意を襲って攻撃を仕掛ける。 例敵陣を襲撃する。

【銃撃(じゅうげき)】銃で敵を撃つ。 例激しい銃撃戦になる。

【衝撃(しょうげき)】急激な強い打撃。心に受けた打撃。 例友人の悲報に衝撃を受ける。

【進撃(しんげき)】進んでいって攻撃する。 例破竹の勢いで進撃する。

【狙撃(そげき)】銃で特定の対象をねらい撃つ。 例凶悪犯を狙撃する。

【退治(たいじ)】有害なものを討ち滅ぼす。 例ごきぶりを退治する。

【打撃(だげき)】激しく打つこと。損害、痛手。 例経済的打撃を受ける。

【打倒(だとう)】打ち倒す。負かす。 例ライバルを打倒する。

【打破(だは)】敵や障害などを打ち破る。 例手詰まりを打破する。

【打撲(だぼく)】体を強く打たれる。 例後頭部を打撲する。

【打擲(ちょうちゃく)】人を打ちたたく。殴る。 例家臣を打擲する。

【直撃(ちょくげき)】直接目標を撃つ。また、直接襲う。 例台風が関東地方を直撃する。

【追撃(ついげき)】追いかけて攻撃する。 例勝ちに乗じて追撃する。

【痛打(つうだ)】手きびしい打撃を与える。 例国際経済への痛打となる。

【電撃(でんげき)】電流の与える衝撃。素早いさま。 例電撃的な展開。

【突撃(とつげき)】激しく敵陣に突っ込んで攻撃する。 例全軍突撃せよ。

【排撃(はいげき)】排除するために攻撃する。 例外国製品を排撃する。

【爆撃(ばくげき)】爆弾を落として攻撃する。 例軍事施設を爆撃する。

【反撃(はんげき)】攻撃された側が、攻撃にでる。 例反撃に転じる。

【乱打(らんだ)】めった打ちにする。 例顔面に乱打を浴びせる。

【連打(れんだ)】続けざまに打つ。 例警鐘を連打する。

そのほかの表現 討滅／パンチ／ヒット／シューティング（射撃）／アタック

うつくしい 美しい

【艶麗】（えんれい） なまめかしく美しい。 例艶麗な貴婦人。

【華美】（かび） 華やかで美しい。派手でぜいたく。 例華美な衣装。

【華麗】（かれい） 明るく華やかで美しい。 例華麗な転身をとげる。

【奇麗】（きれい） 見て快く美しい。「綺麗」。 例奇麗に整頓する。

【絢爛】（けんらん） きらびやかで美しい。 例大輪の菊が絢爛と咲き誇る。

【豪華】（ごうか） 豪勢で華やか。 例豪華な顔ぶれがそろう。

【秀美】（しゅうび） すぐれて美しい。 例秀美な山容をながめる。

【秀麗】（しゅうれい） 整っていて美しい。 例秀麗な秋景色。

【純美】（じゅんび） 純粋で美しいこと。「醇美」。 例純美な仏像。

【瀟洒】（しょうしゃ） 洗練されていて、小綺麗なさま。 例瀟洒な造りの山荘。

【凄艶】（せいえん） ぞっとするほどなまめかしい。 例凄艶な年増。

【清楚】（せいそ） 清らかで美しいさま。 例清楚な少女。

【善美】（ぜんび） 美しく立派なこと。 例善美を尽くした建築。

【鮮麗】（せんれい） あざやかで美しい。 例鮮麗な新緑の色。

【壮麗】（そうれい） 堂々として美しい。 例壮麗な大寺院。

【楚楚】（そそ） 清らかで美しいさま。 例楚楚とした可憐（かれん）な風情。

【端麗】（たんれい） 姿形が整っていて美しい。 例端麗な容姿。

【典麗】（てんれい） 整っていて品がよく美しい。 例典麗な白磁の壺。

【濃艶】（のうえん） この上なくあでやかで美しい。 例濃艶な大女優。

【美的】（びてき） 美が感じられるさま。 例美的な世界に耽溺（たんでき）する。

【美妙】（びみょう） すぐれて美しい。 例美妙な琴の音がひびく。

【美麗】（びれい） 見た目に快く美しい。 例若手女優が美麗を競う。

【豊麗】（ほうれい） 豊かな感じで美しい。 例豊麗な弁天像。

【優美】（ゆうび） みやびやかで美しい。 例優美な舞い姿。

【妖艶】（ようえん） あやしく美しい。「妖婉」。 例妖艶な微笑を浮かべる。

【妖美】（ようび） あやしい美しさ。 例妖美な悪女に惑わされる。

【爛漫】（らんまん） 花が美しく咲き誇るさま。 例春爛漫の花の色。

【流麗】（りゅうれい） よどみなく美しい。 例流麗な文章。

そのほかの表現 嬌艶（きょうえん）／小綺麗／絶美／壮美／身綺麗／鮮やか／麗（うるわ）しい／華やか／煌（きら）びやか／美美（びび）しい／ビューティ

フル／プリティ／ラブリー／キュート／チャーミング／セクシー

うつす うつる　映す 映る（写）

【映写（えいしゃ）】映画などをスクリーンにうつし出す。例映写時間。

【映発（えいはつ）】光や色が互いに映り合う。例空と海が映発する。

【活写（かっしゃ）】生きているように表現する。例人間像を活写する。

【誤写（ごしゃ）】間違えて書き写す。例名簿の住所を誤写する。

【撮影（さつえい）】写真・ビデオ・映画を撮る。例記念写真を撮影する。

【実写（じっしゃ）】実際の場面をカメラで写す。例事故現場の実写。

【射影（しゃえい）】物の影を映すこと。例心に暗い記憶の射影を抱く。

【写生（しゃせい）】ありのままの姿を絵に描く。例風景を写生する。

【縮写（しゅくしゃ）】もとの大きさを縮めて写す。例地図を縮写する。

【上映（じょうえい）】映画を映して見せる。例新作映画を上映する。

【浄写（じょうしゃ）】きれいに書き写す。清書。例下書きを浄写する。

【接写（せっしゃ）】対象に接近して写真を写す。例花弁を接写する。

【速写（そくしゃ）】写真などを続けざまに素早く写す。例飛行機の離陸状況を速写する。

【転写（てんしゃ）】文章・図柄などを写しとる。例グラフを転写する。

【投影（とうえい）】物の姿・影を映す。その影。例心情を小説に投影する。

【透写（とうしゃ）】透き写すこと。トレース。例図案を透写する。

【特写（とくしゃ）】特別な依頼・許可で写真などを写す。例本誌特写による。

【反映（はんえい）】光が反射して映る。影響が現れる。例努力が業績に反映する。

【筆写（ひっしゃ）】筆記具で書き写す。例資料の一部を筆写する。

【描写（びょうしゃ）】事柄や感情を客観的に描き写すこと。例情景を巧みに描写する。

【複写（ふくしゃ）】原物どおりに写しとる。コピー。例会議資料を複写する。

【模写（もしゃ）】実物そっくりに写す。「摸写」。例壁画を模写する。

【臨写（りんしゃ）】毛筆で、手本をまねて写しとる。例碑文を臨写する。

【臨模（りんも）】毛筆で、手本どおりに書く。「臨摸」。例古筆を臨模する。

そのほかの表現 敷き写し／写経／写真／写像／写本／書写／拓本／謄写（とうしゃ）／放映／臨書（りんしょ）／映ずる／引き写し／丸写し／ショット／スナップ／コピー

うつす うつる　移す 移る（遷）

【移管（いかん）】管理・管轄を移す。例業務を子会社に移管する。

【移行（いこう）】制度などが、別の状態に移る。例移行措置をとる。

【移項】（いこう） 数学で、項を他の辺に移す。 例 yを移項する。

【移住】（いじゅう） 他の土地・国に移り住む。 例 アメリカへ移住する。

【移籍】（いせき） 所属している組織・団体の籍を移す。 例 ライバル会社に移籍する。

【移転】（いてん） 住所・場所などを移すこと。 例 事務所を移転する。

【異動】（いどう） 地位や仕事が変わる。 例 今回の人事異動は大きい。

【移動】（いどう） 動いて場所や位置を移す。 例 隣の座席に移動する。

【移入】（いにゅう） 移し入れる。物資を運び入れる。 例 他県から食糧を移入する。

【左遷】（させん） 低い地位・役職に格下げする。 例 支社に左遷される。

【推移】（すいい） 時が経過する。物事が移り変わる。 例 事態の推移を見守る。

【遷御】（せんぎょ） 天皇が居所を変える。遷幸。 例 遷御の儀を執り行う。

【遷宮】（せんぐう） 改修などで、一時、神座を移す。 例 伊勢神宮の遷宮式。

【遷都】（せんと） 都を移す。首都を移転する。 例 平城京に遷都する。

【転位】（てんい） 位置が変わること。 例 基の結合位置が転位する。

【転移】（てんい） 場所を変える。 例 がん細胞が転移する。

【転居】（てんきょ） 住居を移し変える。転宅。 例 転居を通知する。

【転住】（てんじゅう） 住居をよその場所に移す。 例 大阪に転住する。

【転地】（てんち） 他の土地に移り住む。 例 転地して療養する。

【転入】（てんにゅう） 転居・転校してくる。 例 転入を届け出る。

【転変】（てんぺん） 物事が移り変わる。 例 転変常なき世を悲しむ。

【変位】（へんい） 位置が変化する。 例 星座が変位する。

【変移】（へんい） 移り変わる。 例 変移の激しい時代。

【変遷】（へんせん） 時の経過とともに移り変わる。 例 選挙制度の変遷を調べる。

【変転】（へんてん） 激しく移り変わる。 例 国際情勢は変転きわまりない。

【流転】（るてん） 状況・環境などが移り変わる。 例 流転の人生を送る。

そのほかの表現 遷幸／転出／転宅／動く／動かす／移り変わる／置き換える／過ぎる／経つ／時が移る

⇩この項目も 動く

うったえる 訴える

【哀訴】（あいそ） 同情を求めて嘆き訴える。 例 赦免を哀訴する。

【応訴】（おうそ） 訴訟に応じて、法廷で争う。 例 応訴の腹を決める。

【起訴】（きそ） （検察官が）裁判所に訴えを起こす。 例 選挙違反で起訴される。

【泣訴】（きゅうそ） 苦しい事情などを泣いて訴える。 例 窮状を泣訴する。

【抗告】（こうこく）上級裁判所に不服を申し立てること。 例 即時、抗告する。

【公訴】（こうそ）検察が起訴して裁判を求めること。 例 公訴に踏み切る。

【控訴】（こうそ）第一審の判決を不服とする訴訟手続。 例 控訴を断念する。

【強訴】（ごうそ）神仏や集団の圧力を背景に訴える。 例 山法師の強訴に悩む。

【告訴】（こくそ）犯罪の被害者が、裁判を請求する。 例 告訴状を提出する。

【告発】（こくはつ）不正・悪事を暴いて広く知らせる。 例 不正経理を告発する。

【讒訴】（ざんそ）人を陥れるために、偽って訴える。 例 同僚を讒訴する。

【直訴】（じきそ）手続きを経ずに直接に訴える。 例 将軍に直訴する。

【愁訴】（しゅうそ）苦しみや悲しみを嘆き訴える。 例 不定愁訴はストレスが原因。

【勝訴】（しょうそ）訴訟に勝つ。 例 原告側が勝訴する。

【上訴】（じょうそ）上級者に訴える。上級裁判所に訴える。 例 判決を不服として上訴する。

【訴訟】（そしょう）裁判所に法律判断を求めること。 例 公害問題で訴訟を起こす。

【訴追】（そつい）検察官が公訴を起こすこと。 例 検察の訴追を免れる。

【陳情】（ちんじょう）官庁などに実情を述べて訴えること。 例 予算配分を陳情する。

【陳訴】（ちんそ）実情を説明して訴える。 例 せつせつと陳訴する。

【追訴】（ついそ）内容を追加して訴える。 例 余罪を追訴する。

【提訴】（ていそ）裁判所・調停機関などに訴える。 例 提訴を検討する。

【敗訴】（はいそ）訴訟に負ける。 例 被告側の敗訴に終わる。

【誣告】（ぶこく）事実を偽って申し立てること。 例 誣告罪に問われる。

【密訴】（みっそ）ひそかに人を訴える。 例 部内の不正を密訴する。

そのほかの表現　哀願／自訴／訴願／訴状／言い付ける／告げ口する／呼び掛ける／アピール

うっとうしい　鬱陶しい

【暗鬱】（あんうつ）暗くうっとうしいさま。 例 暗鬱な気分に閉ざされる。

【鬱鬱】（うつうつ）気分が沈んでいるさま。 例 鬱鬱として日を送る。

【鬱然】（うつぜん）気が晴れないさま。 例 鬱然とした気分をもてあます。

【気鬱】（きうつ）心が晴れ晴れとしない。 例 気鬱になる事件が多すぎる。

【気重】（きおも）気分が重苦しい。 例 気重な任務を負わされる。

【七面倒】（しちめんどう）込み入っていて厄介なさま。 例 七面倒な事件。

【大儀】（たいぎ）厄介でおっくうなさま。 例 山登りとは大儀な話だ。

【煩累】（はんるい）わずらわしい物事。心配事。 例 他人に煩累を及ぼす。

【憂鬱】（ゆううつ）気分が落ち込むさま。 例 憂鬱になる出来事が多い。

【憂悶】（ゆうもん）　心配して、悲しみ悩む。　例 社内の不祥事に憂悶する。

そのほかの表現　うざい／湿っぽい／物憂（ものう）い／辛気（しんき）臭い／メランコリー（憂鬱）／メランコリック（憂鬱な）／ブルー（憂鬱）

⇩この項目も　暗い・悩む

うで　腕

【腕首】（うでくび）　腕と手がつながる部分。手首。　例 腕首をねじ上げる。

【腕前】（うでまえ）　身につけた技術・能力。　例 日ごろの腕前を示す。

【片腕】（かたうで）　片方の腕。最も頼りになる人物。　例 子供を片腕で抱き上げる。

【下膊】（かはく）　ひじから手首までの部分。　例 下膊を骨折する。

【才腕】（さいわん）　物事を処理する優れた能力。　例 才腕を発揮する。

【手腕】（しゅわん）　物事をたくみに処理する能力。　例 手腕を振るう。

【上膊】（じょうはく）　ひじから肩までの部分。　例 上膊の筋肉。

【凄腕】（すごうで）　すさまじいほどの腕前。　例 凄腕に目を見張る。

【隻腕】（せきわん）　片方の腕。片腕しかないこと。　例 隻腕の剣客。

【二の腕】（にのうで）　ひじから肩までの部分。上膊。　例 二の腕にあざがある。

【敏腕】（びんわん）　非常に優れた物事の処理能力。　例 敏腕を誇る刑事。

【細腕】（ほそうで）　女性のか弱い力。やせ腕。　例 細腕で一家を支える。

【扼腕】（やくわん）　怒って腕を強く握りしめること。　例 切歯（せっし）扼腕して口惜しがる。

【辣腕】（らつわん）　鋭い物事の処理能力。　例 事業に辣腕を振るう。

【腕力】（わんりょく）　腕の力。また、暴力。　例 腕力に訴える。

⇩この項目も　手

うぬぼれる　自惚れる

【矜持】（きょうじ）　自分の能力に対して抱く誇り。　例 技術者としての矜持を持つ。

【自賛】（じさん）　自分で自分をほめる。「自讃」。　例 出来映えを自賛する。

【自尊】（じそん）　自分を偉いと思い込むこと。　例 自尊心が強すぎる。

【自得】（じとく）　満足して得意になる。　例 今の地位に自得している。

【自任】（じにん）　自分に能力があると思い込む。　例 秀才であると自任する。

【自負】（じふ）　才能に自信を持ち、誇りに思う。　例 一流を自負する。

【自慢】（じまん）　誇らしげに話したり、見せたりする。　例 成績を自慢する。

【慢心】（まんしん）　おごり高ぶること。また、その心。　例 慢心が仇（あだ）になる。

そのほかの表現　得意／勝ち誇る／背負（しょ）ってる／逆上（のぼ）せる／プライド

うばう　奪う

【横領（おうりょう）】不正なやり方で横取りする。例公金を横領する。

【強奪（ごうだつ）】無理やり力ずくで奪い取る。例レジの現金を強奪する。

【搾取（さくしゅ）】しぼりとること。例労働者を搾取する。

【蚕食（さんしょく）】端の方から次第に侵略する。例強国が弱小国を蚕食する。

【簒奪（さんだつ）】臣下が権力の座を奪う。例帝位の簒奪を図る。

【収奪（しゅうだつ）】財産などを否応なく奪う。例人民の富を収奪する。

【窃取（せっしゅ）】こっそり盗み取る。例金庫から札束を窃取する。

【争奪（そうだつ）】争って奪い合う。例党首の座を争奪する。

【奪回（だっかい）】奪われたものを奪い返す。例ペナントを奪回する。

【奪還（だっかん）】奪われたものを奪い返す。例敵の占領地を奪還する。

【奪取（だっしゅ）】力ずくで奪い取る。例堅塁を奪取する。

【着服（ちゃくふく）】こっそり盗んで自分のものにする。例機密費を着服する。

【徴発（ちょうはつ）】強制的に取り立てる。例軍需物資を徴発する。

【猫糞（ねこばば）】知らん顔で自分のものにする。例売上金を猫糞する。

【剝奪（はくだつ）】地位や資格などを奪い取る。例王位を剝奪する。

【捕獲（ほかく）】敵の船舶などをとらえる。例敵の輸送船を捕獲する。

【略取（りゃくしゅ）】奪い取る。例隣国の領土を略取する。

【略奪（りゃくだつ）】暴力で強引に奪い取る。「掠奪」。例武器を略奪する。

【鹵獲（ろかく）】敵の兵器などを奪い取る。例敵の戦車を鹵獲する。

そのほかの表現　押収／奪略／接収／没取／没収

うまい　旨い（甘・美味）

【旨味（うまみ）】うまい味。巧みなこと。妙味。例旨味のある仕事。

【佳味（かみ）】よい味。味のよい食べ物。例なんとも言えない佳味を味わう。

【甘美（かんび）】食べ物が甘くてうまい。例甘美なメロン。

【甘露（かんろ）】おいしいことに感動していう語。例ああ、甘露。

【好個（こうこ）】うまく当てはまってちょうどよい。例好個の実例。

【好適（こうてき）】目的にぴったり合う。例保養に好適な環境。

【滋味（じみ）】深みのあるおいしい味わい。例滋味あふれる随筆。

【堪能（たんのう）】十分に味わって満足する。例郷土料理に堪能する。

【珍味】（ちんみ）　珍しい味。また、その料理。　例 珍味に舌鼓を打つ。

【美味】（びみ）　おいしい味・食べ物。　例 心ゆくまで美味を味わう。

【便宜】（べんぎ）　都合のよいこと。　例 渡航の便宜を図る。

【芳醇】（ほうじゅん）　酒などの香りと味のよいこと。　例 芳醇な銘酒。

⇩この項目も　上手・味

うまれつき　生まれつき

【氏素性】（うじすじょう）　生まれ育った家柄。家系。経歴。　例 氏素性がはっきりしない。

【地】（じ）　生まれつきの性質や性格。　例 勝負事には地がでがちだ。

【地金】（じがね）　普段は隠れている本来の性質。　例 酒に酔って地金を現す。

【資質】（ししつ）　生まれつきの性質や能力。　例 学者としての資質に恵まれる。

【生得】（しょうとく）　生まれつき備わっていること。　例 生得の才能を存分に発揮する。

【性分】（しょうぶん）　生まれつきの性質。たち。　例 性分として静観できない。

【生来】（せいらい）　生まれて以来。生まれつき。天性。　例 生来、根気がいい方だ。

【先天的】（せんてんてき）　生まれつき備えているさま。　例 歌の先天的な才能がある。

【素質】（そしつ）　持って生まれた性格や能力。　例 この少年には画家の素質がある。

【天資】（てんし）　天が与えた資質。素質。　例 天資英邁（えいまい）な君主。

【天授】（てんじゅ）　才能などを天から授かること。　例 天授の大才が開花する。

【天成】（てんせい）　自然にできあがっていること。　例 天成の美声で歌う。

【天性】（てんせい）　生まれながらの性質。　例 習慣は第二の天性である。

【天稟】（てんぴん）　持って生まれた優れた性質。　例 幼いころから天稟を示す。

【天賦】（てんぷ）　天から与えられて身に備わっている。　例 書に天賦の才を現す。

【天分】（てんぶん）　持って生まれた優れた性質や才能。　例 粗削りだが、豊かな天分を感じる。

【稟性】（ひんせい）　生まれつき備わっている性質。　例 政治家として優れた稟性を持つ。

【本性】（ほんしょう）　本来の性質。生まれつきの性質。　例 卑しい本性を現す。

【本然】（ほんぜん）　もともとそうであるさま。　例 人間本然の姿に立ち返る。

そのほかの表現　天与／持ち前／ナチュラル／ネイティブ／ア・プリオリ

うまれる　生まれる（産）

【後産】（あとざん）　出産後、胎盤などが排出されること。　例 後産が軽くて済む。

【安産】（あんざん）　子を無事に産むこと。軽いお産。　例 初孫の安産を祈願する。

【降誕】（こうたん）　神仏・聖人などが生まれること。　例 キリストの降誕を祝う。

【死産】（しざん）　胎児が死んで生まれること。　例 死産を知らされて泣く。

- **【出産】**(しゅっさん) 子を産むこと。子が生まれること。 例出産祝いを贈る。
- **【出生】**(しゅっしょう) 子が生まれること。「しゅっせい」。 例出生率は低下傾向にある。
- **【庶出】**(しょしゅつ) 本妻以外の女性から生まれること。 例庶出の負い目を背負う。
- **【新生】**(しんせい) 新しく生まれる。生まれ変わること。 例組織を新生させる。
- **【生誕】**(せいたん) (特に偉人などが)生まれること。 例生誕百年を迎える。
- **【早産】**(そうざん) 予定日より早い出産。 例早産だったが、丈夫な子だ。
- **【創造】**(そうぞう) 新しいものを初めて作り出す。 例美の世界を創造する。
- **【誕生】**(たんじょう) 人・動物や物が生まれる。 例長女の誕生を祝う。
- **【嫡出】**(ちゃくしゅつ) 子が正式な夫婦の間に生まれること。 例正真正銘の嫡出子。
- **【難産】**(なんざん) 出産で子がなかなか生まれないこと。 例母親が高齢のため難産する。
- **【分娩】**(ぶんべん) 子を産むこと。出産。 例無痛分娩で出産する。
- **【流産】**(りゅうざん) 妊娠七か月以内に死産すること。 例初めての子を流産する。

そのほかの表現 生産／生成／発生／産卵／バース(誕生)／クリエーション(創造)

うみ

海

- **【荒海】**(あらうみ) 波が荒れている海。 例漁船が荒海に乗り出す。
- **【海原】**(うなばら) 果てしなく広がる海。 例大海原を豪華船がゆく。
- **【沿海】**(えんかい) 陸地に沿っている海。海に近い陸地。 例日本の沿海を警備する。
- **【遠洋】**(えんよう) 遠く離れた海洋。 例遠洋航海に船出する。
- **【海淵】**(かいえん) 海溝の中の最も深い所。 例日本海溝のラマポ海淵。
- **【海峡】**(かいきょう) 陸地と陸地に挟まれた海。 例海峡を泳いで横断する。
- **【海溝】**(かいこう) 大洋の海底が溝状にくぼんでいる所。 例深海艇で海溝を探査する。
- **【海洋】**(かいよう) 海。広く大きい海。 例海洋資源を保護する。
- **【外洋】**(がいよう) 陸地から遠く離れた大海。 例外洋ヨットレースに参加する。
- **【環海】**(かんかい) 海に囲まれていること。 例日本は四面環海の国である。
- **【極洋】**(きょくよう) 北極・南極に近い海。 例極洋の資源を探る。
- **【公海】**(こうかい) 特定の国家の領域以外の海。 例公海の航行は、原則として自由。
- **【水道】**(すいどう) 陸地に挟まれて狭くなっている海。 例フェリーが豊後水道を横断する。
- **【絶海】**(ぜっかい) 陸地から隔絶された海。 例絶海の孤島に漂着する。
- **【瀬戸】**(せと) 陸地に挟まれた狭い海。狭い海峡。 例瀬戸の潮騒が聞こえる。
- **【滄海】**(そうかい) 青々と広がる海。 例山頂から滄海を一望にする。
- **【大海】**(たいかい) 大きく広い海。大洋。 例果てしない大海へ船出する。
- **【大洋】**(たいよう) 大きく広い海。大海。 例大洋を越えて雄飛する。

う

【灘（なだ）】陸地から遠くて波の荒い海。 例灘を櫓櫂（ろかい）で乗り切る。

【碧海（へきかい）】青緑色の海。青海原。 例碧海に白い航跡を残す。

【溟海（めいかい）】大海。青海原。 例溟海千里の果て。

【領海（りょうかい）】国の主権下にある海域。 例領海侵犯を抗議する。

うやまう　敬う

【畏敬（いけい）】偉大さ、優秀さをおそれ敬う。 例清貧の学者に畏敬の念を抱く。

【恭敬（きょうけい）】慎み敬う。心から敬う。 例国賓に恭敬の意を表す。

【仰望（ぎょうぼう）】仰ぎ見て慕い敬う。 例民衆の仰望をあつめる。

【欽慕（きんぼ）】尊敬し、慕う。 例恩師に欽慕の念を抱く。

【敬愛（けいあい）】尊敬をこめた親しみの気持ち。 例敬愛おくあたわざる人物。

【敬意（けいい）】尊敬する気持ち。 例大先輩に敬意を払う。

【敬虔（けいけん）】（神仏に対して）敬い慎む。 例祭壇に敬虔な祈りを捧げる。

【景仰（けいこう）】有徳の人を慕い敬う。 例救世主として、景仰の的になる。

【傾倒（けいとう）】尊敬して、人や物事に夢中になる。 例釈迦の思想に傾倒する。

【敬服（けいふく）】感心して尊敬する。 例悪びれない態度に敬服する。

【敬慕（けいぼ）】人格を尊敬して慕う。 例敬慕の情をこめた手紙を書く。

【敬礼（けいれい）】相手を敬って礼をする。 例上官に対して敬礼する。

【鑽仰（さんぎょう）】聖人・偉人の学徳を敬い慕う。 例弟子の鑽仰を一身に集める。

【私淑（ししゅく）】ひそかに敬い慕って、模範とする。 例私淑する学者の業績を調べる。

【心酔（しんすい）】心を奪われて尊敬する。 例ゲーテに心酔している。

【崇敬（すうけい）】神仏など、尊いものをあがめ敬う。 例村人の崇敬をあつめる神社。

【崇拝（すうはい）】心からあがめ敬う。 例救国の英雄を崇拝する。

【尊敬（そんけい）】人格・識見などの優れた人を敬う。 例指導力のある人を尊敬する。

【尊崇（そんすう）】神仏などを尊びあがめる。 例神への尊崇の念が厚い。

【不敬（ふけい）】敬意や礼を欠いた言動をすること。 例境内で狼藉とは不敬きわまる。

そのほかの表現 感服／敬具／敬語／敬称／敬重／敬老／最敬礼／仰ぐ／崇める／尊ぶ／見上げる／リスペクト（尊敬）

うらむ　恨む（怨む）

【遺憾（いかん）】思いどおりにいかず、残念なこと。 例今回の不祥事は誠に遺憾である。

【遺恨（いこん）】心に深く残る恨み。 例つれない振る舞いに遺恨を抱く。

【意趣（いしゅ）】人にうらみを抱くこと。その恨み。 例長年の意趣を晴らす。

うらみを述べること ば。うらみごと。【怨言】例長々と怨言を並べる。

心にわだかまる恨み。【怨恨】例互いの胸に怨恨を残す。

強いうらみを抱いて嘆く。【怨嗟】例世間に怨嗟の声が高まる。

うらんでいる顔つき。【怨色】例怨色をあらわにして怒る。

恩とうらみ。愛と憎しみ。【恩讐】例恩讐を越えて手を握る。

うらみの深い敵。かたき。【怨敵】例ついに怨敵を討ち果たす。

忘れられない強いうらみの思い。【怨念】例この怨念は、容易には消えない。

過ちを悔やみ、残念に思うこと。【悔恨】例悔恨の情をもらす。

昔のうらみ。【旧怨】例旧怨を水に流して再会する。

女性が独り寝の侘しさをうらむこと。【閨怨】例恋人をしのび、閨怨にもだえる。

好意から出た言動をうらまれること。【逆恨み】例せっかくの親切を逆恨みされる。

個人的なうらみ。【私怨】例私怨をおおやけの場に持ち込む。

以前から持ち続けているうらみ。【宿怨】例積年の宿怨を晴らす。

積もるうらみ。長年のうらみ。【積怨】例多年の積怨が爆発する。

ひどくうらむ。残念に思って悔やむ。【痛恨】例今回の不祥事は痛恨にたえない。

憤慨して、うらむ。「忿怨」。【憤怨】例大臣の汚職は憤怨に価する。

そのほかの表現 怨情／宿意／痛恨事／意趣返し／恨み言／恨み辛み

うる 売る

代金の後払いで商品を売ること。【掛け売り】例掛け売りは絶対お断り。

商品を完全に売り切る。【完売】例人気グッズが即日完売になる。

最高価格をつけた人に売る。【競売】例骨董品を競売にかける。

差し押さえ品を入札・競売する。【公売】例公売物件を公告する。

市中の一般店で売る。【市販】例市販用と納入用とに分ける。

商品を独占販売すること。【専売】例かつて専売公社があった。

展示会などの出品物を、その場で売る。【即売】例陶芸品の展示即売会。

生産者が消費者に直接販売する。【直売】例生鮮野菜を直売する。

流通機構を通さず消費者に販売する。【直販】例直販を販売戦略にする。

買い取った物品を他人に売り渡す。【転売】例土地の転売でもうける。

売り値を特別に安くして売ること。【特売】例子供用衣料品を特売する。

物を売り払う。【売却】例所有地を売却する。

売ったり買ったりする。売り買い。【売買】例不動産を売買する。

商品を売る。【販売】例販売努力で業績を上げる。

【鬻ぐ(ひさぐ)】物を売る。「販ぐ」。 例 細々と書画骨董を鬻ぐ。

【分売(ぶんばい)】ひとそろいの商品を分割して売る。 例 全集本を分売する。

【密売(みつばい)】売買が禁止されている物品を売る。 例 禁制品を密売する。

【乱売(らんばい)】利益を度外視して、むやみに安く売る。 例 乱売合戦を演じる。

【廉売(れんばい)】平常の値段より安く売る。 例 不当廉売が問題になる。

そのほかの表現 発売／セール／ダンピング(安売り)

うるさい 煩い(五月蠅)

【億劫(おっくう)】面倒臭くて気が進まないさま。 例 込み入った仕事が億劫になる。

【囂しい(かまびすしい)】人声などがやかましい。「喧しい」。 例 小鳥の鳴き声が囂しい。

【狂騒(きょうそう)】狂ったようなばか騒ぎ。「狂躁」。 例 宴会の狂騒に閉口する。

【喧騒(けんそう)】物音や人声がやかましいさま。 例 都会の喧騒から逃れる。

【囂囂(ごうごう)】人の声がうるさいようす。 例 囂囂たる非難を浴びる。

【囂然(ごうぜん)】人声などが騒がしいさま。 例 世上囂然として不穏である。

【騒音(そうおん)】耳にうるさい音。 例 騒音防止条例が施行される。

【騒然(そうぜん)】がやがやと騒ぎ立てるさま。 例 暴漢の乱入に騒然となる。

【大儀(たいぎ)】けだるく、何をするのも面倒なさま。 例 物を言うのも大儀だ。

【煩瑣(はんさ)】わずらわしくて面倒なこと。 例 煩瑣な用事に追われる。

【煩雑(はんざつ)】事柄が込み入ってわずらわしいさま。 例 手続きが煩雑でいらいらする。

【煩多(はんた)】仕事や用事が多くてわずらわしい。 例 何かと煩多な一日を過ごす。

【煩累(はんるい)】うるさくて悩ましい物事。 例 煩累が及ばないようにしてほしい。

【煩労(はんろう)】わずらわしい苦労。 例 煩労を惜しまない。

【面倒(めんどう)】手がかかってわずらわしいさま。 例 事件が面倒なことになる。

【厄介(やっかい)】扱いが難しくてわずらわしい。 例 厄介な問題に巻き込まれる。

うれしい 嬉しい

【有頂天(うちょうてん)】得意さがきわまって、夢中になる。 例 ほめられて有頂天になる。

【会心(かいしん)】思いどおりにしとげて満足すること。 例 会心の笑みを浮かべる。

【歓喜(かんき)】うれしくて、大いに喜ぶ。 例 優勝の瞬間、歓喜の声を上げる。

【歓心(かんしん)】うれしいと思う気持ち。 例 権力者の歓心を買う。

【喜悦(きえつ)】非常に喜ぶこと。 例 満面に喜悦の色を浮かべる。

【嬉嬉(きき)】うれしくて楽しそうなさま。 例 子供たちが、嬉嬉として遊ぶ。

【嬉遊(きゆう)】楽しみ遊ぶこと。 例 庭園で嬉遊の宴を開く。

他人の悦びを喜ぶこと。【恐悦（きょうえつ）】例恐悦至極に存じます。

うれしさのあまり、はめを外して喜ぶ。【狂喜（きょうき）】例合格通知に狂喜する。

思いがけない喜び。【驚喜（きょうき）】例偶然の再会に驚喜する。

こころよく楽しいさま。【欣快（きんかい）】例ご結婚とは欣快に堪えない。

大喜びすること。【欣喜（きんき）】例就職試験に合格し欣喜する。

幸福に思うこと。【欣幸（きんこう）】例実に欣幸の至りと。

喜ぶようす。【欣然（きんぜん）】例欣然として死地に向かう。

ありがたく感じて喜ぶこと。【随喜（ずいき）】例感動して随喜の涙を流す。

気分がよくて楽しいさま。【壮快（そうかい）】例壮快なスポーツに汗を流す。

さわやかで、こころよいさま。【爽快（そうかい）】例爽快な気分で山頂に立つ。

非常にうれしい、おもしろい。【痛快（つうかい）】例見事優勝とは、痛快きわまる。

(手紙文で)相手と同様にうれしい。【同慶（どうけい）】例ご入選の由、ご同慶の至りです。

仏の救いを感じる喜び。【法悦（ほうえつ）】例無上の法悦に浸る。

満足して喜ぶこと。【満悦（まんえつ）】例父は孫がいさえすればご満悦だ。

楽しみ喜ぶこと。【愉悦（ゆえつ）】例愉悦に酔いしれる。

うわさ
噂

珍しい話。一風変わったうわさ。【異聞（いぶん）】例異聞を小耳に挟む。

情事に関するうわさ。【艶聞（えんぶん）】例艶聞の絶えないテレビタレント。

内情が漏れて、世間のうわさになる。【外聞（がいぶん）】例内輪もめは外聞が悪い。

珍しくて興味をかき立てる話。【奇聞（きぶん）】例政界の奇聞を耳にする。

根拠のないうわさ。【虚説（きょせつ）】例虚説を信じては困る。

根拠のないうわさ。実力以上の名声。【虚聞（きょぶん）】例虚聞に惑わされる。

根拠のないうわさ。そらごと。【空言（くうげん）】例事件をめぐって、空言が飛び交う。

世間の話題となるうわさ話。【巷談（こうだん）】例巷談俗説に過ぎない。

あれこれと話題にすること。【沙汰（さた）】例世間の沙汰を気にする。

素行・品行などのよくない評判。【醜聞（しゅうぶん）】例大臣が醜聞で失脚する。

世間の人が口にするうわさ話。【世間口（せけんぐち）】例世間口はふさげない。

世間の人が交わす日常の雑談。【世間話（せけんばなし）】例世間話の話題になる。

珍しいうわさ話。おかしな話。【珍聞（ちんぶん）】例旅先の珍聞を披露する。

世間に流れる根拠のないうわさ。【風説（ふうせつ）】例怪しげな風説が漂っている。

それとなく耳に入ってくるうわさ。【風聞（ふうぶん）】例よからぬ風聞を耳にした。

根拠のないうわさ。デマ。【流言（りゅうげん）】例非常時には流言が飛び交う。

【流説（りゅうせつ）】根拠のないうわさ。「るせつ」。例流説を信じることはない。

そのほかの表現 悪声／怪聞／風の便り／世間話／内緒話／風評／そらごと／世の覚え／聞こえ／ゴシップ／スキャンダル／デマ／デマゴーグ

⇩この項目も 評判

え

えがく 描く

【活写（かっしゃ）】文章や絵などに生き生きと表現する。例現代の風俗を活写する。

【彩色（さいしき）】色をつけること。例陶器に彩色をほどこす。

【作図（さくず）】図をかくこと。例原図を作図する。

【写実（しゃじつ）】実際の姿をありのままに描くこと。例写実に徹した絵画。

【潤筆（じゅんぴつ）】（筆をぬらす意で）書画をかくこと。例巨匠の潤筆になる名作。

【寸描（すんびょう）】短い時間で簡単に描くこと。例旅の合間を縫って寸描を試みる。

【線描（せんびょう）】線だけで物の形を描くこと。例外観を線描でメモする。

【素描（そびょう）】物の姿を黒などの単色で描いた絵。例花瓶で素描の練習をする。

【粗描（そびょう）】大まかに描写すること。例偉人の人間像を粗描する。

【着色（ちゃくしょく）】色をつけること。彩ること。例人工着色の食品。

【点描（てんびょう）】点で描くこと。簡潔に描写すること。例人物点描。

【白描（はくびょう）】東洋画で、筆の線だけで描くこと。例白描画の掛け軸。

【描写（びょうしゃ）】（芸術表現として）ありのままに描く。例恋愛心理を描写する。

【描出（びょうしゅつ）】文章や絵画に描き出すこと。例天才の実像を描出する。

【模写（もしゃ）】実物そっくりに写しとること。例印象派の絵を模写する。

【臨写（りんしゃ）】模範とする絵や書を見て写しとる。例画集の絵を臨写する。

そのほかの表現 描画／写生／製図／描き出す／素描（すがき）／図引き／スケッチ／デッサン（素描）／ドローイング（線描）

えらぶ 選ぶ

【改選（かいせん）】任期満了後、改めて選挙すること。例議員の三分の一を改選する。

【厳選（げんせん）】適切なものだけをきびしく選び出す。例多数の候補の中から厳選する。

【公選（こうせん）】公共の役職者を選挙によって決める。例自治体の首長は公選で選ばれる。

【互選（ごせん）】関係者同士で選び合うこと。例役員は互選とする。

【採択（さいたく）】適切なものを選んで取り上げる。例開発計画案を採択する。

【自選】（じせん） 自分の作品の中から自分で選ぶこと。 例自選作品集を刊行する。

【取捨】（しゅしゃ） 必要なものを取って残りは捨てる。 例優秀作ばかりで、取捨に困る。

【精選】（せいせん） 念入りに優れたものを選ぶ。 例基礎資料を精選する。

【選外】（せんがい） 懸賞などの選から洩れること。 例残念ながら選外だった。

【選考】（せんこう） 人柄・能力・優劣などを検討して選ぶ。 例面接試験で選考する。

【選集】（せんしゅう） 代表作を選んで収めた書物。 例個人選集を編む。

【選出】（せんしゅつ） 投票や指名などによって選び出す。 例地元から議員を選出する。

【選択】（せんたく） 適当なものを選びとること。 例候補者が多くて、選択に迷う。

【選定】（せんてい） 適当なものを選んで決める。 例新年度の教材を選定する。

【選抜】（せんばつ） 目的・基準にあったものを選び出す。 例成績優秀者を選抜する。

【選別】（せんべつ） 基準に添って、より分ける。 例欠陥商品を選別する。

【選良】（せんりょう） 選び抜かれた優秀な人。エリート。 例代議士は選良としての誇りを持て。

【択一】（たくいつ） いくつかの中から、一つだけ選ぶ。 例プランの択一を迫られる。

【当選】（とうせん） 選挙で選び出される。 例衆議院議員に当選する。

【当籤】（とうせん） くじ引きで当たること。 例宝くじに当籤する。

【特選】（とくせん） 優れたものを特別に選び出すこと。 例展覧会で特選に入賞する。

【抜粋】（ばっすい） 重要な部分を選んで抜き出す。 例講演の一部を抜粋する。

そのほかの表現 選挙／一粒選り／チョイス（選択）／セレクト（選ぶ）／セレクション（選択）／ピックアップ

える
得る

【会得】（えとく） 物事を理解して、自分のものにする。 例剣道の極意を会得する。

【獲得】（かくとく） 努力して手に入れる。 例選手権を獲得する。

【既得】（きとく） すでに手に入れていること。 例既得権益を守る。

【漁獲】（ぎょかく） （組織的に）魚を捕る。 例漁獲量で日本一を誇る。

【自得】（じとく） 自分の体験や努力で知識などを得る。 例いつの間にか技能を自得する。

【収得】（しゅうとく） 物を自分のものにする。手に入れる。 例ローンで住宅を収得する。

【拾得】（しゅうとく） 他人の落とした物を拾う。 例駅で定期入れを拾得する。

【修得】（しゅうとく） 修業によって、学問・技術を覚える。 例茶道の作法を修得する。

【習得】（しゅうとく） 知識や技能を習って身につける。 例パソコンの操作を習得する。

【取得】（しゅとく） 資格などを得て、自分のものにする。 例自動車運転免許を取得する。

【生得】（しょうとく） 生まれつき得て持っている。 例生得の才能を発揮する。

【所得】（しょとく） 物、特に金銭を得る。収入。 例年間所得に税金がかかる。

【摂取】（せっしゅ）取り入れて、自分のものにする。例西欧文化を摂取する。

【先取】（せんしゅ）相手より先に自分のものにする。例大量点を先取する。

【体得】（たいとく）体験や努力で技能を身につける。例操作のこつを体得する。

【乱獲】（らんかく）魚などを手当たりしだいに捕らえる。例乱獲で絶滅の危機に瀕している。

【利得】（りとく）利益を得る。得た利益。例投機で巨大な利得が生じる。

そのほかの表現　入手／ゲット（手に入れる）／インカム（所得）

お

おう

追う（逐）

【角逐】（かくちく）競争する。競い合う。例権力の座をめぐる角逐。

【急追】（きゅうつい）激しい勢いで追いかける。例急追して首位に迫る。

【駆逐】（くちく）敵や邪魔者などを追い払う。例悪貨は良貨を駆逐する。

【逐一】（ちくいち）順を追って一つずつ。例事態を逐一報告する。

【逐次】（ちくじ）順を追ってつぎつぎと。順次。例第一巻から逐次刊行する。

【逐日】（ちくじつ）日を追って。日ごとに。例病気が逐日快方へ向かう。

【逐鹿】（ちくろく）権力・地位を追い求めて争うこと。例中原に逐鹿を試みる。

【追及】（ついきゅう）相手を追い詰めて責め立てる。例答弁の矛盾を追及する。

【追求】（ついきゅう）目的を達するべく、追い求める。例あくまでも理想を追求する。

【追究】（ついきゅう）不明なものを調べきわめる。「追窮」。例事件の謎を追究する。

【追撃】（ついげき）逃げる敵を追いかけて撃つ。例緒戦に勝って追撃戦にうつる。

【追従】（ついじゅう）人の言動に逆らわず、従う。例追従するだけで、主体性がない。

【追随】（ついずい）人の後を追う。無批判に従う。例追随するだけではあまりに無策だ。

【追跡】（ついせき）逃げる者のあとを追いかける。例現行犯を必死で追跡する。

【追走】（ついそう）追いかけて走る。例トップ集団を追走する。

【追逐】（ついちく）あとを追いかける。また、追放する。例罪を得て国外に追逐される。

【追尾】（ついび）先に行くもののあとを追う。追跡。例後続走者の追尾をかわす。

【追放】（ついほう）害をなすものを追い払う。例政治犯を国外に追放する。

【尾行】（びこう）気づかれないように、後ろから追う。例犯人とおぼしい者を尾行する。

【放逐】（ほうちく）不都合な者を組織などから追い払う。例陰謀が露見して放逐される。

そのほかの表現　チェイス／フォロー／エピゴーネン（追随者）

おおい

多い

【数多（あまた）】 数量の多いこと。幾多。「許多」。 例数多の人材を育成する。

【幾多（いくた）】 数量の多いこと。数多。 例幾多の試練をかいくぐる。

【一杯（いっぱい）】 あふれるほど多いこと。 例会場が人で一杯になる。

【数数（かずかず）】 物や種類がたくさんあるさま。 例後世に数数の功績を残す。

【過多（かた）】 多すぎること。過剰。 例栄養過多なので、節食する。

【仰山（ぎょうさん）】 非常に多いさま。主に関西で使う。 例町に人が仰山でている。

【浩瀚（こうかん）】 書物の巻数やページ数の多いさま。 例浩瀚な著作を完成する。

【潤沢（じゅんたく）】 物があまるほど十分にあるさま。 例潤沢な資金を用意する。

【大量（たいりょう）】 分量・数量の多いこと。 例大量の物資を輸送する。

【多勢（たぜい）】 人数の多いこと。 例多勢に無勢ではかなわない。

【多多（たた）】 数が多いさま。 例修正すべき点が多多ある。

【多大（ただい）】 数量や程度の大きいさま。 例災害で多大な被害を受ける。

【多分（たぶん）】 数量の多いさま。程度が高いさま。 例多分のご芳志を頂戴する。

【莫大（ばくだい）】 非常に大きい、また、多いさま。 例金庫に莫大な現金が眠っている。

【膨大（ぼうだい）】 とてつもなく大きい。多いさま。 例膨大な予算を組む。

【豊富（ほうふ）】 たくさんあって豊かなこと。 例交渉に豊富な経験を生かす。

【無数（むすう）】 数え切れないほど多い。 例天上に無数の星がきらめく。

【無量（むりょう）】 はかり知れないほど多いこと。 例旧遊の地を訪ねて無量の感を抱く。

そのほかの表現

巨額／巨費／巨万／巨利／最多／沢山／多数／多量／無尽／無尽蔵／過分／余分／夥（おびただ）しい

おおきい　大きい（巨）

【遠大（えんだい）】 見通しが利き考えの規模が大きい。 例遠大な計画を立案する。

【過大（かだい）】 物事の程度が大き過ぎるさま。 例能力を過大に評価する。

【強大（きょうだい）】 圧倒的に強く大きい力のあること。 例強大な勢力を維持する。

【極大（きょくだい）】 きわめて大きいこと。 例伝導率が極大になる。

【巨人（きょじん）】 非常に大きい人。業績を残した人。 例政界の巨人と謳われる。

【巨大（きょだい）】 並はずれて大きいさま。 例巨大なビルディングを建設する。

【広大（こうだい）】 広く大きいさま。「宏大」。 例広大な荒れ地を開拓する。

【傲慢（ごうまん）】 大きい態度で人を見下すこと。 例傲慢に構えて物を言う。

【巨細（こさい）】 大きいことと小さいこと。 例ことの巨細にわたって報告する。

【誇大（こだい）】 実際よりも大げさなさま。 例実情を誇大に表現する。

【細大（さいだい）】 細かいことと大きいこと。 例顚末を細大漏らさず記録する。

この上なく大きい。【至大（しだい）】例至大なる業績を残す。

程度がはなはだしく大きいさま。【甚大（じんだい）】例災害で甚大な被害を被る。

集会などが、盛んで大がかりなさま。【盛大（せいだい）】例結婚式が盛大に行われる。

この上なく大きいさま。【絶大（ぜつだい）】例業界で絶大な信用がある。

規模が大きくて立派なさま。【壮大（そうだい）】例壮大な計画に驚く。

数量・程度などが増えて大きくなる。【増大（ぞうだい）】例輸出量が増大する。

偉ぶって態度が大きい。【尊大（そんだい）】例尊大な口調が気に障る。

器量の大きいこと。優れた人物。【大器（たいき）】例大器の片鱗を見せる。

大勢が一緒に事に当たること。【大挙（たいきょ）】例大挙して会場へ押しかける。

優れた才能・器量。また、その持ち主。【大才（たいさい）】例若くして大才を発揮する。

大きなことを成し遂げようという志。【大志（たいし）】例大志を抱いて上京する。

大きく見た勢い。おおよその形勢。【大勢（たいせい）】例試合の大勢は動かない。

花が大きいこと。【大輪（たいりん）】例大輪の朝顔が咲く。

長くて大きいさま。【長大（ちょうだい）】例長大な城壁で囲む。

（戦艦の等級から）強大なさま。【超弩級（ちょうどきゅう）】例超弩級の豪雨に見舞われる。

太って大きくなる。はれて大きくなる。【肥大（ひだい）】例甲状腺が肥大する。

限りなく大きいこと。∞。【無限大（むげんだい）】例宇宙は無限大である。

雄々しくて大きい。規模が大きいさま。【雄大（ゆうだい）】例機上から雄大な雪原をながめる。

そのほかの表現　ビッグ／グレイト／メガ／マックス

おかしい　可笑しい

普通とは違った人相・面相。【異相（いそう）】例異相の修験者が現れる。

普通とは違った姿形・様子。【異体（いたい）】例異体の浪人を捕らえる。

普通でない様子。ただならぬ有様。【異様（いよう）】例場内に異様な雰囲気が漂う。

あやしく不思議なこと。【怪異（かいい）】例極北の怪異を目にする。

普通と違って、どこかおかしいさま。【奇異（きい）】例態度に奇異な感じを受ける。

普通と異なっていてあやしい。【奇怪（きかい）】例奇怪な発言をいぶかる。

言動が風変わりなさま。【奇矯（ききょう）】例奇矯な振る舞いにあきれる。

考えや言動が普通とは変わっている。【奇警（きけい）】例奇警なアイデアを示す。

人の意表をついて風変わりなこと。【奇抜（きばつ）】例奇抜な衣装で現れる。

普通と変わっていて不思議なさま。【奇妙（きみょう）】例奇妙な行動を怪しむ。

面白くおかしい。ばかばかしい。【滑稽（こっけい）】例いまさら変節とは滑稽だ。

目新しくて珍しいさま。【新奇（しんき）】例新奇なファッションを披露する。

【珍奇】（ちんき）珍しくて風変わりなこと。例珍奇な風俗にびっくりする。

【珍妙】（ちんみょう）変わっていておかしい。例珍妙な演技に笑い出す。

【特異】（とくい）普通と非常に異なるさま。例特異な現象が現れる。

【突飛】（とっぴ）常識とかけ離れているさま。例突飛な意見に座が白ける。

【不可解】（ふかかい）あれこれと考えても理解できない。例提案が拒否されるとは不可解だ。

【不思議】（ふしぎ）正体・原因などがわからないこと。例人の世の不思議さを感じる。

【変梃】（へんてこ）普通と変わっていておかしい。例壁を変梃な色に塗る。

【妙】（みょう）不思議なさま。おもしろいさま。例言いえて妙な表現を探す。

【面妖】（めんよう）得体が知れず、あやしい。例面妖な男が徘徊する。

おかす　犯す（侵・冒）

【外寇】（がいこう）外国から敵が攻め込んでくること。例応永の外寇。

【干犯】（かんぱん）他の権限に干渉し、権利を侵すこと。例統帥権（とうすいけん）干犯が問題になる。

【蚕食】（さんしょく）かいこが桑葉を食うように侵略する。例大国が弱小の隣国を蚕食する。

【蹂躙】（じゅうりん）踏みにじる。権利などを侵す。例基本的人権を蹂躙する。

【侵害】（しんがい）他人の権利や利益を侵す。例人権侵害として提訴する。

【侵攻】（しんこう）敵の領土に攻め入る。例大軍を動かして侵攻する。

【侵寇】（しんこう）他国の領土に攻め込む。例海を越えて侵寇する。

【侵食】（しんしょく）領土などをしだいに侵していく。例武力で領地を侵食する。

【浸食】（しんしょく）水がしみて土地などをおかす。例湾岸の浸食が激しい。

【侵入】（しんにゅう）他国の領土などに不法に入り込む。例スパイが領内に侵入する。

【浸入】（しんにゅう）水がしみ込んでくること。例大水で床下に泥水が浸入する。

【侵犯】（しんぱん）他国の領土や権利などを侵すこと。例領空侵犯に抗議する。

【侵略】（しんりゃく）他国に攻め入って領土を奪うこと。例侵略者に反抗する。

【席巻】（せっけん）勢いに乗って次々と侵略すること。例周辺全土を席巻する。

【冒瀆】（ぼうとく）尊重すべきものを冒しけがすこと。例故人の霊を冒瀆する。

【来寇】（らいこう）外国の軍隊が攻めてくること。例元（げん）の来寇に対処する。

そのほかの表現　犯罪／犯意／犯行／陵辱／強姦／クライム（犯罪）／レイプ

⇩この項目も　征する・攻める

おぎなう　補う

【充員】（じゅういん）不足している人員を補う。例新年度に充員する。

【充当】（じゅうとう）金銭・物品などをある使途に当てる。例不足分を予備費で充当する。

【増補（ぞうほ）】出版した書物の内容を補うこと。例改訂・増補版を出版する。

【代償（だいしょう）】損害をつぐなうこと。例用地提供の代償を受け取る。

【追補（ついほ）】書物の内容を追加して補うこと。例索引を追補する。

【弁償（べんしょう）】与えた損害を金銭で支払う。「辨償」。例割った窓ガラスを弁償する。

【補遺（ほい）】書物のもれている内容をおぎなう。例新版に補遺として加える。

【補完（ほかん）】足りない点をおぎなって完全にする。例新データを加えて補完する。

【補給（ほきゅう）】不足している物をおぎなう。例車にガソリンを補給する。

【補強（ほきょう）】弱い部分をおぎなって強くする。例トレードでチームを補強する。

【補修（ほしゅう）】損なわれた部分を修理する。補繕。例古くなった家屋を補修する。

【補充（ほじゅう）】金品・人員などをおぎなって満たす。例品切れで補充がきかない。

【補償（ほしょう）】与えた損害をおぎなって償うこと。例土地収用の補償をする。

【補正（ほせい）】おぎなって正しいものにする。例補正予算を組む。

【補整（ほせい）】足りないところをおぎなって整える。例スーツの胴回りを補整する。

【補足（ほそく）】付け加えておぎなう。例部下の説明を補足する。

【補塡（ほてん）】足りないところを埋める。例損失補塡が問題となる。

【補弼（ほひつ）】君主の政務を助けること。「輔弼」。例補弼の大任を果たす。

【補筆（ほひつ）】文章の不足や欠陥に手を入れる。例補筆しながら清書する。

そのほかの表現 補欠／補習／加筆／補繕／穴埋め／カバー／アシスタント／サブ／サブスティチュート（補欠）／エイド（補助）

⇩この項目も 助ける

おく
置く

【安置（あんち）】大切に据えつけて置く。例本堂に本尊を安置する。

【常設（じょうせつ）】施設などがいつも設けてあること。例市の各所に図書館を常設する。

【常置（じょうち）】いつも設けておくこと。例諮問委員会を常置する。

【新設（しんせつ）】設備・組織などを新しく設けること。例教職課程を新設する。

【設営（せつえい）】活動の拠点などを設ける。例山麓にベースキャンプを設営する。

【設置（せっち）】施設や組織などを設ける。例緊急対策本部を設置する。

【設立（せつりつ）】新しく組織や機関を設ける。例ベンチャー会社を設立する。

【創設（そうせつ）】施設や制度などを新しく設ける。例創設は百年前にさかのぼる。

【増設（ぞうせつ）】今まである設備や組織などを増やす。例パソコン教室を増設する。

【装置（そうち）】機械を取り付けること。その機械。例自動消火装置を備える。

【存置（そんち）】今までのまま残しておくこと。例山間の分校を存置する。

【対置】(たいち) 相対する位置に置くこと。 例代案を対置して検討する。

【代置】(だいち) 本来のものの代わりを置くこと。 例臨時の機関を代置する。

【定置】(ていち) 決まっている場所に置くこと。 例定置網を敷設する。

【倒置】(とうち) 逆さまに置く。逆に置き換える。 例主語と述語を倒置する。

【配置】(はいち) 適当な数量を適切な場所に置く。 例机を会議用に配置する。

【付設】(ふせつ) 本体に付属させて設ける。「附設」。 例病院に研究所を付設する。

【敷設】(ふせつ) 設備を広範囲に設ける。「布設」。 例海底ケーブルを敷設する。

【布置】(ふち) 物をそれぞれの位置に並べること。 例庭木の布置を変えてみる。

【併置】(へいち) 同じ場所に合わせて設置する。 例大学と研究所を併置する。

【放置】(ほうち) 始末せずにほうっておく。 例自転車を空き地に放置する。

そのほかの表現 付置/据え付ける/インストール(設置)

おくりもの 贈り物

【進物】(しんもつ) お礼・お祝いの心をこめた贈り物。 例デパートで進物を選ぶ。

【寸志】(すんし) ささやかな気持ちの意で、贈り物。 例協力者に寸志を贈る。

【歳暮】(せいぼ) 一年の感謝をこめた歳末の贈り物。 例得意先に歳暮を送る。

【施物】(せもつ) 僧侶や貧しい人に施す金品。 例旅の僧に施物を喜捨する。

【餞別】(せんべつ) 旅立ちなどの別れに際して贈る金品。 例転勤の餞別をいただく。

【賜物】(たまもの) 神仏や高貴な人から贈られた物。 例豊作は天の賜物だ。

【中元】(ちゅうげん) 盂蘭盆(うらぼん)のころ感謝をこめて贈る。 例中元商戦が始まる。

【布施】(ふせ) 仏事の際などに、僧に渡す謝礼。 例法事のお布施を包む。

【賄】(まいない) 捧げ贈る品物。また、賄賂(わいろ)。 例悪代官に賄を届ける。

【貢物】(みつぎもの) 支配者・権力者に捧げる金品。 例大国の君主に貢物を献上する。

【土産】(みやげ) 訪問の際に持参する贈り物。 例親戚の子にお土産を用意する。

【結納】(ゆいのう) 婚約の印として、取り交わす金品。 例両家で結納を交わす。

【礼物】(れいもつ) 謝礼として贈る金品。 例仲人の礼物を調える。

【賄賂】(わいろ) 便宜を図ってもらうために贈る金品。 例要路にある役人に賄賂を使う。

そのほかの表現 御移り/志/遣い物/付け届け/到来物/ギフト

おくる 送る(贈)

【移送】(いそう) 人や物を別な所に移し送る。 例難民を国外に移送する。

【遺贈】(いぞう) 遺言によって財産を贈与すること。 例孫に別荘を遺贈する。

【運送】(うんそう) 貨物などを別な所に運ぶこと。 例海産物を東京まで運送する。

【回送】（かいそう）届けられた物を別な届け先に送る。 例誤配された小包を回送する。

【歓送】（かんそう）出発を祝い、喜んで送り出すこと。 例海外赴任の歓送会を開く。

【喜捨】（きしゃ）僧や貧しい人に、喜んで施すこと。 例雲水僧に米を喜捨する。

【寄進】（きしん）寺社に金品を寄付すること。 例祭礼に清酒一斗を寄進する。

【寄贈】（きぞう）公共施設などに物品を贈る。 例美術館に名画を寄贈する。

【寄付】（きふ）金品を無償で提供すること。「寄附」。 例老人ホームに車いすを寄付する。

【恵贈】（けいぞう）人から贈られることを敬っていう語。 例ご恵贈の品、落掌いたしました。

【護送】（ごそう）人や物を守りながら送り届けること。 例大量の紙幣を護送する。

【進上】（しんじょう）目上の相手に物を差し上げること。 例特産品を進上する。

【送還】（そうかん）もと居た場所に送り返すこと。 例密入国者を本国に送還する。

【送迎】（そうげい）人を送ることと迎えること。 例送迎のハイヤーを頼む。

【送呈】（そうてい）送って贈呈すること。 例小著を送呈いたします。

【贈呈】（ぞうてい）改まって人に物をあげること。 例贈呈式を挙行する。

【贈答】（ぞうとう）物を送ったり、お返しをすること。 例贈答品を見繕う。

【送別】（そうべつ）別れていく人を送ること。 例退社する同僚の送別会を開く。

【贈与】（ぞうよ）金品を贈り与える。財産を与える契約。 例生前贈与を取り決める。

【託送】（たくそう）物品を運送業者などに委託して送る。 例土産物を店から託送する。

【呈上】（ていじょう）物を差し上げる。贈ることの謙譲語。 例退官の記念品を呈上する。

【配送】（はいそう）物品を送って配達する。 例お歳暮を配送する。

【派遣】（はけん）使命・任務を与えて行かせる。 例特命全権大使を派遣する。

【派出】（はしゅつ）仕事をさせるために人を送り込む。 例警察の臨時派出所ができた。

【発送】（はっそう）郵便物や貨物などを送り出す。 例ダイレクトメールを発送する。

【輸送】（ゆそう）車や船などで人や物を大量に送る。 例石油をタンカーで輸送する。

そのほかの表現 フォワード（転送）／トランスポート（輸送）／デリバリー（配達）

おくれる　遅れる（後）

【延引】（えんいん）予定の日時・時期より遅れること。 例これ以上の延引は許されない。

【延滞】（えんたい）支払いが期限より遅れること。 例延滞金を徴収される。

【後進】（こうしん）あとから来る。発展が遅れる。 例後進に道を譲る。

【後退】（こうたい）後ろへ下がる。物事が衰える。 例景気の後退を懸念する。

【後発】（こうはつ）遅れて出発する。あとから着手する。 例後発企業に先を越される。

【退歩】（たいほ）物事が遅れた状態に戻ること。 例記憶力が退歩する。

【遅引】（ちいん）遅れること。また、長びくこと。 例工事の開始が遅引する。

【遅延（ちえん）】予定の日時・時刻より遅れる。 例台風で、列車が遅延する。

【遅刻（ちこく）】定められた時刻に遅れる。 例朝寝坊して遅刻する。

【遅参（ちさん）】定刻より遅れてやって来る。 例遅参して申し訳ない。

【遅滞（ちたい）】遅れて、そのままになっている。 例業務が錯綜して遅滞する。

【頓挫（とんざ）】急に行き詰まって止まる。 例計画に頓挫をきたす。

【落後（らくご）】力不足で取り残される。「落伍」。 例ゴールを目前にして落後する。

そのほかの表現 ディレー（遅延）

⇩この項目も 滞（とどこお）る

おごそか 厳か

【威厳（いげん）】堂々としておごそかなさま。 例国王の威厳を示す。

【粛粛（しゅくしゅく）】おごそかに静まり返っているさま。 例粛粛と葬列が進む。

【粛然（しゅくぜん）】おごそかで静か。慎むさま。 例粛然として訃報を聞く。

【森厳（しんげん）】静かで非常におごそかなさま。 例森厳な神域にたたずむ。

【神聖（しんせい）】神のように犯しがたく、清らかな。 例神聖な宝物を拝観する。

【荘厳（そうごん）】立派でいかめしく、おごそかなさま。 例荘厳なミサに感激する。

【荘重（そうちょう）】重々しくおごそかなさま。 例儀式が荘重に行われる。

【尊厳（そんげん）】尊くおごそかであること。 例人間の尊厳を冒瀆する。

そのほかの表現 厳（いか）めしい／神神しい／粛として／物物しい／ストリクト（厳格）

⇩この項目も 厳しい

おこなう 行う

【悪行（あくぎょう）】悪い行い。してはならない行為。 例悪行の限りを尽くす。

【敢行（かんこう）】無理を承知であえて行う。 例海峡横断水泳を敢行する。

【奇行（きこう）】常識はずれの風変わりな行動・行為。 例奇行で有名な詩人。

【凶行（きょうこう）】殺人などの凶悪な行為。「兇行」。 例怨恨から凶行に及ぶ。

【行状（ぎょうじょう）】日常の行い。身持ち。品行。 例反省して行状を改める。

【行跡（ぎょうせき）】日々の行いのあと。 例日ごろの行跡が芳（かんば）しくない。

【挙行（きょこう）】行事・式典などを行う。 例卒業式を挙行する。

【挙措（きょそ）】立ち居振る舞い。動作。 例挙措が折り目正しい。

【挙動（きょどう）】立ち居振る舞い。人の様子。 例挙動不審の男を尋問する。

【愚挙（ぐきょ）】思慮の足りないばかげた行動。 例愚挙を冷ややかにながめる。

【愚行（ぐこう）】愚かしい行い。ばかげた行為。 例信じられない愚行にあきれる。

【軽挙（けいきょ）】見通しを欠いた軽はずみな行動。 例一部の人の軽挙をとがめる。

【兼行（けんこう）】物事を急ぎ行うこと。 例昼夜兼行の突貫工事。

【再挙（さいきょ）】失敗した企てを再び始めること。 例隠忍して再挙を図る。

【私行（しこう）】私生活における行為。 例政府高官の私行をあばく。

【施行（しこう）】実際に行うこと。実施。 例政策を施行する。

【試行（しこう）】試しにやってみること。 例試行錯誤を繰り返す。

【執行（しっこう）】実際に執り行うこと。 例新年度の予算を執行する。

【実践（じっせん）】主張したことなどを自ら行う。 例言葉よりもまず実践だ。

【醜行（しゅうこう）】見苦しい行い。恥ずべき行為。 例高官の醜行が露見する。

【所為（しょい）】行い。振る舞い。仕業。 例エリートの所為とは思えない。

【所業（しょぎょう）】行い。振る舞い。仕業。「所行」。 例傍若無人の所業が目に余る。

【仕業（しわざ）】意志・意図をもってする行い。 例だれの仕業かわからない。

【性行（せいこう）】性質と行い。性格から出る振る舞い。 例日ごろから性行がよくない。

【善行（ぜんこう）】よい行い。立派な行為。 例ひそかに善行を積む。

【操行（そうこう）】道徳的に評価される行い。 例平生の操行が芳しくない。

【素行（そこう）】日ごろの行い。平素の振る舞い。 例警察が容疑者の素行を調べる。

【断行（だんこう）】覚悟を決め、思い切って実行する。 例民営化を断行する。

【徳行（とっこう）】道義にかなった立派な行い。 例徳行の人と謳われる。

【篤行（とっこう）】誠実で、人情にあつい行い。 例隠れた篤行が世に知れる。

【蛮行（ばんこう）】野蛮な行い。粗暴な行為。 例口論のあげく蛮行に及ぶ。

【非行（ひこう）】(特に青少年の)反社会的行為。 例非行の原因を調査する。

【品行（ひんこう）】平生の行い。身持ち。 例品行の点は申し分がない。

【暴挙（ぼうきょ）】前後を考えない乱暴な行為。 例今回の暴挙はまことに遺憾だ。

【暴行（ぼうこう）】乱暴な行為。また、女性を犯すこと。 例通行人を暴行する。

【予行（よこう）】前もって行ってみること。 例運動会の予行演習を行う。

【履行（りこう）】決めたとおりに実行すること。 例契約を忠実に履行する。

【力行（りっこう）】懸命に努力して行うこと。 例苦学力行で世に出る。

【励行（れいこう）】努力してきちんと実行する。 例毎朝、体操を励行する。

そのほかの表現 快挙／強行／決行／言行／言動／実行／代行／動作／義挙／挙止／行為／行動／進退／壮挙／美挙／仕出かす／振る舞い／身持ち／アクション／プラクティス（実践）／キャリーアウト（実行する）

おこる　起こる（興）

お

【喚起】（かんき）意識などを呼び起こす。例 広く世論を喚起する。

【起因】（きいん）物事が起こる原因になる。例 ブレーキの故障に起因した事故。

【起業】（きぎょう）事業を新しく起こす。例 起業公債を発行する。

【偶発】（ぐうはつ）たまたま、思いがけなく起こる。例 いろいろな事件が偶発する。

【継起】（けいき）物事が続いて起こる。例 短時間に各地で事件が継起する。

【興起】（こうき）勢いが盛んになる。心が奮い立つ。例 産業の興起が目覚ましい。

【興業】（こうぎょう）事業・産業を興し、盛んにすること。例 殖産興業を国是とする。

【興隆】（こうりゅう）勢いが盛んになって栄える。例 新しい文化が興隆する。

【再燃】（さいねん）消えていたものが燃え上がる。例 厄介な問題が再燃する。

【再発】（さいはつ）治まっていた物事が、また起こる。例 事件の再発を防止する。

【散発】（さんぱつ）間をおいてときどき起こること。例 散発三安打で完敗した。

【惹起】（じゃっき）事件などを引き起こす。例 重大なミスを惹起する。

【出来】（しゅったい）思ってもみなかった事件が起こる。例 えらい事件が出来した。

【触発】（しょくはつ）あるきっかけで行動を起こすこと。例 先輩の活躍に触発される。

【振興】（しんこう）事業・学芸などを盛んにする。例 中小企業の振興を叫ぶ。

【新興】（しんこう）新しく興って勢いが盛んになる。例 新興勢力が台頭する。

【生起】（せいき）起こり現れる。発生する。例 新しい課題が生起する。

【続発】（ぞくはつ）物事があいついで起こる。例 似たような事件が続発する。

【台頭】（たいとう）勢力を伸ばしてくる。「擡頭」。例 新人の台頭が目立つ。

【多発】（たはつ）事件などが多く起こる。例 高速道で交通事故が多発する。

【突発】（とっぱつ）思いがけない出来事が突然起こる。例 重大事件が突発する。

【発祥】（はっしょう）歴史的な事物が起こり始めること。例 オリンピック発祥の地を訪ねる。

【発生】（はっせい）物事や現象が起こる。例 事故発生の原因を調査する。

【発動】（はつどう）行動を起こす。動き出す。例 やむをえず強権を発動する。

【頻発】（ひんぱつ）物事がしきりに起こる。例 自動車盗難事件が頻発する。

【復興】（ふっこう）衰えた物事が再び盛んになる。例 災害に遭った町を復興する。

【併発】（へいはつ）いくつかの事が同時に起こる。例 風邪を引いて肺炎を併発する。

【発起】（ほっき）何かを始める気を起こすこと。例 発起人に名を連ねる。

【勃興】（ぼっこう）急に勢いが高まって、盛んになる。例 アジアに新勢力が勃興する。

【勃発】（ぼっぱつ）大事件や戦争などが起こる。例 世界大戦が勃発する。

【連発】（れんぱつ）類似の物事を続けざまに起こす。例 ジョークを連発する。

そのほかの表現 起工／起床／起訴／興亡／発作／事を起こす／引き起こす／湧き起こる／ハプニング／ベンチャー

おさえる おす
抑える 押す

【圧殺】（あっさつ）おしつけて殺す。活動を押さえ込む。例反対運動を圧殺する。

【圧死】（あっし）押しつぶされて死ぬ。例塀が倒れてきて圧死する。

【圧縮】（あっしゅく）圧力で押し縮める。分量を縮める。例多すぎる資料を圧縮する。

【圧制】（あっせい）反対勢力を権力で抑える。例長年の圧制が破綻する。

【圧倒】（あっとう）力で押し倒す。また、押さえつける。例兵力で敵を圧倒する。

【圧迫】（あっぱく）強く押しつける。また、威圧する。例じわじわと相手を圧迫する。

【圧伏】（あっぷく）力で押さえつけ服従させる。「圧服」。例周辺諸国を圧服する。

【圧力】（あつりょく）押さえつける力。威圧する力。例外国から圧力がかかる。

【威圧】（いあつ）威力で押さえつける。例居丈高に民衆を威圧する。

【強圧】（きょうあつ）強い力で押さえつける。例抵抗組織に強圧を加える。

【自制】（じせい）自分の気持ちを抑える。例殴りたい衝動を自制する。

【重圧】（じゅうあつ）重く押しつける力。例責任の重圧に耐える。

【自律】（じりつ）欲望やわがままを抑えて行動する。例自律自戒をモットーとする。

【制圧】（せいあつ）力で相手を押さえつける。例敵の主力を制圧する。

【節制】（せっせい）自分の欲望を抑えて適度にすること。例やせるために甘い物を節制する。

【弾圧】（だんあつ）支配者が権力で押さえつけること。例抗議運動を弾圧する。

【鎮圧】（ちんあつ）反乱などを武力で取りしずめる。例政府軍がクーデターを鎮圧する。

【暴圧】（ぼうあつ）力で無理矢理に押さえつける。例反乱軍を暴圧する。

【抑圧】（よくあつ）欲望や行動を強く押さえつける。例政府に対する批判を抑圧する。

【抑止】（よくし）押さえつけて止めること。例戦争抑止のために努力する。

【抑制】（よくせい）物事の勢いを抑えて止める。例金利の上昇を抑制する。

そのほかの表現
ブレーキ／プレス／プレッシャー／コントロール／プッシュ

おさめる
収める（納）

【格納】（かくのう）倉庫などに物をしまい入れる。例飛行機を格納庫に入れる。

【嘉納】（かのう）進物・進言を喜んで受け入れる。例献上品をご嘉納になる。

【献納】（けんのう）金品を国や寺社などに納める。例本堂の改築費を献納する。

【収受】（しゅうじゅ）金品などを受け取って収める。例裏で不正な金の収受が行われる。

【収拾】（しゅうしゅう）混乱した状態を正常にする。例緊急事態を収拾する。

【収集】（しゅうしゅう）あちこちから寄せ集める。例関連情報を収集する。

【収蔵】（しゅうぞう）物を収めて、しまっておく。例貴重な骨董品を収蔵する。

【収束(しゅうそく)】混乱していた物事がしずまる。 例事件は収束に向かっている。

【収得(しゅうとく)】物を受け取って、自分の所有にする。 例ようやく住宅を収得した。

【収納(しゅうのう)】金銭を受け取る。物をしまう。 例衣料品を保存箱に収納する。

【収用(しゅうよう)】(国や自治体が)強制的に取得する。 例道路用地を収用する。

【収容(しゅうよう)】人や物を一定の場所に入れる。 例避難者を応急施設に収容する。

【上納(じょうのう)】国や上部組織に金品を納める。 例会員から上納金を徴収する。

【接収(せっしゅう)】権力によって所有物を取り上げる。 例占領軍がホテルを接収する。

【滞納(たいのう)】金銭を期限までに納めないこと。 例家賃を三月分滞納する。

【納入(のうにゅう)】金品を納めること。 例保険料を納入する。

【納付(のうふ)】(特に公的機関に)金品を納める。 例市民税を納付する。

【奉納(ほうのう)】神仏に供える。また、技芸を捧げる。 例奉納相撲大会を行う。

【未納(みのう)】納めるものをまだ納めていないこと。 例前期分が未納になっている。

そのほかの表現 完納／前納／後納／全納／分納／物納／皆納(かいのう)／供出／供米(きょうまい)／直納／即納／怠納(たいのう)／代納／納本／別納

⇩この項目も 受ける

おさめる 治める

【経国(けいこく)】国家を統治し、経営すること。 例経国の大業を担う。

【経世(けいせい)】世の中を治めること。 例一代の経世家として知られる。

【自治(じち)】自主的に管理・運営すること。 例自治の権限を拡大する。

【政治(せいじ)】主権者が国家を治めること。 例民意が政治を動かす。

【太平(たいへい)】政治が安定し穏やかなこと。「泰平」。 例太平の夢をむさぼる。

【治下(ちか)】ある政権の統治下にあること。 例独裁政権の治下にある。

【治国(ちこく)】国を治めること。 例治国平天下の理想。

【治産(ちさん)】生計を立てる。財産を管理する。 例禁治産者の宣告を受ける。

【治世(ちせい)】平和な世。君主が国を治める期間。 例名君の治世に学ぶ。

【治平(ちへい)】世の中がよく治まって平穏なこと。 例治平の世に恵まれる。

【治乱(ちらん)】世が治まることと乱れること。 例治乱興亡がめまぐるしい。

【鎮圧(ちんあつ)】暴動などを武力でしずめる。 例軍隊が出動して鎮圧に当たる。

【鎮定(ちんてい)】騒乱などを武力でしずめる。 例政府軍が反乱軍を鎮定する。

【鎮撫(ちんぶ)】反乱などを静め、民衆を安心させる。 例暴徒の鎮撫に成功する。

【統治(とうち)】主権者が領土・人民を支配し治める。 例大国の統治下に入る。

【内政(ないせい)】国内の政治。国内行政。 例内政干渉に反対する。

【内治】（ないち）国内の政治。内政。「ないじ」。 例 内治の安定を重んじる。

【文治】（ぶんち）法令や教化による政治。 例 文治派が台頭する。

【平定】（へいてい）戦乱を静め、世の中を落ち着かせる。 例 近畿一帯を平定する。

【法治】（ほうち）法律によって政治を行うこと。 例 日本は法治国家である。

そのほかの表現 コントロール／ガバメント（統治）／ポリティックス（政治）

おさめる　修める

【研修】（けんしゅう）（特に仕事の）勉強や訓練をすること。 例 全社員に英語研修を行う。

【自修】（じしゅう）独学で知識・技芸を身につける。 例 自修用の語学書を買う。

【修身】（しゅうしん）身を修め、行いを正すこと。 例 かつて修身という教科があった。

【修道】（しゅうどう）（特に宗教上の）道徳・道義を修める。 例 修道院で修行する。

【修得】（しゅうとく）知識・技芸を学び、身につける。 例 情報管理技術を修得する。

【修養】（しゅうよう）学問を修め、人格を高めること。 例 まだまだ修養が足りない。

【修了】（しゅうりょう）定められた学業を修め終える。 例 博士課程を修了する。

【専修】（せんしゅう）特定の学問・技芸を専門的に修める。 例 フランス語学を専修する。

【必修】（ひっしゅう）必ず修めなければならないこと。 例 英語を必修科目とする。

【履修】（りしゅう）規定の学科や課程などを修める。 例 教養課程を履修する。

⇩この項目も　学ぶ・鍛える

おしえる　教える

【涵養】（かんよう）ゆっくりと自然に養い育てること。 例 徳性の涵養に努める。

【教育】（きょういく）知識や技能を教え、育成すること。 例 職業教育を充実する。

【教化】（きょうか）（道徳的に）よい方向に教え導く。 例 仏教で民衆を教化する。

【教戒】（きょうかい）教え、戒めること。「教誡・教誨」。 例 懇切な教戒に涙する。

【教学】（きょうがく）教えることと学ぶこと。教育と学問。 例 教学の振興をめざす。

【教訓】（きょうくん）教え諭すこと。また、その教え。 例 経験を教訓とする。

【教唆】（きょうさ）悪事を行うように、そそのかすこと。 例 詐欺行為を教唆する。

【教示】（きょうじ）知識などを具体的に教え示すこと。 例 指導教官に教示を仰ぐ。

【教習】（きょうしゅう）知識・技能を教えて身につけさせる。 例 パソコンの教習を受ける。

【教導】（きょうどう）正しい道を歩むよう、教え導くこと。 例 入門者を教導する。

【教鞭】（きょうべん）授業のときに教師が持つ鞭。 例 母校に帰って教鞭をとる。

【教練】（きょうれん）（軍隊で）教え、鍛えて習熟させる。 例 初年兵を教練する。

【訓育】（くんいく）（児童・生徒を）教え育てること。 例 徳性向上をめざす訓育。

【薫陶】（くんとう）人徳で人を感化し、育て上げること。　例主任教授の薫陶を受ける。

【啓発】（けいはつ）教えて新しい知識や発見を与える。　例講演を聴いて啓発される。

【啓蒙】（けいもう）新しい知識を与え、目を開かせること。　例大衆を啓蒙する。

【指南】（しなん）武術・技芸などを教えること。　例一手ご指南を願いたい。

【助言】（じょげん）ことばをかけて教え、助けること。　例計画について助言する。

【胎教】（たいきょう）胎児に好影響を与えるように努める。　例精神安定が胎教によい。

【伝授】（でんじゅ）奥義・極意などを、教え伝えること。　例高弟に秘伝を伝授する。

【陶冶】（とうや）資質を鍛え、育て上げること。　例人格の陶冶に努める。

【徳化】（とっか）徳によって人を導くこと。　例広く徳化を及ぼす。

【風教】（ふうきょう）徳によって風俗を善導する。　例我、風教の木鐸たらん。

【布教】（ふきょう）宗教を世に広めること。　例海を越えて布教する。

【誘掖】（ゆうえき）導き助けること。補佐すること。　例次世代の逸材を誘掖する。

そのほかの表現　示教／教授／教徒／教諭／訓導／授業／指示／アドバイス／エジュケーション／ガイド／ガイダンス／インストラクション（教示）／ディレクション（方向づけ・指導）／オリエンテーション

⇩この項目も　知らせる・導く

おしはかる　推し量る（推し測る）

【憶測】（おくそく）いい加減な推測。「臆測」。　例単なる憶測に過ぎない。

【賢察】（けんさつ）相手の推察を敬っていう語。高察。　例心中をご賢察ください。

【邪推】（じゃすい）ひがみなどから、誤って推し量る。　例相手の好意を邪推する。

【推計】（すいけい）数学を利用して数量を推し量る。　例十年後の人口を推計する。

【推察】（すいさつ）他人の心中などを、想像して理解する。　例深い事情を推察する。

【推測】（すいそく）今ある情報から推し量る。　例推測が的中する。

【推断】（すいだん）推し量って判断・断定する。　例国の運命を推断する。

【推定】（すいてい）根拠に基づいて、推し量って決める。　例前年実績から推定する。

【推理】（すいり）論理的に筋道を追って推し量る。　例密室事件を推理する。

【推量】（すいりょう）事情や心情などを推し量る。　例被害者の複雑な胸中を推量する。

【推論】（すいろん）未知の事柄を論理的に推し量る。　例事件の真相を推論する。

【忖度】（そんたく）他人の気持を推し量る。　例被告の気持ちは忖度しかねる。

【端倪】（たんげい）物事の成り行きを推し量ること。　例端倪すべからざる情況にある。

【憫察】（びんさつ）哀れんで思いやること。　例なにとぞ事情をご憫察ください。

【類推】（るいすい）類似点によって推理すること。　例類推によって暗号を解読する。

そのほかの表現 観測／高察／推考／想像／拝察／予想／当て推量

おそれる 恐れる（怖・畏・懼）

【畏懼】（いく） 恐れはばかる。恐れてびくびくする。 例いたずらに畏懼することなかれ。

【畏縮】（いしゅく） 権威などを恐れてちぢこまる。 例畏縮して震え出す。

【畏怖】（いふ） 大いに恐れおののく。 例ひそかに畏怖の念を抱く。

【怖気】（おぞけ） 恐れてびくびくする気持。おじけ。 例怖気が全身を襲う。

【危惧】（きぐ） 事態を危ぶんで恐れる。 例事の成り行きを危惧する。

【兢兢】（きょうきょう） 恐れてひどくおびえるさま。 例敵の来襲に兢兢としている。

【恐懼】（きょうく） 恐れ入ってかしこまる。 例恐懼して御前を退出する。

【恐慌】（きょうこう） 恐れて慌てふためくこと。 例突発事件に恐慌をきたす。

【恐惶】（きょうこう） 恐れ入ってかしこまること。 例恐惶して言上する。

【恐縮】（きょうしゅく） 恐れ入る。申し訳なく思う。 例多大な好意に恐縮する。

【驚怖】（きょうふ） 驚きおそれること。 例最も驚怖すべき事件。

【懸念】（けねん） 気がかりで不安な気持ち。 例業績の低下が懸念される。

【小胆】（しょうたん） 気が小さく度胸のないこと。 例我が身の小胆を恥じる。

【戦慄】（せんりつ） 恐れで全身が震えおののく。 例怪奇な出来事に戦慄する。

【慄然】（りつぜん） 恐ろしくてぞっとするさま。 例事故を目の当たりにして慄然とする。

そのほかの表現 臆病／恐怖／心配／怖い／臆する

おだやか 穏やか

【安泰】（あんたい） 何事もなく安らかであること。 例これで社長の座は安泰だ。

【安寧】（あんねい） 世の中が治まって平和であること。 例社会の安寧を図る。

【安穏】（あんのん） 異変がなく穏やかなこと。 例安穏な日々を過ごす。

【円満】（えんまん） 穏やかでなごやかなさま。 例いさかいを円満におさめる。

【温顔】（おんがん） 穏やかで優しく、あたたかい顔つき。 例恩師の温顔が目に浮かぶ。

【温恭】（おんきょう） 穏やかで謙虚なこと。 例温恭な人柄で人望がある。

【温順】（おんじゅん） 性格や気候が穏やかなさま。 例温順な気候に恵まれる。

【穏便】（おんびん） 物事を荒立てず、穏やかに行うさま。 例もめごとを穏便に解決する。

【順良】（じゅんりょう） 性質が素直で善良なさま。 例村人はみな順良だ。

【小康】（しょうこう） 少しの間、かろうじて穏やかである。 例病状が小康状態を保つ。

【静穏】（せいおん） 静かで穏やかなさま。 例このところ静穏な天気が続く。

【静謐】（せいひつ） （世の中が）静かで穏やかなさま。 例山間の静謐な雰囲気に浸る。

【泰然】（たいぜん）物事に動じないで、落ち着いている。 例 騒ぎの渦中で泰然としている。

【太平】（たいへい）世の中がよく治まり、穏やかなこと。 例 太平の世を享受する。

【無難】（ぶなん）無事なこと。特に難点のないこと。 例 仕事を無難にこなす。

【平安】（へいあん）無事で安らかなこと。 例 旅行中の平安を祈る。

【平穏】（へいおん）何事も起こらず、穏やかなこと。 例 事件が平穏な世を揺るがす。

【平静】（へいせい）静かに落ち着いていること。 例 一時の混乱が平静に戻る。

【悠揚】（ゆうよう）ゆったりと落ち着いていること。 例 悠揚迫らぬ態度を保つ。

（そのほかの表現）安康／安全／安定／穏健／平和／和平／事も無し

（⇩この項目も）優しい・柔らかい

おちる　落ちる（墜・堕）

【下落】（げらく）物の価値や値段が大幅に下がる。 例 株相場は下落ぎみだ。

【脱落】（だつらく）抜け落ちる。落後する。落脱。 例 優勝争いから脱落する。

【堕落】（だらく）節度・節操を失って悪くなる。 例 青少年の堕落を防ぐ。

【凋落】（ちょうらく）しおれて落ちる。落ちぶれる。 例 主流派が凋落する。

【墜死】（ついし）高所から落ちて死ぬ。 例 飛行機事故で搭乗者が墜死する。

【墜落】（ついらく）飛行機などが、高所から落ちる。 例 墜落事故の原因を調査する。

【低落】（ていらく）（特に物価が）低下する。 例 諸物価は低落傾向にある。

【滴下】（てきか）滴となって落ちる。滴り落ちる。 例 栄養剤を滴下する。

【転落】（てんらく）転げ落ちる。落ちぶれる。「顛落」。 例 出世コースから転落する。

【剥落】（はくらく）塗料などが、はがれて落ちる。 例 壁画の一部が剥落する。

【崩落】（ほうらく）崩れ落ちる。相場が急激に下がる。 例 政変で相場が崩落する。

【暴落】（ぼうらく）物価・相場などが急激に下がる。 例 生鮮食品の価格が暴落する。

【没落】（ぼつらく）勢いが衰えて落ちぶれる。 例 貴族階級が没落する。

【落後】（らくご）ついて行けず取り残される。「落伍」。 例 強行軍で落後者が出た。

【淪落】（りんらく）堕落する。落ちぶれる。 例 淪落した女の日記。

【零落】（れいらく）みじめな状態になる。落ちぶれる。 例 零落の姿をさらす。

（そのほかの表現）直下／落選／落第／落雷／落涙／落下／落石／落城／落脱／落魄／滴る／フォール（落ちる）／ドロップ／ドロップアウト（落後）

（⇩この項目も）衰える

おっと　夫（良人）

【内の人】（うちのひと）妻が親しい人に夫をさしていう語。 例 内の人に話しておきます。

【背の君（せのきみ）】 夫・恋人・兄などの古風な言い方。 例 背の君はいずこにおわすや。

【先夫（せんぷ）】 以前に夫であった人。前夫。 例 先夫との間の子を引き取る。

【夫君（ふくん）】 他人の夫に対する尊敬語。 例 ご夫君とご一緒にどうぞ。

【亡夫（ぼうふ）】 すでに死んだ夫。 例 亡夫の遺産で暮らす。

【宿六（やどろく）】 ろくでなしの夫。夫を軽んじていう。 例 うちの宿六はどうしようもない。

【良人（りょうじん）】 妻が夫をさしていう語。「おっと」。 例 良人を出迎える。

そのほかの表現 新郎／主人／宅／旦那／亭主／主／花婿／婿／ダーリン／ハズバンド

おと　音

【音響（おんきょう）】 音の響き。音が響くこと。 例 音響効果がすばらしいホール。

【快音（かいおん）】 こころよく響く音。 例 快音を残して打球が飛ぶ。

【楽音（がくおん）】 (耳に快い)規則的な振動を持つ音。 例 楽音のようなせせらぎ。

【擬音（ぎおん）】 演劇などで実際の音に似せてつくる音。 例 擬音効果で場面を盛り上げる。

【喧騒（けんそう）】 人声や物音でやかましいこと。 例 盛り場の喧騒を逃れる。

【号音（ごうおん）】 合図のために鳴らす音。 例 号音とともにスタートする。

【轟音（ごうおん）】 とどろきわたる音。すさまじい音響。 例 飛行機が轟音を残して飛び立つ。

【残響（ざんきょう）】 鳴り終わった後に反響などで残る音。 例 残響がしだいに消える。

【潮騒（しおさい）】 潮がさしてくるときに波が立てる音。 例 浜辺の宿で潮騒を聞く。

【鐘声（しょうせい）】 鐘が鳴る音。鐘の音。 例 どこからか鐘声が響いてくる。

【心音（しんおん）】 心臓が鼓動する音。 例 聴診器で心音を聴取する。

【大音声（だいおんじょう）】 遠くまで響きわたる大きな声。 例 大音声を張り上げる。

【筒音（つつおと）】 鉄砲や大砲を撃つ音。 例 激戦地に筒音がとどろく。

【濤声（とうせい）】 波の立ち騒ぐ音。波音。 例 濤声を聞きながら眠りに入る。

【音色（ねいろ）】 音の性質、また、聞いた感じ。 例 絶妙な音色で聴衆を魅了する。

【羽音（はおと）】 鳥や虫が羽ばたく音。 例 鳩が羽音を立てて飛び立つ。

【葉音（はおと）】 木の葉が風で揺れて出す音。 例 耳を澄まして葉音を聞く。

【風声（ふうせい）】 風の吹く音。 例 夜半に激しい風声を聞く。

【水音（みずおと）】 流れの音など、水が立てる音。 例 庭の池で水音がする。

【余韻（よいん）】 音のあとに残る響き。 例 鐘の音の余韻が続く。

【雷鳴（らいめい）】 雷の鳴る音。 例 突然雷鳴がとどろく。

そのほかの表現 音楽／音声／ノイズ／ミュージック／サウンド

おとうと 弟

【異母弟】(いぼてい) 腹違いの弟。 例 異母弟は行方がわからない。

【弟御】(おとうとご) 相手の弟を敬っていう古風な語。 例 弟御はお元気ですか。

【義弟】(ぎてい) 義理の弟。実妹の配偶者など。 例 義弟の保証人になる。

【愚弟】(ぐてい) 愚かな弟。自分の弟を謙遜していう。 例 愚弟をご紹介いたします。

【賢弟】(けんてい) 賢い弟。他人の弟に対する敬称。 例 ご賢弟もご一緒にどうぞ。

【直弟】(じきてい) すぐ下の弟。 例 直弟とは年子だ。

【実弟】(じってい) 父母を同じくする弟。 例 実弟に経営をゆだねる。

【舎弟】(しゃてい) 自分の弟を他人にいう語。弟分。 例 舎弟を参上させます。

【末弟】(まってい) 一番下の弟。「ばってい」。 例 末弟は快活で人気がある。

【令弟】(れいてい) 他人の弟に対する敬称。 例 先日、ご令弟とお会いしました。

おとこ 男

【偉丈夫】(いじょうふ) 体格の立派なたくましい男。 例 文武両道の偉丈夫。

【翁】(おきな) 年取った男。年寄り。老人の敬称。 例 山で柴を刈る翁。

【男気】(おとこぎ) 人を助けようという気性。「侠気」。 例 見るに見かねて男気を出す。

【男振り】(おとこぶり) 男としての容姿や風采。男っぷり。 例 男振りがよく才能もある。

【男冥利】(おとこみょうり) 男に生まれついた幸せや喜び。 例 美人を妻にして男冥利に尽きる。

【男鰥】(おとこやもめ) 妻と死別したりして、独身で暮らす男。 例 男鰥に蛆(うじ)がわく。

【貴公子】(きこうし) 家柄のよい青年。気品のある青年。 例 貴公子然と振る舞う。

【熱血漢】(ねっけつかん) 情熱があり、意気盛んな男。 例 熱血漢ぶりを発揮する。

【坊主】(ぼうず) (親しみまたは卑しめて) 男の子。 例 坊主に小遣いをやろう。

【益荒男】(ますらお) 雄々しく勇敢な男。ますらたけお。 例 益荒男とたたえられる武人。

【優男】(やさおとこ) 姿形の優しげな男。弱々しい男。 例 色白の優男だが剣は強い。

【老爺】(ろうや) 年老いた男性。老婆の対。 例 老爺が昔話をする。

そのほかの表現 男一匹／男衆／殿方／男親／男児／色男／好男子／美男／醜男／紳士／巨漢／若造／ハンサム／ボーイ／プリンス／ジェントルマン／ナイスガイ

おどす 脅す(嚇・威)

【威圧】(いあつ) 威力や威光で相手を押さえつける。 例 強大な軍事力で威圧する。

【威嚇】(いかく) おどして従わせる。 例 拳銃を構えて威嚇する。

【威喝】(いかつ) 大声でおどす。怒鳴っておどす。 例 威喝されて黙り込む。

【脅威】（きょうい）おどして相手を恐れさせること。例敵対勢力に脅威を与える。

【恐喝】（きょうかつ）弱みにつけ込んでおどす。例脱税を知って恐喝する。

【脅迫】（きょうはく）おどして言うことを聞かせる。例金を出せと脅迫する。

【強迫】（きょうはく）おどして無理じいする。例執拗な強迫に屈する。

【強談】（ごうだん）おどしながら強硬な姿勢で談判する。例相手の強談をはねつける。

【虚仮威し】（こけおどし）見えすいたおどし。「虚仮脅し」。例虚仮威しを黙殺する。

【示威】（じい）勢威や威力を示すこと。例示威のために艦隊を派遣する。

【恫喝】（どうかつ）おどしつける。おどかし。例武力をちらつかせて恫喝する。

そのほかの表現　脅し付ける／凄む／デモンストレーション（示威）

おとろえる　衰える

【減退】（げんたい）体力や欲望などが衰えて弱くなる。例夏まけで食欲が減退する。

【下火】（したび）火勢が弱まる。物事の勢いが衰える。例ブームが下火になる。

【弱化】（じゃっか）勢いや力などが衰えて弱くなること。例トレーニングで、筋力の弱化を防ぐ。

【消沈】（しょうちん）元気がなくなる。気力が衰える。例恋に破れて意気消沈する。

【衰残】（すいざん）すっかり衰え果てること。例衰残の身で故郷へ帰る。

【衰弱】（すいじゃく）身体能力・機能などが衰え弱ること。例患者の衰弱が激しい。

【衰退】（すいたい）力や勢いなどが衰え弱る。「衰頽」。例経済力が衰退する。

【衰微】（すいび）盛んだったものが衰え弱る。例今は衰微して見る影もない。

【衰亡】（すいぼう）国力などが衰えて滅びること。衰滅。例ローマ帝国の衰亡。

【衰滅】（すいめつ）勢いが衰えて滅びること。衰亡。例歴史のうねりの中で衰滅する。

【退化】（たいか）進んでいたものが以前に後戻りする。例文明には退化の側面がある。

【頽唐】（たいとう）道徳が衰え、風俗が乱れること。例頽唐の世を憂える。

【退廃】（たいはい）道徳や健全な気風が衰える。「頽廃」。例退廃的なムードが漂う。

【沈滞】（ちんたい）活気がなくなり、意気が上がらない。例景気の沈滞に刺激を与える。

⇩この項目も　落ちる

おどろく　驚く

【一驚】（いっきょう）驚くこと。びっくりすること。例見事な出来映えに一驚する。

【愕然】（がくぜん）意外な出来事などに、ひどく驚く。例あまりの惨事に愕然とする。

【喫驚】（きっきょう）びっくりすること。「吃驚」。例思わぬ事態に喫驚する。

【驚異】（きょうい）普通でないことに、ひどく驚くこと。例驚異的な進歩を遂げる。

【驚愕】（きょうがく）ひどく驚くこと。例驚愕して顔色を変える。

【驚嘆】（きょうたん）驚き感心すること。 例驚嘆のまなざしで見つめる。

【仰天】（ぎょうてん）ひどく驚くこと。 例強烈な地震に仰天する。

【驚倒】（きょうとう）倒れそうになるほどひどく驚くこと。 例世人を驚倒させる大事件。

【震駭】（しんがい）恐れ驚いて震え上がること。 例赤色革命が世界を震駭させる。

【震撼】（しんかん）驚かせて震え上がらせること。 例凶悪犯罪が世人を震撼させる。

【動転】（どうてん）びっくりして冷静さを失う。「動顛」。 例突然の訃報に動転する。

おぼえる 覚える（憶）

【暗記】（あんき）そらで思い出せるように覚える。 例英単語を暗記する。

【暗唱】（あんしょう）覚えたことをそらで唱える。「暗誦」。 例百人一首の和歌を暗唱する。

【暗譜】（あんぷ）楽譜をそらで覚える。「諳譜」。 例ピアノを暗譜で演奏する。

【覚書】（おぼえがき）忘れないよう書き留めたもの。メモ。 例会議の覚書を記録する。

【記憶】（きおく）物事を覚えておくこと。覚えた内容。 例その名前は記憶にない。

【習得】（しゅうとく）習い覚えて身につける。 例パソコンの操作を習得する。

【宙】（ちゅう）覚えたことをそらで言えること。 例経文を宙で唱える。

【銘記】（めいき）心に刻みつけて記憶しておくこと。 例恩情を心に深く銘記する。

⇩この項目も 学ぶ

おもう 思う（想）

【意向】（いこう）どうするかについての思い。「意嚮」。 例先方の意向を聞いてみる。

【意思】（いし）あることをしたいと思う気持ち。 例明確な意思表示をする。

【意中】（いちゅう）心の中。思っていること。 例意中の人と結ばれる。

【意図】（いと）ことをなそうと思うこと。もくろみ。 例計画の意図を説明する。

【懐疑】（かいぎ）疑いの気持ちをもつこと。 例方針に懐疑の念を抱く。

【回想】（かいそう）昔の出来事を思い返すこと。 例回想録を執筆する。

【雑感】（ざっかん）雑然としたとりとめのない感想。 例日々の雑感を日記に記す。

【雑念】（ざつねん）気を散らす、とりとめのない思い。 例雑念を払いのけて机に向かう。

【思案】（しあん）方策などを思いめぐらすこと。 例今後のことをあれこれと思案する。

【思考】（しこう）（論理的に）考えること。 例経営方針について思考をめぐらす。

【思念】（しねん）思い考えること。 例身の行く末に思念をめぐらす。

【邪念】（じゃねん）よこしまな考え。ねじけた気持ち。 例権力の座をねらって邪念を抱く。

【執念】（しゅうねん）物事に強く執着する気持ち。 例ライバル打倒に執念を燃やす。

【情念】（じょうねん）愛憎などの根深い思い。 例断ちがたい情念を抱く。

【所懐】（しょかい）心に思い抱いていること。 例 社員を前にして所懐を述べる。

【所思】（しょし）思っている事柄。心の中の思い。 例 あえて所思を披瀝する。

【所存】（しょぞん）思っていること。考えていること。 例 ご期待に応える所存です。

【思慮】（しりょ）慎重に考えること。その考え。 例 経験者にしては思慮が足りない。

【思量】（しりょう）思いめぐらすこと。「思料」。 例 結果は明白であると思量する。

【心境】（しんきょう）心の状態。気持ちの在り方。 例 ようやく落ち着いた心境になる。

【随想】（ずいそう）折にふれて心に浮かぶ思い。 例 随想を本にまとめる。

【静思】（せいし）気をしずめて思い考えること。 例 ひとり夜更けに静思する。

【想起】（そうき）過去のことを思い起こすこと。 例 十年前の動乱を想起する。

【想像】（そうぞう）実際にはないことを思い描くこと。 例 近未来の世界を想像する。

【想定】（そうてい）仮に思い定めること。 例 雨天を想定して練習する。

【想念】（そうねん）心に浮かぶ思い。 例 要らざる想念を捨てる。

【俗念】（ぞくねん）欲得など世俗的なものに執着する心。 例 俗念を払って出家する。

【追憶】（ついおく）過去を思いしのぶこと。 例 学生時代を追憶する。

【追懐】（ついかい）昔を思い出して懐かしむこと。 例 青春のころを追懐する。

【夢想】（むそう）実現しそうもないことを思い描く。 例 一攫（いっかく）千金を夢想する。

【妄想】（もうそう）あり得ないことを信じ込むこと。 例 それは単なる妄想に過ぎない。

【余念】（よねん）ほかの考え。余計な思い。 例 仕事に打ち込んで余念がない。

【連想】（れんそう）関連する事柄を思い浮かべること。 例 海を見て夏の日を連想する。

そのほかの表現 臆測／随感／懐旧／懐古／感懐／感想／偶感／思惟／思索／思想／思慕／他念／追想／インプレッション（印象）／メモリー

⇩この項目も 考える・感じる・しのぶ

おもむき　趣

【雅趣】（がしゅ）風雅で気品のある趣。 例 雅趣に富む庭園を散策する。

【気韻】（きいん）書画などの上品な趣。 例 気韻にあふれた水墨画。

【興趣】（きょうしゅ）面白味の感じられる趣。 例 鄙（ひな）びたたたずまいが興趣を添える。

【趣向】（しゅこう）味わいや面白味を出すための工夫。 例 忘年会の趣向を考える。

【趣味】（しゅみ）味わいや面白味。愛好する楽しみ。 例 切手収集を趣味にしている。

【情趣】（じょうしゅ）しみじみとした味わい。情味。 例 古都の情趣を満喫する。

【情緒】（じょうちょ）情感に満ちた独特の雰囲気。 例 祭囃子（まつりばやし）に江戸情緒を堪能する。

【情味】（じょうみ）心に感じる味わい。情趣。 例 情味を感じさせる演技。

【神韻】（しんいん）詩文・絵画などの非常に優れた趣。 例 この絵は神韻を帯びている。

【風韻】（ふういん）いうにいわれぬ趣。優れた趣。 例漢詩の風韻を味わう。

【風雅】（ふうが）洗練されていて上品な趣のあるさま。 例風雅なあずまやで一服する。

【風格】（ふうかく）人物や詩文などに現れる品位ある趣。 例堂々たる風格で周囲を圧倒する。

【風趣】（ふうしゅ）風情の感じられる趣。 例古い町並みに風趣を感じる。

【風致】（ふうち）味わい。趣。また、風情のある風景。 例風致地区に指定する。

【風情】（ふぜい）情況から感じられる味わい・趣。 例無味乾燥で、何の風情もない。

【妙趣】（みょうしゅ）いうにいわれぬよい趣。 例まさに妙趣の春景色。

【野趣】（やしゅ）自然のままの、素朴な趣。 例野趣豊かな山菜料理。

【幽趣】（ゆうしゅ）ひっそりと静かな趣。 例山間の幽趣に身を浸す。

【余韻】（よいん）事が終わったあとに残る趣。 例演奏の余韻がいつまでも耳に残る。

【余情】（よじょう）しみじみと心に残る趣。 例紅葉狩りの余情を楽しむ。

（そのほかの表現）雰囲気

【旅情】（りょじょう）旅をして感じる思い。旅の味わい。 例鄙（ひな）びた村里に旅情を感じる。

おりる　下りる（降）

【下降】（かこう）下の方へ下がること。 例景気が下降線をたどる。

【滑降】（かっこう）スキーなどで上方から滑り降りる。 例滑降競技で優勝する。

【下乗】（げじょう）乗り物や馬からおりること。 例大手門の前で下乗する。

【降下】（こうか）高い所から下方におりる、さがる。 例ジェット機がしだいに降下する。

（そのほかの表現）下車／降車

（⇩この項目も）落ちる・下がる

おれる　折れる

【曲折】（きょくせつ）折れ曲がる。物事が変化する。 例曲折を経て決着する。

【屈曲】（くっきょく）折れ曲がる。曲がりくねっている。 例S字型に屈曲している坂道。

【屈折】（くっせつ）折れ曲がる。心理や感情がゆがむ。 例気持ちの中に屈折した部分がある。

【譲歩】（じょうほ）折り合いを付け、他人の主張に従う。 例これ以上は譲歩の余地がない。

【手折る】（たおる）花や木の枝などを手で折り取ること。 例桜の小枝を手折る。

【妥協】（だきょう）折れ合って事をおさめること。 例大局を考えて妥協する。

おろか　愚か

【暗愚】（あんぐ）道理に暗く、愚かなこと。 例暗愚な若殿に手を焼く。

【迂愚】（うぐ）世間知らずで愚かなこと。 例迂愚な者を相手にすることはない。

【頑愚】（がんぐ）頑固で愚かなこと。 例あの頑愚ぶりには恐れ入る。

- **【頑迷】**（がんめい）頑固で道理がわからない。「頑瞑」。例論敵の頑迷さに手こずる。
- **【愚計】**（ぐけい）愚かなはかりごと。例愚計を弄しても始まらない。
- **【愚見】**（ぐけん）つまらない意見。意見の謙遜語。例愚見ですがご検討ください。
- **【愚考】**（ぐこう）つまらない考え。考えの謙遜語。例それでよろしいかと愚考いたします。
- **【愚行】**（ぐこう）愚かな行い・行為。例何度も愚行を重ねる。
- **【愚作】**（ぐさく）くだらない作品。作品の謙遜語。例愚作ですがご高覧ください。
- **【愚策】**（ぐさく）愚かな方策。案などの謙遜語。例愚策を弄して打撃を受ける。
- **【愚直】**（ぐちょく）正直いちずで融通が利かないさま。例文句も言わず、愚直に働く。
- **【愚鈍】**（ぐどん）愚かで反応が鈍いこと。例愚鈍なほうだが、人柄はいい。
- **【愚昧】**（ぐまい）愚かでものの道理がわからないさま。例愚昧な君主の下で苦労する。
- **【愚問】**（ぐもん）つまらない質問。見当はずれの質問。例会議は愚問ばかりでやりきれない。
- **【愚劣】**（ぐれつ）愚かで劣っていること。例愚劣な記事に腹が立つ。
- **【愚論】**（ぐろん）くだらない議論。意見の謙遜語。例愚論を交わしているときではない。
- **【大愚】**（たいぐ）非常に愚かなこと。また、その人。例大賢は大愚に似る。
- **【凡愚】**（ぼんぐ）平凡で愚かなこと。また、その人。例一介の凡愚に過ぎない。
- **【無知】**（むち）知識がないこと。知らないこと。例自分の無知をさらけ出す。
- **【魯鈍】**（ろどん）愚かでにぶいさま。愚鈍。例魯鈍な男だが信用はできる。

おろそか　疎か

- **【遺漏】**（いろう）仕事などに落ちもれがあること。例遺漏のないように点検する。
- **【仮初め】**（かりそめ）間に合わせで、いい加減なこと。例仮初めの恋。
- **【杜撰】**（ずさん）誤りが多いこと。いい加減なこと。例杜撰な工事に苦情を言う。
- **【粗雑】**（そざつ）粗っぽくていい加減なさま。例計画に粗雑な部分がある。
- **【粗放】**（そほう）綿密さに欠ける。粗っぽい。「疎放」。例粗放な性格がわざわいする。
- **【粗笨】**（そほん）粗っぽくていい加減なさま。例粗笨な計画を修正する。
- **【粗略】**（そりゃく）扱いがいい加減なこと。ないがしろ。例疎略な応対に立腹する。
- **【疎漏】**（そろう）いい加減で、手落ちの多いこと。例接待に疎漏のないように。
- **【等閑】**（とうかん）いい加減に扱うこと。「なおざり」。例等閑に付したことを陳謝する。
- **【不始末】**（ふしまつ）物事の扱いがだらしないこと。例火の不始末から出火する。
- **【不調法】**（ぶちょうほう）配慮が足りず、行き届かないこと。例不調法で申し訳ない。
- **【不用意】**（ふようい）用意のないこと。思慮に欠けること。例不用意な発言をする。
- **【忽せ】**（ゆるがせ）物事をいい加減に扱うこと。例環境保護は忽せにできない。

そのほかの表現
徒（あだ）疎か／蔑（ないがし）ろ／なおざり／抜かり

おわり　おわる
終わり　終わる

【今際（いまわ）】 死ぬ間際。最期。臨終。 例ついに今際のときを迎える。

【完結（かんけつ）】 (続いていたものが)すべて終わる。 例連載小説が完結する。

【完工（かんこう）】 工事がすべて終わる。 例高層ビルが完工にこぎつける。

【決着（けっちゃく）】 物事の決まりがつくこと。「結着」。 例長い論議の決着をつける。

【結末（けつまつ）】 物事などの終わり。締めくくり。 例事件もどうやら結末を迎える。

【結論（けつろん）】 議論などの最終的な判断・見解。 例論議の末に結論を出す。

【最期（さいご）】 命の終わるとき。 例安らかな最期を遂げる。

【終焉（しゅうえん）】 命の終わり。物事の終わり。 例一つの時代の終焉を感じる。

【終演（しゅうえん）】 (その日の)演劇・演奏が終わること。 例終演が真夜中になる。

【終局（しゅうきょく）】 囲碁の打ち終わり。物事が終わること。 例事件が終局を迎える。

【終極（しゅうきょく）】 物事のいちばん終わり。最後。 例終極の目的を見据える。

【終結（しゅうけつ）】 続いていた物事が決着して終わる。 例長い動乱がようやく終結する。

【終止（しゅうし）】 終わること。しまい。 例激しい論戦に終止符を打つ。

【収束（しゅうそく）】 混乱が結末を迎えておさまること。 例問題が無事に収束する。

【終息（しゅうそく）】 ある状態が落ち着いて終わること。 例紛争が終息に向かう。

【終盤（しゅうばん）】 終わりに近づいた局面。 例終盤の熱戦が続く。

【終幕（しゅうまく）】 芝居の最後の一幕。大詰め・終わり。 例難事件も終幕が近い。

【大団円（だいだんえん）】 演劇・小説などの最後の局面。 例事件が大団円を迎える。

【末期（まつご）】 一生の終わるとき。死に際。 例末期の水を取る。

【末路（まつろ）】 人生の終わり。人や物の衰えた果て。 例英雄の末路は哀れだ。

【満了（まんりょう）】 決められた期限が終わること。 例任期満了で退任する。

【臨終（りんじゅう）】 人の死ぬとき。いまわのきわ。末期。 例祖父の臨終に間に合う。

そのほかの表現 土壇場／エンディング／エピローグ／ピリオド／フィニッシュ／ラスト

おんな
女

【色女（いろおんな）】 色気のある女。また、愛人・情婦。 例若女将はなかなかの色女だ。

【淫婦（いんぷ）】 多情な女。淫らな女。 例淫婦の手練手管に操られる。

【姥（うば）】 年老いた女性。老女。 例草を刈る姥に道を尋ねる。

【佳人（かじん）】 美しい女の人。美人。 例遥かに佳人の面影をしのぶ。

【官女（かんじょ）】 宮中や将軍家に仕える女性。女官。 例ひな祭りの三人官女。

（名詞につけて）学芸に秀でた女性。【閨秀（けいしゅう）】例閨秀画家として一家を成す。

才能のある女性。教養のある女性。【才媛（さいえん）】例大学時代から才媛の名が高い。

利口で才能の豊かな女性。【才女（さいじょ）】例なかなかの才女で短歌がうまい。

容貌のみにくい女。「しこめ」。【醜女（しゅうじょ）】例醜女だが気立てがいい。

上品で礼儀正しい女性。レディ。【淑女（しゅくじょ）】例淑女のたしなみを守る。

智恵や勇気のある男勝りの女性。【女傑（じょけつ）】例業界の女傑として知られる。

社会的に活躍している女性。【女史（じょし）】例女史の名を新聞で見る。

女の子。男児の対。【女児（じょじ）】例女児を分娩する。

性行為の経験がない女性。生娘。【処女（しょじょ）】例処女の恥じらいを見せてうつむく。

気性が強く、男勝りの女性。【女丈夫（じょじょうふ）】例店主は評判の女丈夫だ。

か弱い女性。優しくしとやかな女性。【手弱女（たおやめ）】例京の手弱女を娶る。

貞淑な女性。夫に尽くす女性。【貞女（ていじょ）】例貞女の鑑と謳（たた）われる。

女の子供。幼女。【童女（どうじょ）】例童女がひとり無心に遊んでいる。

中年を過ぎた女性の敬称。【刀自（とじ）】例母刀自はおられるか。

（古風にいう）女性・婦人。【女人（にょにん）】例この寺は昔から女人禁制だ。

妊娠している女性。【妊婦（にんぷ）】例妊婦服を着る時期になる。

美しい女性。美人。【別嬪（べっぴん）】例お嬢さんはなかなかの別嬪だ。

（清楚な美しさをほめていう）日本女性の美称。【大和撫子（やまとなでしこ）】例大和撫子の風情がある。

昔の売春婦。遊び女。【遊女（ゆうじょ）】例遊女の色香に迷う。

幼い女の子。【幼女（ようじょ）】例幼女のころから頭がいい。

男を惑わす妖艶な女。【妖婦（ようふ）】例妖婦が陰で国政を操る。

きれいな女性。美人。佳人。【麗人（れいじん）】例男装の麗人として名を馳せる。

節操堅固で、気性の激しい女性。【烈女（れつじょ）】例烈女として後世に名を残す。

年を取った女性。おばあさん。【老女（ろうじょ）】例品のいい老女が隣に座る。

そのほかの表現　悪女／紅一点／婦女／婦人／生娘（きむすめ）／少女／美人／美女／令嬢／女房／天女／バンプ（妖婦）／レディ／ウーマン／マダム／マドモアゼル

か

かう　買う

品物を買うときの値段。仕入れ値段。【買値（かいね）】例買値が高くて安く売れない。

代金後払いで買うこと。【掛け買い（かけがい）】例掛け買いにしてもらう。

物品を買い入れること。【購入（こうにゅう）】例業者から備品を購入する。

【購買】（こうばい） 物を買うこと。 例 購買意欲を刺激する。

【故買】（こばい） 盗品と知っていながら買うこと。 例 故買品を押収する。

【先物買い】（さきものがい） 将来性を期待して投資すること。 例 先物買いが裏目に出る。

【競り買い】（せりがい） 買い手に値段を競わせて買うこと。 例 名画の競り買い。

【買収】（ばいしゅう） 買い取る。金品で味方に付ける。 例 関連会社を買収する。

【張り込む】（はりこむ） 思い切りよく大金を使って買う。 例 ブランド品を張り込む。

かえす　返す（反）

【還元】（かんげん） もとの所・状態に戻すこと。 例 一切を白紙に還元する。

【完済】（かんさい） 債務などをすっかり返すこと。皆済。 例 住宅ローンを完済する。

【還付】（かんぷ） （政府が）金品を所有者に返すこと。 例 税金の還付金を受け取る。

【償還】（しょうかん） 債務や公債などを返すこと。 例 償還期限が迫る。

【償却】（しょうきゃく） 借金などを、つぐない返すこと。 例 負債をすべて償却する。

【返還】（へんかん） 借りていたものなどを返すこと。 例 租借地を返還する。

【返却】（へんきゃく） 借りていたものを持ち主に返すこと。 例 借りた本を図書館に返却する。

【返金】（へんきん） 金銭を返すこと。 例 費用の残りを返金する。

【返済】（へんさい） 借りていた金銭・物品を返すこと。 例 返済期限を厳守する。

【弁済】（べんさい） 借りていた金品をすべて返すこと。 例 債務の弁済を約束する。

【返上】（へんじょう） 返すこと。元に戻すこと。 例 繁忙期に休日返上で働く。

【返信】（へんしん） 返事の通信。返事の手紙。 例 早速メールの返信を送る。

【返送】（へんそう） 荷物などを送り返すこと。 例 通信販売の不良品を返送する。

【返答】（へんとう） 質問や呼びかけに、答えを返すこと。 例 問い詰められて返答に窮する。

【返納】（へんのう） 借り物などを返しおさめること。 例 借地を所有者に返納する。

【返付】（へんぷ） 返し渡すこと。 例 貸した金の返付を要求する。

【返礼】（へんれい） 礼を返すこと。贈り物のお返し。 例 返礼として粗品を贈る。

【返戻】（へんれい） 返し戻すこと。返却。 例 預かった貴重品を返戻する。

【奉還】（ほうかん） 謹んで天皇に返上すること。 例 徳川幕府が大政を奉還する。

そのほかの表現 返杯／返品／報復

かえりみる　顧みる（省）

【一顧】（いっこ） ちょっと振り返って見る。一考する。 例 一顧もせずに手紙を破り捨てる。

【懐旧】（かいきゅう） 昔を振り返って懐かしむこと。 例 おさえがたい懐旧の情。

【回顧】（かいこ） 過去を振り返って考えをめぐらす。 例 青春時代を回顧する。

【回想】（かいそう） 過去のことを思い返すこと。 例 昔の日記を読み回想にふける。

【懸念】（けねん） 気にかけて心配すること。 例 今後の成り行きに懸念を抱く。

【後顧】（こうこ） 気がかりで、振り返ってみること。 例 後顧の憂いなく退職する。

【顧慮】（こりょ） 見回して考えること。気を遣うこと。 例 先方の都合を顧慮する。

【三省】（さんせい） 一日に三回反省すること。 例 三省の教えを座右の銘とする。

【自照】（じしょう） 自分を客観的にながめ、反省する。 例 自照すれば慚愧に堪えない。

【自省】（じせい） 自分の言動を自ら反省すること。 例 自省をこめて意見を言う。

【省察】（せいさつ） 省みて深く考えること。「しょうさつ」。 例 日々の省察をノートにつづる。

【想起】（そうき） 過去の出来事などを思い出すこと。 例 戦後の苦難時代を想起する。

【追憶】（ついおく） 過去に思いを馳せること。昔の記憶。 例 今は追憶の中にのみ生きる。

【追懐】（ついかい） 過去を思い出して懐かしむこと。 例 故郷の山に往時を追懐する。

【内省】（ないせい） 自分の思考・言動を深く考えること。 例 文面から深刻な内省を読み取る。

【反省】（はんせい） 振り返って自分の言動を考えること。 例 試合には勝ったが反省点も多い。

【猛省】（もうせい） きびしく反省すること。 例 だらけた仕事ぶりに猛省を促す。

⇩この項目も しのぶ

かえる 代える（替・換）

【換気】（かんき） 空気を入れ換えること。 例 窓を開け放って換気する。

【換金】（かんきん） 物品や金券などを現金に換えること。 例 必要な分だけ換金する。

【換言】（かんげん） 別の言葉で言い換えること。 例 分かりやすく換言する。

【交換】（こうかん） 取り換えること。入れ換えること。 例 自動車の部品を交換する。

【互換】（ごかん） 相互に取り換える。取り換えができる。 例 この部品は互換性がない。

【代案】（だいあん） 代わりの案・計画。 例 先方が渋るので代案を示す。

【代印】（だいいん） 本人に代わって押す印。 例 代理人として代印を押す。

【代参】（だいさん） 本人に代わって寺社に参詣すること。 例 お伊勢さまに代参する。

【代書】（だいしょ） 本人に代わって文書や手紙を書くこと。 例 届け出書類を代書してもらう。

【代替】（だいたい） ほかの物で代わりにする。その物。 例 代替要員を用意する。

【代納】（だいのう） 代わって納める。代わりに納める。 例 税金を不動産で代納する。

【代弁】（だいべん） 本人に代わって述べる。「代辯」。 例 クラスの意見を代弁する。

【置換】（ちかん） ものを他のものと置き換えること。 例 水素原子を置換する。

【振替】（ふりかえ） 一時的に他のものに取り替えること。 例 振替伝票を切る。

そのほかの表現 鞍替え／交代／代表／代筆／代行／代用／代理／シフト（交替）／コンパチブル（互換性のある）／バーター（交換）

かえる 変える（更）

【一変（いっぺん）】状況・状態がすっかり変わること。 例穏やかな天候が一変する。

【改造（かいぞう）】造り変えること。造りなおすこと。 例内閣改造に着手する。

【更迭（こうてつ）】役職者を入れ替えること。 例担当大臣を更迭する。

【刷新（さっしん）】悪い所を一掃して、新しくすること。 例よどんだ人事の刷新を図る。

【転換（てんかん）】それまでと違う方向に変わること。 例経営方針を大きく転換する。

【変移（へんい）】状態が移り変わること。 例改めて時代の変移を感じる。

【変革（へんかく）】物事を根本から改め変えること。 例各分野で変革の動きがある。

【変格（へんかく）】本来の規則などから外れていること。 例変格活用をする動詞。

【変換（へんかん）】他のものに変えること。 例パソコンで仮名を漢字に変換する。

【変質（へんしつ）】性質が変わること。病的な性質。 例常温では短期間で変質する。

【変色（へんしょく）】色が変わること。 例日にさらすと変色する。

【変心（へんしん）】気持ちや考えが変わる。心変わり。 例恋人の変心をなじる。

【変身（へんしん）】姿形が変わること。また、その姿。 例鶴が美しい女性に変身する。

【変節（へんせつ）】守ってきた節義を変えること。 例親友の変節を嘆く。

【変遷（へんせん）】物事が移り変わること。 例歴史観の変遷を研究する。

【変装（へんそう）】衣装・化粧を変えて別人を装うこと。 例色眼鏡と付けひげで変装する。

【変造（へんぞう）】内容や形を変えて本物らしくつくる。 例変造紙幣が発見された。

【変体（へんたい）】普通と形が変わっていること。 例変体仮名を練習する。

【変転（へんてん）】激しく移り変わること。 例最近の政局は変転きわまりない。

【変動（へんどう）】状況や事態が動いて変わること。 例相場が激しく変動する。

【変貌（へんぼう）】様子・様相が変わること。 例開発で市街が大きく変貌する。

【変容（へんよう）】姿や形が変わること。 例旅をして地方都市の変容に驚く。

そのほかの表現 異変／急変／激変／更生／更正／変化／変更／変位／変異／変成／チェンジ／リフォーム／リメイク／リニューアル／リライト／シフト

⇩この項目も 改める・直す

かえる 帰る（還）

【往還（おうかん）】行き来すること。往来。道。 例日が暮れて往還が途絶える。

【回帰（かいき）】ひとめぐりして、元に戻ること。 例晩年の著作に、思想の回帰を見る。

【還御（かんぎょ）】天皇・皇后などが帰ること。 例天皇の還御をお迎えする。

【帰還（きかん）】戦地などから帰ってくること。 例任務を終えて帰還する。

【帰休】（ききゅう） 家を離れていた者が、帰って休む。 例 久しぶりに帰休する。

【帰京】（ききょう） 都、特に東京に帰ること。 例 娘の帰京が待ち遠しい。

【帰郷】（ききょう） 故郷に帰ること。 例 夏期休暇を利用して帰郷する。

【帰参】（きさん） （許されて）帰ってくること。 例 家老の取りなしで帰参が叶う。

【帰省】（きせい） 故郷に帰ること。 例 夏休みを待ちかねて帰省する。

【帰着】（きちゃく） 元の場所に帰り着くこと。 例 成田空港に無事帰着する。

【帰朝】（きちょう） 外国から日本に帰ること。 例 全権大使一行が帰朝する。

【帰投】（きとう） 軍艦などが基地に帰ってくること。 例 艦載機が航空母艦に帰投する。

【帰任】（きにん） 一時離れていた元の任務に戻ること。 例 長期出張を終えて帰任する。

【帰農】（きのう） 帰郷して、農業をすること。帰田。 例 定年を機会に帰農する。

【帰来】（きらい） 帰って来ること。 例 使者の帰来を待つ。

【辞去】（じきょ） 訪問先から、挨拶して去る。 例 用件を告げるだけで辞去する。

【生還】（せいかん） 危険な状況から生きて帰ること。 例 遭難して奇跡的に生還する。

【復帰】（ふっき） 元の地位や立場などに戻ること。 例 病気が全快して職場に復帰する。

そのほかの表現 帰国／帰宅／帰館／帰航／帰港／帰阪／帰洛／退社／退出／リターン／カムバック

かお 顔

【瓜実顔】（うりざねがお） 面長でふっくらした色白の顔。 例 瓜実顔に和服が似合う。

【恵比寿顔】（えびすがお） 上機嫌のにこにこ顔。 例 合格者の恵比寿顔。

【幼顔】（おさながお） 幼い時の顔つき。 例 顔立ちに幼顔が残っている。

【面差し】（おもざし） 顔の様子。顔つき。顔立ち。 例 面差しが祖父に似ている。

【面持ち】（おももち） 感情の表れた顔つき。表情。 例 深刻な面持ちで話し出す。

【温顔】（おんがん） 優しさをたたえた顔つき。温容。 例 恩師の温顔が目に浮かぶ。

【温容】（おんよう） 穏やかで優しい顔つき。温顔。 例 変わらぬ温容で愛弟子を迎える。

【形相】（ぎょうそう） （感情が強く表れた）顔つき。 例 必死の形相で敵に迫る。

【紅顔】（こうがん） （少年の）若々しく血色のよい顔。 例 紅顔の美少年だったころもある。

【厚顔】（こうがん） 厚かましいこと。恥知らずなこと。 例 厚顔な態度を不快に思う。

【心得顔】（こころえがお） 事情は分かっているという顔つき。 例 心得顔で引き受ける。

【子細顔】（しさいがお） 何か訳ありげな顔つき。 例 子細顔でひそひそ話す。

【渋面】（じゅうめん） 不愉快そうな顔つき。渋い顔。 例 業績の報告を聞いて渋面を作る。

【素面】（しらふ） 酒を飲んでいない時の顔。「白面」。 例 こんなことは素面じゃあできない。

【相好】（そうごう） 顔かたち。顔つき。表情。 例 孫を抱いて相好を崩す。

か

【相貌】(そうぼう) 顔の様子。顔つき。人相。容貌。 例すさまじい相貌でにらみつける。

【尊顔】(そんがん) 相手の顔を敬っていう語。 例ご尊顔を拝し奉る。

【天顔】(てんがん) 天子の顔。竜顔。 例天顔を拝する栄に浴する。

【童顔】(どうがん) 子供の顔。幼さの残る顔。 例童顔なので若く見える。

【美貌】(びぼう) 美しい容貌。美しい顔立ち。 例美貌のモデルが女優に転身する。

【仏頂面】(ぶっちょうづら) 不機嫌・無愛想な顔つき。 例朝から仏頂面をしている。

【細面】(ほそおもて) ほっそりとした顔。面長。 例細面の楚々とした美人。

【真顔】(まがお) 真剣な顔つき。真面目な顔つき。 例本題に入って真顔になる。

【面相】(めんそう) 顔の様子。顔つき。人相。 例犯人の面相を目撃する。

【容貌】(ようぼう) 顔かたち。顔立ち。 例容貌の美しい女性。

【竜顔】(りゅうがん) 天子の顔。天顔。 例竜顔麗しくあらせられる。

そのほかの表現 馬面／面長／思案顔／手柄顔／所得顔／吠え面／すっぴん／フェイス／ルックス／ベビーフェイス(童顔)／ポーカーフェイス／プロフィール(横顔)

かかげる　掲げる

【掲載】(けいさい) 新聞・雑誌に記事や写真を載せる。 例読者の投稿を掲載する。

【掲示】(けいじ) 告知などを目立つ所に掲げること。 例試験日程を掲示する。

【掲出】(けいしゅつ) 掲げて示し、見せること。 例参考のために原文を掲出する。

【掲揚】(けいよう) 旗などを高く揚げること。 例国旗と大会旗を掲揚する。

【収載】(しゅうさい) 文書を雑誌や書物に載せること。 例重要な論文を研究紀要に収載する。

【上掲】(じょうけい) 上または、前に掲げて示すこと。 例上掲の図版を解説する。

【所載】(しょさい) 印刷物に掲載されていること。 例前号所載の記事を訂正する。

【前掲】(ぜんけい) 前に掲げてある。すでに述べてある。 例前掲のコラムを参照のこと。

【転載】(てんさい) 記事・写真を他の出版物に載せる。 例無断転載は禁じられている。

【標榜】(ひょうぼう) 主義・主張などを掲げ示すこと。 例国として民主主義を標榜する。

【別掲】(べっけい) (関連事項を)別に掲げ示すこと。 例図表は別掲になっている。

【満載】(まんさい) 雑誌や書籍などにいっぱい掲載すること。 例最新のカタカナ語を満載した辞典。

【連載】(れんさい) 雑誌などに、続き物として掲載する。 例長編小説の連載が完結する。

⇩この項目も　乗る

かかわる　係わる(関)

【掛け構い】(かけかまい) かかわり合い。関係。 例私は一切掛け構いはない。

【関係】(かんけい) かかわり合うこと。また、つながり。 例隣国と友好関係を保つ。

【干渉（かんしょう）】立ち入ってかかわること。 例他人の干渉をはねつける。

【関与（かんよ）】関係すること。たずさわること。 例汚職事件に深く関与する。

【関連（かんれん）】かかわり合いがあること。「関聯」。 例開花は気温と密接な関連がある。

【相関（そうかん）】相互にかかわり合うこと。 例収入と支出の相関を調べる。

【紐付き（ひもつき）】背後関係があって、あやつられている。 例紐付きの援助を断る。

【連関（れんかん）】つながりを持ってかかわり合うこと。 例客観条件との連関を検討する。

【連係（れんけい）】何かをするために密接な関係をもつ。 例関係部署が連係して事に当たる。

【連座（れんざ）】他人の犯罪にかかわって罰せられる。 例贈収賄事件に連座する。

かく 書く（描・画）

⇩この項目も つながり

【一筆（いっぴつ）】一気に書く。簡単な文章を書く。 例とりあえず返信を一筆したためる。

【揮毫（きごう）】（筆で）文字や絵を書くこと。 例名士に色紙の揮毫を依頼する。

【記載（きさい）】文章に書いて掲載すること。 例詳細を報告書に記載する。

【記述（きじゅつ）】文章として書き記すこと。 例文書に誤った記述がある。

【謹書（きんしょ）】謹んで書くこと。 例般若心経を謹書する。

【細書（さいしょ）】細かい字で書くこと。細かい字。 例毛筆の細書を練習する。

【自記（じき）】自分で書き記すこと。 例記録をすべて自記する。

【直筆（じきひつ）】直接自分で書くこと。書いたもの。 例社長から直筆の感謝状をもらう。

【執筆（しっぴつ）】筆をとって書く。文章を書く。 例論文の執筆に取りかかる。

【自筆（じひつ）】自分で書くこと。その書いたもの。 例文豪自筆の原稿類を公開する。

【朱書（しゅしょ）】朱を使って書くこと。朱書き。 例注意事項を朱書する。

【上記（じょうき）】上、あるいは前に記すこと。 例上記の通り、計画を進める。

【浄書（じょうしょ）】草稿や下書きをきれいに書き直す。 例提出する書類を浄書する。

【書記（しょき）】記録などを書き記すこと。 例国際会議の書記を務める。

【清書（せいしょ）】下書きなどをきれいに書き直すこと。 例草稿を訂正しながら清書する。

【代書（だいしょ）】書類などを本人に代わって書くこと。 例申請書の代書を依頼する。

【著述（ちょじゅつ）】書物を書き著すこと。その書物。 例宿願の著述に没頭する。

【特筆（とくひつ）】物事を取り上げて大きく書くこと。 例大きな貢献は特筆に価する。

【肉筆（にくひつ）】実際に本人が手書きした文字や絵。 例肉筆の原稿を保存する。

【板書（ばんしょ）】黒板に文字などを書くこと。 例講義の要点を板書する。

【筆記（ひっき）】紙などに書き記すこと。 例講演の内容を筆記する。

【付記（ふき）】付け加えて記すこと。追記。「附記」。 例協力者を付記して感謝の意を捧げる。

【併記(へいき)】 いくつかの事柄を並べて記すこと。 例 念のため、異説を併記する。

【明記(めいき)】 はっきりと書き記すこと。 例 責任者の氏名を明記する。

【臨書(りんしょ)】 書を、手本どおりに書くこと。 例 王羲之(おうぎし)の書を臨書する。

そのほかの表現 記入／記録／覚書(おぼえがき)／下記／加筆／後記／書字／前記／速記／代筆／追記／列記／ディスクリプション(記述)／ライティング／リライト(書き換える)／グラフティ(落書)

⇩この項目も 描く

かくす かくれる 隠す 隠れる

【隠逸(いんいつ)】 煩わしさを逃れて隠れ暮らすこと。 例 職を辞して隠逸の日を送る。

【隠居(いんきょ)】 世事を棄てて、のんびり暮らすこと。 例 息子に家督を譲って隠居する。

【隠見(いんけん)】 隠れたりあらわれたりすること。 例 森の向こうに山なみが隠見する。

【隠棲(いんせい)】 俗世間を離れ、隠れて暮らすこと。 例 世を捨てて山奥に隠棲する。

【隠然(いんぜん)】 陰に隠れて強い力を持っているさま。 例 隠然たる支配力で君臨する。

【隠匿(いんとく)】 知られては困る金品を隠すこと。 例 盗んだ宝石を隠匿する。

【隠遁(いんとん)】 俗世間を逃れて、ひっそり暮らす。 例 隠遁して著述に明け暮れる。

【隠微(いんび)】 表面からは見えないほどかすか。 例 隠微な嫉妬心を抱く。

【隠蔽(いんぺい)】 人に知れないように、物事を隠す。 例 事の真相を隠蔽する。

【隠滅(いんめつ)】 あとかたもなく消えてしまうこと。 例 証拠の隠滅を図る。

【神隠し(かみかくし)】 子供などが突然、行方不明になる。 例 神隠しに遭ったように行方が知れない。

【雲隠れ(くもがくれ)】 人が急にいなくなること。 例 勤務時間中に雲隠れする。

【潜伏(せんぷく)】 見つからないようにひそみ隠れる。 例 犯人の潜伏先を突きとめる。

【韜晦(とうかい)】 本心を隠す。行方をくらます。 例 韜晦したまま所在が知れない。

【秘蔵(ひぞう)】 人に隠して、大切に保管すること。 例 秘蔵のビデオを公開する。

【秘匿(ひとく)】 厳重に隠しておくこと。隠匿。 例 情報の提供元を秘匿する。

【秘密(ひみつ)】 隠して外部に漏らさないこと。 例 相手を信頼して秘密を打ち明ける。

かける 欠ける

【遺脱(いだつ)】 もれや落ちがあること。遺漏。 例 この文章には遺脱がある。

【遺漏(いろう)】 注意が足りず、もれや落ちが残る。 例 遺漏のないように準備する。

【虧盈(きえい)】 欠けることと満ちること。 例 月の虧盈。

【毀損(きそん)】 物がこわれること。 例 地震で器物が毀損する。

【欠格(けっかく)】 必要な資格を欠いていること。 例 欠格者は最初から除外する。

欠けている部分や不備な所がある。【欠陥（けっかん）】例欠陥商品を回収する。

あるべき物が欠けている。「闕如」。【欠如（けつじょ）】例道徳心の欠如を慨嘆する。

欠けてなくなること。金銭上の損失。【欠損（けっそん）】例欠損箇所の部品を交換する。

当然すべき礼儀を怠ること。【欠礼（けつれい）】例旅行を理由に欠礼する。

折れてこわれること。【折損（せっそん）】例シャフトが折損する。

こわされたり傷ついたりすること。【損傷（そんしょう）】例事故で車体に損傷を受ける。

必要なものが抜け落ちること。【脱落（だつらく）】例ページが一部脱落している。

もれ落ちること。抜け落ちること。【脱漏（だつろう）】例語句の脱漏を点検する。

物の一部がこわれること。【破損（はそん）】例機体の破損状況を確認する。

そのほかの表現 欠員／欠席／欠本／欠落／補欠／落丁／誤脱／毀（こぼ）れる／ダメージ

⇩この項目も 損なう

かざる 飾る

うわべだけを飾ること。虚飾。【虚栄（きょえい）】例虚栄を張っても仕方がない。

内容がないのにうわべだけを飾る。【虚飾（きょしょく）】例見えすいた虚飾をさげすむ。

言葉を選び表現を効果的にする。【修辞（しゅうじ）】例巧みな修辞に感心する。

文章などを、美しくととのえ飾る。【修飾（しゅうしょく）】例言辞に余計な修飾が多すぎる。

事柄を誇張したり飾ったりすること。【潤色（じゅんしょく）】例報告書はかなり潤色されている。

言葉を飾ること。体裁のよい言葉。【飾言（しょくげん）】例飾言だからあてにできない。

美しくよそおい飾ること。飾り。【装飾（そうしょく）】例室内の豪華な装飾に目を見張る。

意気・侠気を派手に見せようとする。【伊達（だて）】例伊達の薄着で風邪を引く。

照明で飾ること。電気装飾。【電飾（でんしょく）】例ビル街の電飾が美しい。

衣服と装飾品の総称。【服飾（ふくしょく）】例服飾デザイナーを志す。

不正を隠してうわべを取り繕うこと。【粉飾（ふんしょく）】例決算書を粉飾して脱税する。

文章や語句を飾ること。言葉のあや。【文飾（ぶんしょく）】例文飾を効果的に使う。

女性が派手に着飾ること。【満艦飾（まんかんしょく）】例満艦飾の女性を見かける。

そのほかの表現 見栄／インテリア／エクステリア（外装）／デコレーション（装飾）／レトリック（修辞）

かしこい 賢い（畏）

優れた知恵。高い知性。「叡知・叡智」。【英知（えいち）】例英知をあつめて難局を乗り切る。

知力・才能に優れ、立派なさま。【英邁（えいまい）】例英邁な君主を敬う。

【英明】（えいめい） 非常に賢いこと。 例若くして英明を謳われる。

【機知】（きち） その場に応じて、とっさに働く知恵。 例機知を利かせて急場をしのぐ。

【賢人】（けんじん） 賢くて徳のある人。賢者。 例賢人の処世に学ぶ。

【賢明】（けんめい） 賢く、物事に明るいさま。 例冷静で賢明な処置をほめる。

【賢慮】（けんりょ） 賢明な配慮・考え。他人を敬っていう。 例貴兄の賢慮に感謝申し上げる。

【小賢しい】（こざかしい） 利口ぶるさま。生意気なさま。 例小賢しいやり方。

【小利口】（こりこう） 小賢しくて抜け目のないさま。 例小利口なだけで信用できない。

【聡明】（そうめい） 賢くて、物事がよくわかるさま。 例聡明だが粗忽なところがある。

【知的】（ちてき） 知識・知性の豊かなさま。 例知的な風貌が印象に残る。

【利口】（りこう） 賢いこと。要領がよいこと。「利巧」。 例騒動の中を利口に立ち回る。

【理知】（りち） 物事を論理的に判断する能力。 例理知に基づいて世界を認識する。

【利発】（りはつ） 頭のいいさま。理解の早いさま。 例利発そうな子に道を聞く。

【怜悧】（れいり） 賢くて才知があるさま。 例政界でも怜悧な人といわれる。

そのほかの表現 機転／賢者／大賢／クレバー（賢い）／ウイット（機知）／インテリジェント（知的）／ジーニャス（天才）

かす 貸す

【借款】（しゃっかん） 国家間の長期的な貸し借り。 例開発途上国と借款条約を締結する。

【貸借】（たいしゃく） 金品を貸したり借りたりすること。 例家主と貸借契約を結ぶ。

【貸与】（たいよ） 金品を一定期間貸し与えること。 例社員に制服を貸与する。

【賃貸】（ちんたい） 料金を取って建物や物品を貸すこと。 例賃貸住宅に入居する。

【転貸】（てんたい） 借りたものを人に貸すこと。又貸し。 例貸し室の転貸を禁じる。

【融資】（ゆうし） 資金・資本を融通すること。 例住宅資金の融資を受ける。

【融通】（ゆうずう） 金品の都合をつけること。 例当座の資金を融通する。

そのほかの表現 レンタル／ファイナンス（融資）／リース（賃貸）／ローン

⇩この項目も 借りる

かぜ 風

【青嵐】（あおあらし） 青葉のころに吹くさわやかな風。 例青嵐が木立を吹き抜ける。

【颪】（おろし） 山の上から吹き下ろす冷たい強風。 例山小屋に颪が吹きつける。

【空っ風】（からっかぜ） 強く吹く冬の冷たい風。からかぜ。 例空っ風に落ち葉が舞う。

【寒風】（かんぷう） 冬の寒い風。冷たい風。 例夜の町に寒風が吹きすさぶ。

【逆風】（ぎゃくふう） 進む方向から吹く風。向かい風。 例逆風の中で選挙戦を闘う。

【狂風】（きょうふう）激しく荒れ狂う風。例 狂風が屋根を吹き飛ばす。

【金風】（きんぷう）秋風（五行説で秋は金に当たる）。例 まさに金風というべき風。

【颶風】（ぐふう）非常な強風。風力のいちばん強い風。例 海上に颶風が吹き荒れる。

【薫風】（くんぷう）若葉の香りを運ぶ爽やかな風。例 そよ吹く薫風が快い。

【朔風】（さくふう）北風。「朔」は北、北方の意。例 朔風一段と強く、寒冷を覚える。

【小夜嵐】（さよあらし）夜中に吹く強風。夜嵐。例 小夜嵐に目が覚める。

【疾風】（しっぷう）急に激しく吹き抜ける風。はやて。例 疾風のごとく敵陣を襲う。

【順風】（じゅんぷう）進行方向に向かって吹く風。追い風。例 順風に帆を上げて船出する。

【松籟】（しょうらい）松の木に吹く風。また、その風音。例 心静かに松籟を聞く。

【白南風】（しらはえ）梅雨の明けるころに南から吹く風。例 白南風が吹いて夏が来る。

【清風】（せいふう）すがすがしい風。爽やかな風。例 一陣の清風が吹き寄せる。

【旋風】（せんぷう）渦巻き状に立ちのぼる激しい風。例 旋風が民家を巻き上げる。

【谷風】（たにかぜ）日中、山の斜面を吹き上げる風。例 谷風に吹かれながら尾根を行く。

【突風】（とっぷう）一瞬、非常に激しく吹く風。例 突風にあおられて看板が落ちる。

【凪】（なぎ）海で風がなく波が穏やかなこと。例 夕凪の光景を眺める。

【軟風】（なんぷう）柔らかく吹く風。微風。例 南から軟風が吹いて暖かい。

【熱風】（ねっぷう）熱い風。高温の風。例 熱風で髪を乾かす。

【野分】（のわき）秋に吹き荒れる強風。「のわけ」。例 夜半に野分が通り過ぎる。

【爆風】（ばくふう）爆発によって起こる激しい風。例 爆風でガラス窓が全壊する。

【初嵐】（はつあらし）秋の初めころに吹く強風。例 初嵐に秋を感じる。

【風雨】（ふうう）風と雨。また、風をともなった雨。例 夕方から風雨が強くなる。

【風雲】（ふううん）風と雲。自然。また、成り行き。例 風雲の中を行脚する。

【風声】（ふうせい）風の音。また、音信。風評。例 物静かな山荘で、ひとり風声を聞く。

【暴風】（ぼうふう）建物が倒壊するほどの激しい風。例 暴風で人家に被害が出る。

【無風】（むふう）風がないこと。また、平穏なこと。例 海上は無風状態で、波静かだ。

【夜嵐】（よあらし）夜に吹く強風。小夜嵐。例 一晩中夜嵐で眠れない。

【涼風】（りょうふう）涼しい風。すずかぜ。例 涼風が静かに川面を渡ってくる。

【緑風】（りょくふう）新緑に吹く風。緑の風。例 青葉若葉の中を緑風が吹き抜ける。

【烈風】（れっぷう）猛烈に吹きつける風。例 山頂に烈風が吹き荒れる。

そのほかの表現　春一番／東風／潮風／隙間風／嵐／台風／竜巻／秋風／朝風／上風（うわかぜ）／海風／大風／川風／強風／浜風／春風／微風／偏西風／そよ風／下風（したかぜ）／すず風／つむじ風／はやて／モンスーン（季節風）／ブリーズ（微風）／タイフーン／トルネード（竜巻）／ストーム（嵐）／フォロー（追い風）／アゲンスト（向い風）

か

かた　かたち

形（型）

【鱗形】うろこがた　三角形を鱗状に配列した模様。例鱗形の装束で登場する。

【円形】えんけい　かどのない、円い形。例円形の人垣を作る。

【扇形】おうぎがた　扇を開いたような形。「せんけい」。例両腕を扇形に伸ばす。

【外形】がいけい　外側から見た形・様子。見た目。例中身はもちろん、外形も大事だ。

【鉤形】かぎがた　先端が折れ曲がっている形。鉤の手。例鉄棒の先を鉤形に曲げる。

【仮象】かしょう　実在しない仮の形・姿。幻の像。例この世の物は全て仮象に過ぎない。

【冠状】かんじょう　かんむりのような形。例冠状動脈に異常が発見される。

【管状】かんじょう　くだのような形。例画用紙を巻いて管状にする。

【環状】かんじょう　まるく輪になった形。例都市の周辺に環状道路を建設する。

【弓形】きゅうけい　弓のように曲がった形。ゆみがた。例夜空に弓形の月が浮かぶ。

【球形】きゅうけい　球状のまるい形。例球形の門灯を取り付ける。

【楔形】くさびがた　楔の断面のような形。V字形。例楔形に並んで出迎える。

【雲形】くもがた　（さまざまな）雲の形。「うんけい」。例雲形定規で曲線を描く。

【形骸】けいがい　形だけで内容のないもの。例わずかに形骸だけが残る。

【形象】けいしょう　物の具体的な形・姿。例イメージを形象化する。

【形状】けいじょう　形の状態。物のありさま。例草花を形状によって分別する。

【形相】けいそう　外面に現れた形・姿・ありさま。例形相は物の本質の表現である。

【形態】けいたい　物事のまとまった形・ありさま。例提出書類の形態を整える。

【形容】けいよう　顔かたち。姿かたち。物のありさま。例美々たる形容を誇る。

【三叉】さんさ　みつまたに分かれた形。例三叉路で道に迷う。

【陣形】じんけい　戦闘の時の隊形。陣立て。例陣形を整えて敵を待つ。

【全形】ぜんけい　全体の形。完全な形。例部分から全形を想像する。

【体形】たいけい　人・動物のからだの形。形体。例体形は種類によって異なる。

【体型】たいけい　体つきの類型。肥満型・やせ型など。例体型に合ったスーツを買う。

【隊形】たいけい　（戦闘に際して）部隊が並んだ形。例隊形を整えて敵に備える。

【定形】ていけい　定められた形。一定の形。例手紙を定形封筒に入れる。

【体裁】ていさい　外から見た形。その感じ。世間体。例贈り物の体裁を整える。

【馬蹄形】ばていけい　馬のひづめのような形。例馬蹄形磁石を使う実験。

【菱形】ひしがた　菱の実のような形。斜方形。例色紙を菱形に切る。

【雛形】ひながた　実物を小さくかたどったもの。模型。例雛形を作って検討する。

【方円】ほうえん　四角と丸。例水は方円の器に随う。

【方形】（ほうけい）四角い形。四角。矩形など。 例茶菓子を方形の容器に入れる。

【棒状】（ぼうじょう）棒のような形。 例粘土を棒状に延ばす。

【紡錘形】（ぼうすいけい）両端が細く尖った円柱形。 例宝石を紡錘形に加工する。

【升形】（ますがた）升のような四角い形。「枡形」。 例座敷を升形に仕切る。

【様式】（ようしき）共通の型。一定の形式・形態。 例生活様式が大きく変わる。

【流線形】（りゅうせんけい）流体の抵抗を最も少なくした形。 例流線形の車体が美しい。

【輪郭】（りんかく）物を縁取る線。また、外形。「輪廓」。 例デザインの輪郭を描く。

【輪形】（りんけい）輪のようなまるい形。わがた。 例手をつないで輪形を作る。

【類型】（るいけい）共通点によって物事を分類した型。 例類型を作って考察する。

そのほかの表現 紋切り型／フィギュア（姿・人形）／フォーム（形）／アウトライン（輪郭）／フォルム（形）／デフォルメ（変形）／パターン（類型）

かたい　堅い（固・硬）

【確固】（かっこ）しっかりと動かないさま。「確乎」。 例確固たる信念で邁進する。

【頑固】（がんこ）かたくななさま。意地を張るさま。 例頑固に自説を曲げない。

【頑迷】（がんめい）かたくなで、道理がわからないさま。 例頑迷な態度に手を焼く。

【凝固】（ぎょうこ）液体・気体が固体になること。 例水が凝固して氷になる。

【堅固】（けんご）しっかりして動かない。体が丈夫。 例堅固な敵陣を突破する。

【堅実】（けんじつ）手堅く、確か。危なげないさま。 例堅実な経営方針を貫く。

【堅忍】（けんにん）困苦を我慢づよくこらえること。 例難局を堅忍の精神で乗り切る。

【硬骨】（こうこつ）意志・信念が強く、妥協しない性格。 例硬骨ぶりは若いころから有名だ。

【硬質】（こうしつ）硬い性質。質の硬いこと。 例窓に硬質ガラスを使う。

【硬直】（こうちょく）体などが硬くなる。柔軟性がなくなる。 例疲労で筋肉が硬直する。

【硬軟】（こうなん）かたいこととやわらかいこと。 例硬軟両様の構えで対処する。

【固陋】（ころう）古い考えに執着しかたくななさま。 例相手が固陋で話にならない。

【金剛】（こんごう）非常にかたくて壊れないこと。 例金剛のような上半身を現す。

【生硬】（せいこう）未熟で、ぎこちなくかたいさま。 例文中に生硬な表現が目立つ。

【鉄石】（てっせき）鉄と石。信念などが強固なこと。 例鉄石の意志をもって事に当たる。

⇩この項目も　強い

かたづける　片付ける

【解決】（かいけつ）事件などが処理されて片づくこと。 例解決の糸口をつかむ。

【決着】（けっちゃく）物事が決まりがついて終わること。 例ようやく懸案の決着を見る。

【始末（しまつ）】きちんと片づけて終わること。例ごみを始末して引き揚げる。

【収拾（しゅうしゅう）】混乱した状態をおさめる。例緊急事態の収拾を図る。

【処置（しょち）】判断して決まりをつけること。例状況を見て適切な処置を考える。

【処分（しょぶん）】捨てるなどして、物を始末すること。例転居を機に、蔵書を処分する。

【処理（しょり）】物事をさばいて始末すること。例たまった雑務の処理に追われる。

【尻拭い（しりぬぐい）】他人の失敗などを代わりに始末する。例尻拭い役はもうごめんだ。

【清算（せいさん）】貸借を帳消しにする。関係を絶つ。例借金をすべて清算する。

【整頓（せいとん）】散らかっているものを片づけること。例図書室の本を整頓する。

【善後策（ぜんごさく）】ことのあとをうまく始末する方策。例急遽善後策を講じる。

【善処（ぜんしょ）】悪い事態・状態を適切に処理する。例善処の方策を前向きに検討する。

【総決算（そうけっさん）】収支の決まりをつけること。例今年の総決算。

【措置（そち）】物事を解決するための取り計らい。例しかるべき措置を講じる。

【対処（たいしょ）】状況に応じて処置を講じること。例対処の方法を協議する。

【落着（らくちゃく）】物事が解決して、決まりがつくこと。例ようやく事件が落着する。

かたむく　傾く

【傾向（けいこう）】ある方向へ向かっていること。偏り。例人口は増加する傾向にある。

【傾国（けいこく）】色香が国を危うくするほどの美人。例傾国の美女と謳われる。

【傾斜（けいしゃ）】斜めに傾いていること。例登るにつれて傾斜が急になる。

【傾注（けいちゅう）】一つの事に集中して打ち込むこと。例ライフワークに全力を傾注する。

【傾聴（けいちょう）】耳を傾けて聞く。熱心に聞く。例今度の意見は傾聴に値する。

【傾倒（けいとう）】人物や物事に興味を抱き夢中になる。例仏教思想に傾倒する。

【傾杯（けいはい）】杯を傾けること。酒を飲むこと。例友人と傾杯のひとときを過ごす。

【勾配（こうばい）】斜めの度合い。また、坂などの斜面。例道がゆるやかな勾配を保って続く。

【動向（どうこう）】社会現象などの動いていく方向。例経済の動向を見きわめる。

そのほかの表現　右傾／左傾／傾ぐ（かしぐ）／スロープ（傾斜）／トレンド（傾向）

かたよる　偏る（片寄）

【跛行（はこう）】釣り合いの取れないまま進行する。例経済が跛行状態を続けている。

【不均衡（ふきんこう）】釣り合いがとれていないこと。例予算配分の不均衡を是正する。

【不公平（ふこうへい）】公平を欠く。扱いに偏りがある。例不公平な処置に抗議する。

【偏愛（へんあい）】特定の人を偏って愛すること。例末娘を偏愛する。

【偏倚（へんい）】常識から偏っていて奇抜なこと。 例 市井（しせい）の片隅で偏倚な人生を送る。

【偏狭（へんきょう）】見識が偏っていて、度量が狭いこと。 例 物事を偏狭にとらえる。

【偏屈（へんくつ）】かたくなで、協調性のないさま。 例 偏屈な性格をむき出しにする。

【偏見（へんけん）】偏ったものの見方。偏った見解。 例 極端な偏見は無視する。

【偏向（へんこう）】思想などが偏っている。中正を欠く。 例 考え方に偏向が見られる。

【偏差（へんさ）】標準となる数値・位置からの偏り。 例 志望校決定に偏差値を参考にする。

【偏在（へんざい）】ある場所に偏って存在すること。 例 一部の階層に富が偏在する。

【偏執（へんしゅう）】極端に執着すること。片意地なこと。 例 もはや偏執としか言いようがない。

【偏食（へんしょく）】食べ物のえり好みが激しいこと。 例 偏食は健康によくない。

【偏重（へんちょう）】特定のものだけに偏って重んじる。 例 学歴偏重には弊害がある。

【偏頗（へんぱ）】公平を欠いた扱いをする。不公平。 例 偏頗な処置に不満を抱く。

かつ　勝つ（克）

【一蹴（いっしゅう）】相手を問題とせず、簡単に負かす。 例 挑戦者を軽く一蹴する。

【克服（こくふく）】努力して困難に打ち勝つこと。 例 節制して持病を克服する。

【克己（こっき）】強い意志で己の欲望や邪念を抑える。 例 猛訓練で克己心を養う。

【常勝（じょうしょう）】常に勝つこと。勝ち続けること。 例 常勝チームが取りこぼす。

【辛勝（しんしょう）】かろうじて勝つこと。 例 ねばる相手に辛勝する。

【制覇（せいは）】覇権を握る。競技などで、優勝する。 例 宿願の全国制覇を成し遂げる。

【先勝（せんしょう）】先に勝つこと。第一戦に勝つこと。 例 先勝して勢いがつく。

【超克（ちょうこく）】困難に打ち勝って、乗り越えること。 例 現代の苦悩を超克する。

【必勝（ひっしょう）】必ず勝つこと。勝とうとする気持ち。 例 秘策を練って必勝をねらう。

【楽勝（らくしょう）】苦労せずに、楽に勝つこと。 例 実力の差で楽勝する。

【凌駕（りょうが）】相手をしのいで上を行くこと。 例 資金力で他社を凌駕する。

【連覇（れんぱ）】続けて優勝すること。連続優勝。 例 甲子園で春夏二連覇を果たす。

そのほかの表現 勝利／圧勝／快勝／完勝／大勝／全勝／戦勝／優勝／連勝／不戦勝／勝勢／ビクトリー／ウイン

かなう　叶う

【実現（じつげん）】希望などが現実のものになること。 例 長年の夢が実現する。

【成就（じょうじゅ）】願い・望みがかなうこと。 例 大願成就で、まことにめでたい。

【達成（たっせい）】目的としていたことを成し遂げる。 例 今期の目標を達成する。

そのほかの表現 （実現）リアライゼーション

か

⇩この項目も 合う

かなしい かなしみ
悲しい 悲しみ（哀）

【哀感】（あいかん） 物悲しい感じ。 例晩秋の山間に哀感が漂う。

【哀愁】（あいしゅう） しみじみとした物悲しさ。 例哀愁を帯びたひとみを思い出す。

【哀傷】（あいしょう） （人の死を）悲しみいたむこと。 例哀傷に満ちた弔辞に心を打たれる。

【哀切】（あいせつ） 非常に哀れで物悲しいさま。 例落人の運命は哀切きわまりない。

【感傷】（かんしょう） 物事に感じて悲しく、わびしく思う。 例亡き人を思い、感傷にひたる。

【愁傷】（しゅうしょう） うれい悲しむ。人の死を嘆き悲しむ。 例まことにご愁傷様でございます。

【愁嘆】（しゅうたん） 嘆き悲しむこと。「愁歎」。 例気の毒で愁嘆場を見るに忍びない。

【傷心】（しょうしん） 傷ついた心。打ちひしがれた気持ち。 例傷心を抱いて故郷に帰る。

【断腸】（だんちょう） 非常につらく悲しいこと。 例断腸の思いで縁を切る。

【沈痛】（ちんつう） 心を痛めるさま。悲しみに沈むさま。 例沈痛な面持ちでうつむく。

【痛哭】（つうこく） ひどく嘆き、泣いて悲しむこと。 例地に伏して痛哭する。

【悲哀】（ひあい） 悲しく哀れなこと。 例人の世の悲哀を感じる。

【悲懐】（ひかい） 悲しく思うこと。悲しい思い。 例やり場のない悲懐を日誌につづる。

【悲泣】（ひきゅう） 悲しみに泣くこと。 例遺児の悲泣にもらい泣きする。

【悲愁】（ひしゅう） 悲しみとうれえ。悲しみうれえる。 例斎場に悲愁が立ちこめる。

【悲傷】（ひしょう） 心が傷つき、悲しむこと。 例犠牲者のことを思うと悲傷に堪えない。

【悲壮】（ひそう） 悲しくもまた勇ましいさま。 例悲壮な覚悟で出陣する。

【悲愴】（ひそう） 物悲しく痛ましいさま。 例悲愴な面持ちで命令を下す。

【悲嘆】（ひたん） ひどく嘆き悲しむこと。「悲歎」。 例恋に破れて悲嘆に暮れる。

【悲痛】（ひつう） 悲しみで心がひどく痛むさま。 例罹災者たちの悲痛な声を聞く。

【憂愁】（ゆうしゅう） うれいと悲しみ。うれいで心が沈む。 例行く末を思い、憂愁に閉ざされる。

そのほかの表現 ミザリー（悲しみ）／メランコリー／ペーソス／ノスタルジー

⇩この項目も しのぶ・哀れ

かね
金

【内金】（うちきん） 代金の一部として支払われる金。 例契約時に内金を入れる。

【益金】（えききん） もうけた金。利益金。 例益金を全額寄付する。

【円貨】（えんか） 日本の円単位の貨幣。円。 例円貨は国際的に通用する。

【追い銭】（おいせん） 一度支払って再度支払う余計な金。 例盗人（ぬすっと）に追い銭。

【外貨】（がいか） 外国の貨幣・商品。 例輸入代金を外貨で決済する。

【換金】（かんきん） 物品・有価証券などを現金に換える。 例持ち株を全部換金する。

【元金】（がんきん） 利息を生み出すもとになる金。元手。 例満期時に元金が倍になる。

【元本】（がんぽん） 利益を生み出すもとになる財産。 例貸付信託が元本割れになる。

【給金】（きゅうきん） 労働の報酬として支払われる金。 例給金から親に仕送りする。

【金子】（きんす） 小判などの金の貨幣。広く、おかね。 例献上する金子を調える。

【金銭】（きんせん） おかね。通貨一般をいう語。 例事件を金銭で片づける。

【軍資金】（ぐんしきん） 軍事に要する資金。軍用金。 例城内に軍資金を蓄える。

【公金】（こうきん） 公の性質を有する金銭。 例公金横領が露見する。

【小金】（こがね） わずかなまとまった金。 例せっせと小金をためる。

【敷金】（しききん） 借りる時に担保として支払う金。 例敷金として家賃の二か月分を払う。

【資金】（しきん） 事業活動などに必要な金。元手。 例資金繰りに奔走する。

【持参金】（じさんきん） 嫁入り時に実家から持参する金。 例持参金で保険に加入する。

【資本金】（しほんきん） 営利事業を行うための資金。 例準備金を資本金に組み入れる。

【千金】（せんきん） 多額の金。また、絶大な価値。 例たとえ千金を積まれても断る。

【損金】（そんきん） 損をして失った金。 例経費を損金に計上する。

【大枚】（たいまい） 多額の金。大金。 例大枚をはたいて高級品を買う。

【涙金】（なみだきん） お情けで与えるわずかな金。 例涙金をもらって退職する。

【散銭】（ばらせん） 少額の硬貨。小銭。 例財布が散銭でふくらむ。

【保証金】（ほしょうきん） 債務の担保として渡す金。 例自転車を借りる保証金。

【補償金】（ほしょうきん） 公益のために生じた損害を償う金。 例土地収用の補償金。

【身銭】（みぜに） 自分の金。自分で負担する金。 例身銭を切って部下におごる。

【元手】（もとで） 事業を起こすのに必要な資金。 例親の遺産を元手に商売を始める。

【礼金】（れいきん） お礼として出す金。 例仲人に礼金を贈る。

そのほかの表現 一時金／死に金／捨て金／見せ金／目腐れ金／マネー／キャッシュ(現金)／コイン／カレンシー(通貨)／ポケットマネー／チャージ／サラリー(給与)／ギャラ(報酬)／タックス(税)／デューティー(税)

かねる 兼ねる

【兼職】（けんしょく） 別の職務を併せて行うこと。 例本部長は社長の兼職とする。

【兼摂】（けんせつ） 官職で別の職務を併せて行うこと。 例三軍の長を兼摂する。

【兼任】（けんにん） 別の任務を兼ねること。 例店長が販売部長を兼任する。

【兼備】（けんび） 物事を兼ね備えること。 例知徳兼備の代議士。

【兼務】（けんむ） 職務・任務を兼ねること。 例当面は部長の兼務とする。

か

【兼有（けんゆう）】物事をあわせもつこと。例英明闊達を兼有する君主。

【兼用（けんよう）】二つ以上の用途に役立つこと。例マイカーを夫婦で兼用する。

かみ 髪

【洗い髪（あらいがみ）】（女性の）洗ったばかりの黒髪。例つややかな洗い髪。

【遺髪（いはつ）】形見として死後に残す毛髪。例遺髪を菩提寺に納める。

【有髪（うはつ）】僧や尼が髪をそらずにいること。例有髪だが本来は僧侶だ。

【御髪（おぐし）】特に女性の頭髪の尊敬語。みぐし。例御髪の乱れをお直しする。

【髪型（かみがた）】髪の形。ヘアスタイル。「髪形」。例気分転換に髪型を変えてみる。

【銀髪（ぎんぱつ）】銀白色の髪の毛。しらが。例銀髪の紳士が訪ねてくる。

【整髪（せいはつ）】髪を整えること。理髪。散髪。例月に一度、理容店で整髪する。

【総髪（そうはつ）】月代をそらずに髪を後ろでたばねる。例眼光鋭い総髪の浪人者。

【束髪（そくはつ）】明治以降に流行した女性の洋髪。例束髪に洋装がよく似合う。

【断髪（だんぱつ）】短く切り整えた女性の髪形。ボブ。例断髪の快活なお嬢さん。

【茶髪（ちゃぱつ）】金茶色に染めたり脱色した髪。例ブリーチ（脱色剤）で茶髪にした。

【丁髷（ちょんまげ）】もとどりを前に折り曲げた髪形。例関取が丁髷姿で歩く。

【頭髪（とうはつ）】頭の髪の毛。例頭髪をそり落として出家する。

【日本髪（にほんがみ）】日本古来の髪形。島田・丸髷など。例正月に日本髪を結う。

【白髪（はくはつ）】年を取り白くなった髪の毛。例同窓会に白髪が揃う。

【蓬髪（ほうはつ）】伸び放題の乱れた頭髪。例蓬髪の頭をぼりぼり掻く。

【髷（まげ）】結い上げて束ねた髪形。例横綱が髷を落とす。

【乱れ髪（みだれがみ）】（女性の）バラバラに乱れた髪。例乱れ髪をくしけずる。

【桃割れ（ももわれ）】桃を割ったように結う日本髪の髪形。例桃割れ姿の女を見かける。

【乱髪（らんぱつ）】乱れた髪の毛。例起き抜けの乱髪で顔を出す。

そのほかの表現 金髪／散髪／洗髪／調髪／毛髪／濡（ぬ）れ髪／寝乱れ髪／弁髪（べんぱつ）／丸髷／洋髪／ざんばら髪／高島田／ヘアスタイル／ショート／ロング／セミロング／ロン毛／ブロンド／パーマ／ソバージュ／ドレッド／ボブ／モヒカン／スキンヘッド

からだ 体（身体・軀）

【遺体（いたい）】死者のからだ。遺骸。なきがら。例遺体を霊安室に安置する。

【御身（おんみ）】相手のからだに対する尊敬語。例御身お大切になさいませ。

【空身（からみ）】荷物や連れがなく、からだ一つ。例空身で気楽に旅をする。

【巨軀（きょく）】図抜けて大きなからだ。巨体。例堂々たる巨軀を土俵に運ぶ。

貴人のからだの尊称。【玉体（ぎょくたい）】例玉体もいとど美しう…。

非常に大きなからだ。巨軀。【巨体（きょたい）】例土俵中央で巨体がぶつかり合う。

身体を形成する五つの部分。からだ全体。全身。【五体（ごたい）】例親にもらった大事な五体。

死んだ人・動物のからだ。「屍体」。【死体（したい）】例遭難者の死体が見つかる。

四肢と五体。手足とからだ。【肢体（したい）】例水泳選手の均整のとれた肢体。

からだの腰から上の部分。【上体（じょうたい）】例ベッドの上で上体を起こす。

人の身。人のからだ。人体。【人身（じんしん）】例人身事故でダイヤが乱れる。

人のからだ。【身体（しんたい）】例若いうちに身体を鍛える。

(大きな）からだ。体格。【図体（ずうたい）】例図体ばかりでかくて能がない。

生きているからだ。「死体」の対。【生体（せいたい）】例生体反応を確かめる。

やせたからだ。【痩軀（そうく）】例老人が痩軀を横たえている。

からだ全体。体中。全身。【総身（そうみ）】例大男、総身に知恵が回りかね。

人のからだ。からだつき。【体軀（たいく）】例堂々たる体軀で貫禄がある。

生きている人のからだ。【肉体（にくたい）】例人間の肉体には霊魂が宿っている。

女性のからだ。女性の肉体。【女体（にょたい）】例女体の美をあますところなく描く。

人のはだ。人のからだ。「膚身」。【肌身（はだみ）】例お守りを肌身離さず持っている。

体を上下、または左右に分けた半分。【半身（はんしん）】例ブロンズの半身像を作る。

病気のからだ。病気になりやすく弱い。【病身（びょうしん）】例病身の母をいたわる。

病気にかかっているからだ。病軀。【病体（びょうたい）】例病体をおして会議に出る。

子を産む母親のからだ。【母体（ぼたい）】例母体保護の注意を与える。

骨と肉。人のからだ。【骨身（ほねみ）】例過ちが骨身に沁みる。

からだ全体。体中いたるところ。【満身（まんしん）】例満身の力をこめて持ち上げる。

裸のからだ。裸身。ヌード。【裸体（らたい）】例油絵で裸体画を描く。

年老いたからだ。老体。老骨。【老軀（ろうく）】例老軀にむち打って奔走する。

そのほかの表現 遺骸／聖体／短軀／長軀／亡骸（なきがら）／生身／裸身／老体／ボディー

かりる 借りる

人の情けを受けて金品を借りること。【恩借（おんしゃく）】例恩借した金を返済する。

資金調達のために債券を発行する。【起債（きさい）】例財源を起債でまかなう。

資金調達のための有価証券。【債券（さいけん）】例国債は国が発行する債券。

金を借りること。借金。【借財（しゃくざい）】例土地を売っても、まだ借財が残る。

金品を借りて使うこと。【借用（しゃくよう）】例空いているパソコンを借用する。

本などを借りて読むこと。【借覧（しゃくらん）】例図書館で雑誌を借覧する。

【借款】（しゃっかん） 国際的な長期資金の貸借。 例 開発途上国に借款を供与する。

【借金】（しゃっきん） 金を借りること。その金。 例 借金で首が回らない。

【寸借】（すんしゃく） 金品を少しの間だけ借りること。 例 盛り場で寸借詐欺に遭う。

【前借】（ぜんしゃく） 給料などを期日前に借りること。 例 給料の前借でなんとか工面する。

【租借】（そしゃく） 領土の一部を借りて統治すること。 例 租借地を返還する。

【貸借】（たいしゃく） 金品を貸したり借りたりすること。 例 貸借関係は一切ない。

【賃借】（ちんしゃく） 料金を払って建物などを借りる。 例 一年間の賃借契約を結ぶ。

【拝借】（はいしゃく） 人からものを借りることの謙譲語。 例 ちょっとお知恵を拝借。

そのほかの表現 融通／内借り／借り越し／先借り／前借り／間借り／又借り／レンタル（短期の賃貸）／リース（長期の賃貸）

⇩この項目も 貸す

かるい 軽い

【軽口】（かるくち） 軽率な口。気の利いた冗談。 例 プレーの合間に軽口をたたく。

【軽易】（けいい） 手軽でたやすいさま。 例 作業が軽易で有り難い。

【軽快】（けいかい） 軽やかに動く。軽やかに心がはずむ。 例 軽快なテンポで走り続ける。

【軽挙】（けいきょ） 軽はずみな行為・行動。 例 軽挙を厳に戒める。

【軽軽】（けいけい） 軽軽しいさま。軽率なさま。 例 事の善悪は軽軽に判断すべきではない。

【軽視】（けいし） 物事を甘く見る。軽んじる。 例 相手の実力を軽視する。

【軽少】（けいしょう） 数量がわずかであること。少し。 例 事故の被害が軽少にとどまる。

【軽捷】（けいしょう） 身が軽くすばやい。軽快で敏捷。 例 軽捷な身のこなしで沢を登る。

【軽傷】（けいしょう） 軽いきずやけが。 例 運よく軽傷で済む。

【軽信】（けいしん） 軽軽しく信じること。 例 他人の意見を軽信する。

【軽装】（けいそう） 身軽で動きやすい服装。 例 初夏の高原を軽装で歩く。

【軽率】（けいそつ） 深く考えない。慎重でない。 例 軽率な行動を後悔する。

【軽度】（けいど） 程度が軽い。度合いが少ない。 例 膝に軽度の障害がある。

【軽輩】（けいはい） 地位・身分の低い人。 例 軽輩の身だが、剣は使える。

【軽薄】（けいはく） 思慮が足りず、言動に慎重さを欠く。 例 軽薄な意見に呆れる。

【軽微】（けいび） 程度が軽い。たいしたことがない。 例 損害は軽微で、特に問題はない。

【軽便】（けいべん） 扱いが簡単で便利なさま。 例 新発売のカメラは軽便で使いよい。

【軽妙】（けいみょう） 文章・談話などが軽やかでたくみ。 例 軽妙な語り口に引き込まれる。

【軽量】（けいりょう） 目方が軽いこと。 例 軽量級の選手権試合。

【鴻毛】（こうもう） 鴻（おおとり）の羽毛。非常に軽いもの。 例 身命は鴻毛より軽し。

【浮薄ふはく】軽々しくうわついていくこと。例浮薄な風潮を憂える。

かれる　枯れる（涸・嗄）

【栄枯えいこ】栄えることと衰えること。例栄枯盛衰は世のならい。

【渇水かっすい】日照りが続いて水がかれること。例異常渇水のため給水制限をする。

【枯渇こかつ】水がかれる。ものが尽きる。例才能が枯渇した作家。

【枯死こし】草木が枯れ果てること。例庭木が虫害のために枯死する。

【枯淡こたん】俗気がなく、淡々とした趣がある。例書が枯淡の境地に達する。

【嗄れ声しわがれごえ】かすれた声。かれた声。例老婆が嗄れ声で語り始める。

【老熟ろうじゅく】長い経験によって熟達している。例芸風が老熟の域に達する。

そのほかの表現　末枯うらがれる／枯れ枝

かわ　川（河）

【運河うんが】運輸・灌漑などのための人工水路。例貨物船が運河を行く。

【大川おおかわ】大きな川。隅田川や淀川下流。例大川に花火を打ち上げる。

【河口かこう】河川が海に流れ込む所。川口。例釣り船が河口から湾に出る。

【川口かわぐち】川が海に流れ込む所。河口。例川口の船着き場に荷を下ろす。

【川筋かわすじ】川の流れる道筋。川沿いの地帯。例川筋に民家が点在する。

【川瀬かわせ】川が浅くなって、流れの速い所。例はだしになって川瀬をわたる。

【渓流けいりゅう】谷間を流れる川。谷川。例清冽な渓流に釣り糸を垂れる。

【主流しゅりゅう】川の中心となる流れ。本流。例支流が主流に合流する。

【支流しりゅう】本流に流れ込む川。枝分かれした川。例支流はこのあたりで分岐する。

【瀬せ】川や海の浅い所。流れの速い所。例櫓舵かじろを頼りに瀬を乗り切る。

【清流せいりゅう】清らかな流れ。水のきれいな川。例山間の清流で顔を洗う。

【大河たいが】長くて川幅の広い、水量豊富な川。例大河を遊覧船が下る。

【谷川たにがわ】山間部の谷間を流れる川。渓流。例谷川沿いの山道を行く。

【天井川てんじょうがわ】河床が平地より高くなった川。例天井川の岸に堤防を築く。

【瀞とろ】川の水が深く流れの緩やかな所。例瀞八丁を小舟で下る。

【瀑布ばくふ】大きい滝。例ナイヤガラ瀑布の景観。

【早瀬はやせ】川の、浅くて流れの速い所。例初夏の日差しを受けて早瀬が光る。

【淵ふち】深くなって水のよどんでいる所。例岩陰に大きな淵がある。

【分流ぶんりゅう】本流から分かれた川の流れ。例山の麓で分流して湖へ注ぐ。

【本流ほんりゅう】川の主体となる流れ。主流。例本流は支流を合流して海に注ぐ。

か

山間部を流れる川。
【山川（やまがわ）】例山川の清水を汲む。

かわく 乾く（渇）

ひたすら尊びあがめること。
【渇仰（かつごう）】例御仏を渇仰してやまない。

日照りが続いて水がかれること。
【渇水（かっすい）】例干天続きで、貯水池が渇水する。

ひたすら望むこと。熱烈な希望。
【渇望（かつぼう）】例平和の到来を渇望する。

日照りによる農作物などの被害。
【干害（かんがい）】例干害で食糧不足が起きる。

乾燥と湿気。乾きと湿り気。
【乾湿（かんしつ）】例季節による乾湿の差が激しい。

湿気や水分がなくなること。
【乾燥（かんそう）】例室内の空気が乾燥する。

海などの水を排除して陸地にすること。
【干拓（かんたく）】例河口一帯を干拓する。

日照りで田畑などが乾ききること。
【旱魃（かんばつ）】例近年にない旱魃に見舞われる。

飢えとのどのかわき。「饑渇」。
【飢渇（きかつ）】例多くの難民が飢渇状態にある。

高地で、空気が乾燥しているさま。
【高燥（こうそう）】例高燥な土地で、梅雨時でも涼しい。

水がかれること。物が尽きること。
【涸渇（こかつ）】例日照り続きで、水源が涸渇する。

そのほかの表現 脱水／生乾き／干し上がる／干涸びる／ドライ

かんがえる 考える

他の人と異なった考え。異論。
【異見（いけん）】例あえて異見を申し述べる。

他の考えと異なった考え。
【異存（いぞん）】例方針については特に異存はない。

自分だけの考え、判断。
【一存（いちぞん）】例私の一存では決めかねる。

ちょっと考える。一度考えてみる。
【一考（いっこう）】例細目については一考の余地がある。

異なった考えや意見。
【異論（いろん）】例会議の進め方に異論を唱える。

臆測・想像に基づく考え。
【臆見（おっけん）】例臆見は一切排除する。

狭い考え。考えを謙遜していう語。
【管見（かんけん）】例管見を述べさせていただく。

お考え。配慮を尊敬していう語。
【貴慮（きりょ）】例貴慮に感謝申し上げる。

愚かな考え。考えを謙遜していう語。
【愚考（ぐこう）】例若干愚考を述べさせていただく。

苦しい気持ちで考えること。
【苦慮（くりょ）】例事態の打開に苦慮する。

物事を見通す優れた考え・見解。
【見識（けんしき）】例高い見識が人を引きつける。

優れた意見。見識を尊敬していう語。
【高見（こうけん）】例ご高見に感服いたしました。

物事をよく調べ、深く考えること。
【考察（こうさつ）】例十九世紀の都市社会を考察する。

物事の要素をよく考え合わせること。
【考慮（こうりょ）】例実行の前に考慮すべき点がある。

損得などを考え合わせて判断する。
【考量（こうりょう）】例合併の得失を考量する。

気をつかってあれこれと考える。
【顧慮（こりょ）】例相手の事情を顧慮する。

か

【思案(しあん)】処置について考えをめぐらすこと。例最善の解決策を思案する。

【私意(しい)】自分の考え。自分に都合のいい考え。例仕事のことに私意をはさむ。

【思惟(しい)】哲学的・論理的に深く考えること。例思惟の帰結として結論する。

【恣意(しい)】気ままな考え。思いつき。例事を恣意で決められては困る。

【私見(しけん)】個人的な考え・意見。例私見では成功の可能性がある。

【思考(しこう)】論理的に考えること。例思考をめぐらす。

【思索(しさく)】筋道をたどり深く考えをめぐらす。例深夜にひとり思索にふける。

【思想(しそう)】社会に対する全体的な思考体系。例現代思想を研究する。

【思弁(しべん)】理性だけに訴えて考えること。例人間の思弁を超えた世界。

【主観(しゅかん)】自分だけのものの見方。考え方。例できるだけ主観を交えずに話す。

【熟考(じゅっこう)】じっくりと考えること。熟慮。例一晩熟考した上で判断をする。

【所見(しょけん)】ある事柄についての考え・意見。例診察に所見を付記する。

【思慮(しりょ)】気を配って注意深く考えること。例肝心な所で思慮に欠ける。

【専心(せんしん)】一つの事だけに心を集中すること。例当分は英語の勉強に専心する。

【浅慮(せんりょ)】考えが浅いこと。浅はかな考え。例浅慮から出た過失を後悔する。

【卓見(たっけん)】きわめて優れた意見・見識。例今にして思えばあれは卓見だった。

【沈潜(ちんせん)】物事に没頭する。深く考える。例古代史の世界に沈潜する。

【定見(ていけん)】しっかりした考え。ゆるがない見識。例周囲を気にして定見がない。

【謬見(びゅうけん)】間違った考え・意見。例反論は誤解と謬見に満ちている。

【偏見(へんけん)】偏った考え。公平さを欠いた見解。例偏見が友好の障害になる。

【瞑想(めいそう)】目を閉じて静かに考えること。例旅の車中で瞑想にふける。

【黙考(もっこう)】黙って考えること。例うつむいたまま黙考を続ける。

【了見(りょうけん)】物事に対する考えや気持ち。例そんなことで怒るとは了見が狭い。

そのほかの表現 再考／思考／高察／熟思(じゅくし)／熟慮(じゅくりょ)／潜心／先入観／専念／尊慮(そんりょ)／達見／長考／僻見(へきけん)／シンキング(思考)／イマジネーション／イメージ／アイディア／イデオロギー／ポリシー／コンセプト(概念)／セオリー(理論)

⇩この項目も 思う・感じる

かんじる
感じる

【印象(いんしょう)】心に深く感じて忘れないこと。例強烈に印象づけられた。

【音感(おんかん)】音の高低や音色を聞き分ける感覚。例この子は音感がとてもいい。

【快感(かいかん)】こころよい感じ。気持ちがよいこと。例爽やかな風に快感を覚える。

【感懐(かんかい)】物事を感じ思うこと。その思い。例旅の感懐を日記につづる。

【感慨（かんがい）】 心に感じたしみじみとした思い。 例故郷も山を眺めて感慨にひたる。

【感覚（かんかく）】 刺激を感じ取ること。物事の感じ方。 例足がしびれて感覚がなくなる。

【感受性（かんじゅせい）】 感じ取る心の作用や能力。感性。 例感受性の豊かな青年。

【感傷（かんしょう）】 物事に感じて悲しく、寂しく思う。 例過ぎし日を思い、感傷にひたる。

【感情（かんじょう）】 喜怒哀楽や快・不快などの気持ち。 例感情をあらわにしていきり立つ。

【感触（かんしょく）】 触れた時の感じ。物事から受ける感じ。 例マフラーの感触がこころよい。

【感心（かんしん）】 深く感じ入って、心を動かされる。 例立派な行為に感心する。

【感想（かんそう）】 物事に感じて浮かんだ思い。 例読後感想文をつづる。

【感嘆（かんたん）】 感じ入ってほめたたえること。 例見事な出来映えに感嘆する。

【感知（かんち）】 感じ取る。直感的に気づく。 例敵の蠢動（しゅんどう）を感知する。

【感度（かんど）】 刺激に対して感じる度合い・程度。 例受信機の感度が鈍く聞き取れない。

【感動（かんどう）】 心を強く動かされる。心を打たれる。 例選手の真摯（しんし）なプレーに感動する。

【感得（かんとく）】 道理などを悟り知ること。 例仏法の真髄を感得する。

【官能（かんのう）】 感覚器官の機能。性的な感覚。 例官能を刺激する音楽。

【感応（かんのう）】 感じて、それに反応すること。 例感応する能力に欠ける。

【感服（かんぷく）】 物事に深く感じ入り、敬服する。 例すばらしい腕前に感服する。

【感奮（かんぷん）】 感動して心が奮い立つこと。 例先人の努力を知って感奮する。

【感銘（かんめい）】 忘れられないほど深く心に感じる。 例真剣な話しぶりで感銘を与える。

【感涙（かんるい）】 感激・感動のあまり流す涙。 例師の温情を伝え聞き感涙にむせぶ。

【共感（きょうかん）】 同じ感情や考えを他人と共有する。 例反対意見に共感を覚える。

【偶感（ぐうかん）】 たまたまふと心に浮かんだ思い。 例偶感を日記に記す。

【好感（こうかん）】 好ましい感情。好印象。 例初対面の相手に好感を抱く。

【五感（ごかん）】 視覚・聴覚・嗅覚・味覚・触覚。 例年を取って五感の働きが衰える。

【雑感（ざっかん）】 さまざまな、とりとめのない感想。 例名士の雑感を記事にする。

【色感（しきかん）】 色の感じ。色彩を感じとる能力。 例暖かい色感のコートで装う。

【質感（しつかん）】 材質から受ける感じ。 例質感をデザインに生かす。

【実感（じっかん）】 物事の現実に触れて感じること。 例現場の苦労を実感する。

【情感（じょうかん）】 心にしみ入る感じ。 例庭園に秋の情感が漂う。

【所感（しょかん）】 物事に触れて感じたこと。 例元日の日記に年頭所感をつづる。

【触感（しょっかん）】 手などが物に触れた時の感じ。 例触感のなめらかな布地。

【直感（ちょっかん）】 本質を瞬間的に感じ取ること。 例鋭い直感で状況を洞察する。

【痛感（つうかん）】 身にしみて強く感じること。 例自分の至らなさを痛感する。

【同感（どうかん）】 人と同じ感じを抱くこと。 例参考人の証言に同感する。

感じ方が鋭い。反応がすばやい。【敏感（びんかん）】例環境の変化に敏感な反応を示す。

それが起こる前に感じ取ること。【予感（よかん）】例世の中の大きな変化を予感する。

重み・厚みのたっぷりとした感じ。【量感（りょうかん）】例裸体像の量感に圧倒される。

精神が感じ取る霊妙な力。【霊感（れいかん）】例考えあぐねた末に霊感がひらめく。

そのほかの表現 勘／感取／感性／語感／随感／第六感／第一印象／体感／不快感／優越感／劣等感／フィーリング／インプレッション（印象）／シンパシー（共感）／センス（感覚）／エモーション（感情）

き

きいろい
黄
黄色い

薄い黄色。淡黄色。【浅黄色（あさぎいろ）】例浅黄色のセーター。

水飴のような、半透明で薄い黄色。【飴色（あめいろ）】例腰板を飴色に塗る。

濃くて鮮やかな黄色。【鬱金色（うこんいろ）】例地色に鬱金色を使う。

黄土のような色。赤みを帯びた黄色。【黄土色（おうどいろ）】例外壁を黄土色に塗る。

赤みの強い黄色。「蒲色」。【樺色（かばいろ）】例山を樺色のクレヨンで塗りつぶす。

金の色。光沢のある黄色。黄金色。【金色（きんいろ）】例朝日に映えて雲が金色に光る。

朽ちた枯葉色。赤みを帯びた黄色。【朽ち葉色（くちばいろ）】例朽ち葉色のコートを着る。

金のような光沢のある黄色。金色。【黄金色（こがねいろ）】例稲穂が黄金色に実る。

琥珀の色。透明な赤みを帯びた黄色。【琥珀色（こはくいろ）】例琥珀色のコーヒーを飲む。

ダイダイの皮の色。赤みを帯びた黄色。【橙色（だいだいいろ）】例橙色の折り紙で人形を折る。

卵黄の色。淡黄色。【卵色（たまごいろ）】例卵色の毛糸でセーターを編む。

あわい黄色。【淡黄色（たんこうしょく）】例色を淡黄色で統一する。

黒みを帯びた黄色。透明な黄褐色。【鼈甲色（べっこういろ）】例鼈甲色の水飴。

ミカンの皮の色ような赤黄色。【蜜柑色（みかんいろ）】例蜜柑色の暖かい感じ。

山吹の花の色。こがね色。【山吹色（やまぶきいろ）】例山吹色の大判小判。

きえる けす
消える
消す

従来あったものをなくす。【解消（かいしょう）】例ストレスを解消する。

ばらばらになって、なくなること。【散逸（さんいつ）】例貴重な文献が散逸する。

火が消えかかる。物事の勢いが弱まる。【下火（したび）】例火事がようやく下火になる。

消してなくす。使ってなくす。【消却（しょうきゃく）】例退職者の氏名を名簿から消却する。

消し去ること。消えてなくなること。【消去（しょうきょ）】例不要な項目を消去する。

【消散（しょうさん）】 消え散ること。消えてなくなること。 例 希望が夢と消散する。

【焼失（しょうしつ）】 火事などで、焼けてなくなること。 例 重要な資料を焼失する。

【喪失（そうしつ）】 失うこと。なくすこと。 例 失敗して自信を喪失する。

【鎮火（ちんか）】 火事が消える。火事を消し止める。 例 必死の消防活動で鎮火する。

【払拭（ふっしょく）】 すっかり拭い去ること。 例 いやな過去を払拭する。

【抹殺（まっさつ）】 否定して完全に消し去る。 例 事件の目撃者を抹殺する。

【抹消（まっしょう）】 塗りつぶして文字や文章を消すこと。 例 住民登録を抹消する。

【霧散（むさん）】 霧が晴れるように跡形もなく消える。 例 いつの間にか計画が霧散する。

【滅却（めっきゃく）】 消え滅びること。消し滅ぼすこと。 例 修行して邪心を滅却する。

そのほかの表現 消火／消灯／消防／デリート（削除）／クリアー

⇩この項目も 失う・絶える

きかい 機会

【一転機（いってんき）】 物事の重大な変わり目。「いちてんき」。 例 海外留学が一転機となる。

【折（おり）】 時機。時節。場合。機会。 例 依頼の品を訪問の折に持参する。

【機運（きうん）】 適当な時機のめぐりあわせ。 例 改革の機運が熟する。

【機縁（きえん）】 事の起こるきっかけ。機会。 例 出会いを機縁に交際を始める。

【機宜（きぎ）】 時機が最適なこと。 例 まことに機宜を得た措置。

【契機（けいき）】 何かが起こる動機や要因。きっかけ。 例 革命を契機に歴史が回転する。

【好機（こうき）】 ちょうどいい機会。チャンス。 例 好機をとらえて攻勢に転じる。

【頃合い（ころあい）】 事を行うのにちょうどよい時機。 例 頃合いを見計らう。

【潮時（しおどき）】 ちょうどよい時。 例 潮時を見て会場から引き揚げる。

【時機（じき）】 最も適切な時。好機。チャンス。 例 打って出る時機を逸する。

【時宜（じぎ）】 時・時期がちょうどよいこと。 例 時宜を得た企画がヒットする。

【時節（じせつ）】 めぐってきたよい機会。 例 世に出る時節が到来する。

【商機（しょうき）】 商取引をするのによい機会。 例 商機を逃さず宣伝を打つ。

【勝機（しょうき）】 戦いや試合に勝てる機会。 例 勝機が訪れるのをあせらずに待つ。

【戦機（せんき）】 戦いが始まろうとする機運。 例 戦機が熟して両軍が激突する。

【適時（てきじ）】 適当な時・時期。 例 仕事の合間に、適時昼食をとる。

【転機（てんき）】 状況・状態が変わるきっかけ。 例 定年を転機に絵を習い始める。

【見頃（みごろ）】 草花などが最も美しく見える時期。 例 紅葉は十一月半ばが見頃だ。

そのほかの表現 時期／時季／絶好期／タイミング／タイムリー／ターニング・ポイント（転機）

きく　効く（利）

【偉効】（いこう）優れた効果・効能。例新療法が偉効を奏する。

【甲斐】（かい）行為の効果。行為の値打ち。例さんざ苦労した甲斐がない。

【逆効果】（ぎゃくこうか）期待とは反対の効果を生ずること。例過保護が逆効果を招く。

【効験】（こうけん）効果・効能が現れること。効き目。例効験あらたかなご本尊。

【効能】（こうのう）薬などの効果。効き目。例薬の効能で気分がよくなる。

【時効】（じこう）時の経過で効力が消滅すること。例盗難事件の時効が成立する。

【実効】（じっこう）実際に効果・効力をおよぼすこと。例実効支配する地域。

【詮】（せん）効き目。効果。甲斐。例文句を言ってみても詮ないことだ。

【奏効】（そうこう）効果を上げる。効き目が現れる。例作戦が見事に奏効する。

【即効】（そっこう）使うとすぐ効き目が現れること。例景気回復の即効薬はない。

【速効】（そっこう）はやく効き目が現れること。例速効性のある肥料を用いる。

【治効】（ちこう）治療の効き目。治療による効果。例よいあんばいに治効が現れる。

【特効】（とっこう）特によく効く。特別の効能。例難病の特効薬。

【発効】（はっこう）法律などの効力が発生すること。例国際条約が発効する。

【無効】（むこう）行為の効力・効果がなくなること。例反則があって得点が無効になる。

【薬効】（やっこう）薬の効き目。例当面は薬効に頼るしかない。

【有効】（ゆうこう）効力・効果のあること。例なけなしの金を有効に使う。

そのほかの表現　効果／効用／効力／遅効／エフェクト（効果）

きく　聞く（聴）

【叡聞】（えいぶん）天子が聞くこと。天聴。例戦功が叡聞に達する。

【外聞】（がいぶん）世間のうわさ・評判。きこえ。例この一件は外聞をはばかる。

【謹聴】（きんちょう）つつしんで聞く。真剣に聞く。例しばらくご謹聴願います。

【傾聴】（けいちょう）耳を傾けて熱心に聞くこと。例新委員の意見は傾聴に値する。

【幻聴】（げんちょう）何か聞こえるように感じる。例夜な夜な幻聴にうなされる。

【誤聞】（ごぶん）間違えて聞くこと。聞き違えた事柄。例誤聞から誤解が生じる。

【地獄耳】（じごくみみ）人の秘密などを早く聞きつけること。例地獄耳にはあきれる。

【視聴】（しちょう）見ることと聴くこと。世間の耳目。例政局が世間の視聴を集める。

【試聴】（しちょう）CDなどを試しに聴いてみること。例新発売のCDを試聴する。

【清聴】（せいちょう）聞いてくれることに対する尊敬語。例ご清聴に感謝いたします。

【静聴】（せいちょう）講演・演説などを静かに聞くこと。例ご静聴をお願いいたします。

【側聞】(そくぶん) ちらっと聞く。うわさに聞く。 例側聞するところによれば。

【空耳】(そらみみ) 聞こえたような感じ。聞こえないふり。 例呼ばれたと思ったのは空耳らしい。

【他聞】(たぶん) 他人が聞くこと。人に聞かれること。 例この話は絶対に他聞を憚(はばか)る。

【聴講】(ちょうこう) 講義を聴くこと。 例特別講義を聴講する。

【聴取】(ちょうしゅ) 関係者の話などを聴き取ること。 例参考人から事情を聴取する。

【聴衆】(ちょうしゅう) 話・音楽などを聴く人々。 例コンサートに聴衆が押しかける。

【聴聞】(ちょうもん) 話を聞くこと。意見を聞くこと。 例参考人を呼んで聴聞会を開く。

【伝聞】(でんぶん) 伝え聞くこと。人づてに聞くこと。 例伝聞では真相が分からない。

【盗聴】(とうちょう) 人の話をこっそり聞く。盗み聞き。 例国家組織に盗聴されたらしい。

【内聞】(ないぶん) 内々に聞く。表沙汰にしない。 例離縁の件は内聞に願いたい。

【拝聴】(はいちょう) 話を聞くことの謙譲語。 例ご住職の講話を拝聴する。

【早耳】(はやみみ) うわさなどをいち早く聞き込むこと。 例例の早耳で、もう事件を知っている。

【傍聴】(ぼうちょう) 公判などを許可を得て聞くこと。 例公害裁判を傍聴する。

そのほかの表現 初耳／又聞き／天聴／上聞／聴納／聞き応え／聞き込み／ヒアリング／リスニング／リスナー(聴く人)／オーディエンス(聴衆)

きず 傷(瑕・疵)

【浅手】(あさで) 軽い傷。軽傷。「浅傷」。 例浅手だから案ずることはない。

【痛手】(いたで) 重い傷。深い傷。 例胸に痛手を負う。

【瑕瑾】(かきん) わずかな傷。小さい欠点・欠陥。 例栄光の歴史に瑕瑾を残す。

【瑕疵】(かし) 傷。欠点・短所。 例まずまずだが、若干の瑕疵はある。

【欠陥】(けっかん) 機能・構造などの不備なところ。 例欠陥部品が見つかる。

【公傷】(こうしょう) 公務中の負傷。 例公傷の認定を受ける。

【咬傷】(こうしょう) かまれた傷。かみ傷。 例咬傷のあとが残る。

【挫傷】(ざしょう) 打撲などによって傷つく。打ち身。 例ふくらはぎを挫傷する。

【擦過傷】(さっかしょう) 皮膚がこすれてできた傷。すりきず。 例擦過傷だから心配はない。

【死傷】(ししょう) 死んだり傷ついたりすること。 例大地震で多数の死傷者が出る。

【刺傷】(ししょう) とがったもので刺してけがをさせる。 例背中に深い刺傷がある。

【銃創】(じゅうそう) 銃弾を受けた傷。 例銃創の出血がひどい。

【傷害】(しょうがい) 人を傷つけること。 例傷害事件が発生する。

【戦傷】(せんしょう) 軍人・兵士が戦場で受けた傷。 例戦傷のあとがいまだに残る。

【創痍】(そうい) 刃物などで受けた傷。切り傷。 例満身創痍となって奮戦する。

【創傷】(そうしょう) 刃物などで受けた傷。切り傷。 例ひどい創傷で傷口が大きい。

【打撲傷】（だぼくしょう） 体を強く打ってできる傷。打ち身。 例打撲傷の患部に湿布する。

【致命傷】（ちめいしょう） 直接死因となる傷。 例頭部の傷が致命傷となる。

【手負い】（ておい） 傷を受けること。傷を受けたもの。 例手負いの猪（しし）が襲う。

【生傷】（なまきず） 受けたばかりの生生しい傷。「生疵」。 例けんか早くて、生傷が絶えない。

【難点】（なんてん） 非難すべき悪いところ。 例特にこれといった難点はない。

【深手】（ふかで） 刃物などによる重い傷。「深傷」。 例深手を負った身では逃げられない。

【古傷】（ふるきず） 昔受けた傷。古い傷のあと。「古疵」。 例寒くなると古傷が痛む。

【裂傷】（れっしょう） 皮膚などが裂けてできる傷。 例ガラスの破片で腕に裂傷を負う。

そのほかの表現 負傷／外傷／刀傷／傷跡／傷口／傷物／軽傷／重傷／凍傷／火傷／私傷（ししょう）／傷痍（しょうい）／微傷／擦（す）り傷／心の傷／インジャリー（けが）

きずく　築く

【移築】（いちく） 建築物をほかの場所に移すこと。 例合掌造りの民家を移築する。

【改築】（かいちく） 一部または全部を建て直すこと。 例二階を改築して書庫を造る。

【確立】（かくりつ） ゆるぎないものにすること。 例新しい体制を確立する。

【建設】（けんせつ） 建造物・組織などを新たにつくる。 例超高層ビルを建設する。

【建造】（けんぞう） 建物・艦船などをつくること。 例豪華客船を建造する。

【建築】（けんちく） 建物をつくること。建てた物。 例豪華な邸宅を建築する。

【構築】（こうちく） 組み立てて築き上げること。 例堅固な陣地を構築する。

【建立】（こんりゅう） 寺院・仏堂・石碑などを建てること。 例災害犠牲者の慰霊碑を建立する。

【再建】（さいけん） 失われた建物や組織を建てなおす。 例財政の再建を図る。

【修築】（しゅうちく） 建築物を修理すること。 例重要文化財を修築する。

【樹立】（じゅりつ） 物事をしっかりとうち立てること。 例世界新記録を樹立する。

【造営】（ぞうえい） 寺社・宮殿などを新しく建てること。 例本堂の造営に着手する。

【創建】（そうけん） 初めて建物や組織を作ること。 例本校創建の目的を思い起こす。

【増築】（ぞうちく） すでにある建物に建て加えること。 例洋間を増築して書斎にする。

【築造】（ちくぞう） 建物など大がかりなものを築く。 例長い堤防を築造する。

【普請】（ふしん） 建築や土木工事を行うこと。 例安普請のアパート。

そのほかの表現 新築／建てる／コンストラクション（構築）／ディコンストラクション（脱構築）

きせつ　季節

【折折】（おりおり） その時その時。折節。季節。 例四季折折の花を愛でる。

【折節】（おりふし） その時その時。折。季節。 例折節の挨拶を欠かさない。

【季語】（きご） 俳句で季節を表すために詠み込む語。 例季語の使い方に苦心する。

【歳時記】（さいじき） 季節の事物・行事などをまとめた本。 例歳時記で東京の祭りを調べる。

【四季】（しき） 春・夏・秋・冬の四つの季節。四時。 例風物は四季それぞれに興趣がある。

【時季】（じき） 物事の盛りの季節。物事に適した季節。 例今年も花見の時季になった。

【時候】（じこう） 四季の気候・天候。ときどきの気候。 例時候の挨拶に果物を贈る。

【四時】（しじ） 春・夏・秋・冬の四つの季節。四季。 例四時の景観をアルバムにする。

【時節】（じせつ） そのときどきの季節。時候。 例春風が吹く時節になる。

【春秋】（しゅんじゅう） 春と秋。一年。また、長い歳月。 例春秋に富む身の自愛を祈る。

【節気】（せっき） 陰暦上の季節区分。二十四気。 例暦で節気を確かめる。

【節季】（せっき） 商店の決算期。盆と暮れ。 例節季を迎えて忙しい。

【時時】（ときどき） その時その時。季節ごと。 例花壇に時時の草花を植える。

そのほかの表現 時折／シーズン／シーズン・オフ／ダイアリー（歳時記）

きそう　競う

【角逐】（かくちく） 互いに競争すること。競り合い。 例政権の座をめぐる角逐。

【拮抗】（きっこう） 力量に差のない者同士が張り合う。 例心技体のいずれも拮抗している。

【競合】（きょうごう） 一つの物事に関係してせり合うこと。 例週刊誌が販売部数で競合する。

【競売】（きょうばい） 最高値を付けた者に売る販売方法。 例骨董品を競売にかける。

【争覇】（そうは） 覇権を争う。試合で優勝を争う。 例全国一をめざす争覇戦。

【対抗】（たいこう） 張り合ってきそうこと。 例ダンピングに対抗措置をとる。

【比肩】（ひけん） 互いに優劣がない。肩を並べる。 例小型車だが性能は大型車に比肩する。

そのほかの表現 競争／競泳／競走／競技／競せる／競り合う／張り合う／コンテスト／コンペ／コンペティション（競争）

⇩この項目も　争う

きたえる　鍛える

【教練】（きょうれん） 軍隊で教えて技能を身につけさせる。 例新兵に教練を始める。

【訓練】（くんれん） 練習させて技能を身につけさせる。 例厳しい訓練の成果が現れる。

【修練】（しゅうれん） 精神・技芸を磨き、鍛えること。 例剣道の修練に励む。

【習練】（しゅうれん） 上達するように繰り返し習うこと。 例日ごろの習練が物を言う。

【修行】（しゅぎょう） 仏の教えの実践。学問・武芸の修練。 例武者修行の旅に出る。

【修業】(しゅぎょう) 学問・技芸などを努力して修得する。 例 本場で料理を修業する。

【鍛造】(たんぞう) 熱した金属をたたき鍛えて形を作る。 例 機械部品を鍛造でつくる。

【鍛練】(たんれん) 金属をきたえる。心身をきたえる。 例 基礎体力の鍛練に励む。

【調練】(ちょうれん) 兵士を訓練すること。 例 新兵に実戦的な調練を実施する。

【特訓】(とっくん) 特別の訓練。猛烈な訓練。 例 新人選手の特訓を行う。

【練習】(れんしゅう) 繰り返し習い行って身につけること。 例 練習問題に取り組む。

【錬成】(れんせい) 心身をきたえ上げること。錬磨育成。 例 選手の練成に努力する。

【練磨】(れんま) 心身・技能をみがききたえること。 例 たゆまぬ錬磨が実を結ぶ。

そのほかの表現 演習／習う／ドリル／トレーニング／ハード・トレーニング／エクササイズ(練習・運動)

⇩この項目も 学ぶ・修める

きたない 汚い(穢)

【汚辱】(おじょく) けがしはずかしめること。恥。 例 あらぬ汚辱を被る。

【汚染】(おせん) よごれること。よごすこと。 例 排気ガスで大気が汚染する。

【汚損】(おそん) 物がよごれ傷つくこと。 例 機器の汚損状態を調べる。

【汚濁】(おだく) よごれにごること。 例 汚濁の世を慨嘆する。

【汚物】(おぶつ) きたない物。ごみや排せつ物など。 例 汚物処理が問題になる。

【汚穢】(おわい) きたないもの。便所の排せつ物。 例 汚穢を汲み取る。

【強欲】(ごうよく) 非常に欲深なこと。「強慾」。 例 強欲で金銭にきたない。

【貪欲】(どんよく) 非常に欲が深いさま。「貪慾」。 例 あまりにも貪欲に過ぎる。

【卑怯】(ひきょう) 臆病でいやしく、ずるいこと。 例 卑怯な振る舞いに憤激する。

【卑劣】(ひれつ) 品性・行為がずるくてきたないこと。 例 かなわぬとみて卑劣な手段をとる。

【不潔】(ふけつ) きたならしく、衛生的でないこと。 例 不潔な下着を平気で着る。

【不純】(ふじゅん) 純粋でないこと。よごれていること。 例 不純な動機が裏にある。

【不浄】(ふじょう) けがれていること。 例 不浄の金は受け取れない。

【不正】(ふせい) 道義や法に照らして正しくないこと。 例 人目を盗んで不正を働く。

そのほかの表現 下劣／ダーティ／ポリューション(汚染)

きびしい 厳しい(酷)

【苛酷】(かこく) 非常にむごく厳しいさま。 例 苛酷な風土に生きる。

【過酷】(かこく) 厳しすぎるさま。ひどく厳しいさま。 例 過酷な処分を減免する。

【呵責】(かしゃく) 厳しくとがめ、苦しめること。 例 良心の呵責にさいなまれる。

【仮借（かしゃく）ない】過ちを許さない。見逃さない。 例刑事の仮借ない追及。

【苛烈（かれつ）】激しく厳しいさま。 例苛烈な戦いを勝ち抜く。

【謹厳（きんげん）】まじめで、つつしみ深いさま。 例いつも謹厳な態度をくずさない。

【激烈（げきれつ）】非常に激しいさま。「劇烈」。 例戦闘が激烈をきわめる。

【厳格（げんかく）】不正などを決して許さないさま。 例厳格なしつけを受けて成長する。

【厳重（げんじゅう）】非常に厳しいさま。 例厳重な警戒網をしく。

【厳粛（げんしゅく）】厳しく真剣なさま。 例批判を厳粛に受け止める。

【厳正（げんせい）】不正などに対して厳しいさま。 例厳正な判断を下す。

【厳然（げんぜん）】厳しく存在するさま。「儼然」。 例厳然たる態度で言い放つ。

【厳密（げんみつ）】細かい所まですきのないさま。 例厳密にいうと若干異なる。

【酷烈（こくれつ）】むごいほど厳しいさま。 例酷烈な批判を浴びせる。

【峻厳（しゅんげん）】非常に厳しい。妥協を許さない。 例峻厳な態度で取り調べる。

【峻烈（しゅんれつ）】非常に厳しく激しいさま。 例誘惑を峻烈にはねつける。

【辛辣（しんらつ）】批評などが手厳しいさま。 例辛辣な皮肉に閉口する。

【冷厳（れいげん）】冷静で厳しい。明確で動かし難い。 例冷厳な目でにらみつける。

そのほかの表現 厳戒／厳寒／厳禁／辛い／こっ酷（ぴど）い／手痛い／手厳しい／手酷（ひど）い／シビア

きまり　決まり

【掟（おきて）】取り決め。法律。守るべきしきたり。 例仲間の掟を破る。

【戒律（かいりつ）】僧侶が守るべき規律。規則。おきて。 例誘惑に負けて戒律を破る。

【規定（きてい）】物事の手順や内容などを定めること。 例基本的な概念を規定する。

【規程（きてい）】特定の目的で定めるきまり。 例服務規程を適用する。

【議定（ぎてい）】会議で事を決めること。決めた事柄。 例全権代表が議定書に署名する。

【規範（きはん）】物事の模範・手本。判断の基準。 例後世の規範として尊重される。

【規約（きやく）】関係者による取り決め・約束事。 例組合規約を改正する。

【協定（きょうてい）】ある事に関する取り決め。 例隣国と軍事協定を結ぶ。

【協約（きょうやく）】協議の上で約束を結ぶ。その約束。 例労働協約を締結する。

【規律（きりつ）】社会生活の基準となるきまり。 例学生寮の規律を守る。

【綱紀（こうき）】国家統治の根本となる規律。 例綱紀粛正の声が高まる。

【綱領（こうりょう）】組織の活動などに関する基本方針。 例新政党が綱領を発表する。

【心得（こころえ）】あらかじめ知っておくべき事柄。 例受験者心得をよく読んでおくこと。

【定法（じょうほう）】決まっている規則。しきたり。 例定法どおり閉門とする。

【定款（ていかん）】法人の活動などに関する根本規則。 例 定款に基づいて株主総会を開く。

【定例（ていれい）】定期的に行われること。 例 毎週月曜日には定例の会議がある。

【鉄則（てっそく）】絶対に動かせない規則。 例 保安の鉄則として、必ず守る。

【典範（てんぱん）】模範となる事柄。それを定めた法律。 例 皇室典範に則（のっと）る。

【法（のり）】きまり。規則。また、手本。「則」。 例 この世の法を守る。

【罰則（ばっそく）】違反者の処罰を定めた規則。 例 新たに罰則規定を設ける。

【法度（はっと）】禁じられていること。禁制。 例 上司の陰口は御法度だ。

【不文律（ふぶんりつ）】文章になっていない暗黙の了解。 例 仲間内の不文律だ。

【約款（やっかん）】契約で決められている個別の条項。 例 約款の一部を変更する。

そのほかの表現 規則／憲法／条例／法／法規／法制／法律／法典／家憲／官紀／六法／ルール／レギュレーション（規則）

きめる 決める（極）

【解決（かいけつ）】問題・事件などの始末をつけること。 例 紛争を円満に解決する。

【改定（かいてい）】従来のきまりをあらためる。 例 就業規則を改定する。

【画定（かくてい）】区切りをはっきりして範囲を決める。 例 道路との境界を画定する。

【確定（かくてい）】はっきり定めること。 例 試験の日時を確定する。

【仮定（かてい）】仮に決めておくこと。決めたこと。 例 仮定の話には乗らない。

【鑑定（かんてい）】真偽や価値を調べる。 例 骨董品の鑑定を依頼する。

【既決（きけつ）】決定・決裁が済んでいること。 例 既決の案件を蒸し返す。

【既定（きてい）】すでに決定していること。 例 既定の方針を貫く。

【欽定（きんてい）】君主の命令による制定・選定。 例 欽定憲法を発布する。

【決意（けつい）】はっきりと心を決めること。 例 選挙に出馬する決意を固める。

【決議（けつぎ）】物事を会議で決める。決めた内容。 例 全員賛成で決議する。

【決心（けっしん）】心にはっきりと決めること。 例 海外留学を決心する。

【決断（けつだん）】思い切って決めること。 例 ぎりぎりの時点で決断する。

【決着（けっちゃく）】物事に決まりがつくこと。 例 もめごとがようやく決着する。

【決定（けってい）】はっきりと決める。決められた事柄。 例 実行中止を決定する。

【結論（けつろん）】論議・議論の最終的な判断・見解。 例 論議の上で結論を出す。

【公定（こうてい）】政府・公共機関が公式に決めること。 例 公定歩合を引き下げる。

【採決（さいけつ）】議案を構成員の賛否の数で決める。 例 賛成多数で採決される。

【裁決（さいけつ）】上位者が事の理非を裁いて決める。 例 議長の裁決にゆだねる。

【裁定（さいてい）】物事の是非などを定める。 例 法廷で裁定が下される。

き

【策定】(さくてい) 方針などを考えて決める。 例経営方針を策定する。

【査定】(さてい) 価値や等級を調べて決める。 例社員の働きを査定する。

【暫定】(ざんてい) 確定まで、一時的に決めること。 例当面の暫定措置と理解する。

【処決】(しょけつ) きっぱりと決める。覚悟を決める。 例重要案件を処決する。

【制定】(せいてい) 法律や規則などを定めること。 例日本国憲法を制定する。

【設定】(せってい) 物事を作って定めること。 例設定基準を大幅に超える。

【先決】(せんけつ) 先に決める。先に決める必要がある。 例何よりも人命救助が先決だ。

【専決】(せんけつ) 決定権のある人だけの判断で決める。 例総裁の専決事項に属する。

【選定】(せんてい) 多くの中から選んで決めること。 例優良図書を選定する。

【即決】(そっけつ) その場ですぐに決めること。 例アルバイトを即決で採用する。

【速決】(そっけつ) すみやかに決める。急いで決める。 例速決で話をまとめる。

【断定】(だんてい) はっきりした判断を下すこと。 例犯人の断定を避ける。

【認定】(にんてい) 当否を判断の上、みとめて決める。 例資格のあることを認定する。

【判定】(はんてい) 優劣・勝敗などを見きわめて決める。 例かろうじて判定で勝つ。

【評定】(ひょうてい) ある基準に従って評価を決めること。 例勤務状況を評定する。

【法定】(ほうてい) 法で決まっていること。 例法定速度を守って運転する。

【未決】(みけつ) まだ決まっていないこと。 例未決書類を決裁する。

【論定】(ろんてい) 議論をした上で決める。 例ついに真犯人と論定された。

⇩この項目も 断じる

きもち 気持ち

【機嫌】(きげん) 表に現れる快・不快の気分。 例今日は朝から機嫌が悪い。

【気色】(きしょく) 気持ちが顔色に出る。また、気持ち。 例体調をくずして、気色がすぐれない。

【帰心】(きしん) 故郷や家に帰りたいと思う気持ち。 例帰心矢の如し。

【境地】(きょうち) ある場所におかれた心の状態。心境。 例無我の境地にひたる。

【苦情】(くじょう) 不平・不満の気持ち。 例市役所に苦情を訴える。

【激情】(げきじょう) 激しい感情。抑えきれない思い。 例激情にかられて食ってかかる。

【心地】(ここち) 心の状態。心持ち。気分。 例春風がなんとも心地よい。

【至情】(しじょう) 深い真心。また、自然な人情。 例憂国の至情に打たれる。

【情意】(じょうい) 感情と意志。心持ち。 例情意をこめて説得する。

【情感】(じょうかん) しみじみと心にしみる感じ。 例町に年の瀬の情感が漂う。

【情操】(じょうそう) 上品で豊かな心。次元の高い感情。 例情操教育を重視する。

【情緒】(じょうちょ) 事物に特有の感じ。雰囲気。 例下町の情緒を懐かしむ。

【情動】じょうどう　急激で、瞬間的な感情の動き。　例 情動にかられてペンをとる。

【情熱】じょうねつ　物事に対する強い愛情・熱意。　例 福祉活動に情熱を燃やす。

【情念】じょうねん　深くこもった思い。断ちがたい思い。　例 情念の炎が燃え上がる。

【心気】しんき　気持ち。心持ち。気分。　例 問題解決で心気が晴れる。

【辛気】しんき　いやな気分。めいった気持ち。　例 辛気臭い仕事にうんざりする。

【心境】しんきょう　心の状態。気持ちのあり方。　例 心境の変化をいぶかる。

【心情】しんじょう　心の中の思い。気持ち。　例 苦悩する心情は、掬するに余りある。

【真情】しんじょう　いつわりのない気持ち。まごころ。　例 はじめて真情を吐露する。

【衷情】ちゅうじょう　うそいつわりのない気持ち。　例 先輩に衷情を訴える。

【直情】ちょくじょう　うそや飾りのないありのままの感情。　例 彼は直情の士だ。

【熱情】ねつじょう　熱い思い。いちずな気持ち。　例 行間に熱情があふれる。

そのほかの表現　後味／気味／フィーリング／ムード／ムーディ／エモーション（情熱）／パッション（情熱）

⇩この項目も　感じる・情け・心

きよい　清い

【潔白】けっぱく　心が清いこと。行いが正しいこと。　例 身の潔白を訴える。

【高潔】こうけつ　気高く、けがれのないさま。　例 高潔を貫いた政治家。

【純潔】じゅんけつ　けがれがなく清らかなこと。　例 結婚まで純潔を守る。

【純情】じゅんじょう　邪念のない素直な心。いちずな心。　例 恋人に純情を捧げる。

【純粋】じゅんすい　混じりけがないこと。清らかなこと。　例 純粋な気持ちで行動する。

【純然】じゅんぜん　混じりけのないさま。　例 純然たる犯罪行為だ。

【清雅】せいが　清らかで気品のあるさま。　例 清雅な画風で知られる。

【清閑】せいかん　清らかで、のんびりと静かなさま。　例 清閑な庭園を散策する。

【清潔】せいけつ　よごれがなく、さっぱりとしている。　例 いつも身のまわりを清潔にする。

【清純】せいじゅん　けがれがなく、純真なさま。　例 清純派女優として人気がある。

【清浄】せいじょう　けがれがなく、清らかなさま。　例 清浄な神域にたたずむ。

【清楚】せいそ　（女性が）清らかで美しいさま。　例 清楚な服装がよく似合う。

【清澄】せいちょう　清らかに澄みきっているさま。　例 谷川の清澄な水をくむ。

【清貧】せいひん　貧しい中で、清く生きること。　例 浪人して清貧に甘んじる。

【清冽】せいれつ　水が澄みきって冷たいさま。　例 清冽な流れに手をひたす。

【清廉】せいれん　心が清く、私欲を持たないさま。　例 清廉な人物を尊敬する。

【楚楚】そそ　（若い女性の）清らかで美しいさま。　例 楚々とした美人を見かける。

き

混じりけがない。けがれがない。【無垢（むく）】例白無垢の花嫁衣装を着る。

行いが正しく、私欲を持たないさま。【廉潔（れんけつ）】例廉潔の士として人望がある。

そのほかの表現 至純／純一（じゅんいつ）／純真／純正／素直／清濁／明澄／クリーン／ピュア／イノセント（潔白）

きょうだい しまい 兄弟 姉妹

父親が同じで母親が違う兄弟。【異母兄弟（いぼきょうだい）】例異母兄弟だが仲がいい。

義理の兄弟。義兄など。【義兄弟（ぎきょうだい）】例義兄弟の契りを交わす。

同じ人の乳で育った間柄。【乳兄弟（ちきょうだい）】例若殿と乳兄弟として育てられる。

同じ母親から生まれたきょうだい。【同胞（はらから）】例世の人はみな同胞だ。

⇩この項目も 兄・弟・姉・妹

きらう 嫌う

いやだが仕方なく。【嫌嫌（いやいや）】例申し出を嫌嫌承諾する。

いやでたまらない。【嫌気（いやけ）】例仕事に嫌気がさす。

世の中をいやだと思うこと。【厭世（えんせい）】例厭世家きどりの男。

いやに思って避けること。【忌避（きひ）】例裁判官の忌避を表明する。

表面上は敬いつつ避ける。【敬遠（けいえん）】例気難しい老人を敬遠する。

あきていやだと思う。【倦厭（けんえん）】例倦厭されがちな古典文学。

不愉快に思って嫌うこと。【嫌悪（けんお）】例相手に嫌悪感を抱かせる。

憎み嫌うこと。【嫌忌（けんき）】例嫌忌の念をぬぐいさる。

好きと嫌いと。【好悪（こうお）】例好悪の感情を表す。

同じ事ばかりで嫌になる。【食傷（しょくしょう）】例魚には少し食傷気味だ。

憎んできらうこと。【憎悪（ぞうお）】例憎悪の目を向ける。

蛇や蠍のように甚だしく嫌われる。【蛇蠍（だかつ）】例蛇蠍の如く嫌う。

軽蔑して嫌うこと。【唾棄（だき）】例唾棄すべき悪人。

きる 切る（伐・斬）

布や紙などを型の通り切る。【裁断（さいだん）】例生地を裁断する。

刃物などで人を切り殺す。【斬殺（ざんさつ）】例敵を一人残らず斬殺する。

たての方向へたち切る。【縦断（じゅうだん）】例台風が本州を縦断した。

人とのつながりを切る。【絶縁（ぜつえん）】例絶縁状態にある親戚。

一続きのものを切り離す。【切断（せつだん）】例ロープを切断する。

たち切ること。**【断裁】**（だんさい）例断裁された古新聞。

樹木を切り出すこと。**【伐採】**（ばっさい）例森林の伐採を計画する。

樹木を切り倒すこと。**【伐木】**（ばつぼく）例伐木作業に取り掛かる。

二つにたち切る。**【両断】**（りょうだん）例組織を両断する争い。

車両にひかれて切られる。**【轢断】**（れきだん）例轢断された死体。

そのほかの表現 薄切り／千切り／試し切り／カット／スライス

⇩**この項目も** 断つ

きわめる　極める

ひたすら学問に打ち込む。**【学究】**（がっきゅう）例学究の徒となる。

物事の最後に到達する所。**【究極】**（きゅうきょく）例究極の技を披露する。

根本の原因を明らかにする。**【究明】**（きゅうめい）例事の真相を究明する。

物事の道理を明らかにする。**【究理】**（きゅうり）例究理の学を志す。

行きつけるぎりぎりの所。**【極限】**（きょくげん）例怒りが極限に達する。

行きつける最高の状態。**【極致】**（きょくち）例美の極致を追求する。

物事を深く考え調べる。**【研究】**（けんきゅう）例近代史を研究する。

深く掘り下げて考える。**【考究】**（こうきゅう）例古代社会の謎を考究する。

学芸を熱心におさめる。**【攻究】**（こうきゅう）例攻究の日々を送る。

この上なく悪いこと。**【極悪】**（ごくあく）例極悪非道の殺人鬼。

この上なくすぐれている。**【極上】**（ごくじょう）例極上の絹で仕立てた服。

くわしく調べて見極める。**【探究】**（たんきゅう）例東洋哲学を探究する。

つきつめて明らかにする。**【追究】**（ついきゅう）例不変の真理を追究する。

はてしなく続いている。**【無窮】**（むきゅう）例無窮の時間を感じていた。

きわまることがない。**【無極】**（むきょく）例無極と太極の概念。

とことん論じて探ること。**【論究】**（ろんきゅう）例社会問題を論究する。

そのほかの表現 到達／行き着く／アルティメット（究極）

くさる　腐る

くちて役に立たないこと。**【朽廃】**（きゅうはい）例朽廃しきったビル。

食物が腐って酸味が出る。**【酸敗】**（さんぱい）例酸敗を防ぐための薬品。

微生物が糖分を分解すること。**【発酵】**（はっこう）例発酵食品を摂取する。

【腐朽（ふきゅう）】腐ってくちること。例 腐朽した木材を廃棄する。

【腐食（ふしょく）】腐って変質すること。例 金属部分が腐食する。

【腐敗（ふはい）】腐ってしまうこと。例 腐敗した食品を処分する。

【腐乱（ふらん）】生物体が腐ってくずれる。例 腐乱死体が発見される。

くずれる 崩れる

【壊滅（かいめつ）】壊れてなくなること。例 地震で壊滅状態の町。

【瓦解（がかい）】全体がくずれること。例 組織の瓦解をはかる。

【決壊（けっかい）】堤防などが破れること。例 増水により決壊した土手。

【全壊（ぜんかい）】建物が基礎から壊れる。例 竜巻により全壊した家屋。

【損壊（そんかい）】物をこわすこと。例 器物損壊の罪に問われる。

【倒壊（とうかい）】建物が倒れて壊れること。例 倒壊した家屋を撤去する。

【半壊（はんかい）】建物の半分が壊れること。例 半壊した家を修理する。

【崩解（ほうかい）】崩れてばらばらになる。例 台風により崩解した家屋。

【崩壊（ほうかい）】壊れてその機能を失うこと。例 学級崩壊が問題となる。

【崩落（ほうらく）】くずれて落ちること。例 土石の崩落を防止する。

そのほかの表現 雪崩／山崩れ／着崩れ／土砂崩れ／値崩れ

⇩この項目も 壊す・倒れる

くだく 砕く（摧）

【圧砕（あっさい）】押しつぶして砕くこと。例 岩石を圧砕する。

【撃砕（げきさい）】激しく攻撃して打ち破る。例 敵の艦隊を撃砕する。

【摧砕（さいさい）】くじき壊すこと。例 家財を全て摧砕される。

【摧折（さいせつ）】くじき折ること。例 敵の威勢を摧折する。

【摧破（さいは）】くだき破ること。例 敵の野望を摧破する。

【砕氷（さいひょう）】氷をくだいて割ること。例 砕氷船に乗る。

【砕片（さいへん）】砕いたもののかけら。例 陶器の砕片が散らばる。

【爆砕（ばくさい）】爆発させて砕くこと。例 老朽船を海上で爆砕する。

【破砕（はさい）】砕いてこなごなにする。例 敵の基地を破砕する。

【粉砕（ふんさい）】徹底的にうち砕くこと。例 相手の勢力を粉砕する。

⇩この項目も 壊す

くだる 下る（降）

【下向（げこう）】都から地方へ移動する。 例下向の意思を固める。

【下阪（げはん）】東京から大阪に行くこと。 例来月中旬に下阪する。

【下野（げや）】官職を辞して民間に下る。 例友人の勧めで下野する。

【下落（げらく）】価値や値段がさがる。 例相場の下落による損失。

【西下（さいか）】東京から関西に行くこと。 例西下の準備を整える。

【退京（たいきょう）】都を立ち去ること。 例あした退京する予定だ。

【投降（とうこう）】自分の意思で敵に降参する。 例兵士に投降を促す。

⇩この項目も 下りる

くち 口

【受け口（うけぐち）】物を受けるための器物の口。 例扉に受け口を設置する。

【大口（おおぐち）】大きくあけた口。 例大口を開けてあくびする。

【口数（くちかず）】おしゃべりをする回数。 例やや口数の多い男。

【口先（くちさき）】表面的で心のない言葉。 例口先だけは達者な若者。

【口付き（くちつき）】ものの言い方や口ぶり。 例不満そうな口付きで話す。

【口許（くちもと）】口のあたりのかっこう。 例にわかに口許をほころばす。

【口角（こうかく）】口の両はしのあたり。 例口角炎を治療する。

【口腔（こうこう）】口蓋からのどに通じる空間。 例口腔外科の専門医。

【口唇（こうしん）】唇のこと。 例口唇に湿疹が生じる。

【口舌（こうぜつ）】真実や内容のない言葉。 例口舌の徒に過ぎない人物。

【口中（こうちゅう）】口の内部。 例口中薬を服用する。

【口頭（こうとう）】直接言葉で述べること。 例連絡事項を口頭で伝える。

【口辺（こうへん）】口の周りや口もと。 例口辺に微笑みを浮かべる。

【鰐口（わにぐち）】横に広い口をあざける語。 例鰐口を開けて怒鳴る。

くばる 配る

【案分（あんぶん）】ある数量を比例した割合に配る。 例予算を案分する。

【高配（こうはい）】他人の配慮を敬って言う語。 例ご高配に感謝します。

【集配（しゅうはい）】郵便物等の集荷と配達。 例集配所を設置する。

【宅配（たくはい）】荷物等を家まで配達する。 例宅配便を利用する。

【手配（てはい）】事を運ぶ手順を整える。 例会議の手配をする。

【配意（はいい）】周囲に心を配ること。 例先方への配意を怠らない。

【配給（はいきゅう）】割り当ててくばること。 例救援物資を配給する。

【配置(はいち)】位置を割り当てること。 例家具の配置を考える。
【配当(はいとう)】利益を割り当てて配る。 例株の配当金を受け取る。
【配備(はいび)】人や物を配置して備える。 例現場に警官を配備する。
【配布(はいふ)】広く配り渡すこと。 例広告チラシを配布する。
【配付(はいふ)】それぞれに配り渡す。 例生徒に資料を配付する。
【配分(はいぶん)】配って分けること。 例ペースの配分を誤る。
【配役(はいやく)】役者に役を割り当てる。 例映画の配役を発表する。
【配慮(はいりょ)】あれこれ心をくばる。 例国民感情に配慮する。
【配列(はいれつ)】順序よく並べつらねる。 例文字の配列を考える。
【頒布(はんぷ)】広く分かち配ること。 例入試問題を頒布する。
【布置(ふち)】物を配って並べること。 例点数をグラフ上に布置する。
【分配(ぶんぱい)】分けて配ること。 例食料品を分配する。
【領布(りょうふ)】広く譲渡、販売等をする。 例著作物の領布を禁止する。

そのほかの表現 配送／アレンジ（配置）／デリバリー（宅配）

くむ 組む

【縁組(えんぐみ)】夫婦や養子の関係を結ぶ。 例養子縁組を成立させる。
【改組(かいそ)】組織や編成を改めること。 例部署全体を改組する。
【共同(きょうどう)】複数が同等の立場で関わる。 例台所を共同で使用する。
【協同(きょうどう)】複数が力を合わせ事に当たる。 例協同組合に加盟する。
【結束(けっそく)】同志の者が心を合わせる。 例結束の固いチーム。
【結託(けったく)】不正を行おうと一緒になる。 例企業と結託する官僚。
【組閣(そかく)】内閣を組織する。 例組閣の準備にとりかかる。
【組織(そしき)】個が集まって全体を構成する統一体。 例組織の一員として働く。
【組成(そせい)】事物を組み立てる要素。 例化合物を組成式で表す。
【団結(だんけつ)】人々が互いに力を合わせる。 例全住民が一致団結する。
【提携(ていけい)】協力して事業を行う。 例提携会社のカードを使う。
【編成(へんせい)】個々を組織的に形成する。 例クラス編成を発表する。
【編制(へんせい)】団体や軍隊を組織する。 例早急に部隊を編制する。

そのほかの表現 機構／組合／連合／連邦／ジョイント／オーガニゼーション／コラボレーション（共同）／タイアップ

⇩この項目も 合わせる

くも 雲

【暗雲】(あんうん) 雨が降りそうな黒い雲。 例 俄に暗雲が垂れこめる。

【鰯雲】(いわしぐも) 空に斑点状に広がる雲。 例 秋空に広がる鰯雲。

【浮雲】(うきぐも) 空に浮かんで風に漂う雲。 例 人生を浮雲にたとえる。

【薄雲】(うすぐも) 薄くかかっている雲。 例 薄雲のかかる空を眺める。

【雲煙】(うんえん) 雲と霞、または雲と煙。 例 雲煙のたなびく峰。

【雲霞】(うんか) 雲と霞と。 例 雲霞の如き大軍が攻め入る。

【雲海】(うんかい) 海のように広がった雲。 例 飛行機の窓から雲海を見る。

【雲彩】(うんさい) 雲の色彩や配色。 例 変化に富む雲彩を楽しむ。

【雲山】(うんざん) 雲がかかっている山。 例 雲山を描いた絵。

【朧雲】(おぼろぐも) 空一面に広がる灰色雲。 例 朧雲のかかる明けの空。

【雲合い】(くもあい) 雲が出たり晴れたりする様子。 例 雲合いがよくない。

【雲脚】(くもあし) 雲の動いて行くさま。 例 だんだん雲脚が早くなる。

【雲隠れ】(くもがくれ) 雲に隠れて見えなくなる。 例 雲隠れの月の夜。

【雲の峰】(くものみね) 峰のように高く立った雲。 例 夏空に雲の峰を眺める。

【雲間】(くもま) 雲と雲の切れ間。 例 雲間に見える月。

【黒雲】(くろくも) 不吉な兆しとされる黒色の雲。 例 前途に黒雲がかかる。

【紫雲】(しうん) 吉兆とされる紫色の雲。 例 山の端にたなびく紫雲。

【白雲】(しらくも) しろく見える雲。 例 空にただよう白雲。

【瑞雲】(ずいうん) 吉兆とされる五色や紫の雲。 例 瑞雲のかかる空。

【青雲】(せいうん) 青空にかかる雲。 例 流れる青雲を見上げる。

【積乱雲】(せきらんうん) 縦方向に発達した雲。 例 海上に積乱雲がそびえる。

【断雲】(だんうん) 切れ切れになった雲。 例 数片の断雲がただよう。

【千切れ雲】(ちぎれぐも) いくつかに切れている雲。 例 千切れ雲が流れる空。

【夏雲】(なつぐも) 夏によく見られる雲。 例 夏雲の観察記録をつける。

【入道雲】(にゅうどうぐも) 垂直に盛り上がった雲。 例 夏空に浮かぶ入道雲。

【飛行機雲】(ひこうきぐも) 飛行機が飛んだあとにできる人工雲。 例 一直線の飛行機雲。

【密雲】(みつうん) 密集して厚く重なった雲。 例 密雲におおわれた空。

【叢雲】(むらくも) 集まり群がって立つ雲。 例 月にかかる叢雲。

【夕雲】(ゆううん) 夕方になって立つ雲。 例 窓から夕雲を眺める。

【妖雲】(よううん) 不吉な感じを与える雲。 例 妖雲のたちこめる夕べ。

【横雲】(よこぐも) 横にたなびいている雲。 例 横雲のたなびく峰。

【雷雲】(らいうん) 雷や雷雨の原因となる雲。 例 空一面に雷雲が広がる。

【乱雲】(らんうん) 速い風に乱れ飛ぶ雲。 例 乱雲の流れ行く空。

綿のように見える雲。【綿雲（わたぐも）】例一片の綿雲が浮かぶ。

くやむ 悔やむ

惜しむべきことに。【可惜（あたら）】例可惜青春を無駄に過ごす。

思い通りに行かず残念だ。【遺憾（いかん）】例事故の再発を遺憾に思う。

自分の悪行を悟り改める。【悔悟（かいご）】例悔悟の念にたえない。

残念に思い悔やむこと。【悔恨（かいこん）】例悔恨の情がわく。

過ちを悟りまじめになる。【改悛（かいしゅん）】例改悛して仕事に励む。

後で自分の行いを悔やむ。【後悔（こうかい）】例後悔してやまない。

自分の言動を恥ずかしく思う。【慚愧（ざんき）】例慚愧にたえない。

罪を告白し許しをこう。【懺悔（ざんげ）】例昔の罪を懺悔する。

くやしくて未練が残ること。【残念（ざんねん）】例会えなくて残念だ。

予想と違っていて残念に思う。【心外（しんがい）】例この扱いは心外だ。

非常に残念がること。【痛恨（つうこん）】例その醜聞は一大痛恨事だ。

悔しくてしかたがない。【無念（むねん）】例無念のあまり自害する。

くらい 暗い

ものの道理に暗く愚かなこと。【暗愚（あんぐ）】例暗愚な支配者。

光がなくくらいこと。【暗黒（あんこく）】例暗黒の世界に生きる。

悲しみで心がふさぐさま。【暗然（あんぜん）】例暗然たる気持ちで過ごす。

薄暗くて静かなさま。【暗澹（あんたん）】例暗澹たる空を眺める。

暗い隠れた部分。【暗部（あんぶ）】例組織の暗部を垣間見る。

密かに活動すること。暗中飛躍。【暗躍（あんやく）】例暗躍する企業スパイ。

表には出ない流れや活動。【暗流（あんりゅう）】例政財界の暗流。

気分が沈み晴々しない。【陰鬱（いんうつ）】例陰鬱な顔つきで現れる。

気分や雰囲気が暗いさま。【陰気（いんき）】例陰気で近づきがたい人。

暗くて残酷なさま。【陰惨（いんさん）】例陰惨な事件が起こる。

陰険でしつこいさま。【陰湿（いんしつ）】例陰湿ないやがらせをする。

消極的で陰気な性質。【陰性（いんせい）】例陰性な思考を持っている。

草木が茂って薄暗いさま。【鬱蒼（うっそう）】例鬱蒼とした樹海が広がる。

暗い時や場所など。【暗闇（くらやみ）】例暗闇の中を手探りで進む。

学問や知識の浅いこと。【浅学（せんがく）】例浅学非才の輩に過ぎない。

気分が沈んでふさぎこむ。【沈鬱（ちんうつ）】例沈鬱な面持ちで出かける。

【明暗（めいあん）】明るいことと暗いことと。例運命の明暗を分ける。

【蒙昧（もうまい）】知識がなく道理にも暗い。例蒙昧さにただ呆れる。

【夜陰（やいん）】夜の暗いあいだ。例夜陰に乗じて進入する。

【幽暗（ゆうあん）】くらやみのこと。例幽暗に閉ざされる。

そのほかの表現 暗がり／手暗がり／不案内／無学／ダーク／グルーミー（陰鬱）

⇩この項目も 鬱陶しい・悩む

くらす 暮らす

【明け暮れ（あけくれ）】明け方と夕暮れ。日々、毎日の生活。例サッカー漬けの明け暮れ。

【居食い（いぐい）】働かず所有財産で暮らす。例やむなく居食いを続ける。

【衣食（いしょく）】生活に必要な衣服や食物。例衣食の道を絶たれる。

【起臥（きが）】起きる寝る等の日常生活。例起臥を共にした仲間。

【起居（ききょ）】立居振舞といった普段の生活。例友人宅に起居する。

【座食（ざしょく）】無職のまま暮らすこと。例しばらくの間は座食する。

【自活（じかつ）】自力で生活を維持する。例若い頃から自活する。

【自炊（じすい）】自分で自分の食事を作る。例ようやく自炊にも慣れる。

【消光（しょうこう）】月日を過ごすこと。例何事もなく消光しております。

【寝食（しんしょく）】寝る食べる等の日常生活。例寝食を忘れて研究に励む。

【生計（せいけい）】暮らして行くための手段。例生計を維持しきれない。

【生業（なりわい）】生活費を得るための仕事。例文筆業を生業とする。

【身過ぎ（みすぎ）】生活をして行くための手立てや仕事。例身過ぎ世過ぎは草の種。

【民生（みんせい）】人民の生活や生計。例地区の民生委員。

くらべる 比べる（較・競）

【参照（さんしょう）】照らし合わせてみること。例資料の内容を参照する。

【照合（しょうごう）】照らし合わせて確認する。例車両ナンバーを照合する。

【対照（たいしょう）】異なる物と比べ合わせる。例対照実験を行う。

【対比（たいひ）】双方を突き合わせて比べる。例計画と実績の対比。

【比較（ひかく）】比べ合わせてみること。例比較文学を専攻する。

【比況（ひきょう）】他と比べたとえること。例比況を表す助動詞。

【比肩（ひけん）】技術や能力が同等である。例体力だけは比肩する者がいない。

【比率（ひりつ）】複数と比べた時の割合。例自己資本の比率が高い企業。

【比類（ひるい）】比べるに値しうるもの。例比類なき知性と美貌。

【無比(むひ)】他に比べるものがない。例冷酷無比な殺人犯。

【類比(るいひ)】それぞれを比べてみる。例商品サンプルを類比する。

くる 来る

【遠来(えんらい)】遠くからやって来ること。例遠来の客を迎える。

【往来(おうらい)】行ったり来たりする。例車の往来がはげしい通り。

【外来(がいらい)】外や外国から来ること。例外来語の研究をする。

【帰来(きらい)】帰って来ること。例主の帰来を告げる。

【再来(さいらい)】再びやって来ること。例思い出の地に再来する。

【新来(しんらい)】あらたに来ること、もの。例新来の外国人が増える。

【天来(てんらい)】天からやって来ること。例天来の福音を聞く。

【伝来(でんらい)】うけつぎ伝わること。例先祖伝来の古文書。

【到来(とうらい)】時機などがやって来る。例またとない好機の到来。

【渡来(とらい)】外国から海を渡って来る。例南蛮渡来の珍品。

【舶来(はくらい)】海外から渡ってくること。例高級舶来品を扱う店。

【飛来(ひらい)】ものが飛んでくること。例戦闘機が上空に飛来する。

【来会(らいかい)】会や催し物に来ること。例友の来会を心待ちにする。

【来航(らいこう)】外国から船や飛行機で来る。例使節の来航を出迎える。

【来寇(らいこう)】外国が侵略してくること。例来寇の軍を迎え撃つ。

【来襲(らいしゅう)】攻め込んでくること。例敵の来襲に備える。

【来宅(らいたく)】自宅にお客が来ること。例知人が来宅する予定だ。

【来朝(らいちょう)】外国人が日本を訪問する。例著名な学者が来朝する。

【来聴(らいちょう)】話を聞きに来ること。例講演の来聴者は多かった。

【来賓(らいひん)】招待を受けて来たお客。例中央に来賓席を設ける。

【来遊(らいゆう)】遊びにやって来る。例休暇を取って来遊する。

⇩この項目も 訪ねる

くるしむ 苦しむ

【懊悩(おうのう)】悩みもだえること。例若者の懊悩を描いた小説。

【苦界(くかい)】苦しみの絶えぬ人間世界。例苦界を渡って行く。

【苦海(くかい)】生死や苦悩が広がる現世。例苦海に身を置く。

【苦境(くきょう)】苦しい立場や境遇。例苦境に立たされる。

【苦汁(くじゅう)】苦しい経験や困難。例苦汁を嘗め尽くしてきた。

【苦節（くせつ）】苦しみに耐えて守り通す心。 例苦節十年の末に成功した。

【苦衷（くちゅう）】苦しい心のうち。 例どうか苦衷をお察しください。

【苦痛（くつう）】肉体や精神の痛みと苦しみ。 例苦痛にゆがんだ顔。

【苦難（くなん）】ふりかかる苦しみや困難。 例苦難の道のりを歩む。

【苦杯（くはい）】つらく苦しい経験。 例苦杯を嘗めるはめになった。

【苦悶（くもん）】苦しみもがくこと。 例苦悶の表情を浮かべる。

【苦楽（くらく）】苦しいことと楽しいこと。 例苦楽を共にした仲間。

【苦慮（くりょ）】苦心してあれこれ考える。 例苦慮の末に結論を出す。

【苦労（くろう）】あれこれ気使って骨を折る。 例親に苦労をかけない。

【惨苦（さんく）】痛ましい苦しみ。 例戦争がもたらした惨苦。

【重苦（じゅうく）】重くて耐えがたい苦しみ。 例重苦を背負って生きる。

【辛苦（しんく）】つらくて苦しいこと。 例艱難辛苦を乗り越える。

【痛苦（つうく）】非常にくるしいこと。 例自ら痛苦を味わう。

【煩悶（はんもん）】心を痛めもだえ苦しむ。 例一晩中煩悶し続けた。

【貧苦（ひんく）】貧乏で苦しいこと。 例貧苦にあえぐ人人。

【腐心（ふしん）】心を痛め悩ますこと。 例平和の維持に腐心する。

【悶悶（もんもん）】もだえ苦しんでいるさま。 例悶々とした日々を送る。

【憂苦（ゆうく）】心配して苦しむこと。 例しばし憂苦を忘れる。

【憂悶（ゆうもん）】憂えてもだえ苦しむこと。 例憂悶のうちに月日が経つ。

【労苦（ろうく）】心身ともに苦しむこと。 例どんな労苦も厭わない。

そのほかの表現 苦心／苦戦／苦悩／生活苦／難儀／難渋／病苦／思い煩う／トラブル／ペイン（苦しみ）

くろ くろい

黒 黒い

⇩この項目も 困る・悩む・鬱陶しい

【暗黒（あんこく）】光がささず真っ暗である。 例暗黒星雲の研究。

【黒幕（くろまく）】裏で指図や画策をする者。 例政財界の黒幕をあばく。

【黒白（こくびゃく）】黒色と白色、転じて正と邪。 例事の黒白を争う。

【漆黒（しっこく）】漆のように光沢のある黒。 例漆黒の闇に包まれる。

【墨色（すみいろ）】書や染物などの墨の色合い。 例見事な墨色の書。

【鉄色（てついろ）】赤または緑をおびた黒。 例門扉（もんぴ）を鉄色に塗る。

そのほかの表現 黒み／黒黒／烏（からす）の濡れ羽色／どす黒い／真っ黒／ブラック／ノワール（黒）

くわえる 加える

【加給（かきゅう）】給料に増して支払うこと。例本給に一定額を加給する。

【加算（かさん）】ある数を足すこと。例定価に税金が加算される。

【加重（かじゅう）】さらに別の重さを加える。例殺人に放火罪が加重される。

【加勢（かせい）】味方になって助ける。例どちらか一方に加勢する。

【加増（かぞう）】増やして加えること。例褒賞として領地が加増される。

【加入（かにゅう）】組織や団体などに入ること。例火災保険に加入する。

【加筆（かひつ）】文章や絵に手を加えて直す。例加筆の跡が見られる。

【加味（かみ）】他の要素をつけ加える。例授業態度を加味した成績。

【加盟（かめい）】団体や盟約に加わる。例国連に加盟する。

【参加（さんか）】仲間に加わること。例学校の行事に参加する。

【参画（さんかく）】計画に加わること。例会社の設立に参画する。

【参与（さんよ）】ある物事に関係する。例政治運動に参与する。

【添加（てんか）】何かを付け加えること。例無添加の自然食品。

【添付（てんぷ）】書類などに添え付ける。例見積書を添付して送る。

【倍加（ばいか）】大幅に増えて加わること。例期待が倍加する。

【付加（ふか）】さらに付け加えること。例付加価値を考慮する。

【累加（るいか）】次々と重ねて加わること。例負債が累加する。

そのほかの表現 増加／追加／肉付け／継ぎ足す／付け足す

くわしい 詳しい（委・精）

【該博（がいはく）】学問などに広く通じる。例該博な知識を駆使する。

【熟知（じゅくち）】よく知っているさま。例内部事情を熟知した者。

【詳細（しょうさい）】詳しくてこまかいこと。例事件の詳細を述べる。

【詳述（しょうじゅつ）】詳しく述べること。例事のいきさつを詳述する。

【詳報（しょうほう）】詳しく知らせること。例関係者に詳報が届けられた。

【詳密（しょうみつ）】非常に詳しいこと。例詳密に調査を行う。

【詳論（しょうろん）】詳しく論じること。例その件について詳論する。

【精細（せいさい）】詳しくこまかいさま。例精細な記録をとる。

【造詣（ぞうけい）】学問や技芸に広い知識がある。例東洋史に造詣が深い。

【通暁（つうぎょう）】詳しく知り抜いている。例裏の事情に通暁する。

【博学（はくがく）】なんでもよく知っていること。例彼は博学で知られている。

【博覧】(はくらん) 書物を読んで物事を知っていること。 例博覧強記の人。

そのほかの表現 細細／詳らか／ディテール（詳細）

⇩この項目も 細かい

くわだてる 企てる

【画策】(かくさく) あれこれ計画を立てる。 例人知れず画策する。

【起案】(きあん) もととなる案や文を作る。 例会員規約を起案する。

【企画】(きかく) 物事の計画を立てる。 例上司に企画書を提出する。

【企図】(きと) ある事をもくろむこと。 例相手の企図を調べる。

【計画】(けいかく) 事前に方法、手順を考える。 例旅行の計画を立てる。

【壮図】(そうと) 大きく立派な計画。 例壮図を抱いて上京した。

【目論見】(もくろみ) 心の中で考えた計画。 例目論見通りに事が運ぶ。

【雄図】(ゆうと) 雄大なはかりごと。 例雄図も空しくあきらめる。

【立案】(りつあん) 案や計画を立てること。 例企画の立案を担当する。

そのほかの表現 仕組む／プロジェクト／プラン／プランニング

⇩この項目も たくらみ

け

けしき 景色

【異観】(いかん) めずらしい景色。 例異観を呈する樹氷。

【偉観】(いかん) 見事なながめ。壮観。 例北アルプスはまさに偉観だ。

【佳景】(かけい) すばらしいながめ。 例旅先での佳景を楽しむ。

【奇観】(きかん) めずらしくて見事な風景。 例奇観を誇る景勝の地。

【奇勝】(きしょう) めずらしくてよい景色。 例奇勝の地として知られる。

【景観】(けいかん) 美しい景色やながめ。 例景観を損なわぬよう配慮する。

【景勝】(けいしょう) 景色が美しいこと。 例景勝の地を訪ねて歩く。

【光景】(こうけい) すぐそこに見える様子。 例昔の光景が目に浮かぶ。

【山水】(さんすい) 山と水のある景色。 例山水画家として知られる。

【借景】(しゃっけい) 庭の外の風景を庭の一部と見立てる。 例裏山の木々を借景とする。

【秋色】(しゅうしょく) 秋の気配や景色。 例日ごとに秋色が深まる。

【春景】(しゅんけい) 春らしい景色。 例のどかな田園の春景。

【春光】(しゅんこう) 春のやわらかな日差し。 例春光あふれる野原。

【春色（しゅんしょく）】 春の気配や景色。 例野山が春色に染まる。

【情景（じょうけい）】 感興を催す景色や場面。 例昔の情景を思い浮かべる。

【盛観（せいかん）】 盛大で見事なながめ。 例盛観なパレードを中継する。

【雪景（せっけい）】 雪の降り積もった景色。 例窓外に雪景を見る。

【絶景（ぜっけい）】 この上なくすばらしいながめ。 例渓谷の絶景を眺める。

【絶勝（ぜっしょう）】 きわめてすぐれた景色。 例絶勝の地へ赴く。

【全景（ぜんけい）】 全体のながめや景色。 例全景を収めた写真。

【前景（ぜんけい）】 手前の方にある景色。 例前景に草花を置く。

【壮観（そうかん）】 壮大ですばらしいながめ。 例頂上からの眺めは壮観だ。

【眺望（ちょうぼう）】 遠く見渡したながめ。 例最上階からの眺望を楽しむ。

【点景（てんけい）】 画面に点在する人物や動物。 例点景に動物を配する。

【展望（てんぼう）】 見渡した景色。 例山頂に展望台を設ける。

【背景（はいけい）】 背後に見える光景。 例建物を背景に写真を撮る。

【美観（びかん）】 美しいながめや景色。 例美観を損ねる看板。

【美景（びけい）】 きれいな景色。 例付近一帯の美景を愛でる。

【風月（ふうげつ）】 清らかな風と明るい月。 例風月を友として過ごす。

【風光（ふうこう）】 自然の美しい景色。 例風光に恵まれた地域。

【風物（ふうぶつ）】 目に映る風景を形作るもの。 例窓外にある風物。

【冬化粧（ふゆげしょう）】 雪が白く降り積った景色。 例すっかり冬化粧の野山。

【暮色（ぼしょく）】 薄暗い暮れの景色。 例暮色蒼然となる。

【盆景（ぼんけい）】 盆の上に創作した箱庭。 例趣味の盆景に打ち込む。

【夜景（やけい）】 夜に見る景色。 例高層ビルから夜景を楽しむ。

【雪化粧（ゆきげしょう）】 雪が積り景色が白くなること。 例雪化粧の山里。

そのほかの表現 風景／遠景／近景／夕景色／雪景色／眺め／見晴らし／ビュー（眺め）／シーン／バックグラウンド（背景）

けっこん 結婚

【縁組（えんぐみ）】 養子や夫婦の関係を結ぶ。 例養子縁組を成立させる。

【縁結び（えんむすび）】 男女の縁をとりもつこと。 例縁結びのお守りを持つ。

【降嫁（こうか）】 皇族の女性が皇族以外に嫁ぐ。 例ご降嫁が発表される。

【輿入れ（こしいれ）】 他家に嫁入りすること。 例旧家に輿入れが決まる。

【婚姻（こんいん）】 結婚し夫婦となること。 例婚姻届に判を押す。

【婚儀（こんぎ）】 結婚のための儀式。 例正式に婚儀をとり行う。

結婚の儀式、婚儀のこと。【婚礼（こんれい）】例婚礼家具の販売をする。

二度目の結婚をすること。【再縁（さいえん）】例再縁の話を持ち出す。

結婚して妻がいること。【妻帯（さいたい）】例妻帯者を優遇する。

結婚を祝う儀式。【祝言（しゅうげん）】例ささやかな祝言をあげる。

婚姻が成立すること。【成婚（せいこん）】例成婚を祝して乾杯する。

若くして結婚すること。【早婚（そうこん）】例早婚の夫婦が増える。

適齢期を過ぎて結婚すること。【晩婚（ばんこん）】例最近は晩婚の人が多い。

離縁した者同士が関係を戻す。【復縁（ふくえん）】例しつこく復縁を迫る。

分相応のよい縁組。【良縁（りょうえん）】例良縁に恵まれるよう願う。

そのほかの表現 婚約／再婚／初婚／新婚／嫁入り／嫁ぐ／婿取り／嫁取り／マリッジ／ウェディング／エンゲージメント

けわしい 険しい（嶮しい）

山や岩などの険しいさま。【峨峨（がが）】例峨峨たる山々が連なる。

非常に険しいさま。【急峻（きゅうしゅん）】例急峻な山道へと入る。

せまくて険しいさま。【険隘（けんあい）】例険隘な地形を利用して逃亡する。

情勢や様相が険しくなる。【険悪（けんあく）】例険悪な雰囲気に包まれる。

道が険しくてせまいさま。【険狭（けんきょう）】例険狭な道を選んで進む。

険しくそびえたつさま。【険峻（けんしゅん）】例険峻な山を登る。

この上なく険しいさま。【険絶（けんぜつ）】例険絶の断崖がそびえたつ。

道が非常に険しいこと。【険阻（けんそ）】例苦労して険阻な道を行く。

険しいみち。【険路（けんろ）】例どこまでも険路が続く。

意地悪に扱うこと。【邪険（じゃけん）】例子供を邪険に突き放す。

言い方や行動が意地悪で不親切。【突っ慳貪（つっけんどん）】例突っ慳貪な応対をされる。

げんき 元気

するどい気性や性質。【鋭気（えいき）】例鋭気に富んだ青年たち。

元気があって明るいこと。【快活（かいかつ）】例快活な性格の子供。

高齢でも心身ともに健康なさま。【矍鑠（かくしゃく）】例矍鑠たるご様子。

元気で生き生きしたさま。【活気（かっき）】例活気の満ちあふれる市場。

その場かぎりの勇気。血気。【客気（かっき）】例客気に駆られる若者。

体格がよくて丈夫なさま。【頑健（がんけん）】例頑健な身体を誇る。

強くて丈夫なさま。【頑丈（がんじょう）】例からだを頑丈に鍛える。

【気概】（きがい）困難に負けない強い意気。 例 やや気概に欠ける男。

【強健】（きょうけん）身体が強くて丈夫なさま。 例 強健な肉体を持つ。

【強壮】（きょうそう）身体が強く健康なこと。 例 滋養強壮の食品。

【堅固】（けんご）健康でたくましいさま。 例 鍛えて堅固な身体を作る。

【健在】（けんざい）元気で活動していること。 例 曾祖父はいまだ健在だ。

【清閑】（せいかん）清らかで物静かなこと。 例 ご清閑にお過ごしとのこと。

【生気】（せいき）生き生きとした気力。 例 生気のない顔をしている。

【覇気】（はき）積極的に何かをする意気。 例 全く覇気が感じられない。

【溌剌】（はつらつ）元気で生き生きしたさま。 例 いつも溌剌としている。

【忠実】（まめ）身体が丈夫であること。 例 晩年も忠実で過ごす。

【勇健】（ゆうけん）元気で健康なさま。 例 ご勇健にお過ごしください。

そのほかの表現 無事／ヘルシー／ウェルネス（健康）／タフ／アライブ／サバイバル

⇩この項目も 健やか

こ

こい 恋

【岡惚れ】（おかぼれ）人の恋人を勝手に好きになる。 例 人妻に岡惚れする。

【思し召し】（おぼしめし）ある異性を特別に思う。 例 彼女に思し召しがある。

【片恋】（かたこい）自分に関心のない人に恋する。 例 片恋のままで終わる。

【求愛】（きゅうあい）異性を愛し求めること。 例 求愛の行動を起こす。

【懸想】（けそう）特定の異性を恋い慕う。 例 妻子持ちに懸想する。

【恋心】（こいごころ）相手を恋い慕う気持ち。 例 いつの間にか恋心を抱く。

【恋路】（こいじ）恋の道。恋愛を進めて行く過程。 例 他人の恋路を邪魔する。

【邪恋】（じゃれん）道義からはずれた恋。 例 邪恋を終わらせる。

【執心】（しゅうしん）ある異性に強くひかれる。 例 あの娘にひどくご執心だ。

【悲恋】（ひれん）悲しい結末を迎えた恋。 例 悲恋として語り継がれる。

【不倫】（ふりん）人の道から外れた恋。 例 不倫の関係を続ける。

【横恋慕】（よこれんぼ）人の配偶者や恋人に恋する。 例 父の後妻に横恋慕する。

【恋情】（れんじょう）相手を慕う心。 例 激しい恋情がわきあがる。

【恋慕】（れんぼ）異性を恋い慕うこと。 例 断ち切り難い恋慕の情。

そのほかの表現 片思い／失恋／首っ丈

／馴れ初め／ラブ／ワンサイドラブ／ブロークンハート／ラブラブ

⇩この項目も 愛

こうさい 交際

【外交】（がいこう） 外国と交際すること。 例外交官として派遣される。

【旧交】（きゅうこう） 昔からある付き合い。 例久しぶりに旧交を温める。

【交歓】（こうかん） お互いに打ち解け楽しむ。 例交歓会を主催する。

【交誼】（こうぎ） 親しく交際すること。 例交誼を結ぶ。

【好誼】（こうぎ） 親しみある思い遣り。 例日頃の好誼を有り難く思う。

【厚誼】（こうぎ） 深い思い遣りと親しみ。 例ご厚誼に感謝します。

【高誼】（こうぎ） 人から受けた親しい交わり。 例格別のご高誼を賜る。

【交情】（こうじょう） 親しみのある付き合い。 例努力して交情を深める。

【交遊】（こうゆう） 付き合い遊ぶこと。 例異性との交遊を禁止する。

【国交】（こっこう） 国家間の付き合い。 例戦争で国交が断絶する。

【懇親】（こんしん） 交際をより深めること。 例懇親会に参加する。

【社交】（しゃこう） 社会の人と人との付き合い。 例社交の上手な人がら。

【修好】（しゅうこう） 国家間で親しく交際する。 例修好条約を締結する。

【情誼】（じょうぎ） 交際する上での人情。 例情誼にあつい人物。

【深交】（しんこう） 深く交際すること。 例日頃から深交がある。

【親交】（しんこう） 親密に交際すること。 例努めて親交を深める。

【親善】（しんぜん） 仲良く付き合うこと。 例親善大使として赴く。

【親睦】（しんぼく） 親しみ仲良くすること。 例毎年恒例の親睦会を開く。

【親和】（しんわ） 親しみ仲が良くなること。 例諍いを終えて親和を結ぶ。

【絶交】（ぜっこう） 仲たがいから交際をやめる。 例級友と絶交する。

【善隣】（ぜんりん） 隣国や隣家と仲良くすること。 例善隣のよしみを結ぶ。

【断交】（だんこう） 国家間の付き合いを絶つ。 例経済断交を強行する。

【人交わり】（ひとまじわり） 他人と交際すること。 例人交わりが苦手である。

【友誼】（ゆうぎ） 友だちのよしみ。友情。 例彼は友誼に厚い人物だ。

【友好】（ゆうこう） 国家や団体間の仲が良いこと。 例友好関係を維持する。

【宥和】（ゆうわ） 大目にみて仲良くする。 例異民族と宥和的につきあう。

【融和】（ゆうわ） 打ち解けて仲良くなる。 例互いの融和をはかる。

【誼】（よしみ） 親しい付き合い。 例昔の誼で口をきいてもらう。

【和合】（わごう） 親しみ合って睦みあうこと。 例クラスの和合をはかる。

こ

そのほかの表現　交友／和親／和姦／フレンドシップ（友好）／アソシエーション（交際）／ディプロマシー（外交）

こえ
声

【悪声（あくせい）】 耳障りでいやな声。例 悪声に耐えられない。

【産声（うぶごえ）】 赤ん坊が生まれた時に出す声。例 大きな産声をあげる。

【裏声（うらごえ）】 声帯をすぼめて発する高音。例 裏声を使って歌う。

【喚声（かんせい）】 興奮してあげるさけび声。例 場内に喚声が沸き起こる。

【歓声（かんせい）】 喜びのあまり発する声。例 劇場内は歓声に包まれた。

【奇声（きせい）】 普通でない奇妙な声。例 奇声を発する動物。

【嬌声（きょうせい）】 なまめかしい女性の声。例 嬌声で媚びを売る。

【玉音（ぎょくいん）】 玉のように清らかな声。例 玉音にしばし聞き入る。

【小声（こごえ）】 小さく静かな声。例 ひそひそと小声で話す。

【呱呱の声（ここのこえ）】 乳飲み児の泣く声。例 呱呱の声をあげる。

【寂声（さびごえ）】 老熟して渋みのある声。例 趣のある寂声で唄う。

【声音（せいおん）】 人や動物の出す声。例 声音学を専門とする。

【声楽（せいがく）】 歌などの音楽としての声。例 音大の声楽科に通う。

【声調（せいちょう）】 声の調子や節まわし。例 狂った声調を整える。

【声量（せいりょう）】 声の大きさや強さの程度。例 声量の豊かなオペラ歌手。

【大音声（だいおんじょう）】 非常におおきな音声。例 大音声で呼びかける。

【嘆声（たんせい）】 嘆いたり感心したりする声。例 思わず嘆声をもらす。

【胴間声（どうまごえ）】 濁っていて下品な太い声。例 胴間声で答える。

【尖り声（とがりごえ）】 きつい調子の声。例 尖り声で注意する。

【鬨の声（ときのこえ）】 戦闘開始などに兵士があげる叫び声。例 鬨の声がこだまする。

【怒声（どせい）】 怒って出す声。例 怒声を張り上げる。

【涙声（なみだごえ）】 泣きながら話す声。例 涙声で世間に訴える。

【肉声（にくせい）】 機械を通していない生の声。例 首相の肉声を聞く。

【音（ね）】 美しく響くおとや声。例 鈴の音が鳴り響く。

【罵声（ばせい）】 人をののしる声。例 いわれの無い罵声を浴びる。

【発声（はっせい）】 声を出すこと、またその方法。例 発声練習をする。

【蛮声（ばんせい）】 力強くあらあらしい声。例 蛮声をとどろかす。

【美声（びせい）】 はりのある澄んだ美しい声。例 美声で歌い上げる。

そのほかの表現　掛け声／金切り声／地

声／濁声（みごえ）／どら声／猫撫で声／涙声

こえる　越える（超）

【越境（えっきょう）】国境や境界線を越える。例越境して逃亡する。

【越権（えっけん）】権限を越えていること。例越権行為とみなされる。

【激越（げきえつ）】感情や声が激しく荒々しい。例激越な口調。

【出超（しゅっちょう）】輸出超過の略語。例ここ数年出超が続く。

【僭越（せんえつ）】態度が出過ぎている。例僭越ながら申しあげます。

【卓越（たくえつ）】他よりはるかに優れている。例卓越した技術を持つ。

【超逸（ちょういつ）】抜きん出て優れている。例超逸した才能がある。

【超越（ちょうえつ）】普通の程度をはるかに超える。例超越した運動能力。

【超過（ちょうか）】一定限度を超えること。例超過勤務をする。

【超絶（ちょうぜつ）】優れていて他と比べられない。例超絶した技。

【超俗（ちょうぞく）】俗世間にとらわれない。例超俗的な日々を送る。

【超脱（ちょうだつ）】世間の俗事から抜け出す。例超脱の境地に至る。

【超凡（ちょうぼん）】凡人よりはるかに優れる。例超凡の才を見せる。

【突破（とっぱ）】障害を突き破ること。例自力で突破口を切り開く。

【入超（にゅうちょう）】輸入超過の略語。例入超が景気の低迷を招く。

【優越（ゆうえつ）】他より優れていること。例優越感にひたる。

こおり　氷

【雨氷（うひょう）】雨が地表に当たって凍りついたもの。例雨氷が樹々を包む。

【結氷（けっぴょう）】寒くて氷がはること。例庭の池の水が結氷する。

【堅氷（けんぴょう）】厚くてかたい氷。例堅氷に覆われた湖。

【樹氷（じゅひょう）】霧が樹々に付着し凍ったもの。例樹氷が見られる地方。

【凍結（とうけつ）】寒さで凍ること。例凍結防止剤を道路に撒く。

【薄氷（はくひょう）】薄くはった氷。例バケツに薄氷がはる。

【氷塊（ひょうかい）】かたまりになった氷。例巨大な氷塊を作る。

【氷解（ひょうかい）】疑問や疑いがなくなる。例多くの問題が氷解した。

【氷結（ひょうけつ）】寒さで水が氷になる。例冬になると氷結する港。

【氷雪（ひょうせつ）】氷と雪。例冬の間氷雪に閉ざされる。

【氷霜（ひょうそう）】氷と霜。例冬の氷霜に耐える若木。

【氷柱（ひょうちゅう）】つららのこと。例窓の外に氷柱ができる。

【浮氷（ふひょう）】水上に漂っている氷の塊。例遠くに浮氷が見える。

【霧氷（むひょう）】水蒸気が樹皮上で凍ったもの。例一帯に霧氷が見られる。

【流氷（りゅうひょう）】寒冷地の海から流れて来る氷塊。例流氷の季節となる。

【冷凍（れいとう）】零下で冷やして固める。例魚を冷凍して保存する。

そのほかの表現　フリーズ／フリージング　氷山／氷室／アイス／

こころ　心

【意中（いちゅう）】心の中で思うこと。例意中を探られる。

【胸間（きょうかん）】心のなか。胸のうち。例胸間に悲しみが去来する。

【胸襟（きょうきん）】胸のうちや心の中。例胸襟を開いて話し合う。

【胸中（きょうちゅう）】胸のうちで思うこと。例胸中をお察しします。

【胸裏（きょうり）】胸のなか。例胸裏によぎるいやな予感。

【心意（しんい）】心で思っていること。例相手の心意が読み取れない。

【心肝（しんかん）】心の奥深い部分。例よく心肝に銘じておく。

【心境（しんきょう）】その時の気持ちのあり方。例複雑な心境である。

【宸襟（しんきん）】天子の御心。例国事に宸襟を悩ます。

【心根（しんこん）】心の奥底にある気持ち。「こころね」。例心根のやさしい人。

【心魂（しんこん）】人間のこころや精神。例仕事に心魂を傾ける。

【心事（しんじ）】心のなかで考えている事。例周りには心事を隠す。

【心情（しんじょう）】心の中の思いや気持ち。例心情を察してやる。

【心神（しんしん）】たましいや精神。例一時的に心神を喪失する。

【心性（しんせい）】精神や心のあり方。例下劣な心性の持ち主。

【心胆（しんたん）】心や肝っ玉。例心胆を寒からしめる事件。

【心底（しんてい）】心の奥底にある思い。例心底にくすぶる憎しみ。

【心腹（しんぷく）】心や胸。例心腹に落ちない点がある。

【心理（しんり）】心の働きや意識の状態。例集団心理を分析する。

【心労（しんろう）】あれこれ思い悩むこと。例心労がたたって寝込む。

【精神（せいしん）】心やたましい。例並外れた精神力を持つ。

【衷心（ちゅうしん）】まごころや本心。例衷心より謝意を述べる。

【と胸（むね）】心を強く打たれて驚く。例と胸を衝かれて絶句する。

【内面（ないめん）】精神や心理のはたらく方面。例内面の動揺を隠し切れない。

【肺腑（はいふ）】心の奥、転じて急所。例肺腑をえぐられる思い。

【微衷（びちゅう）】自分の真心を謙遜する語。例微衷をご理解ください。

【腹中（ふくちゅう）】心の中の考え。例皆から腹中を探られる。

【方寸（ほうすん）】心や胸の中。例方寸を明らかにする。

そのほかの表現 心気／神経／心身／心情／心中／精神／抱負／物心／ハート／マインド／スピリット（精神）／メンタル／メンタリティー（心理）／ナーバス

こころざし 志

【意向（いこう）】ある事に関するおもわく。例相手の意向を確かめる。

【意志（いし）】何かしようという積極的な志。例非常に意志が強い。

【遺志（いし）】亡くなった人の生前の志。例父の遺志を継ぐ息子。

【意欲（いよく）】積極的に行動する気持ち。例意欲的に学習に取り組む。

【厚志（こうし）】深い思いやりや親切な志。例幸いにもご厚志を賜る。

【志願（しがん）】ある事を願い出ること。例志願して軍隊に入る。

【志気（しき）】事を成し遂げようという意気。例学生の志気が大いに上がった。

【志向（しこう）】心がある目標に向かって働く。例上昇志向のない人間。

【志望（しぼう）】何かをこころざし望む。例志望する学校に合格する。

【宿志（しゅくし）】昔から抱いている志。例ようやく宿志を果たす。

【初志（しょし）】初めに決心したこと。例努力して初志を貫く。

【寸志（すんし）】少しの気持ち、贈り物。謙遜した語。例ほんの寸志ですが。

【素志（そし）】ふだんから抱いている希望。例素志を成し遂げる。

【大志（たいし）】大きな事をしようという志。例大志を抱く青年。

【闘志（とうし）】相手を倒そうという闘争心。例闘志を燃やす選手。

【篤志（とくし）】弱者に対する親切な志。例篤志家から援助を受ける。

【薄志（はくし）】取るに足らない志。わずかな謝礼。例薄志を呈する。

【微意（びい）】自分の意志を謙遜した語。例感謝の微意を示した。

【芳志（ほうし）】相手の親切心に対する尊敬語。例ご芳志有り難く存じます。

【本志（ほんし）】もともとの意志。例本志に添って行動する。

【有志（ゆうし）】ある事に関心がある。また、その人。例有志による芝居。

【雄志（ゆうし）】雄雄しいこころざし。例雄志を抱いて試合に臨む。

【立志（りっし）】ある志を立てること。例立志伝中の人となる。

そのほかの表現 自発／初心／抱負／モラール（士気）／モチベーション（動機づけ）

こころよい 快い

【快感（かいかん）】心や体がこころよい。例贅沢という快感を味わう。

こ

【快哉】（かいさい） 非常に愉快であること。 例皆で快哉を叫ぶ。

【快事】（かいじ） ここちよく素晴らしい事。 例まれに見る快事である。

【会心】（かいしん） 心にかない満足すること。 例会心の笑みをもらす。

【快調】（かいちょう） 気分よく事が運ぶさま。 例快調に車を飛ばす。

【快適】（かいてき） 心身ともに気持ちのよいさま。 例快適な室温を保つ。

【快美】（かいび） こころよくて美しいこと。 例しばし快美な感覚にふける。

【快眠】（かいみん） 心地よくぐっすりと眠る。 例快眠は健康のもと。

【快楽】（かいらく） 気持ちよく楽しむこと。 例ひとときの快楽を味わう。

【甘美】（かんび） 心地よくうっとりする。 例甘美な調べを奏でる。

【欣快】（きんかい） 喜ばしく気持ちよいさま。 例まことに欣快の至り。

【軽快】（けいかい） 軽やかでこころよいこと。 例軽快なリズムの曲。

【豪快】（ごうかい） 大胆で気持ちのよいさま。 例豪快な食べっぷりの男。

【壮快】（そうかい） 体の調子も気分もよい。 例毎日を壮快に過ごす。

【爽快】（そうかい） 爽やかでこころよいさま。 例今朝の爽快な目覚め。

【痛快】（つうかい） 非常に気分のよいこと。 例痛快な出来事が起こる。

【愉快】（ゆかい） 楽しく気分が晴々とする。 例友人達と愉快に過ごす。

⇩この項目も 楽（らく）

こたえる 答える（応・報）

【応酬】（おうしゅう） 互いにやりとりする。 例無意味な応酬を続ける。

【応対】（おうたい） 相手の話に受け答えする。 例電話に出て応対する。

【応答】（おうとう） 問いかけに答えること。 例呼びかけても応答がない。

【応報】（おうほう） 行為による禍福のむくい。 例因果応報の教え。

【回答】（かいとう） 質問や要求に対する答え。 例回答用紙を集める。

【確答】（かくとう） 明確に答えること。 例確答が得られない。

【感応】（かんおう） ある事物に心が反応する。 例一幅の水墨画に感応する。

【愚答】（ぐとう） 愚かで的外れな答え。 例愚答に一同あきれ返る。

【賢答】（けんとう） 見事で賢明な答え。 例ご賢答をお待ちしています。

【口答】（こうとう） 質問に口で答えること。 例その場で即口答する。

【呼応】（こおう） お互いに気脈を通じる。 例相呼応して挙手する。

【直答】（じきとう） 相手に直接答えること。 例局長の直答をお聞きしたい。

【順応】（じゅんのう） 環境や境遇に適応する。 例次第に雰囲気に順応する。

【照応】（しょうおう） 二つが互いに関連し応じ合う。 例主述を照応させる。

こ

【即答（そくとう）】 すぐさま返答すること。 例質問されて即答する。

【直答（ちょくとう）】 その場ですぐ返答する。 例直答を求められる。

【答辞（とうじ）】 祝辞や送辞への礼の言葉。 例代表として答辞を読む。

【答申（とうしん）】 上役の問いに対し意見を述べる。 例審議会の答申を提出する。

【答弁（とうべん）】 質問に対する弁明や説明。 例答弁の場を設ける。

【答礼（とうれい）】 相手の礼に対して礼をする。 例答礼訪問をする。

【筆答（ひっとう）】 文字で答えを書くこと。 例筆答用紙を集める。

【返書（へんしょ）】 返事の書簡。 例急いで返書をしたためる。

【返信（へんしん）】 返事としての便り。 例返信用の封筒を同封する。

【返報（へんぽう）】 返事や返答のこと。 例急いで返報を送る。

【返礼（へんれい）】 受けた礼に報いること。 例返礼の品々を贈る。

【奉答（ほうとう）】 貴人に対して謹んで答える。 例謁見の場で奉答する。

【明答（めいとう）】 はっきりと答えること。 例今は明答できない。

【問答（もんどう）】 問いと答えのやりとり。 例店先で押し問答をする。

（そのほかの表現） 即応／対応／リスポンス（応答）／アンサー／Q&A

こだわる
拘泥る

【一念（いちねん）】 一筋に思い続けること。 例一念岩をも通す。

【拘う（かかずらう）】 かかわり合うこと。 例余計なことに拘う。

【堅持（けんじ）】 堅く守り絶対にゆずらない。 例自分の意見を堅持する。

【拘泥（こうでい）】 物事にこだわること。 例いつまでも拘泥する。

【固執（こしつ）】 自分の意見を決して曲げない。 例自説に固執する。

【執心（しゅうしん）】 ある事に強く惹かれこだわる。 例立身出世に執心する。

【執着（しゅうちゃく）】 ある事に囚われ思いきれない。 例地位に執着する。

【執念（しゅうねん）】 深く心に決めて思い続ける。 例執念深くつきまとう。

【守株（しゅしゅ）】 古い習慣にこだわり進歩しない。 例守株の愚をおかす。

【初一念（しょいちねん）】 最初に思い立った考え。 例初一念を貫きとおす。

【囚われる（とらわれる）】 ある事や考えに縛られる。 例妄想に囚われる。

【頓着（とんじゃく）】 一つの事を深く気にする。 例何事にも頓着しない性格。

【墨守（ぼくしゅ）】 自説や旧習を固く守りつづけること。 例旧体制を墨守する。

【妄執（もうしゅう）】 心が迷って物事に執着する。 例妄執に囚われる。

こども
子供

【愛児（あいじ）】慈しんで育てている子。例愛児から目を離さない。

【悪童（あくどう）】いたずらする悪い子。例悪童を懲らしめる。

【嬰児（えいじ）】生まれてすぐの乳飲み子。例嬰児を抱きかかえる。

【乙女（おとめ）】結婚していない少女。例乙女心を傷つける。

【怪童（かいどう）】並外れた力や技を持つ子。例怪童として名を馳せる。

【餓鬼（がき）】子供をおとしめた言い方。例餓鬼どもを追い返す。

【小倅（こせがれ）】自分の息子を謙遜した言葉。例生意気な小倅で困ります。

【小僧（こぞう）】年少の男子をおとしめた語。例小僧のくせに気が強い。

【子宝（こだから）】宝のように大事な子供。例多くの子宝に恵まれる。

【子弟（してい）】子供や弟のこと。例貴族の子弟を養育する。

【神童（しんどう）】きわめて知能のすぐれた子。例神童と呼ばれた子供。

【胎児（たいじ）】母親の胎内にいる子供。例胎児が動き出す。

【稚児（ちご）】幼い乳飲み子。幼児。例稚児顔がかわいい。

【乳児（にゅうじ）】授乳を必要とする子。例乳児のうちに里子に出す。

【童（わらべ）】子供（たち）のこと。例童うたを口ずさむ。

そのほかの表現　双生児／チャイルド／キッズ／ベイビー／ジュニア

ことわる　断る

【一蹴（いっしゅう）】受け入れずきっぱり断る。例冷たく一蹴する。

【却下（きゃっか）】取り上げず差し戻すこと。例申請は却下された。

【拒抗（きょこう）】拒んでさからうこと。例最後まで拒抗する。

【拒止（きょし）】こばみとどめること。例何としても敵を拒止する。

【拒絶（きょぜつ）】断って受け付けない。例拒絶反応を引き起こす。

【拒否（きょひ）】承諾できないとして断る。例人員削減を断固拒否する。

【固辞（こじ）】どうあっても辞退する。例人前に出るのを固辞する。

【辞退（じたい）】断って身を引くこと。例受賞の栄誉を辞退する。

【謝絶（しゃぜつ）】非礼を詫びた上で断る。例面会謝絶の札を掛ける。

【峻拒（しゅんきょ）】厳しい態度で断ること。例要求は全て峻拒された。

【拝辞（はいじ）】断ることを謙遜した語。例拝辞の意思を伝える。

【不承知（ふしょうち）】要求などを承知しないこと。例不承知の意思を示す。

このむ　好む

【愛好（あいこう）】ある物事を親しみ好む。例愛好家同士で情報交換する。

故人が生前好んだ物。【遺愛（いあい）】例遺愛の品々を整理する。

何でも昔の物を好むこと。【好古（こうこ）】例やや好古趣味のある人物。

好みや流行のこと。【好尚（こうしょう）】例現代の好尚に合う商品。

男あるいは女好きであること。【好色（こうしょく）】例好色家として名を馳せる。

変わった物事を好む人。【好事家（こうずか）】例単なる好事家に過ぎない。

それぞれの持つ好み。【嗜好（しこう）】例家族の嗜好を知る。

物事を適度に好むこと。【嗜む（たしなむ）】例酒はほんの嗜む程度。

好みや趣味が同じである。【同好（どうこう）】例映画同好会を結成する。

そのほかの表現 好き好む／選ょり好み

こびる 媚びる

へつらって従うこと。おもねること。【阿附（あふ）】例人に阿附して生きる。

おべっかを言ってへつらう。【阿諛（あゆ）】例決して阿諛しない。

相手のご機嫌を取る。【阿る（おもねる）】例偉い人にはすぐ阿る。

意向に従い機嫌を取る。【迎合（げいごう）】例誰にでもすぐ迎合する。

おべっかを使ってこびる。【追従（ついしょう）】例追従の言葉を並べ立てる。

取り入ろうとする態度。【媚態（びたい）】例媚態をつくって近づく。

こまかい 細かい

詳しくてこまかいこと。【委曲（いきょく）】例委曲を尽くした解説。

詳しい事情やこまかな点。【委細（いさい）】例委細は追って連絡します。

大きいものと細かいもの。【巨細（きょさい）】例巨細漏らさず報告する。

小さくてつまらない事柄。【細事（さいじ）】例すぐ細事にとらわれる。

細かいことまで気にする。【細心（さいしん）】例細心の注意を払って行う。

こまかくかすかなこと。【細微（さいび）】例細微な点も漏らさず話す。

細かい点まで行き届く。【細密（さいみつ）】例細密画を施した天井。

取るに足りないこと。【些細（ささい）】例些細なことも見逃さない。

こまかく詳しい事情。【子細（しさい）】例子細に渡って説明する。

細かい点まで注意が及ぶ。【精密（せいみつ）】例精密機器を取り扱う。

か細く優雅なさま。【繊細（せんさい）】例繊細な筆遣いで描く。

きめが非常に細かいさま。【緻密（ちみつ）】例緻密な計算に基づいて動く。

きわめて細かいこと。【微細（びさい）】例微細にわたって書き記す。

明らかで詳しいこと。【明細（めいさい）】例金額の明細を記した帳簿。

【綿密】（めんみつ）細かく手抜かりがない。例皆で綿密な計画を立てる。

そのほかの表現　事細か／細細／零細／ディテール（詳細）／ミクロ／マイクロ

⇩この項目も　詳しい・小さい

こまる　困る

【往生】（おうじょう）どうにもしようがなくなること。例道の真ん中で立ち往生する。

【窮する】（きゅうする）行き詰まって苦しむ。例失業して生活に窮する。

【困却】（こんきゃく）すっかり困りはてること。例困却を極めた出来事。

【困窮】（こんきゅう）ひどく困って苦しむこと。例困窮を極めた暮らしぶり。

【困苦】（こんく）つらく苦しいこと。例困苦に耐えて生きる。

【困難】（こんなん）難しくて苦しみ悩むこと。例自力で困難を克服する。

【困惑】（こんわく）どうしようもなくて困ること。例困惑した表情をする。

【当惑】（とうわく）処置に迷って途方に暮れる。例相手の態度に当惑する。

【難儀】（なんぎ）事が容易でないこと。例難儀な目にばかりあう。

【難渋】（なんじゅう）事が進まず困ること。例旅先の移動に難渋する。

【貧困】（ひんこん）生活が貧しく苦しいこと。例貧困にあえぐ人。

【閉口】（へいこう）手の打ちようが無くて困る。例友の身勝手さに閉口する。

【辟易】（へきえき）うんざりして嫌になる。例傲慢な態度に辟易する。

【迷惑】（めいわく）やっかいな目にあわされて困る。例周囲の人に迷惑をかける。

⇩この項目も　難しい・苦しむ

こむ　込む（混む）

【交錯】（こうさく）複数のものが入り混じる。例さまざまな噂が交錯する。

【混雑】（こんざつ）一箇所に人が多く入り混じる。例混雑した通りを歩く。

【混乱】（こんらん）入り乱れて整理がつかない。例出口が人で混乱している。

【錯雑】（さくざつ）無秩序にものが入り混じるさま。例錯雑した背景がある。

【錯綜】（さくそう）物事が複雑に入り組む。例多くの情報が錯綜する。

【雑踏】（ざっとう）多くの人で混んでいる。例都会の雑踏に身を置く。

【賑わう】（にぎわう）人出が多く繁盛するさま。例参詣の人で賑わう。

【犇めく】（ひしめく）大勢の人が群がり集まる。例観光客の犇めく保養地。

【輻輳】（ふくそう）物事が集中して混むこと。例諸手続きが輻輳する。

そのほかの表現　ごたつく／ごった返す／混み合う／立て込む／取り込み／ラッシュ／コンフュージョン（混乱）

ころす 殺す

【暗殺（あんさつ）】密かに狙った人物を殺す。例要人の暗殺計画を立てる。

【殴殺（おうさつ）】なぐって殺すこと。例けんかの末殴殺する。

【鏖殺（おうさつ）】皆殺しにすること。例敵国の兵士を鏖殺する。

【虐殺（ぎゃくさつ）】むごい手段で殺すこと。例占領地の民間人を虐殺する。

【絞殺（こうさつ）】首を絞めて殺すこと。例絞殺死体が発見される。

【殺傷（さっしょう）】殺したり傷つけたりする。例殺傷能力のある大型ナイフ。

【殺戮（さつりく）】人をむごい方法で殺す。例殺戮の場面を目撃する。

【斬殺（ざんさつ）】刃物できり殺すこと。例斬殺して川に捨てる。

【惨殺（ざんさつ）】むごたらしい手段で殺す。例何者かに惨殺される。

【射殺（しゃさつ）】銃や弓で射殺すこと。例射殺の命令が下される。

【殺生（せっしょう）】生きものを殺すこと。例無益な殺生はしたくない。

【致死（ちし）】生命に危険を及ぼすこと。例致死量の毒薬を盛る。

【誅殺（ちゅうさつ）】罪のある人を殺すこと。例誅殺の実行に手を貸す。

【毒殺（どくさつ）】毒薬を用いて殺すこと。例毒殺された疑いがある。

【悩殺（のうさつ）】その魅力で異性を悩ます。例色仕掛けで悩殺する。

【謀殺（ぼうさつ）】計画的に人を殺すこと。例謀殺の疑いが濃い。

【撲殺（ぼくさつ）】たたき殺すこと。例よってたかって撲殺する。

そのほかの表現 殺人／殺（や）める／キル／キラー（殺し屋）／マーダー（殺人）

こわす 壊す（毀）

【毀損（きそん）】壊したりきずをつけたりする。例名誉毀損で訴えられる。

【折損（せっそん）】折れてこわれること。例レールの折損事故。

【損傷（そんしょう）】壊れたりきずついたりする。例事故で車が損傷する。

【破壊（はかい）】物事をうち壊すこと。例内戦で破壊された遺跡。

【破損（はそん）】やぶれてこわれること。例器物破損の罪に問われる。

そのほかの表現 壊滅／決壊／爆破／崩壊／潰（つぶ）す／ブレイク／ダメージ

⇩この項目も 崩れる・砕く

さかえる 栄える

さ

【殷賑（いんしん）】にぎやかで盛んなこと。例殷賑を極めた古代都市。

【殷盛（いんせい）】この上なく盛んなこと。例商業が殷盛を極める。

【栄華（えいが）】富や地位を手にすること。例栄華を極めた人生を送る。

【栄枯（えいこ）】栄えることと衰えることと。例栄枯の跡をたどる旅。

【共栄（きょうえい）】ともに栄えること。例共存共栄の道をはかる。

【伸張（しんちょう）】勢力がさかんになること。例一族が伸張する。

【盛運（せいうん）】盛んで栄える運命。例国が盛運に向かう。

【清栄（せいえい）】相手の健康や繁栄を祝う語。例ご清栄のことと存じます。

【全盛（ぜんせい）】盛んで栄華を極めた状態。例全盛期にある現役選手。

【長栄（ちょうえい）】いつまでも栄えること。例子孫の長栄を願う。

【発展（はってん）】勢いが盛んで栄えること。例驚異の発展をとげた国。

【繁栄（はんえい）】栄え発展していくこと。例長寿と繁栄を願う。

【繁盛（はんじょう）】にぎわい栄えること。例商売繁盛を祈願する。

【隆昌（りゅうしょう）】勢いがさかんなさま。例国家の隆昌を願う。

【隆盛（りゅうせい）】勢いがよく栄えているさま。例国家の隆盛を誇る。

⇩この項目も　伸ばす・盛ん

さがす　探す（捜）

【検索（けんさく）】必要な事項を探し出す。例該当する人物を検索する。

【索引（さくいん）】字句や事項を探す為の目録。例人名索引を付す。

【索敵（さくてき）】敵を探し求めること。例索敵行動を開始する。

【穿鑿（せんさく）】どこまでも調べ立てる。例他人の過去を穿鑿する。

【詮索（せんさく）】細かいことまで調べる。例あれこれと詮索して回る。

【捜査（そうさ）】探してとり調べること。例捜査網をかいくぐる。

【捜索（そうさく）】探して求めること。例現地に捜索隊を派遣する。

【探究（たんきゅう）】物事を調べ見きわめること。例人生の本質を探究する。

【探求（たんきゅう）】あくまでも探し求める。例探求心に富んだ人物。

【探索（たんさく）】探してたずねること。例犯人の行方を探索する。

【探勝（たんしょう）】良い景色を見て歩くこと。例異国の地を探勝する。

【探知（たんち）】調べてさぐり出すこと。例金属探知機を設置する。

【探偵（たんてい）】密かに事実をさぐること。例探偵を雇って調べさせる。

【探訪（たんぼう）】事実や事情を調べに出向く。例歴史を探訪する旅。

【偵察（ていさつ）】密かに相手の様子を探る。例ライバル会社を偵察する。

【内偵（ないてい）】内密にさぐること。例事件の内偵をすすめる。

【物色（ぶっしょく）】多くの中から探し出す。例部屋中を物色する。

【模索（もさく）】不明な状況であれこれ試す。例皆で和解策を模索する。

【猟奇（りょうき）】異常なものを探し求める。例猟奇的殺人事件が起こる。

そのほかの表現 手探り／穿（ほじ）くる／サーチ（検索）／インデックス

⇩この項目も 調べる

さからう　逆らう

【逆順（ぎゃくじゅん）】逆らうことと従うこと。例逆順の理を明確にする。

【逆行（ぎゃっこう）】進むべき方向の逆に向かうこと。例時代に逆行した考え方。

【抵抗（ていこう）】張り合い逆らうこと。例最後まで抵抗する。

【敵対（てきたい）】敵とみなして逆らうこと。例敵対関係にある人物。

【反逆（はんぎゃく）】国家や権力に背くこと。例反逆者を捕えて拘留する。

【反撃（はんげき）】攻めてくる敵に攻撃し返す。例反撃の手をゆるめない。

【反抗（はんこう）】背いて逆らうこと。例親に反抗ばかりする子供。

【反発（はんぱつ）】逆らって受け入れない。例反発を招く結果となる。

そのほかの表現 反駁／背（そむ）く／楯突く／手向かう／刃向かう／弓引く／レジスタンス（抵抗）／カウンターアタック（逆襲）

さがる　下がる

【下垂（かすい）】たれて下がること。例胃下垂になる。

【懸下（けんか）】たれ下がっていること。例懸下式モノレールが通る。

【懸垂（けんすい）】まっすぐにたれ下がる。例懸垂運動が苦手だ。

【降格（こうかく）】地位や等級などを下げる。例部下を降格処分にする。

【垂下（すいか）】ものがたれ下がること。例ロープの端を垂下する。

【漸落（ぜんらく）】物価や相場が次第に下がる。例物価の漸落を予想する。

【低下（ていか）】程度や度合いが低くなる。例体力の低下を実感する。

【低減（ていげん）】数値などを低くすること。例排出ガスの低減を目指す。

そのほかの表現 ダウン／ドロップ

⇩この項目も 下りる・退く・落ちる

さかん　盛ん

【鬱然（うつぜん）】物事が盛んで力強いさま。例鬱然たる力を持つ人物。

外にあふれるほどの意気。 **【鬱勃（うつぼつ）】** 例鬱勃たる闘志がわく。

意欲が非常に盛んなこと。 **【旺盛（おうせい）】** 例食欲旺盛な子供たち。

元気で勢い盛んなこと。 **【活発（かっぱつ）】** 例活発に動き回るネズミ。

意気盛んで自信がある。 **【昂然（こうぜん）】** 例昂然たる態度で接する。

盛大な集まりや会合。 **【盛会（せいかい）】** 例盛会のうちに幕を閉じる。

盛大で見ごたえがある。 **【盛観（せいかん）】** 例盛観な式典となった。

儀式が盛大なこと。 **【盛儀（せいぎ）】** 例国を挙げての盛儀となる。

催しなどが盛んなさま。 **【盛況（せいきょう）】** 例満員の盛況ぶりを示す。

極めて盛んであるさま。 **【盛大（せいだい）】** 例主役に盛大な拍手を贈る。

物事の最も盛んなころ。 **【酣（たけなわ）】** 例夜も更け、宴酣となる。

仕事が多く忙しいこと。 **【繁忙（はんぼう）】** 例繁忙期にさしかかる。

財産も地位もあること。 **【富貴（ふうき）】** 例富貴な家柄に生まれる。

物事が盛んに起こり立つ。 **【勃勃（ぼつぼつ）】** 例勃勃たる闘志を抑える。

勢いが盛んであるさま。 **【隆隆（りゅうりゅう）】** 例隆隆と栄えた江戸文化。

⇩この項目も 栄える

さき 先（前）

事が起ころうとする直前。 **【機先（きせん）】** 例機先を制した者が勝つ。

口先や言葉で言うこと。 **【舌先（したさき）】** 例舌先三寸で敵を追い払う。

これからやって来る時。 **【将来（しょうらい）】** 例近い将来実現する計画。

物事の一番先のところ。 **【先端（せんたん）】** 例ロープの先端を結わえる。

いちばん前や先のこと。 **【先頭（せんとう）】** 例マラソンで先頭を走る。

まえの方。 **【先方（せんぽう）】** 例先方の明かりを頼りにする。

先頭に立って行く者。 **【先鋒（せんぽう）】** 例改革派の急先鋒を務める。

手や指の先の部分。 **【手先（てさき）】** 例手先があまり器用でない。

突き出している先端部分。 **【突先（とっさき）】** 例突先のある木材を使う。

突き出している端の所。 **【突端（とったん）】** 例防波堤の突端に立つ。

目の前や鼻のすぐ近く。 **【鼻先（はなさき）】** 例鼻先でかすめ取られる。

そのほかの表現 前方／前部／矢先／アフター／フロント／フューチャー

⇩この項目も 前（まえ）・未来

さく 咲く

草木の花がひらくこと。 **【開花（かいか）】** 例朝顔の開花を観察する。

【返り咲き】（かえりざき） 季節でないのに花が咲く。 例 返り咲きの桜が満開だ。

【花期】（かき） 花の咲く時期や期間。 例 花期の長い種類を植える。

【華発】（かはつ） 花がひらくこと。 例 華発の春を迎える。

【花が笑む】（はながえむ） 花が咲くことや実が弾けること。 例 花が笑む頃。

【早咲き】（はやざき） 普通より早く咲くこと。 例 早咲きのバラを摘む。

【破蕾】（はらい） 花の蕾がひらくこと。 例 桔梗の破蕾を楽しみに待つ。

【半開】（はんかい） 花がひらきかけること。 例 半開のチューリップ。

【半笑】（はんしょう） 花が咲きかけること。 例 半笑のつばきを切る。

【綻びる】（ほころびる） 蕾がひらきそめること。 例 梅の花が綻びる早春。

【満開】（まんかい） 花がすっかりひらききる。 例 満開の桜に眺め入る。

【八重咲き】（やえざき） 花弁がいくつにも重なって咲く。 例 八重咲きのやまぶき。

そのほかの表現 遅咲き／狂い咲き／咲きこぼれる／咲き初める／咲き揃う／咲き匂う／咲き誇る／咲き乱れる

さく 裂く

【亀裂】（きれつ） ひびわれや裂け目ができる。 例 友情に亀裂が生じる。

【決裂】（けつれつ） 意見が合わず物別れになる。 例 交渉は決裂に終わる。

【炸裂】（さくれつ） 破裂して周囲に飛び散る。 例 大きな炸裂音が聞こえる。

【劈く】（つんざく） 裂いたり破いたりする。 例 耳を劈くような大音響。

【爆裂】（ばくれつ） 爆発し、破裂すること。 例 爆裂音と共に砕けた岩。

【破裂】（はれつ） 勢いよくやぶけること。 例 車のタイヤが破裂する。

【分裂】（ぶんれつ） 一体の物が複数に分かれる。 例 細胞の分裂を観察する。

【離間】（りかん） お互いの仲を裂くこと。 例 味方同士を離間させる策にでる。

【裂傷】（れっしょう） 皮膚が裂けてできた傷。 例 頭部裂傷により死亡する。

【裂帛】（れっぱく） 絹を裂くことやその音。 例 裂帛の気合を掛ける。

そのほかの表現 分断／八つ裂き／エクスプロージョン（爆裂）／バースト（破裂）

⇩この項目も 分かれる・分ける

さけぶ 叫ぶ

【雄叫び】（おたけび） 勇ましい叫び声をあげる。 例 勝利の雄叫びをあげる。

【喚呼】（かんこ） 声に出して確認すること。 例 指差し喚呼の声がホームに響く。

【歓呼】（かんこ） 喜んで大声をあげること。 例 歓呼の声をあげる。

【喚声】（かんせい） 興奮してあげる叫び声。 例 喚声に包まれ登場する。

さ

敵陣に切り込む時の声。【喊声（かんせい）】例喊声をあげて攻撃する。

大きな声で呼びさけぶ。【呼号（こごう）】例群集に向かって呼号する。

激しく呼びたてること。【疾呼（しっこ）】例疾呼の声に振り返る。

声の限りに叫ぶこと。【絶叫（ぜっきょう）】例人々の絶叫がこだまする。

怒りのあまり叫ぶこと。【怒号（どごう）】例場内に怒号が響き渡る。

驚きや恐怖などで叫ぶ声。【悲鳴（ひめい）】例悲鳴を聞いて駆けつける。

獣などがたけり叫ぶこと。【咆哮（ほうこう）】例獅子が咆哮するのを聞く。

何度も続けて叫ぶ。【連呼（れんこ）】例拡声器で店の名前を連呼する。

そのほかの表現　シャウト／クライ

さける　避ける

身をかわして避けること。【回避（かいひ）】例努力して戦争を回避する。

嫌って避けること。正しくは「きき」。【忌諱（きい）】例忌諱に触れないようにする。

忌み嫌って避ける。【忌避（きひ）】例徴兵を忌避する。

意識的に人や物事を避ける。【敬遠（けいえん）】例誰もが敬遠する人物。

事が過ぎるまでよけて待つ。【待避（たいひ）】例路肩に待避所を設ける。

危険を避けて逃げること。【退避（たいひ）】例退避勧告が出される。

困難や窮地から逃げ出す。【逃避（とうひ）】例逃避行の旅がはじまる。

寒さを避け温暖地へ移る。【避寒（ひかん）】例避寒のため南国へ行く。

暑さを避け涼しい所へ移る。【避暑（ひしょ）】例避暑地で夏を過ごす。

安全な場所へ逃げること。【避難（ひなん）】例避難場所に指定した公園。

妊娠しないように処置する。【避妊（ひにん）】例避妊手術を受けたネコ。

さす　指す（差・刺）

刃物などでさして殺す。【刺殺（しさつ）】例何者かに刺殺される。

人にあれこれさしずする。【指示（しじ）】例指示通りに行動する。

刺されてできた傷。【刺傷（ししょう）】例体中に刺傷の跡が残る。

特にそれとさし定める。【指定（してい）】例指定席の切符を購入する。

特定の事柄をさし示す。【指摘（してき）】例間違った箇所を指摘する。

特定の人を指定すること。【指名（しめい）】例組合の代表に指名される。

日の光がさしつけること。【日射（にっしゃ）】例夏の強い日射に当たる。

そのほかの表現　刺激／刺繍／日照／インサート（挿入）／アポイント（指定）／ディレクション（指示）

さすらう 流離う

一つ所に留まらずゆらぐ。【漂う（ただよう）】例大空をゆっくり漂う雲。

あてどなく歩きまわる。【徘徊（はいかい）】例夜な夜な近所を徘徊する。

住居を持たずさすらう。【漂泊（ひょうはく）】例漂泊の詩人として知られる。

あてもなくさすらうこと。【飄飄（ひょうひょう）】例飄飄として日々を送る。

さまよいただようこと。【漂浪（ひょうろう）】例辛い漂浪生活を送る。

仕事や住居がなくさまよう。【浮浪（ふろう）】例浮浪者の集まる広場。

あてもなくうろつき回る。【彷徨（ほうこう）】例毎日あてもなく彷徨する。

さまよい歩きまわること。【放浪（ほうろう）】例世界中を放浪して回る。

故郷を離れさまよい歩く。【流亡（りゅうぼう）】例流亡の民として生きる。

異郷の地をさまようこと。【流離（りゅうり）】例流離の暮らしをする。

方々をさすらうこと。【流浪（るろう）】例流浪の人生を送る。

さすらって歩き回るさま。【浪浪（ろうろう）】例浪浪のわが身をうらむ。

さそう 誘う

さそって連れ出すこと。【誘う（いざなう）】例未知の世界へと誘う。

説得してさそうこと。【勧誘（かんゆう）】例新入生をクラブに勧誘する。

傍らからさそいすすめる。【慫慂（しょうよう）】例周囲の人から出馬を慫慂される。

さそって引き入れること。【誘引（ゆういん）】例言葉たくみに誘引する。

招いて引き寄せること。【誘致（ゆうち）】例大学周辺に企業を誘致する。

目的に向かってみちびくこと。【誘導（ゆうどう）】例誘導尋問にひっかかる。

人を迷わせてさそい込む。【誘惑（ゆうわく）】例どんな誘惑にも乗らない。

そのほかの表現 勧告／誘拐／誘き出す（おびきだす）／誘き寄せる／持ちかける／インビテーション（誘い）／テンプテーション（誘惑）

さばく 裁く

部下の案の可否を決める。【決裁（けっさい）】例部長の決裁をあおぐ。

君主が臣下の議案を許可する。【裁可（さいか）】例天皇が裁可した法案。

是非や正邪などを判断する。【裁断（さいだん）】例案件に裁断をくだす。

当否などを判断しさばく。【裁定（さいてい）】例争議に裁定をくだす。

自分の判断で処理する。【裁量（さいりょう）】例あなたの裁量にまかせる。

判断を下してさばくこと。【処断（しょだん）】例被告人に処断がくだる。

【処罰】（しょばつ） 刑罰に処すること。 例 違反者を厳しく処罰する。

【審理】（しんり） 裁判所が事実を調べる。 例 審理無効を申し立てる。

【制裁】（せいさい） 規則違反の者に罰を与える。 例 社会的制裁を受ける。

【仲裁】（ちゅうさい） 争いをやめさせること。 例 自ら仲裁役を買って出る。

【勅裁】（ちょくさい） 天皇が自ら裁断すること。 例 勅裁がくだされる。

【判定】（はんてい） 是非や勝敗などを決める。 例 挑戦者の判定勝ちとなる。

そのほかの表現 裁判／審判／裁決／判決／ジャッジ／ジャッジメント

さびしい 寂しい（淋）

【閑寂】（かんじゃく） しずかでものさびしい。 例 閑寂な環境を好む人。

【空寂】（くうじゃく） ひっそりとしてさびしい。 例 空寂とした山里へ赴く。

【荒涼】（こうりょう） 荒れ果ててさびしいさま。 例 荒涼たる原野を駆け回る。

【索漠】（さくばく） 味気なくてものさびしい。 例 索漠とした雰囲気が漂う。

【殺風景】（さっぷうけい） 趣や風流さがないさま。 例 殺風景な部屋で暮らす。

【寂然】（じゃくねん） しずかでひっそりしたさま。 例 寂然とした林を歩く。

【寂寞】（じゃくまく） ひっそりしずまっている。 例 寂寞の住まいを好む。

【蕭条】（しょうじょう） 趣がなくものさびしい。 例 蕭条とした冬の山間地方。

【悄然】（しょうぜん） 憂いに沈み悲しげなさま。 例 悄然とした顔つきをする。

【蕭然】（しょうぜん） ひっそりものさびしい。 例 蕭然とした真冬の海岸。

【寂寞】（せきばく） しずまっていてさびしい。 例 寂寞とした環境に慣れる。

【寂寥】（せきりょう） ものさびしいようす。 例 寂寥感にさいなまれる。

【貧寒】（ひんかん） 貧しくさむざむしたさま。 例 貧寒とした家々。

【幽寂】（ゆうじゃく） ものしずかで奥深いさま。 例 山水の幽寂を楽しむ。

【落莫】（らくばく） ものさびしいこと。 例 落莫とした老後を送る。

【寥寥】（りょうりょう） ひと気がなくさびしい。 例 寥寥としたありさま。

⇩この項目も 静か

さむい 寒い

【寒気】（かんき） 気温が低くて寒いこと。 例 寒気が次第に厳しくなる。

【寒暑】（かんしょ） 寒いことと暑いこと。 例 寒暑の変化が著しい。

【寒暖】（かんだん） 寒いことと暖かいこと。 例 寒暖の差が激しい地方。

【寒天】（かんてん） さむざむしい冬の空。 例 寒天にかがやく星座。

【寒冷】（かんれい） 気温が低く寒さが厳しい。 例 寒冷地でも育つ農作物。

冬の寒さの厳しいこと。**【厳寒】**（げんかん）例厳寒の候、如何お過ごしですか。

寒い冬に向かうこと。**【向寒】**（こうかん）例向寒の折、元気にお過ごしのことと…。

耐えがたいほど寒いこと。**【酷寒】**（こっかん）例酷寒の雪山で一夜を明かす。

この上なく厳しい寒さ。**【極寒】**（ごっかん）例極寒の地で生活する。

いかにも寒そうなようす。**【寒寒】**（さむざむ）例寒寒とした冬の夜空。

秋のひややかな気候。**【秋冷】**（しゅうれい）例秋冷の候、如何お過ごしでしょうか。

春先にぶり返す寒さのこと。**【春寒】**（しゅんかん）例春寒の候。

体のしんまで冷え切ること。**【底冷え】**（そこびえ）例底冷えする盆地で生きる。

桜が咲く頃の一時的な冷え込み。**【花冷え】**（はなびえ）例あいにくの花冷えの天気。

春になってまだ残る寒さ。**【余寒】**（よかん）例しばらくは余寒が続く見込み。

夜の寒さをしみじみと感じる。**【夜寒】**（よさむ）例秋の夜寒に家族で鍋を囲む。

寒さが厳しく身にしみること。**【凜凜】**（りんりん）例真冬の凜凜たる寒さの中で働く。

さる
去る（避）

地位や役目などから退くこと。**【去就】**（きょしゅう）例大臣の去就が注目される。

時間や物事が移り変わること。**【経過】**（けいか）例業務の経過をもらさず報告する。

あいさつを述べて人の家を去る。**【辞去】**（じきょ）例知人宅を早々に辞去する。

消してなくしてしまうこと。**【消去】**（しょうきょ）例不要なデータを完全に消去する。

他人が死ぬことの尊敬語。**【逝去】**（せいきょ）例友人の逝去を知らせる。

今いる場所から他へ立ちのくこと。**【退去】**（たいきょ）例即刻退去を命ぜられる。

その場所から逃げ去ること。**【退散】**（たいさん）例激しい抵抗にあい退散する。

故郷を離れてよそへ行くこと。**【離郷】**（りきょう）例離郷を決意する。

外国から来た人が日本を去ること。**【離日】**（りにち）例離日の予定を急きょ変更する。

さわぐ
騒ぐ

些細な事でおおげさに騒ぐこと。**【空騒ぎ】**（からさわぎ）例空騒ぎに終わった。

物音や話し声などが騒がしいさま。**【喧騒】**（けんそう）例やっと都会の喧騒にも慣れる。

大勢が騒ぎ社会の秩序が乱れる。**【騒擾】**（そうじょう）例ようやく騒擾事件が沈静化した。

多くの人が騒ぎ混乱を招くこと。**【騒動】**（そうどう）例警察まで出動する騒動となる。

事変などで社会の秩序が乱れる。**【騒乱】**（そうらん）例騒乱罪が適用された。

不安になって落ち着きがなくなる。**【動揺】**（どうよう）例動揺を隠し切れない。

騒ぎ。争いごと。**【波風】**（なみかぜ）例家庭に波風が立つ。

物事に大きな変化や騒ぎが起こる。**【波乱】**（はらん）例波乱に満ちた生涯を閉じる。

【沸騰（ふっとう）】世間でさわぎ立てられること。例人気沸騰中の新人アーティスト。

そのほかの表現 ノイズ／パニック

しあわせ 幸せ（倖・仕合）

【果報（かほう）】めぐり合わせがよいこと。例果報者と皆に言われる。

【吉事（きちじ）】縁起がよくてめでたいこと。例日を選び吉事をとり行う。

【僥倖（ぎょうこう）】思いがけなくやってきた幸せ。例僥倖に恵まれた結果だ。

【幸甚（こうじん）】この上なくありがたく感じるさま。例たいへん幸甚に存じます。

【幸福（こうふく）】十分に恵まれていて満足すること。例一生涯を幸福に暮らした。

【至福（しふく）】この上もなく幸せであること。例至福の時間を過ごした。

【浄福（じょうふく）】仏教で信仰により得られる幸せ。例ただ浄福のみを願って過ごす。

【清祥（せいしょう）】相手の幸せを喜ぶ言い方。例ご清祥をお慶び申し上げます。

【清福（せいふく）】相手の幸福を祝う時の言葉。例ご清福をお祈り申し上げます。

【大慶（たいけい）】大いに喜ばしくめでたいこと。例身にあまる大慶と存じます。

【大福（だいふく）】大きな幸運にめぐまれること。例大福を授かるように祈る。

【多幸（たこう）】多くの幸せにめぐまれること。例ご多幸を願っております。

【多祥（たしょう）】めでたいことが重なること。例ご多祥をお慶び申し上げます。

【天佑（てんゆう）】天から与えられた助け。例天佑を享受する。

【同慶（どうけい）】自分にも相手にも喜ばしいこと。例ご同慶の至りと存じます。

【薄幸（はっこう）】幸せに恵まれていないこと。例薄幸の幼少時代を過ごす。

【万福（ばんぷく）】多くの幸福に恵まれること。例万福に恵まれた生活を送る。

【福利（ふくり）】生活する上での幸福や利益。例福利厚生の充実した企業。

そのほかの表現 幸運／福祉／裕福／ハッピー／ハピネス／ラッキー／ボナンザ／リッチ

しかる 叱る

【一喝（いっかつ）】大きく一声でしかりつけること。例一喝されておとなしくなる。

【呵責（かしゃく）】はげしく責めさいなむこと。例良心の呵責に耐えきれなくなる。

【詰責（きっせき）】誤りなどを問いつめ責めること。例親戚中から詰責を受ける。

【譴責（けんせき）】不正や悪事をせめて咎めること。例役所の職員を譴責処分にする。

【叱正（しっせい）】しかり正すことを請う時の謙譲語。例ご叱正を賜りたく存じます。

【叱声】(しっせい) 人をしかりつける声。 例いきなり叱声を浴びせられる。

【叱責】(しっせき) しかり責め立てること。 例遅刻して上司から叱責される。

【叱咤】(しった) おこって大きな声でしかること。 例ミスした選手を叱咤する。

【大喝】(だいかつ) 大きな声を出してしかること。 例上司に大喝されて縮み上がる。

【面責】(めんせき) 面と向かって責めたてること。 例大勢の前で面責される。

【問責】(もんせき) 責任を問い、責めること。 例損失についての問責を受ける。

⇩この項目も 怒り

しずか 静か(閑)

【閑散】(かんさん) 静かでひっそりしていること。 例閑散とした店内へ入る。

【閑寂】(かんじゃく) 静かでさびしいこと。 例閑寂とした古寺のたたずまい。

【閑静】(かんせい) ものしずかでひっそりしたさま。 例閑静な住宅街が広がっている。

【静寂】(しじま) 静まりかえっているようす。 例夜の静寂がおとずれるのを待つ。

【寂然】(じゃくねん) 物音がせずひっそりしている。 例寂然とした竹林を散歩する。

【粛粛】(しゅくしゅく) ひっそり静まっているさま。 例粛粛とした雰囲気が漂う式典。

【粛然】(しゅくぜん) おごそかで静かなさま。 例粛然として式典が進行する。

【深閑】(しんかん) 物音がなく静まっているさま。 例深閑とした裏庭にたたずむ。

【静穏】(せいおん) 静かでおだやかなようす。 例平和で静穏な生活をする。

【清閑】(せいかん) 俗事に煩わされず清く静かなさま。 例清閑な日々を大切にする。

【静閑】(せいかん) ものしずかであるさま。 例屋敷の静閑なたたずまいを好む。

【静寂】(せいじゃく) 物音一つせず静かでさびしい。 例それまでの静寂が破られる。

【静粛】(せいしゅく) しんとしずまりかえること。 例静粛に講義を受けなさい。

【静謐】(せいひつ) 世の中が静かでおだやかなさま。 例国に再び静謐がおとずれる。

【平穏】(へいおん) 何も起こらずおだやかである。 例平穏な毎日に少し飽きてくる。

【平静】(へいせい) 落ち着いていて静かなさま。 例平静を装って仕事を続けた。

そのほかの表現 サイレント/サイレンス

⇩この項目も 寂しい

しずむ 沈む

【陥没】(かんぼつ) 一部が落ち込んでくぼみになる。 例地震で道路が陥没する。

【轟沈】(ごうちん) 一瞬にして沈んでしまうこと。 例敵艦に砲撃され轟沈する。

【自沈】(じちん) 自分たちの手で船を沈める。 例敵に降伏するより自沈を選ぶ。

【消沈】(しょうちん) がっかりして元気のないさま。 例試合に負けて意気消沈する選手。

【水没（すいぼつ）】水の中に沈んでしまうこと。例ダムの建設により水没した村。

【沈下（ちんか）】地面などが沈んでさがること。例地盤沈下が原因で家が傾く。

【沈降（ちんこう）】地面などが下に沈むこと。例広い範囲に渡り陸地が沈降する。

【沈思（ちんし）】もの思いに深く沈むこと。例しばし沈思黙考した後に返事する。

【沈潜（ちんせん）】ある物事に熱中すること。例新薬の研究開発に沈潜する。

【沈滞（ちんたい）】進歩や発展するようすがない。例国中に沈滞ムードが漂う。

【沈溺（ちんでき）】ある事にふけりおぼれること。例酒に沈溺して借金を作る。

【沈没（ちんぼつ）】船舶が水の中に沈むこと。例沈没船の引上げ作業をする。

【沈淪（ちんりん）】昔に比べてひどく落ちぶれる。例沈淪の我が身をただ恥じる。

【爆沈（ばくちん）】艦船などが爆破されて沈むこと。例味方の艦はあえなく爆沈された。

【浮沈（ふちん）】栄えることと衰えることと。例一家の浮沈にかかわる一大事。

しずめる　鎮める（静）

【収拾（しゅうしゅう）】混乱した状態を整えおさめる。例事態はようやく収拾した。

【収束（しゅうそく）】混乱した物事がおさまること。例長い話し合いは収束を迎えた。

【終息（しゅうそく）】すっかり終わりになること。例事件はやっと終息に向かい始めた。

【鎮圧（ちんあつ）】暴動や反乱などを力でおさえる。例軍隊を投入して反乱を鎮圧する。

【鎮火（ちんか）】火事が消えてしずまること。例ビル火災の鎮火にあたる。

【鎮護（ちんご）】乱をおさえて国を守ること。例日々国家の鎮護に努める。

【鎮魂（ちんこん）】死者の魂をなぐさめしずめる。例鎮魂のための祈りを捧げる。

【沈静（ちんせい）】落ちついてしずかになること。例株価の暴落がようやく沈静する。

【鎮静（ちんせい）】しずめて落ちつかせること。例医者に鎮静剤を処方してもらう。

【鎮痛（ちんつう）】痛みをやわらげること。例強力な鎮痛剤を常用している。

【鎮定（ちんてい）】反乱などがしずまり平穏になる。例軍が暴動の鎮定に乗り出す。

【鎮撫（ちんぶ）】反乱をしずめ民を安心させる。例反乱軍の鎮撫に全力をあげる。

【平定（へいてい）】武力で乱をしずめ安定させる。例全国を平定する力を持った人物。

したがう　従う（随）

【帰順（きじゅん）】反抗する心を改め服従すること。例帰順の意思があると伝える。

【恭順（きょうじゅん）】つつしんで心から従うこと。例恭順の意を示さない捕虜たち。

【屈従（くつじゅう）】相手を恐れていやいや従う。例屈従に耐えながら機会を待つ。

【敬服（けいふく）】心からその人を尊敬すること。例敬服の念をあらわにする。

【扈従（こじゅう）】高貴な人のおともをすること、人。例主人に扈従して渡仏した。

【心服（しんぷく）】心から尊敬してつき従うこと。例門下生たちから心服される。

【随行（ずいこう）】人につき従って行くこと。例随行員として海外へ赴く。

【随従（ずいじゅう）】お供としてつき従うこと、人。例代議士に随従して出かけた。

【随順（ずいじゅん）】おとなしく相手の言葉に従う。例誰一人として随順はしない。

【随伴（ずいはん）】目上の人のお供としてつき従う。例随伴希望者がたくさん集まる。

【聴従（ちょうじゅう）】相手の言葉を聞きいれて従う。例人の話にすぐ聴従する。

【追従（ついじゅう）】すぐ人の意見や行動に従うこと。例人に追従することしかできない。

【追随（ついずい）】人の行動をそのまま真似ること。例他の追随を許さないほどの技術。

【適従（てきじゅう）】頼って従うこと。例先人の教えに適従する。

【忍従（にんじゅう）】苦しみに耐え言われたことに従う。例忍従の生活から解放される。

【服従（ふくじゅう）】命令などにおとなしく従うこと。例絶対服従という約束を守る。

【付随（ふずい）】ある事に従って起こること。例経済発展に付随する諸問題。

【盲従（もうじゅう）】自分で考えず人の意見に従う。例周囲の意見に盲従して生きる。

【隷従（れいじゅう）】部下となって言いなりになる。例抵抗よりも隷従の道を選ぶ。

そのほかの表現 降参／降伏／従事／屈する／フォロー／エピゴーネン（追随者）

⇩この項目も 服する

したしい 親しい

【懇意（こんい）】特に親しい間柄であること。例隣の一家とは懇意にしている。

【懇親（こんしん）】関係者が仲良く打ちとけること。例懇親会の準備にとりかかる。

【昵懇（じっこん）】気が通じあっていて親しいさま。例彼らとは昔から昵懇の間柄だ。

【親愛（しんあい）】親しみや好意を持つこと。例親愛なる父母に宛てた手紙。

【親近（しんきん）】親しくて身近にあること。例なぜか親近感がわいてくる。

【親身（しんみ）】身内のように親切にすること。例いつも親身になって世話をする。

【親密（しんみつ）】この上なく仲のよいさま。例親密な関係にあることを隠す。

【莫逆（ばくぎゃく）】争うことのない親しい関係。例莫逆の友を得るのは難しい。

【別懇（べっこん）】特別に親しくしているさま。例別懇の付き合いをしている人。

そのほかの表現 フレンドリー

しぬ 死ぬ

し 死

【縊死（いし）】首つり自殺をすること。例病気を苦に縊死を決心する。

【永眠（えいみん）】永遠に眠る事、すなわち死ぬ。例薬石効なく永眠いたしました。

【横死（おうし）】事故や殺人などの不慮の死。例二十歳の若さで横死を遂げた。

【往生】おうじょう　死んで極楽浄土に生まれかわる。　例祖父は百歳で大往生した。

【怪死】かいし　原因不明の死に方をする。　例怪死した人物の遺族を捜す。

【客死】きゃくし　故郷でない土地で死ぬ。「かくし」。　例放浪のすえパリで客死する。

【急死】きゅうし　何のきざしもなく突然死ぬこと。　例旅行先のホテルで急死する。

【窮死】きゅうし　生活難や病気を苦に死ぬこと。　例一家全員が次々と窮死する。

【急逝】きゅうせい　元気な人が急に死ぬこと。　例友人の急逝を告げる電話。

【薨去】こうきょ　上位の皇族が亡くなること。　例全国民に薨去が告げられる。

【辞世】じせい　死ぬ間際に残す言葉や詩歌。　例辞世の句を書き付けた短冊。

【死没】しぼつ　ひとが死亡すること。　例大勢の人が死没した場所。

【寂滅】じゃくめつ　ひとが死ぬこと。　例ついに寂滅の煙と立ち上る。

【殉死】じゅんし　主の死に際して臣下が自殺する。　例殉死の習慣が廃止される。

【殉職】じゅんしょく　職務を果たすために死ぬこと。　例殉職した警官の葬儀をとり行う。

【情死】じょうし　相愛の男女が一緒に自殺する。　例情死をとげた若い二人を悼む。

【昇天】しょうてん　死んで天に昇ること。　例安らかに昇天することを願う。

【成仏】じょうぶつ　死んで仏となること。　例成仏できずにさまよう霊魂。

【逝去】せいきょ　人が死ぬことを尊敬した言い方。　例恩師の逝去を知らされる。

【絶息】ぜっそく　ついに息絶えてしまうこと。　例懸命な治療の甲斐なく絶息する。

【絶命】ぜつめい　命が絶えること。　例医師の努力もむなしく絶命する。

【戦没】せんぼつ　兵士が戦場で死ぬこと。　例戦没者のための合同慰霊祭。

【早世】そうせい　若いときに死ぬこと。　例早世した我が子を偲ぶ。

【他界】たかい　死ぬことを間接的に言う語。　例他界した祖父母を思い出す。

【長逝】ちょうせい　死去すること。　例卒然として長逝する。

【徒死】とし　結果的にむだじにすること。　例大勢が徒死する結果となった。

【頓死】とんし　思いがけない死を迎えること。　例訪問先の知人宅で頓死した。

【入寂】にゅうじゃく　仏教で僧侶が死ぬこと。　例寺の住職が入寂する。

【非命】ひめい　思わぬ災難に遭い死ぬこと。　例非命に倒れた兄を憐れに思う。

【病没】びょうぼつ　病気で亡くなること。　例二十年前に病没した人物。

【物故】ぶっこ　ひとが死ぬこと。　例最近の物故者を記録する。

【憤死】ふんし　憤慨しながら死亡すること。　例世間に認められずに憤死する。

【斃死】へいし　行き倒れて道ばたで死ぬこと。　例斃死をとげた人を手厚く葬る。

【変死】へんし　自然死でない死に方をする。　例山中で変死体が発見される。

【崩御】ほうぎょ　天皇や皇后などが死ぬこと。　例新聞が天皇の崩御を報じる。

【身罷る】みまかる　死んであの世へ行くこと。　例家族に見守られ静かに身罷った。

【瞑目】めいもく　安らかに死を迎えること。　例幸福な人生の果てに瞑目する。

【悶死】もんし　苦しみもだえながら死ぬこと。　例恨みを残して悶死する。

【夭逝】ようせい　年わかくして死ぬこと。　例夭逝した子供を偲んで暮らす。

【落命】らくめい　災害や事故などで死ぬこと。　例交通事故に巻き込まれ落命する。

【轢死】れきし　車や電車にひかれて死ぬこと。　例踏み切りで轢死事故が起こる。

【老死】ろうし　老衰が原因で死ぬこと。　例南の国で老死するのが理想だ。

そのほかの表現　圧死／犬死に／餓死／墜死／溺死／凍死／爆死／デッド／サドンデス（急死）

しのぶ　偲ぶ（慕）

【愛慕】あいぼ　人を愛し慕うこと。　例断ち切りがたい愛慕の情。

【懐郷】かいきょう　生まれ故郷をなつかしむこと。　例異国で懐郷の念にかられる。

【懐古】かいこ　遠い昔をなつかしいと思う。　例いささか懐古趣味のある人。

【敬慕】けいぼ　その人を尊敬して慕うこと。　例リーダーを敬慕する若者。

【思慕】しぼ　特別と思って慕うこと。　例思慕の情がわきあがってくる。

【追想】ついそう　昔や故人を思い出しなつかしむ。　例亡くなった父母を追想する。

【追慕】ついぼ　故人や昔の事を恋しく思うこと。　例幼い頃なくした母を追慕する。

【慕情】ぼじょう　ある人や場所を恋しいと思う。　例故郷への抑えがたい慕情。

そのほかの表現　懐旧／回顧／回想／想起／追憶／追懐／恋い慕う／懐かしむ／リメンバー（偲ぶ）／ノスタルジー（郷愁）／サウダージ（郷愁）

⇩この項目も　悲しい・顧みる・思う

しめす　示す

【暗示】あんじ　それとなく感づかせること。　例事件の結末を暗示する言葉。

【開示】かいじ　はっきりと示すこと。　例文書を開示するよう求める。

【教示】きょうじ　具体的に教え示すこと。　例開発した技術を教示する。

【啓示】けいじ　明らかにあらわし示すこと。　例神の啓示に従って行動する。

【顕示】けんじ　はっきり示し人に分からせる。　例自分の主張を周囲に顕示する。

【誇示】こじ　自慢して見せびらかすこと。　例周囲の人に権力を誇示する。

【示威】じい　威力のあるところを見せつける。　例敵国に軍事力を示威する。

【示現】じげん　神仏が姿や力をあらわすこと。　例仏の示現をこの目で見る。

【示唆】しさ　それとなく示して教えること。　例物語の結末を示唆する。

【指摘】（してき） 具体的にそれとさし示すこと。 例問題となる点を指摘する。

【提示】（ていじ） 相手にさし出して見せること。 例身分証の提示を求められる。

【標示】（ひょうじ） 分かりやすく目印として示す。 例建物への順路を標示する。

【明示】（めいじ） はっきり分かるように示すこと。 例理由を明示するよう求める。

【黙示】（もくじ） はっきり言わずに意思を示す。 例結果は歴史が黙示するところだ。

（そのほかの表現） 掲示／告示／指示／図示／展示／内示／例示／ひけらかす／サゼスチョン（暗示）／ディレクション（指示）／ディスプレー（展示）

⇩この項目も 見せる

しめる　占める

【寡占】（かせん） 少数で市場などを支配する。 例寡占状態を長年維持している。

【占拠】（せんきょ） 他人を排除しそこに立てこもる。 例敵国の軍事施設を占拠する。

【占有】（せんゆう） 自分のものとして所有すること。 例郊外に広大な土地を占有する。

【専有】（せんゆう） 自分だけが使用、所有すること。 例専有が認められている敷地。

【占領】（せんりょう） 一定の場所を力で占有すること。 例敵の軍隊に占領された町。

【独占】（どくせん） 自分ひとりだけのものにする。 例独占禁止法に触れる行為。

【領有】（りょうゆう） 自分のものとして所持すること。 例国家の領有している土地。

【壟断】（ろうだん） 利益をうまく独り占めすること。 例利益を壟断する。

（そのほかの表現） モノポリー（独占）

しめる　締める

【緊縮】（きんしゅく） ひきしめて小さくすること。 例会社の予算が緊縮される。

【倹約】（けんやく） 費用をきりつめ無駄遣いしない。 例倹約家として近所で評判の人。

【始末】（しまつ） 倹約してつつましいこと。 例楊枝（ようじ）一本でも始末して使う。

【節倹】（せっけん） 質素を心がけ無駄遣いしない。 例家族全員で節倹に努める。

【節約】（せつやく） 無駄を省いてきりつめる。 例無駄な支出を努力して節約する。

【締結】（ていけつ） 国家間で協定などを結ぶこと。 例条約の締結に全力をそそぐ。

じゅくす　熟す

【円熟】（えんじゅく） 技芸などが上達して味がある。 例円熟した演技を披露する。

【完熟】（かんじゅく） 果実が最も充実した状態である。 例完熟してから収穫した果物。

【慣熟】（かんじゅく） 慣れてきて上手になること。 例慣熟した手つきで仕事をこなす。

【習熟】（しゅうじゅく） 慣れて十分会得しているさま。 例習熟した技に驚かされる。

【熟達】じゅくたつ　熟練して上手であるさま。　例 熟達した技で作り上げたもの。

【熟練】じゅくれん　よく慣れていて上手なこと。　例 熟練した職人に技術を学ぶ。

【成熟】せいじゅく　物事が最も充実した状態になる。　例 成熟した大人の立場で考える。

【晩熟】ばんじゅく　普通より遅れて成熟すること。　例 晩熟だが味のよい品種。

【不熟】ふじゅく　まだ熟していないこと。　例 不熟の実は収穫せず残しておく。

【豊熟】ほうじゅく　作物などがよく熟していること。　例 豊熟してから収穫した果実。

【爛熟】らんじゅく　限界まで発達しきること。　例 大衆芸能が爛熟した時代。

【練熟】れんじゅく　よく慣れてたくみであるさま。　例 練熟した職人だけを集める。

【練達】れんたつ　物事によく慣れて精通している。　例 書道に練達していた祖父。

【老成】ろうせい　経験ゆたかでたくみなさま。　例 老成していて優れた人物。

【老練】ろうれん　経験を積んで慣れているさま。　例 老練の職人として誇りを持つ。

そのほかの表現　早熟／未熟／熟れる／熟れる／エキスパート／ベテラン

⇩この項目も　慣れる

しょうじる　生じる

【兆す】きざす　ある気持ちが生じること。　例 経営者に対する疑惑の念が兆す。

【偶発】ぐうはつ　思いがけず発生すること。　例 偶発的な事故に過ぎない。

【継起】けいき　物事が続けざまに起こること。　例 機械の故障が継起する。

【再発】さいはつ　少し間をおいてから再び発生する。　例 事故の再発防止に尽力する。

【散発】さんぱつ　間をおいて何度か発生すること。　例 踏み切り事故が散発する。

【出現】しゅつげん　なかったものがあらわれて出る。　例 ライバルの出現に戸惑う。

【出来】しゅったい　なにか事件が発生すること。　例 説明不可能な事件が出来する。

【触発】しょくはつ　感情や衝動などを誘発すること。　例 相手の意気込みに触発される。

【生起】せいき　事件や現象があらわれ起こる。　例 難しい問題が生起する。

【生成】せいせい　物が生じたりできたりすること。　例 化合物が生成する過程の観察。

【続発】ぞくはつ　同じような事が続いて起こる。　例 数日の間に窃盗事件が続発する。

【多発】たはつ　好ましくない事が多く生じる。　例 交通事故が多発する交差点。

【派生】はせい　根源からいくつかに分かれて生じる。　例 派生語について考察する。

【発現】はつげん　あらわれ出てくること。　例 特訓の成果がようやく発現する。

【発祥】はっしょう　物事が起こり始まること。　例 古代文明発祥の地を訪ねる。

【発生】はっせい　物事が起こり生ずること。　例 事件発生から二日が経過した。

【頻発】ひんぱつ　事がしきりと起こること。　例 誘拐事件が頻発する国。

【併発】へいはつ　複数の事が同時に起こること。　例 風邪から気管支炎を併発する。

【勃発（ぼっぱつ）】事件などが突然起こること。例世界大戦が勃発する。

じょうず 上手

【巧味（うまみ）】芸などのたくみさやおもしろみ。例端役だが巧味のある役者。

【神業（かみわざ）】人間業とは思えぬほど優れた技術。例まさに神業と言うほかない。

【玄人跣（くろうとはだし）】素人の技量が専門家なみであること。例玄人跣の隠し芸を見せる。

【巧遅（こうち）】上手ではあるが仕上げが遅い。例巧遅は拙速に如かず。

【巧緻（こうち）】細部まで巧みにできているさま。例構成が巧緻をきわめる。

【巧妙（こうみょう）】方法・技術が巧みなさま。例巧妙な手口に驚く。

【至妙（しみょう）】この上なく巧みであるさま。例至妙の技で作り上げた品々。

【洒脱（しゃだつ）】世俗にとらわれずあかぬけている。例洒脱な芸風。

【手練（しゅれん）】熟練していて巧みな腕前。例並ぶもののない手練の持ち主。

【精妙（せいみょう）】精密で非常にすぐれているさま。例精妙な装飾をほどこした家具。

【絶妙（ぜつみょう）】この上なく巧みであること。例絶妙のタイミングで現れる。

【達者（たっしゃ）】物事に熟達していてじょうずなこと。例英語が達者で仕事もできる人。

【堪能（たんのう）】技能などに優れているさま。例書にも絵画にも堪能な人物。

【入神（にゅうしん）】技が巧みで人間業とは思えない。例入神の技を誇る職人。

【八丁（はっちょう）】達者なことをやや軽んじた言い方。例口も八丁手も八丁の老人。

【妙技（みょうぎ）】優れていてたくみな技術。例各選手が披露する妙技。

【老巧（ろうこう）】経験を積み重ねてたくみなさま。例老巧な政治家同士の駆け引き。

【老練（ろうれん）】経験が多く慣れてたくみなさま。例老練な技を持っている選手。

【悪達者（わるだっしゃ）】芸能などが優れるが下品なさま。例悪達者な芸を売り物にする。

⇩この項目も 得意

そのほかの表現 上手い／ナイス／グッド／トレビアン／スキルフル／テクニシャン

しらせる 知らせる（報）

【案内（あんない）】内容やようすなどを知らせる。例出席者に案内状を送付する。

【快報（かいほう）】この上なくよい知らせ。例遭難者救出との快報が届く。

【確報（かくほう）】内容が確実である知らせ。例さまざまな手段で確報を入手する。

【吉報（きっぽう）】めでたくてよい知らせ。例思わぬ吉報が舞い込んでくる。

【急告（きゅうこく）】急いで告げ知らせる。例開催日の延期を全員に急告する。

【急報（きゅうほう）】急いで伝え知らせること。例各支店からの急報を受け取る。

【凶報】（きょうほう） 死亡やよくないことの知らせ。 例 郷里から凶報が伝えられる。

【虚報】（きょほう） 間違った知らせや報道。 例 虚報にまどわされる人々。

【警報】（けいほう） 人に警戒させるための知らせ。 例 大雨洪水警報が発令される。

【公開】（こうかい） 広く一般の人々に知らせること。 例 殺人事件として公開捜査をする。

【公表】（こうひょう） 公にして世間一般に知らせる。 例 新聞を通して世間に公表する。

【告知】（こくち） 関係者に告げて知らせること。 例 広場に告知板を設置する。

【誤報】（ごほう） 誤った報道をしてしまうこと。 例 後になって誤報と判明する。

【周知】（しゅうち） 多くの人に広く知れ渡っていること。 例 辞職の決意を周知する。

【消息】（しょうそく） 事情やようすを伝える言葉や手紙。 例 十年前から消息を絶っている。

【詳報】（しょうほう） くわしい知らせ。 例 ほどなく詳報が届けられた。

【速報】（そくほう） ある事をなるべく速く知らせる。 例 テレビで選挙速報を見る。

【注進】（ちゅうしん） 事が起きてすぐ目上の人に告げる。 例 上司への注進をためらう。

【兆候】（ちょうこう） 事が起ころうとする前ぶれ。 例 風邪の兆候が見られる。

【諜報】（ちょうほう） 相手の情報を密かに探り知らせる。 例 諜報部員として活動する。

【通告】（つうこく） 相手に決定内容を正式に告げる。 例 処分の最後通告を受ける。

【通達】（つうたつ） 相手に伝え知らせること。 例 経営者の交代が通達される。

【通知】（つうち） 知らせるべきことを知らせる。 例 試験の結果が通知される。

【通牒】（つうちょう） 文書にして相手に伝えること。 例 最後通牒をつきつける。

【通報】（つうほう） 急を要する事を知らせる。 例 けんかして警察に通報される。

【伝達】（でんたつ） 連絡事項や指示などを伝える。 例 意思を伝達する方法を考える。

【特報】（とくほう） 特別の報告や報道を臨時に行う。 例 番組を中断し特報を流す。

【内報】（ないほう） 内々だけに知らせること。 例 事実は役員だけに内報される。

【飛報】（ひほう） いそぎの知らせや報告。 例 身内が危篤との飛報を受ける。

【披露】（ひろう） 新しい情報を広く発表すること。 例 結婚披露宴に招かれる。

【吹聴】（ふいちょう） 多くの人に言いふらすこと。 例 近所中に吹聴してまわる。

【訃音】（ふいん） 死亡したという知らせ。 例 訃音に接して気落ちする。

【訃報】（ふほう） 人が死去したという知らせ。 例 急な訃報に誰もが驚いた。

【放送】（ほうそう） 拡声器などを通して知らせる。 例 館内放送で呼び出してもらう。

【報知】（ほうち） 人々に告げ知らせること。 例 ビル内に火災報知器を設置する。

【密告】（みっこく） 密かに告げ知らせること。 例 密告により犯人が逮捕される。

【朗報】（ろうほう） 明るくうれしい知らせ。 例 思いがけない朗報に喜ぶ。

そのほかの表現 情報／発表／連絡／一報／予報／広告／広報／社告／宣伝／報道／ガイダンス（案内）／インフォメーション

／アラーム（警報）／アナウンス／リリース／ニュース／リポート

⇩この項目も　教える

しらべる　調べる

【監査（かんさ）】会計などを監督し検査する。例事務所の会計監査を引き受ける。

【吟味（ぎんみ）】じっくり調べて良否を検討する。例よく吟味してから野菜を買う。

【検閲（けんえつ）】出版物や映画などの内容を調べる。例政府による検閲が厳しい国。

【検索（けんさく）】必要事項を辞書や文書で調べる。例インターネットで検索する。

【検死（けんし）】死亡の原因などを調べること。例検死の結果自然死と判明する。

【検証（けんしょう）】実際に調べて実証すること。例捜査員が事故現場を検証する。

【検針（けんしん）】針の目盛りを読んで数量を調べる。例水道メーターの検針をする。

【検診（けんしん）】病気かどうか検査するための診察。例地区ごとに集団検診を行う。

【検討（けんとう）】十分調べてよいかどうかを考える。例時間をかけてじっくり検討する。

【検分（けんぶん）】その場に立ち会って調べること。例一日かけて実地検分を行う。

【考査（こうさ）】能力や学力などを調べること。例期末考査の結果が出される。

【査察（ささつ）】情況などの調査や視察をする。例抜き打ちで工場の査察を行う。

【査収（さしゅう）】金品や書類などを調べて受け取る。例どうぞご査収ねがいます。

【査定（さてい）】価格や適否などを調べて決める。例買い取り額の査定を依頼する。

【査問（さもん）】関係者を取り調べ事情を聞く。例査問委員会から呼び出される。

【精査（せいさ）】細かい事まで詳しく調べること。例大勢の人を動員して精査する。

【探査（たんさ）】ようすなどを探り調べること。例海底に探査機を送り込む。

【点検（てんけん）】異常や誤りがないか調べること。例エレベーターの定期点検。

【踏査（とうさ）】その場を実際に歩いて調べる。例発掘現場の周囲を踏査する。

そのほかの表現　審理／リサーチ／チェック／サーベイ（調査）／アナライズ（分析する）／アナリシス（分析）／センサス（一斉調査）

⇩この項目も　探す

しりぞく　退く

【隠遁（いんとん）】煩わしい世間から逃れ静かに暮らす。例仕事を辞めて隠遁生活を送る。

【下野（げや）】官職を退き民間に下る。例選挙で敗北し下野した政党。

【後進（こうしん）】後ろの方に向かって進むこと。例車を後進させて車庫に入れる。

【後退（こうたい）】後ろの方向に移動すること。例やむなく軍を後退させる。

【尻込み（しりごみ）】ためらったり後ずさったりする。例本番直前になって尻込みする。

【進退（しんたい）】前に進むことと後ろにさがること。例挟み撃ちされ進退谷（きわ）まる。

【退役（たいえき）】軍人が兵役からしりぞくこと。例軍を退役し民間企業に移る。

【退却（たいきゃく）】状況が悪化して後退すること。例激しい戦闘の末、退却する。

【退去（たいきょ）】ある場所から立ち退くこと。例不法滞在者を国外退去させる。

【退散（たいさん）】その場所から逃げ去ること。例邪魔物は退散するとしよう。

【退出（たいしゅつ）】その場から外へ出て行く。例重役会議の途中で退出する。

【退陣（たいじん）】第一線の地位からしりぞく。例首相の退陣を要求する。

【退任（たいにん）】任務や地位などからしりぞく。例学園の理事長を退任する。

【退避（たいひ）】危険などを避け安全な所へ移る。例付近の住民に退避命令が出る。

【脱退（だったい）】所属する団体などをやめる。例連盟からの脱退を表明する。

【致仕（ちし）】官職を退くこと。例官吏（かんり）は七十歳で致仕した。

【中退（ちゅうたい）】学校を途中でやめること。例大学を中退してフリーターになる。

【撤収（てっしゅう）】軍隊が陣地などを引き払って退く。例アメリカ軍が町から撤収した。

【撤退（てったい）】根拠地などを取り払いしりぞく。例軍の撤退を条件に停戦する。

【勇退（ゆうたい）】後進に道を開くため自ら辞職する。例定年より前に勇退を決心する。

【離任（りにん）】任務を離れ、任地を去ること。例離任式に臨む。

そのほかの表現 リタイア／ドロップアウト（落後）／バーンアウト（燃え尽きる）

⇩この項目も 下がる・やめる

しる 知る（識・領）

【該博（がいはく）】広く豊富な知識を持つさま。例彼の該博な知識が大いに役立つ。

【感知（かんち）】気配などから感じとること。例廊下に煙感知器を取り付ける。

【関知（かんち）】ある物事に関係して知っている。例その件について一切関知しない。

【窺知（きち）】分かりづらいことをうかがい知る。例自然の摂理は窺知しがたい。

【察知（さっち）】おしはかり知ること。例危険を察知して逃げる。

【周知（しゅうち）】人々に広く知れ渡ること。例知らぬ間に周知の事実となる。

【熟知（じゅくち）】詳しいことまでよく知っている。例建物の構造を熟知している。

【精通（せいつう）】その事についてよく知っている。例その土地の風習に精通する。

【相識（そうしき）】お互いに知っていること。例彼とは昔から相識の仲である。

【探知（たんち）】さぐって知ること。例金属探知器にひっかかる。

【知覚（ちかく）】感覚器官を通して知ること。例知覚神経に障害を及ぼす。

【知悉（ちしつ）】細かい点までよく知っている。例内部事情を知悉している人。

【通暁（つうぎょう）】詳しく知り抜いているさま。例古典文学に通暁している。

【博識（はくしき）】広い知識を持っていること。例博識を自負している学者。

【面識（めんしき）】お互いに見知っていること。例一度も面識のない人と会う。

【予知（よち）】根拠があって事前に知ること。例地震を予知する方法を考える。

【了察（りょうさつ）】相手の立場や事情を察する。例容易には了察しかねる。

⇩この項目も 分かる

しるし 印（標・証）

【合い印（あいじるし）】敵と味方を区別するためのしるし。例事前に合い印を決めておく。

【印形（いんぎょう）】認め印や実印など印の総称。例仕事柄よく印形を扱う。

【印綬（いんじゅ）】官職や地位を表す印をさげる紐。例長年勤め上げて印綬を解く。

【記章（きしょう）】記念として関係者に与えられる印。例創立百周年に記章を作る。

【徽章（きしょう）】身分や所属先などを示す印。例制服の襟に徽章をつける。

【検印（けんいん）】検査したしるしに押す印。例目を通した書類に検印を押す。

【座標（ざひょう）】位置を示す距離や角度などの数値。例まず座標軸となる線を引く。

【証拠（しょうこ）】事実や内容を証明するあかし。例犯罪の証拠を集めて提出する。

【標札（ひょうさつ）】居住者の名を記し門などに貼る札。例玄関の標札を確認する。

【標示（ひょうじ）】目印をつけて示すこと。例境界をはっきりと標示する。

【標識（ひょうしき）】区別をつけるためのしるし。例道路標識を新たに設置する。

【標章（ひょうしょう）】しるしとなる徽章や記号。例標章を新たにデザインする。

【標的（ひょうてき）】射撃や弓などのまとや目印。例空き缶を射撃の標的にする。

【標点（ひょうてん）】めじるしとする箇所。例引用する文章に標点を書き込む。

【拇印（ぼいん）】親指に朱肉や墨を付けて押す印。例署名の下に拇印を押す。

【門標（もんぴょう）】門にかかげておく名札。例大きな門標のかかっている家。

【烙印（らくいん）】罪人のしるしとして付けた焼印。例殺しの烙印を押される。

【里程標（りていひょう）】道のりを記してある標識。例里程標によるとまだ数キロある。

そのほかの表現 サイン／マーク／チェック／シグネチャー（署名）／インデックス／ターゲット／シンボル／シーニュ（表徴）／メルクマール（里程標）

しるし 徴（験）

【凶兆（きょうちょう）】不吉なことが起こる前ぶれ。例凶兆があらわれたと知る。

【効験（こうけん）】ききめや効果などのこと。例効験が期待される。

【効能（こうのう）】効き目や利いたとのしるし。例温泉の効能が書かれた立て札。

【瑞徴（ずいちょう）】めでたい事が起こるきざし。例瑞徴の紫雲があらわれる。

【前兆（ぜんちょう）】ある事が起こるであろうきざし。例数日前から地震の前兆があった。

【徴候（ちょうこう）】何かが起こるというきざし。例風邪の徴候が見受けられる。

【霊験（れいげん）】神仏の不思議な力やご利益。例霊験あらたかな御守り。

しろ　しろい
白　白い

【皚皚（がいがい）】一面が雪に覆われ白いさま。例皚皚たる雪原が広がる山裾。

【純白（じゅんぱく）】混じり気のない白色。真っ白。例純白の衣装を身にまとう。

【雪白（せっぱく）】雪のように真っ白なさま。例雪白の毛をした野ウサギ。

【蒼白（そうはく）】血の気がひいて青白いさま。例恐怖のあまり顔面蒼白になる。

【生白い（なまじろい）】顔が白くて弱々しく見えるさま。例貧弱で生白い顔をした子供。

【乳白色（にゅうはくしょく）】やや不透明で乳のような白。例乳白色のガラスビン。

【白日（はくじつ）】くもりなくかがやく日の光。例白日のもとにさらされる。

【白眉（はくび）】白いまゆ。最もすぐれた人や物。例古典文学の白眉とされる物語。

そのほかの表現　青白い／潔白／明白／白地／ホワイト／イノセント（潔白）

しんじる
信じる

【確信（かくしん）】間違いないと信じて疑わない。例その行動は正しいと確信する。

【過信（かしん）】実際以上に能力などを信頼する。例科学の力を過信する現代人。

【狂信（きょうしん）】理性をなくすほど深く信じる。例狂信的な信者による暴動。

【軽信（けいしん）】軽々しく信用してしまうこと。例すぐ他人を軽信してしまう。

【敬神（けいしん）】神をうやまい信じること。例敬神篤い一家として知られる。

【自信（じしん）】自分の能力や行動を疑わない。例おだてて自信を持たせる。

【所信（しょしん）】ある物事について信じるところ。例テレビを通じて所信を表明する。

【信愛（しんあい）】信頼していつくしむこと。例信愛の念をもって接する。

【信教（しんきょう）】ある宗教を信仰すること。例信教の自由が認められている。

【信仰（しんこう）】神仏などを深くうやまい信じる。例信仰が心の支えとなる。

【信心（しんじん）】神仏などを信じて教えに従うこと。例信心深く素直な性格の人。

【信託（しんたく）】相手を信用して任せること。例国連の信託統治理事会。

【信任（しんにん）】信頼して仕事などを任せること。例全議員による信任投票を行う。

【信念（しんねん）】ある事を強く信じて疑わない心。例どんな時も自分の信念を貫く。

【信憑性（しんぴょうせい）】どのくらい信用できるかの度合い。例まったく信憑性のない証言。

【信服（しんぷく）】相手を信じて服従すること。例誰からも信服されるような人。

【信奉（しんぽう）】ある思想や主義などを信じ尊ぶ。例彼の思想を信奉する者は多い。

【信用】（しんよう）間違いないと信じて受け入れる。 例 店の信用にかかわる問題。

【信頼】（しんらい）相手を信じてたよること。 例 親の信頼に応えようとする。

【俗信】（ぞくしん）民衆の間で行われている信仰。 例 俗信には惑わされない。

【尊信】（そんしん）相手をうやまい信頼すること。 例 恩師に対して尊信の念を抱く。

【背信】（はいしん）約束を破ったり裏切ったりする。 例 会社への背信行為と見なす。

【迷信】（めいしん）非常識で非科学的な言い伝え。 例 迷信などにとらわれない人。

【妄信】（もうしん）何の根拠もなくむやみに信じる。 例 人の言葉をすぐ妄信してしまう。

【盲信】（もうしん）わけも分からずひたすら信じる。 例 司祭の言葉をただ盲信する。

そのほかの表現　帰依（きえ）／入信／ビリーブ（信じる）／トラスト（信頼）

しんせつ　親切

【慇懃】（いんぎん）丁寧で礼儀ただしいさま。 例 慇懃な態度でお客に接する。

【献身】（けんしん）我が身を投げ打って尽くすこと。 例 献身的に病人の世話をする。

【厚意】（こうい）相手を思いやる気持ち。 例 日頃のご厚意に感謝します。

【厚志】（こうし）深い思い遣りや親切な気持ち。 例 ご厚志ありがたく存じます。

【懇切】（こんせつ）思い遣りと行き届いた心がある。 例 生徒には懇切丁寧に教える。

【懇到】（こんとう）親切や思い遣りが行き届くこと。 例 懇到な指導を行う教師。

【懇篤】（こんとく）思い遣りがあって手厚いさま。 例 ご懇篤なお言葉をたまわる。

【親身】（しんみ）身内のように親切にするさま。 例 親身になって相談に乗る。

【丁重】（ていちょう）礼儀正しく接して大切に扱う。 例 丁重にお断り申し上げる。

【懇ろ】（ねんごろ）他人に対し非常に親切にする。 例 訪問客を懇ろにもてなす。

そのほかの表現　カインドネス

⇩この項目も　穏やか・優しい

しんぱい　心配

【寒心】（かんしん）状況がどうなっているか心配する。 例 現況は寒心にたえない。

【危惧】（きぐ）成り行きや結果が心配なこと。 例 反対意見が出るのを危惧する。

【杞憂】（きゆう）あれこれ取り越し苦労すること。 例 杞憂であって欲しいと願う。

【屈託】（くったく）ある事をくよくよ思い悩むこと。 例 屈託のない笑顔を見せる。

【懸念】（けねん）どうなるか不安に思うこと。 例 悪影響が及ぶことを懸念する。

【顧慮】（こりょ）あれこれ考え気にかける。 例 家庭の事情を顧慮する。

【心痛】（しんつう）心配して心を痛めること。 例 心痛の種がつきない。

【心労】（しんろう）心配して思いわずらうこと。 例 心労のあまり病気になる。

すがた
姿

す

【痛心】（つうしん）心配しすぎて心を痛める。 例 我が子の行状に痛心する。

【配慮】（はいりょ）あれこれ心をくばること。 例 国民感情に配慮した政策。

【不安】（ふあん）悪い事が起こるのではという心配。 例 一抹の不安が胸をよぎる。

【憂患】（ゆうかん）心配するあまり心が痛むこと。 例 識者の憂患するところ。

【憂国】（ゆうこく）国の現状や未来を案じること。 例 憂国の士として名を知られる。

【憂色】（ゆうしょく）心配そうな顔つきであるさま。 例 憂色をただよわせている人。

【憂慮】（ゆうりょ）心配して思い案じること。 例 事態が悪化するのを憂慮する。

【艶姿】（あですがた）女性の美しくあでやかな姿。 例 振り袖の艶姿を披露する。

【威容】（いよう）他を威圧するような立派な姿。 例 威容を誇っている大仏像。

【概況】（がいきょう）細部は省いたおおまかな情況。 例 急ぎ概況のみを説明する。

【外見】（がいけん）外から見たようすや感じ。 例 外見だけで人を判断できない。

【恰好】（かっこう）他からみた外形や身なり。 例 皆同じような恰好の若者。

【恰幅】（かっぷく）からだつきや身なりのようす。 例 恰幅のよい初老の男性。

【姿態】（したい）からだのようすやしぐさ。 例 艶めかしい姿態に見とれる。

【実相】（じっそう）実際の姿かたちやありさま。 例 日常生活の実相を描いた小説。

【実体】（じったい）物事の本体や実際の内容。 例 実体を伴わない理論。

【隻影】（せきえい）一つだけしかないものの影。 例 村人の隻影すら見えない山奥。

【全貌】（ぜんぼう）事物全体のようすや内容。 例 事件の全貌が明らかになる。

【全容】（ぜんよう）物事の全体の内容や状態。 例 犯罪計画の全容が暴かれる。

【敵影】（てきえい）敵のかげやすがた。 例 レーダーが敵影をとらえる。

【風采】（ふうさい）人の、見かけの容貌や身なり。 例 風采の上がらない男。

【風体】（ふうてい）その人物の身なりやすがた。 例 あやしい風体をした男。

【風貌】（ふうぼう）見かけのすがたや顔かたち。 例 立派な風貌を備えた人物。

【片影】（へんえい）わずかに見える物の姿や影。 例 はるか沖に船の片影を認める。

【見目形】（みめかたち）顔かたちやからだつきのようす。 例 見目形の整っている女性。

【勇姿】（ゆうし）勇ましく元気いっぱいの姿。 例 我が子の勇姿を見たいと願う。

【容姿】（ようし）顔立ちと見た目のからだつき。 例 自分の容姿に自信が持てない。

【様相】（ようそう）外から見たありさまや状態。 例 事態は複雑な様相を呈する。

そのほかの表現 姿形／体裁／身形（みなり）／

晴れ姿／姿勢／様子／アピアランス（概観）／フィギュア（姿）

すく　空く

【空虚（くうきょ）】内容がなくてむなしいさま。例空虚な雰囲気が漂っている。

【空洞（くうどう）】内部に穴があって何もないこと。例幹の内部が空洞になっている木。

【空白（くうはく）】何も事が行われていないさま。例証言では空白の一時間がある。

【空乏（くうぼう）】物が何もなくからっぽなさま。例日々空乏の生活に耐える。

そのほかの表現　空間／空席／スペース

すぐ　直ぐ

【眼前（がんぜん）】まのあたりにしているさま。例眼前の出来事を理解できない。

【言下（げんか）】相手が言いおわってすぐさま。例言下に批判の言葉を浴びる。

【早速（さっそく）】すぐに何かを行うさま。例新しい洋服を早速着てみる。

【至近（しきん）】間がきわめて近いこと。例至近距離から銃で撃たれる。

【次第（しだい）】何かをしてすぐ次の行動に移る。例詳細が分かり次第連絡する。

【即座（そくざ）】すぐその場で何かを行うさま。例質問されて即座に答える。

【即時（そくじ）】時間をおかずにすぐ行動する。例即時に作業を開始する。

【即席（そくせき）】時間や手間をかけないでする。例即席でステージを設置する。

【即刻（そっこく）】時間をおかずに行動に移る。例当局から即刻解散を命じられる。

【側（そば）】ある動作が行われてすぐ。例怒られた側からいたずらする。

【近間（ちかま）】すぐ近いところや近所のこと。例近間にいる知り合いを訪ねる。

【覿面（てきめん）】効果や影響などがすぐ現われる。例思った以上に効果覿面だった。

【手近（てぢか）】自分のすぐそばにあるさま。例手近にある本を手に取ってみる。

【間近（まぢか）】距離や時間がわずかなさま。例受験の日が間近にせまる。

【身近（みぢか）】自分のすぐそばにあるさま。例まず身近な問題から解決する。

【目前（もくぜん）】距離や時間がすぐ近いこと。例試合を目前にしてけがを負う。

⇩この項目も　早い・にわか

すくう　救う（済）

【救援（きゅうえん）】困難な状況にある者を助ける。例災害地で救援活動に従事する。

【救急（きゅうきゅう）】急な病気やけがの手当てをする。例けが人を救急車で搬送する。

【救護（きゅうご）】傷病者や被災者を助けること。例救護班を待機させておく。

【救済（きゅうさい）】困難にある人を助けること。例衆生の救済につとめる。

す

【救出】（きゅうしゅつ） 身体や生命の危機から救うこと。 例人質を無事に救出し保護する。

【救助】（きゅうじょ） 困難にある人を助け出すこと。 例ただちに救助隊を派遣する。

【救難】（きゅうなん） 危険な場所や状態から助ける。 例客船からの救難信号を受信する。

【救命】（きゅうめい） 人の生命を危険から救うこと。 例乗組員の救命胴衣を用意する。

そのほかの表現 レスキュー／リリーフ

⇩この項目も 助ける・守る

すくない 少ない

【聊か】（いささか） 量や程度がわずかなこと。 例酔って聊かはめを外した。

【一毫】（いちごう） ほんの少し。ごくわずか。 例一毫の隙もない。

【一抹】（いちまつ） ごくわずかであるさま。 例一抹の不安を拭い去れない。

【一縷】（いちる） 今にも消えそうなほどわずか。 例一縷の望みをかけて頑張る。

【一掬】（いっきく） 両手でひと掬いすること。 例一掬の同情を寄せる。

【一点】（いってん） ほんの少し。ごくわずか。 例一点の染みもない。

【一片】（いっぺん） ほんの少しであるさま。 例一片の良心すら持ちあわせない。

【過少】（かしょう） 数量が少なすぎること。 例準備金が過少で実現できない。

【希少】（きしょう） 数が少なくなかなか出会えない。 例希少価値の極めて高い宝石。

【極少】（きょくしょう） きわめて数が少ないさま。 例極少の物資で冬を乗り切る。

【僅僅】（きんきん） わずか。たった。ほんの。 例僅僅二年のうちに別れた。

【僅少】（きんしょう） 数量や差などがごくわずかである。 例僅少の差でトップに立つ。

【軽少】（けいしょう） わずか。少し。 例軽少の負担を強いる。

【毫末】（ごうまつ） 毛すじの先ぐらいわずかなこと。 例毫末の疑いもない。

【些細】（ささい） 取るに足りないこと。 例些細なことに右往左往する。

【些少】（さしょう） 程度などがごくわずかなさま。 例些少の金額を寄付する。

【瑣末】（さまつ） 重要でない小さなこと。 例瑣末なことで一日悩む。

【秋毫】（しゅうごう） 極めて少ない。わずか。 例秋毫の曇りもない心境。

【寸毫】（すんごう） ほんのわずかであるさま。 例寸毫の疑いすら抱かない。

【寸分】（すんぶん） ほんのすこしばかり。 例寸分違わぬにせものを作る。

【鮮少】（せんしょう） きわめて少ないこと。 例鮮少な事例に過ぎない。

【露】（つゆ） （打ち消しを伴い）少しも。 例そんなこととは露知らず。

【微少】（びしょう） あるのが分からぬほど少ない。 例微少のズレを修正する。

【微微】（びび） 取るに足らないほど少ない。 例微微たる稼ぎしかない。

【寥寥】（りょうりょう） 数が少なくてさびしいさま。 例寥寥たる広野をさまよう。

すぐれる　優れる（勝・秀）

【穎脱（えいだつ）】才能などが群を抜いて優れている。 例穎脱した才能の持ち主。

【屈指（くっし）】指折り数えられるほど優れている。 例日本屈指の名ピアニスト。

【傑出（けっしゅつ）】実力などが他よりずば抜けている。 例傑出した人物と認める。

【秀逸（しゅういつ）】他と比べてはるかに優れている。 例秀逸な出来栄えの作品。

【秀抜（しゅうばつ）】他のものより抜きんでているさま。 例試験で秀抜した成績を修める。

【出色（しゅっしょく）】群を抜いて優れているさま。 例出色の演技で観客を魅了する。

【卓越（たくえつ）】他と比べられないほど優れている。 例卓越した才能を発揮する。

【卓絶（たくぜつ）】並ぶもののないほど優れている。 例卓絶した技術を持つ職人。

【卓抜（たくばつ）】誰もまねできないほど優れている。 例卓抜した技術と知識を持つ。

【特出（とくしゅつ）】他よりとび抜けて優れている。 例特出した技能を生かした仕事。

【白眉（はくび）】同類の中で最も優れているさま。 例平安文学の白眉と言われる。

【抜群（ばつぐん）】多くの中でとび抜けて優れている。 例抜群の成績で試験に受かる。

【非凡（ひぼん）】並み外れて優れていること。 例非凡な才能に恵まれた人。

【優位（ゆうい）】立場や力がまさっているさま。 例国際社会において優位に立つ。

【優越（ゆうえつ）】他と比べてはるかに優れている。 例ひそかに優越感にひたる。

【優秀（ゆうしゅう）】技術や成績などが他より優れる。 例優秀な成績で学校を卒業する。

【優勢（ゆうせい）】力や形勢などがまさっている。 例優勢を保ったまま試合が終わる。

【優良（ゆうりょう）】質や能力などがすぐれている。 例発売以来優良な品質を誇る。

【凌駕（りょうが）】他をしのいで上に立つこと。 例軍事力で他国を凌駕する。

⇩この項目も　見事

すこやか　健やか

【屈強（くっきょう）】力が強くたくましいさま。 例屈強な若者。

【軒昂（けんこう）】気分がふるいたっていること。 例意気軒昂な若者が集う。

【健勝（けんしょう）】病気などせず元気に過ごす。 例ご健勝にお過ごしのことと。

【健全（けんぜん）】心身ともにすこやかなさま。 例子供の健全な育成をめざす。

【丈夫（じょうぶ）】病気をせずすこやかである。 例昔から丈夫なだけが取り柄だ。

【清栄（せいえい）】相手の健康などを祝う言葉。 例ご清栄のこととお慶び申し上げます。

【清祥（せいしょう）】元気で幸福なことを喜ぶ言葉。 例ご清祥のことと存じます。

【清勝（せいしょう）】この上なく健康なことを喜ぶ言葉。 例ご清勝のこととお慶び…。

【清適（せいてき）】心身ともに安らかであるさま。 例ますますご清適の段。

【壮健（そうけん）】 元気でからだが丈夫なこと。 例もともと壮健で活動的な人。

【息災（そくさい）】 何事もなく元気でいるさま。 例息災をお祈り申し上げます。

【達者（たっしゃ）】 心身ともに健康で正常なさま。 例達者に暮していま す。

【恙無い（つつがない）】 平穏無事に暮しているさま。 例恙無い日々を送る。

【忠実（まめ）】 からだが丈夫で健康なようす。 例忠実に暮すことを願う。

⇩この項目も 元気

すずしい 涼しい

【秋涼（しゅうりょう）】 秋のすずしい空気や風。 例秋涼の候、いかがお過ごしですか。

【新涼（しんりょう）】 秋の初め頃のすずしい気候。 例新涼の候。

【清涼（せいりょう）】 さわやかで気持ちよい涼しさ。 例清涼感のある衣服を着る。

【爽涼（そうりょう）】 さっぱりして涼しく感じられる。 例明け方の爽涼な空気を吸う。

【涼雨（りょうう）】 涼しくさわやかな雨。 例涼雨で生き返った感がする。

【涼感（りょうかん）】 すずしげに感じられること。 例風鈴の音色が涼感を誘う。

【涼気（りょうき）】 すずしげな気配や空気。 例朝晩には涼気がただよう頃。

【冷涼（れいりょう）】 ひんやりとして涼しいこと。 例冷涼な空気が満ちてくる秋。

すすむ 進む

【栄進（えいしん）】 高い役職にすすむこと。 例若いうちから栄進を重ねる。

【急進（きゅうしん）】 目的などを急に実現しようとする。 例急進的な思想を掲げる集団。

【昂進（こうしん）】 神経や気持ちなどが高ぶること。 例インフレの昂進を抑えられない。

【昇進（しょうしん）】 地位や役職がのぼりすすむこと。 例部長への昇進が決定する。

【上達（じょうたつ）】 技芸や学問などが進み巧みになる。 例子供のうちは上達が早い。

【進化（しんか）】 事物が発展し向上していくこと。 例進化の過程を推測する。

【進出（しんしゅつ）】 ある場所や段階から前に進み出る。 例海外への進出をはかる企業。

【進捗（しんちょく）】 物事が順調にすすんでいくこと。 例ビルの建設作業が進捗する。

【進展（しんてん）】 物事が時の経過と共に進んでいく。 例話し合いに進展は見られない。

【進入（しんにゅう）】 中へすすんで入っていくこと。 例入り口に進入禁止の札を出す。

【推進（すいしん）】 物事が前に進むようつとめる。 例反戦運動を推進する一派。

【漸進（ぜんしん）】 ゆっくり着実に進んでいく。 例改革が漸進することを望む。

【増進（ぞうしん）】 体力や食欲などを増しすすめる。 例香辛料が食欲を増進する。

【促進（そくしん）】 物事が盛んになるようはかる。 例販売促進のための宣伝をする。

【特進（とくしん）】 役職や地位が特別に昇進する。 例殉職により二階級特進する。

す

【驀進(ばくしん)】 勢いよく一気につきすすむ。 例連勝街道を驀進する。

【飛躍(ひやく)】 物事が急激に向上すること。 例科学技術が飛躍的に進歩する。

【邁進(まいしん)】 元気をふるいひたすら進む。 例目標に向って邁進を続ける。

【驀地(まっしぐら)】 わき目もふらずつき進むさま。 例自宅まで驀地にひた走る。

【盲進(もうしん)】 何も考えずにつき進んでいく。 例盲進する若者をたしなめる。

【猛進(もうしん)】 激しい勢いでつき進むこと。 例敵軍を目指して猛進する。

【躍進(やくしん)】 めざましい発展をとげること。 例リーグ戦で二位に躍進した。

【累進(るいしん)】 短い間でつぎつぎと進むこと。 例同期でただ一人部長に累進した。

そのほかの表現 先進／進歩／前進／直進／突進／発達／発展／進学／進級／進行／捗る／プログレス(進歩)／プログレッシブ(進歩的)／ラディカル(急進的)／エボリューション(進化)／ダッシュ／プロモーション(促進)

すすめる　勧める(薦・奨)

【勧業(かんぎょう)】 工業や農業などを奨励すること。 例内国勧業博覧会が開催された。

【勧告(かんこく)】 ある事をするようにすすめる。 例軍を撤退するよう勧告する。

【勧奨(かんしょう)】 ある事をするよう説きすすめる。 例役員に定年前退職を勧奨する。

【勧誘(かんゆう)】 そうするようすすめて誘うこと。 例生命保険の勧誘をする。

【自薦(じせん)】 自分で自分のことを推薦する。 例自薦の出場は認められない。

【慫慂(しょうよう)】 そうするよう相手にすすめる。 例周囲に慫慂されて決心する。

【奨励(しょうれい)】 よいこととして積極的にすすめる。 例学校で体育を奨励する。

【推挙(すいきょ)】 ある人物を上の人に推薦する。 例友人に推挙されて役員となる。

【推奨(すいしょう)】 すぐれた点を誉め人にすすめる。 例従業員の多くが推奨する商品。

【推薦(すいせん)】 適当と思える人や物をすすめる。 例学校からの推薦状をもらう。

【推挽(すいばん)】 ある人を適任だとしてすすめる。 例知人を理事長に推挽する。

【選奨(せんしょう)】 専門家が世間一般にすすめる。 例選奨された健康食品を試す。

【他薦(たせん)】 他の人から推薦されること。 例候補者の自薦他薦は問わない。

【特薦(とくせん)】 特別に推薦すること。 例国に特薦されて海外留学する。

【督励(とくれい)】 ある物事を監督して励ます。 例新入社員を督励する上司。

すてる　棄てる(捨)

【遺棄(いき)】 捨てたり置き去りにすること。 例死体遺棄の疑いで捕まる。

【一擲(いってき)】 思い切って一度になげうつ。 例全財産を一擲して事業を興す。

【棄却(ききゃく)】 取り合わずに退けること。 例裁判所への請求が棄却される。

【脱却（だっきゃく）】ある考えや状態からぬけ出る。 例 現状からの脱却をはかる。

【投棄（とうき）】物を投げて捨て去ること。 例 粗大ごみを不法に投棄する。

【擲つ（なげうつ）】惜しげもなく捨ててしまうこと。 例 会社を守るために大金を擲つ。

【廃棄（はいき）】不用なものを捨てること。 例 産業廃棄物を処理する施設。

【破棄（はき）】約束や取り決めを取り消すこと。 例 契約を一方的に破棄する。

【放棄（ほうき）】関わりたくないとして捨てる。 例 遺産の相続権を放棄する。

【放擲（ほうてき）】仕事などをなげだすこと。 例 重要な任務を放擲してしまう。

すべて　全て（凡・総）

【遍く（あまねく）】ひろく全体に渡って。 例 事件は国中に遍く知れ渡る。

【一切（いっさい）】あるもの残らず。全部。 例 持ち物を一切がっさい盗まれる。

【隈なく（くまなく）】すべて残らず行き届くさま。 例 部屋中を隈なく探す。

【挙って（こぞって）】ひとり残らずみんなで。 例 同期会に挙って参加する。

【悉く（ことごとく）】一つ残らず全てにわたって。 例 提案は上司に悉く却下される。

【細大なく（さいだいなく）】細かい事も大きい事も全て。 例 状況を細大なく説明する。

【始終（しじゅう）】始めから終わりまで全て。 例 始終監視カメラを作動させる。

【全一（ぜんいつ）】完全に一体になっているさま。 例 全一なる神に帰依する。

【全幅（ぜんぷく）】ある限り全て。 例 部下に全幅の信頼を寄せる。

【総体（そうたい）】ある物事の全体に渡るさま。 例 総体としての結果を見る。

【具に（つぶさに）】細かいこともももらさずに。 例 事故の状況を具に報告する。

【汎（はん）】広く全体にわたる。 例 スピノザは汎神論を唱えた。

【満場（まんじょう）】その場にいる人の全て。 例 議題は満場一致で却下された。

【満堂（まんどう）】その堂の中にいる人全部。 例 満堂の観衆に呼びかける。

【満目（まんもく）】見渡せる範囲のすべて。 例 満目荒涼とした原野が続く。

そのほかの表現　全体／全般／全部／全面／オール／パーフェクト／パン（汎）

すまい　住まい

【居所（いどころ）】いる場所や住んでいるところ。 例 今日は虫の居所が悪そうだ。

【家宅（かたく）】家屋敷やすまいのこと。 例 家宅侵入で現行犯逮捕される。

【閑居（かんきょ）】静かで落ち着いたすまい。 例 人里離れた閑居にこもる。

【官邸（かんてい）】公務をとるために支給される邸宅。 例 首相官邸の前から中継する。

【居所（きょしょ）】居住しているところ。 例 田園地方に居所を定める。

【居宅（きょたく）】ふだんから住んでいる家。 例 知り合いの居宅を訪問する。

【寓居】（ぐうきょ） 仮住まい。自分の住居の謙譲語。 例 時折は寓居にお寄りください。

【公邸】（こうてい） 上級の公務員に提供される家。 例 大使公邸での滞在が許される。

【私邸】（してい） 私的な生活をするための家。 例 大統領の私邸を公開する。

【新宅】（しんたく） 新たに建築した家屋敷。 例 同じ敷地内に新宅を建てる。

【住処】（すみか） 住んでいる場所。 例 この地をついの住処と決める。

【別宅】（べったく） 本宅以外に所有している家。 例 郊外にいくつか別宅を持つ。

【本宅】（ほんたく） 日常生活を送っている家。 例 本宅にはあまり滞在しない。

そのほかの表現 官舎／公舎／自宅／社宅／住所／住宅／住居／邸宅／ハウス／ホーム／レジデンス（住宅）／メゾン（家）／アドレス（住所）

すむ 住む

【安住】（あんじゅう） 安らかな気持ちで住むこと。 例 ここを安住の地と定める。

【移住】（いじゅう） よその土地に移り住むこと。 例 一家そろって海外に移住する。

【永住】（えいじゅう） 死ぬまでその地に住むこと。 例 アメリカの永住権を獲得する。

【仮寓】（かぐう） しばらくの間一時的に住む。 例 親戚の家に仮寓する。

【寄寓】（きぐう） 一時的に人の家に身を寄せる。 例 友人宅の一室に寄寓する。

【寄食】（きしょく） 他人の家に世話になること。 例 失業してやむなく寄食する。

【居住】（きょじゅう） 一定の場所に留まり住むこと。 例 アパートの一室に居住する。

【寄留】（きりゅう） よその家や土地に仮住まいする。 例 災害により寄留の身となる。

【在住】（ざいじゅう） その国や土地に住んでいること。 例 日本に在住する外国人一家。

【常住】（じょうじゅう） 常にそこに住んでいること。 例 常住の管理人として雇う。

【定住】（ていじゅう） 一定の場所に住みつくこと。 例 定住せずに各地を放浪する。

【転居】（てんきょ） 住居をほかの場所へ移すこと。 例 友人に転居通知の葉書を出す。

【同居】（どうきょ） 家族以外の人が同じ家に住む。 例 三世代の家族が同居する。

【同棲】（どうせい） 未婚の男女が一緒に住むこと。 例 長い間同棲生活を送る二人。

【別居】（べっきょ） 家族が別々の家で暮すこと。 例 離婚を前提に別居する夫婦。

【幽棲】（ゆうせい） 俗世を逃れて静かに暮すこと。 例 晩年になって独り幽棲する。

する 擦る

【減摩】（げんま） ものが擦りへること。 例 タイヤの減摩を極力抑える。

【摩擦】（まさつ） 物と物とをこすり合わせる。 例 摩擦によって熱が生じる。

【摩損】（まそん） 物がこすれてへること。 例 自転車のブレーキが摩損する。

【摩滅】（まめつ） 擦り減ったりしてなくなること。 例 摩滅したタイヤを交換する。

するどい 鋭い

【鋭敏】(えいびん) 才知がするどく賢いさま。 例彼は鋭敏な頭脳の持ち主だ。

【鋭利】(えいり) するどくてよく切れるさま。 例鋭利な刃物が凶器と判明する。

【犀利】(さいり) 頭の働きなどがするどいさま。 例犀利な頭脳を生かした仕事。

【俊敏】(しゅんびん) 賢くて動作もすばやいこと。 例俊敏な身のこなしで逃走する。

【先鋭】(せんえい) 物の先がするどくとがっている。 例先鋭な刃物で切りつける。

【繊細】(せんさい) ほそくて優美なようす。 例繊細な指先をしている女性。

【敏感】(びんかん) 感覚がするどくて反応がはやい。 例音や光に敏感な野生動物。

【明敏】(めいびん) 頭がよく理解や反応がはやい。 例明敏な頭脳で知られる学者。

そのほかの表現 敏(さと)い／シャープ(鋭い)／センシティブ(敏感)

すわる 座る

【安座】(あんざ) 落ち着いて坐っているさま。 例安座しながら考え事をする。

【円座】(えんざ) 大勢が集まり輪になってすわる。 例円座して話し合いをはじめる。

【畏まる】(かしこまる) きちんとした姿勢で正座する。 例部屋の隅で畏まる内気な青年。

【危座】(きざ) 正しい姿勢ですわること。 例つねに危座の姿勢をくずさない。

【跪座】(きざ) ひざまずいてすわるさま。 例跪座したままで話を聞く。

【車座】(くるまざ) 大勢が向き合い輪になってすわる。 例仲間と車座になって酒を飲む。

【静座】(せいざ) 落ち着いて静かにすわるさま。 例静座して平常心を取り戻す。

【対座】(たいざ) 互いに向かい合ってすわる。 例対座して話し合いをする。

【泰然】(たいぜん) 何事にも動じず落ち着いている。 例泰然として応対にあたる。

【立膝】(たてひざ) 片方のひざを立ててすわる。 例立膝をついて挨拶を述べる。

【端座】(たんざ) 正しい姿勢できちんとすわる。 例端座したまま仕事をする。

【鎮座】(ちんざ) どっかりとすわり込むさま。 例門柱の上で鎮座している猫。

そのほかの表現 居座る／正座／着座／着席／横座り

せ

せ 背

【上背】(うわぜい) 背のたかさ。身長。 例上背があって身なりもよい男。

【後背】(こうはい) あるもののうしろ。背面。 例港の後背地に立地する。

せ

【背丈(せたけ)】 背のたかさ。身のたけ。 例一年で十センチ背丈が伸びる。

【背中(せなか)】 物やからだの後ろの部分。 例背中にリュックを背負って歩く。

【猫背(ねこぜ)】 背中が丸く曲がっているさま。 例自分の猫背を気にする。

【背後(はいご)】 事物や人のうしろや裏側部分。 例そっと相手の背後にまわる。

【背部(はいぶ)】 背中やうしろの部分。 例背部にやけどの跡が残る。

【背面(はいめん)】 うしろ側やうしろを向くこと。 例背面飛びで記録を更新する。

【身の丈(みのたけ)】 背のたかさ。身長。 例身の丈六尺以上ある大男。

せいこう 成功

【栄進(えいしん)】 上の地位や役職を得ること。 例入社以来栄進を重ねてきた。

【栄達(えいたつ)】 高い身分や地位を手に入れること。 例栄達を願ってやまない。

【結実(けつじつ)】 よい結果が得られること。 例努力が結実する時を迎える。

【出世(しゅっせ)】 社会的に高い身分や地位を得る。 例同期の中で一番の出世頭。

【成就(じょうじゅ)】 願いや希望がかなえられる。 例長年の願いがやっと成就する。

【小成(しょうせい)】 少しばかりの成功をおさめる。 例小成に安んじるような人でない。

【大成(たいせい)】 ある分野で立派に成功する。 例野球選手として大成する。

【晩成(ばんせい)】 年をとってから成功をおさめる。 例彼は晩成型の人間だ。

【豊作(ほうさく)】 作物などがよく実ること。 例来年の豊作を祈願する。

【立身(りっしん)】 社会的な地位を得ること。 例立身出世の道を断たれる。

そのほかの表現 サクセス(成功)／ヒット／ビクトリー(勝利)／ブレイク(爆発的に当たる)

⇩この項目も 勝つ・手柄

せいじつ 誠実

【謹厳(きんげん)】 まじめで慎み深く行動するさま。 例謹厳であろうと努める。

【至心(ししん)】 この上なく心が誠実なさま。 例至心をもって相手に接する。

【至誠(しせい)】 この上なく誠実に思う心。 例至誠を尽くして説得する。

【実直(じっちょく)】 まじめで正直であるさま。 例実直なだけが取り柄である。

【殊勝(しゅしょう)】 行いや心などがけなげである。 例実に殊勝な心がけである。

【真情(しんじょう)】 うそや偽りのない気持ち。 例世間の人々に真情を訴える。

【真率(しんそつ)】 言動などがまじめで偽りがない。 例真率な態度に感心させられる。

【誠心(せいしん)】 うそやいつわりなどのない心。 例誠心をもって謝罪する。

【赤心(せきしん)】 いつわることのない心。 例誰にでも赤心をもって接する。

少しもいつわりのない心。【赤誠（せきせい）】例赤誠を尽くして主君に仕える。

うそ偽りのないまことのこころ。【丹心（たんしん）】例丹心をこめて世話をする。

まごころのこもっているさま。【丹誠（たんせい）】例丹誠のこもった手紙を書く。

まごころを尽くして従う。【忠誠（ちゅうせい）】例国王に忠誠を誓う兵士たち。

なさけ深くて誠実なさま。【篤実（とくじつ）】例篤実な人柄が皆から好かれる。

情熱から出たまごころ。【熱誠（ねっせい）】例熱誠にあふれる演説を行う。

そのほかの表現 愚直／正直／真摯／誠意／真面目／良心／良心的／シンセリティー（誠実）／シリアス（真面目な）

せいする 制する

管理や規制などを行うこと。【管制（かんせい）】例管制塔から機長に指示を出す。

無理やり何かをさせること。【強制（きょうせい）】例本国に強制送還される。

注意を引いて自由に行動させない。【牽制（けんせい）】例牽制球を投げるよう指示する。

相手を束縛し意のままに動かす。【支配（しはい）】例恐怖政治で国民を支配する。

手に入れて支配すること。【掌握（しょうあく）】例軍隊を掌握して政権を奪う。

威力でおさえつけること。【制圧（せいあつ）】例軍に放送局を制圧される。

思い通りにあやつること。【制御（せいぎょ）】例機械を制御する仕事に就く。

限界や範囲などを決めること。【制限（せいげん）】例高さ制限のあるトンネル。

競争相手を負かし権力を握る。【制覇（せいは）】例大陸全土の制覇をたくらむ。

条件をつけて範囲をせばめる。【制約（せいやく）】例制約のついた商品を購入する。

多くの物事を統一し管理する。【統轄（とうかつ）】例それぞれの部署を統轄する。

全体を統一して動かすこと。【統御（とうぎょ）】例軍隊を統御する能力がある。

勢いなどをおさえること。【抑制（よくせい）】例感情を抑制できなくなる。

そのほかの表現 規制／コントロール／リミット／リミテーション（制限）／レギュレーション（規則）

せいする 征する

海外に軍を派遣して戦う。【外征（がいせい）】例議会は外征に承認を与えた。

武力によって他国の領土を奪う。【侵略（しんりゃく）】例各国に侵略戦争を非難される。

征服しておさえつけること。【征圧（せいあつ）】例他の民族を次々と征圧する。

敵地におもむき戦うこと。【征戦（せいせん）】例征戦幾星霜。

服従しないものを攻め討つ。【征討（せいとう）】例征討のための軍隊を編成する。

相手を負かして従わせること。【征服（せいふく）】例全土を征服して王朝を建てる。

【誅する（ちゅうする）】悪者や犯罪者を殺すこと。 例 奸臣を見つけ出して誅する。

【誅伐（ちゅうばつ）】悪人を武力で攻めほろぼす。 例 山賊の誅伐に乗り出す。

【追討（ついとう）】追手を差し向けて征伐すること。 例 敗残兵を追討するよう命じる。

【東征（とうせい）】東方にいる敵を攻め討つこと。 例 神武東征の物語。

【討伐（とうばつ）】兵を送り敵を攻め討つこと。 例 志願して討伐軍に参加する。

【来征（らいせい）】試合や戦争をしにやって来ること。 例 海外チームが日本に来征する。

⇩この項目も 犯す

せまい　狭い

【狭隘（きょうあい）】せまくて余裕がないさま。 例 狭隘な山道を進んで行く。

【狭窄（きょうさく）】すぼまってせまくなっている。 例 視野の狭窄した大人になる。

【狭小（きょうしょう）】せまくて小さいさま。 例 狭小な考えしか持てない人。

【狭量（きょうりょう）】心がせまく人を受け入れない。 例 大勢の人の前で狭量を示す。

【尺寸（しゃくすん）】面積などがわずかしかないさま。 例 尺寸の土地を争う。

【小量（しょうりょう）】心がせまく寛大になれない。 例 小量の人間と思われたくない。

【手狭（てぜま）】家がせまくて住みにくいさま。 例 子供が成長して手狭になる。

【偏狭（へんきょう）】土地などがせまいさま。 例 偏狭な土地しか購入できない。

【方寸（ほうすん）】きわめて小さくせまいところ。 例 方寸の地を耕して暮らす。

せまる　迫る（逼）

【急迫（きゅうはく）】せっぱつまった状態になる。 例 事態の急迫を知らされる。

【脅迫（きょうはく）】おどして言うことを聞かせる。 例 脅迫状が送り付けられる。

【強迫（きょうはく）】ある事をするよう強要される。 例 強迫観念にかられて行動する。

【近接（きんせつ）】すぐそばにあるさま。 例 建物に近接している公園。

【緊迫（きんぱく）】さしせまって気が抜けない。 例 緊迫した状態が長く続く。

【接近（せっきん）】すぐ近くまで寄ってくること。 例 ゆっくりと獲物に接近する。

【切迫（せっぱく）】急にさしせまってくること。 例 きわめて切迫した状況にある。

【肉迫（にくはく）】身をもって相手にせまること。 例 首位に肉迫する勢いを見せる。

【膝詰（ひざづめ）】相手にひざをつめよせる。 例 膝詰状態で行われた会議。

【瀕する（ひんする）】重大な事態がせまること。 例 会社が倒産の危機に瀕する。

せめる　攻める

【奇襲（きしゅう）】相手の不意をついて攻めること。 例 夜明け前に奇襲攻撃をする。

【逆襲】（ぎゃくしゅう）攻撃された側が逆に攻撃する。 例 いじめられっ子に逆襲される。

【急襲】（きゅうしゅう）不意をついていきなり襲うこと。 例 敵に急襲されてあわてる。

【挟撃】（きょうげき）敵を両側から同時に攻めること。 例 挟撃して敵の退路を断つ。

【強攻】（きょうこう）無理に押しせめること。 例 ゲリラの強攻に苦戦する。

【強襲】（きょうしゅう）激しい勢いで攻撃すること。 例 全兵力を投じて強襲する。

【迎撃】（げいげき）攻めてくる相手をむかえ撃つ。 例 迎撃ミサイルを設置する。

【襲来】（しゅうらい）激しくおそいかかること。 例 敵機の襲来を味方に告げる。

【出撃】（しゅつげき）攻撃するために陣地を出る。 例 出撃できるよう準備しておく。

【侵攻】（しんこう）よその国や土地にせめこむ。 例 隣国への侵攻を繰り返す。

【進攻】（しんこう）前に進んでせめこむこと。 例 敵の中枢部にまで進攻する。

【迫撃】（はくげき）敵に近づいて攻めること。 例 迫撃砲の照準を合わせる。

【猛撃】（もうげき）猛烈な勢いで攻めうつこと。 例 敵兵の猛撃に圧倒される。

【猛攻】（もうこう）激しい勢いで攻撃すること。 例 相手チームの猛攻の前に失点する。

【猛襲】（もうしゅう）非常に激しく攻撃すること。 例 猛襲を受けて逃げ出す兵士。

【夜襲】（やしゅう）夜の闇にまぎれて襲うこと。 例 敵の本拠地に夜襲をかける。

【邀撃】（ようげき）攻めてくる敵を迎え撃つこと。 例 急きょ邀撃作戦を展開する。

【来襲】（らいしゅう）襲いかかってくること。 例 大軍の来襲に手も足も出ない。

そのほかの表現 攻撃／進撃／速攻／突撃／反撃／反攻／敵襲／アタック／オフェンス／カウンターアタック(反撃)／アグレッシブ(攻撃的)

せめる 責める

【呵責】（かしゃく）激しく責めて苦しめること。 例 良心の呵責に耐えられない。

【詰責】（きっせき）過失などを問い詰めて責める。 例 自分の部下を厳しく詰責する。

【詰問】（きつもん）落ち度などを責めて問い詰める。 例 上司にしつこく詰問される。

【虐待】（ぎゃくたい）弱者にむごいしうちをする。 例 児童虐待の容疑で逮捕される。

【糾弾】（きゅうだん）不正や過失をあばいて批判する。 例 不正な融資を糾弾する。

【譴責】（けんせき）不正や過失をとがめしかる。 例 譴責処分の決定をくだす。

【自虐】（じぎゃく）必要以上に自分を責めること。 例 すぐ自虐的な考え方をする。

【自責】（じせき）自分の過失を自分で責める。 例 自責の念にかられて悩む。

【指弾】（しだん）つまはじきにして非難する。 例 世間の指弾にさらされる。

【叱責】（しっせき）人の過失を責めとがめること。 例 社長が社員を叱責する。

【弾劾】（だんがい）不正や犯罪を追及しとがめる。 例 弾劾裁判所が設けられる。

【督促】（とくそく）すみやかに行うようながす。 例 毎月督促状が送られてくる。

【難詰（なんきつ）】欠点を指摘し責めてなじる。 例担当者を呼び付け難詰する。

【迫害（はくがい）】弱者をいじめて苦しめること。 例迫害に耐えながら生きる。

【非難（ひなん）】相手の過ちを責めてとがめる。 例友人に対して非難を浴びせる。

【面責（めんせき）】面と向かって相手を責める。 例仲間の目の前で面責される。

【問責（もんせき）】責任などを問い詰める。 例管理責任者を問責する。

そ

そこなう 損なう（害）

【汚損（おそん）】ものが汚れて傷がつくこと。 例風雨にさらされ汚損した車。

【失策（しっさく）】対応を誤り悪い結果をもたらす。 例失策の責任を追及される。

【失態（しったい）】面目をなくすような失敗をする。 例皆の前で失態を演じてしまう。

【失敗（しっぱい）】物事をやり損なうこと。 例失敗しても全く反省しない人。

【小破（しょうは）】少しの損傷を与えること。 例車をぶつけて小破させる。

【消磨（しょうま）】すりへったりして消えること。 例記念碑の文字が消磨する。

【損壊（そんかい）】傷つけられて壊れること。 例地震により家屋が損壊する。

【損失（そんしつ）】財産や利益などをなくすこと。 例顧客の損失を肩代わりする。

【損亡（そんもう）】損害をこうむり利益をなくす。 例損亡した金額は計り知れない。

【損耗（そんもう）】使ううちに傷んですりへる。 例レールの損耗が目立つ。

【大破（たいは）】傷つき大いに壊れること。 例敵を一撃のもとに大破する。

【難破（なんぱ）】船が沈んだり壊れたりする。 例海に沈んだ難破船を引き上げる。

【摩損（まそん）】こすれ合ってへること。 例摩損した歯車を取り替える。

そのほかの表現 失敗る（しくじる）／毀れる（こぼれる）／ダメージ

⇩この項目も 過ち・失う・欠ける

そそぐ 注ぐ（灌）

【傾注（けいちゅう）】一つのことに打ち込むこと。 例考古学の研究に傾注する。

【注視（ちゅうし）】注意してじっと見ること。 例他人の行動をずっと注視する。

【注水（ちゅうすい）】水をそそいで入れること。 例自動的に注水される製氷機。

【注入（ちゅうにゅう）】液体を中にそそぎこむこと。 例試験管に薬品を注入する。

【注目（ちゅうもく）】注意や関心を向けること。 例世間の注目を集めた事件。

【注ぐ（つぐ）】器に液体をそそぎ入れること。 例グラスに赤ワインを注ぐ。

【流入（りゅうにゅう）】よそから流れこんでくること。 例外国製品が大量に流入する。

そのほかの表現 アテンション(注目)／アジる／アジテーション(扇動)

そそのかす 唆す(嗾)

おだててそそのかすこと。
【煽る(あおる)】例騒ぎ煽るような言動をとる。

悪事をするようそそのかす。
【教唆(きょうさ)】例殺人教唆の罪で逮捕される。

あおって相手に向わせる。
【嗾ける(けしかける)】例侵入した泥棒に犬を嗾ける。

指図したりしてそそのかす。
【使嗾(しそう)】例使嗾された大衆が暴動を起こす。

情欲などをそそっておこさせる。
【扇情(せんじょう)】例扇情的なまなざしで見る。

人をあおってある行動をすすめる。
【扇動(せんどう)】例大勢の若者を扇動する。

相手を刺激しそそのかす。
【挑発(ちょうはつ)】例くだらない挑発にはのらない。

そのほかの表現 煽(おだ)てる／焚(た)き付ける

そだつ そだてる 育つ 育てる

愛情をそそいで育てること。
【愛育(あいいく)】例ただ一人の息子を愛育する。

羽がはえて成虫になること。
【羽化(うか)】例蝶(ちょう)が羽化するのを観察する。

生まれたものが育つこと。
【生育(せいいく)】例苗の生育に悪影響を及ぼす。

成長して大きくなること。
【成育(せいいく)】例子犬の成育するさまを見る。

精神や肉体が十分育つこと。
【成熟(せいじゅく)】例精神的に成熟する年齢になる。

普通より早く発達するさま。
【早熟(そうじゅく)】例早熟な子供だと思われる。

植物を人工的に早く生長させる。
【促成(そくせい)】例促成栽培で収穫量が増える。

蛇や虫が古い表皮を捨てて成長する。
【脱皮(だっぴ)】例脱皮を繰り返し大きくなる。

能力や性質などを養い身につける。
【培う(つちかう)】例幼いころから忍耐力を培う。

葉や茎だけがむだに伸びる。
【徒長(とちょう)】例徒長した枝を切り落とす。

小児が日毎に成長すること。
【肥立ち(ひだち)】例肥立ちがあまりよくない子。

子供を養って育てて行くこと。
【養育(よういく)】例夫婦で子供の養育権を争う。

そのほかの表現 育児／生長／成長／発育／発達／保育／生い立ち／子育て／長(た)ける／野育ち／育(はぐく)む／養う

そなえる 備える(具)

設備や機能が全て備わっている。
【完備(かんび)】例冷暖房完備のマンション。

必要なものが十分に備わっている。
【具備(ぐび)】例必要な条件を具備した人物。

性質などが身にそなわっている。
【具有(ぐゆう)】例両性具有の主人公の遍歴譚。

そ

【兼備（けんび）】複数の才能や事柄を合わせ持つ。 例才色兼備のほまれが高い。

【兼有（けんゆう）】合わせ持っているさま。 例知徳を兼有している人物。

【後備（こうび）】戦闘にそなえ後方で待機する軍。 例後備の兵士を増強する。

【準備（じゅんび）】必要な事物をあらかじめ用意する。 例文化祭の準備をする。

【常設（じょうせつ）】期間を限定せずに設ける。 例常設劇場を所有する劇団。

【常備（じょうび）】常にそなえつけてあること。 例自宅に防災用品を常備する。

【整備（せいび）】準備がととのっているさま。 例定期的に車の整備を行う。

【設置（せっち）】必要に応じて物を備え付ける。 例店に防犯カメラを設置する。

【設備（せつび）】必要な物を備え付けること。 例設備の充実した大型ホテル。

【装備（そうび）】必要な物品を備えること。 例完全な装備で雪山に登る。

【蓄財（ちくざい）】金銭などの財産をためること。 例一家で蓄財に励んでいる。

【蓄蔵（ちくぞう）】ためこんでしまっておく。 例災害に備えて食料を蓄蔵する。

【貯蔵（ちょぞう）】物をたくわえてしまうこと。 例野菜を貯蔵庫で保存する。

【配置（はいち）】適切な場所や地位におくこと。 例各部隊を戦闘配置につける。

【配備（はいび）】人や物を配置して備えること。 例所々に警官を配備する。

【備荒（びこう）】災害などに備えること。 例備荒作物を植えてある畑。

【備蓄（びちく）】万一に備えて物品をたくわえる。 例石油の備蓄が不足気味になる。

【不備（ふび）】備わるべきものが備わってない。 例書類の不備を指摘される。

そのほかの表現 アレンジメント（配置）／ストック（貯蔵）／リザーブ（貯蔵）／スペア／メンテナンス（整備）

それぞれ
夫夫（其其）

【一一（いちいち）】一つ一つにまで事が及ぶさま。 例一一説明する手間を省く。

【各各（おのおの）】一人一人それぞれが。 例各各好き勝手なことをする。

【各（かく）】それぞれの。 例必要な物は各自で持参する。

【各個（かっこ）】その場にあるものそれぞれ。 例各個に撃破する方法をとる。

【個個（ここ）】複数ある中の一つ一つ。 例個個に話し合いをすすめる。

【戸別（こべつ）】一軒一軒の家ごとに。 例戸別に訪問して説明する。

【個別（こべつ）】それぞれ別にすること。 例個別に相談してから決める。

【逐一（ちくいち）】一つ一つが詳しいさま。 例上司に情況を逐一報告する。

【逐語（ちくご）】一語一語それぞれについて。 例逐語訳した文章を読み上げる。

【逐条（ちくじょう）】一つ一つ箇条順に進めて行く。 例その場で逐条審議を始める。

【別別（べつべつ）】それぞれに分れているさま。 例荷物は別別に運んでもらう。

【銘銘】(めいめい) 多くの人がそれぞれに。 例 銘銘好きな場所に腰をおろす。

【面面】(めんめん) その場にいるひとりひとり。 例 お偉方の面面がやって来る。

たいする　対する

【相対】(そうたい) 他と比較して規定されるさま。 例 相対的なものの考え方をする。

【対外】(たいがい) 外部あるいは外国に対すること。 例 対外政策を慎重に決定する。

【対決】(たいけつ) 敵に正面から立ち向かうさま。 例 いよいよ対決する時が来た。

【対向】(たいこう) お互いに向き合うこと。 例 対向車のライトが見える。

【対抗】(たいこう) 複数のものがはりあい競う。 例 クラス対抗リレーを行う。

【対峙】(たいじ) 向かい合ったままで動かない。 例 両軍が戦場で相対峙する。

【対照】(たいしょう) 両方を照らし合わせること。 例 対照的な性格をした兄弟。

【対陣】(たいじん) 互いに向き合って陣を敷く。 例 谷をはさんで対陣する。

【対敵】(たいてき) 敵の勢力に相対すること。 例 にわかに対敵行動に出る。

【対日】(たいにち) 日本を相手とすること。 例 対日講和条約を締結する。

【対比】(たいひ) 二つの物事を比べること。 例 二人の意見を対比してみる。

【対面】(たいめん) 互いが顔を合わせること。 例 十年ぶりに親子の対面をはたす。

【直面】(ちょくめん) ある物事にじかに接すること。 例 解決困難な問題に直面する。

【敵対】(てきたい) 敵であるとしてはむかう。 例 敵対関係にある二人。

たいせつ　大切

【逸材】(いつざい) 人並み外れた才能の持ち主。 例 百年に一人の逸材と言われる。

【核心】(かくしん) 物事の中心をなす大切な部分。 例 問題の核心を衝く。

【要】(かなめ) なくてはならない大事なもの。 例 捕手は守りの要と考える。

【肝心】(かんじん) いちばん大事なところ。 例 肝心なところで失敗する。

【勘所】(かんどころ) 外してはならない大切な部分。 例 勘所を押さえれば上達できる。

【眼目】(がんもく) 物事のいちばん大事なところ。 例 話の眼目がよく分からない。

【肝要】(かんよう) きわめて大事であるさま。 例 何事にも辛抱が肝要である。

【貴重】(きちょう) 価値が高くなかなか得られない。 例 貴重品を金庫にしまっておく。

【急所】(きゅうしょ) 体・物事の最も大切な箇所。 例 急所をついた質問を浴びせる。

【拠点】(きょてん) 活動の拠り所となる地点・場所。 例 海外に事業の拠点をつくる。

【緊要】(きんよう) 差し迫っていて必要なこと。 例 緊要な課題がいくつもある。

【肯綮】（こうけい） 物事の最も大切な所。急所。 例 質問が肯綮に中（あた）る。

【骨子】（こっし） 物事の中心となる骨組み。内容。 例 企画の骨子を説明する。

【珠玉】（しゅぎょく） 美しくすぐれているさま。 例 珠玉の作品だけを集める。

【枢要】（すうよう） 組織の中心にあり大切なさま。 例 組織の枢要な地位につく。

【正鵠】（せいこく） 的の中心。物事の核心。 例 指摘はまさに正鵠を射ている。

【中核】（ちゅうかく） 物事の中心となる重要な部分。 例 営業部門が社の中核をなす。

【中軸】（ちゅうじく） 中心の軸。かなめとなる重要な部分。 例 中軸社員の活躍を期待する。

【中枢】（ちゅうすう） 中心となる重要な部分。組織の中心。 例 黒船が幕府の中枢をゆるがす。

【珍重】（ちんちょう） めずらしくて大事なさま。 例 食通に珍重される食材。

【本拠】（ほんきょ） 活動の中心となる所。かなめの拠点。 例 生産の本拠を海外に移す。

【要所】（ようしょ） 重要な場所・地点。大切な箇所。 例 要所要所に警備員を配置する。

【要衝】（ようしょう） 軍事・交通のかなめとなる重要地点。 例 要衝の地として発展する。

【力点】（りきてん） 物事の中心として、力を入れる所。 例 社会福祉の充実に力点を置く。

【論点】（ろんてん） 議論・論議の中心となる内容。 例 論点を絞って話し合う。

そのほかの表現 必要／重大／重要／主要／家宝／得がたい／インポータント（重要）／プレシャス（大切）

たいよう 太陽

【入り日】（いりひ） 山や水平線に入っていく太陽。 例 入り日に赤く照らされる。

【旭日】（きょくじつ） 盛んに輝いている朝の日光。 例 旭日の輝く東方の空。

【斜陽】（しゃよう） 斜めにかたむいた日の光。 例 部屋の奥まで斜陽が射し込む。

【秋陽】（しゅうよう） 秋の太陽やその光。 例 秋陽に照らされ輝く紅葉。

【春陽】（しゅんよう） 春の太陽やその光。 例 暖かい春陽が射し込んでくる。

【天日】（てんぴ） 太陽や太陽の光。 例 天日にさらして乾燥させる。

【日輪】（にちりん） 天日。太陽。日の光。 例 手をかざして日輪を仰ぐ。

【白日】（はくじつ） ひかり輝く真昼の太陽。 例 白日のもとにさらされる。

【初日】（はつひ） 正月一日の朝の太陽。 例 毎年初日を拝みに出かける。

【落日】（らくじつ） 夕方のしずみゆく太陽。 例 丘の上から落日を眺める。

【落陽】（らくよう） かたむきかけた日の光。 例 落陽に赤く染まる町並み。

【烈日】（れつじつ） 強く照り付ける真夏の太陽。 例 烈日に耐えて過ごす。

そのほかの表現 サン／サンライズ／サンセット

たいら 平ら

【水平】（すいへい）起伏がなく平らかなさま。例容器を水平に保つようにする。

【坦坦】（たんたん）ずっと平らかであるさま。例坦坦とした平原が広がる。

【地平】（ちへい）平らになっている大地の面。例地平線から太陽が顔を出す。

【平坦】（へいたん）起伏がなく平らである。例平坦な道をひたすら歩く。

【扁平】（へんぺい）凹凸がなく平らなさま。例扁平足を気にしている。

そのほかの表現 ホライズン（地平線）

たえる　耐える

【隠忍】（いんにん）苦痛などをじっとがまんする。例隠忍しながら時機をうかがう。

【我慢】（がまん）怒りや欲望などを抑えて耐える。例我慢に我慢を重ねてきた。

【堪忍】（かんにん）怒りをこらえて許すこと。例これ以上は堪忍ならない。

【堅忍】（けんにん）苦しくてもじっとこらえる。例堅忍の精神を教えられる。

【克己】（こっき）意志の力で欲望にかつこと。例克己して修行に励む。

【凌ぐ】（しのぐ）がまんして何とか持ちこたえる。例猛暑の夏をどうにか凌ぐ。

【辛抱】（しんぼう）辛くてもじっと耐えること。例辛抱強く何年も機会を待つ。

【耐火】（たいか）なかなか燃えないこと。例耐火スーツを着用する消防士。

【耐寒】（たいかん）寒さをたえしのぶこと。例耐寒訓練を実施する。

【耐久】（たいきゅう）長期の使用に耐えられること。例この家の耐久年数は約三十年。

【耐震】（たいしん）強い地震に耐えられること。例耐震構造のビルを建てる。

【耐熱】（たいねつ）高熱にも耐えられること。例耐熱ガラスのポット。

【耐乏】（たいぼう）物が乏しく不便な状況に耐える。例耐乏生活を余儀なくされる。

【耐用】（たいよう）通常の使用に耐えうること。例実際の耐用年数を調べる。

【超克】（ちょうこく）困難に負けずうちかつこと。例超克の精神で乗り切る。

【忍苦】（にんく）苦しみに耐えてがまんする。例若い頃に忍苦の生活を送る。

【忍耐】（にんたい）苦痛や怒りなどをこらえること。例忍耐力が問われている。

たえる　絶える

【枯渇】（こかつ）物が欠乏したりなくなること。例天然の資源が枯渇する。

【根絶】（こんぜつ）根本から取り除くこと。例感染症の根絶に努める。

【絶縁】（ぜつえん）人との縁や関係を絶つこと。例親や兄弟と絶縁状態になる。

【絶命】（ぜつめい）死んでしまうこと。例病院に着く前に絶命する。

【断絶】（だんぜつ）続いてきたものが絶えること。例戦争により国交が断絶する。

【中絶】（ちゅうぜつ）物事が途中で中止されること。例妊娠の中絶を決める。

た

【中断】（ちゅうだん） 行われている事が途中でとぎれる。 例 雨で試合が一時中断する。

【蕩尽】（とうじん） 道楽などで財産を使い果たす。 例 放蕩息子が財産を蕩尽する。

【途絶】（とぜつ） いきなり絶えてなくなる。 例 通信が途絶した原因を調べる。

【廃絶】（はいぜつ） 跡継ぎがいなくて絶える。 例 家系が廃絶の憂き目にあう。

【払底】（ふってい） すっかりなくなってしまう。 例 燃料のガソリンが払底する。

【撲滅】（ぼくめつ） ほろぼしてなくすこと。 例 犯罪撲滅運動に参加する。

⇩この項目も 滅びる

たおれる 倒れる

【横転】（おうてん） 横になって転がること。 例 風にあおられ車が横転する。

【昏倒】（こんとう） 目がくらんでたおれること。 例 いきなり昏倒して周囲が驚く。

【自壊】（じかい） 内部からくずれこわれること。 例 自壊作用が引き起こされる。

【卒倒】（そっとう） 意識を失いたおれること。 例 仕事の最中に卒倒する。

【転倒】（てんとう） ころんで横になること。 例 転倒して足を骨折する。

【転覆】（てんぷく） 船舶や車両などがひっくり返る。 例 嵐で漁船が転覆する。

【倒壊】（とうかい） 建造物がくずれて壊れること。 例 地震でビルが倒壊する。

【倒伏】（とうふく） 稲や木などがたおれること。 例 大雨で麦の大半が倒伏する。

そのほかの表現 倒産／破産／反転／転ぶ／潰（つぶ）れる

たかい 高い

【高貴】（こうき） 身分などが立派で貴いこと。 例 高貴な人がお忍びで出歩く。

【高下】（こうげ） 高いことと低いこと、優劣など。 例 身分の高下にこだわらない。

【高次】（こうじ） 次元や程度が高いさま。 例 高次の段階にすすむ。

【高所】（こうしょ） 高い場所や立場など。 例 高所恐怖症で窓に近づけない。

【高等】（こうとう） 等級や位などが高いこと。 例 学校で高等技術を身につける。

【高騰】（こうとう） 物価などが上昇すること。 例 地価高騰により過疎化が進む。

【腰高】（こしだか） 器物などの腰の位置が高いこと。 例 腰高に作られた高坏。

【声高】（こわだか） 大きく高い声で話すさま。 例 文章を声高に読み上げる。

【至高】（しこう） この上なく高いさま。 例 至高の存在としてあがめられる。

【大身】（たいしん） 身分が高く財産もある人。 例 努力して大身となる。

【高高】（たかだか） きわだって高いさま。 例 優勝杯を高高とかかげる。

【富貴】（ふうき） 金持ちで地位も高いこと。 例 富貴の家柄として知られる。

【朗朗】（ろうろう） 声などが高くて澄んでいる。 例 舞台の上で朗朗と歌い上げる。

そのほかの表現 高価／高級／高度／高名／最高／高値／天井／割高／甲高い／ハイクラス／ハイクオリティー／ハイテンション／ノーブル（高貴な）

たくらみ　企み

【悪計】（あっけい）悪だくみをすること。 例 昔から悪計には長じている。

【陰謀】（いんぼう）ひそかにたくらむ悪いこと。 例 要人暗殺の陰謀を企てる。

【遠謀】（えんぼう）将来まで考えたはかりごと。 例 じっくりと遠謀をめぐらす。

【姦計】（かんけい）悪いたくらみ。 例 姦計にはまって失脚する。

【姦策】（かんさく）悪いはかりごと。 例 知恵を絞って姦策を練る。

【陥穽】（かんせい）人をおとしいれるための策。 例 ライバルを陥穽にはめる。

【詭計】（きけい）人をだますはかりごと。 例 詭計を用いて利益を得る。

【共謀】（きょうぼう）一緒に悪事をたくらむこと。 例 共謀して公金を横領する。

【権謀】（けんぼう）臨機応変にはかりごとをする。 例 権謀に長けている人物。

【細工】（さいく）手を加え人の目をあざむくこと。 例 車のブレーキに細工する。

【策謀】（さくぼう）はかりごと。 例 策謀をめぐらし権力を奪う。

【策略】（さくりゃく）計略やはかりごとなど。 例 策略にかかったふりをする。

【術策】（じゅっさく）たくらみやはかりごとなど。 例 敵の術策にうっかりはまる。

【術中】（じゅっちゅう）はかりごとや罠。 例 相手の術中に陥った。

【神算】（しんさん）きわめて優れたはかりごと。 例 彼の神算に驚かされる。

【深謀】（しんぼう）よく考えて立てたはかりごと。 例 ひそかに深謀をめぐらす。

【謀る】（たばかる）計略を用いて相手をだます。 例 不本意ながら友を謀る。

【智謀】（ちぼう）知恵のある巧みなはかりごと。 例 智謀をめぐらして出世した男。

【通謀】（つうぼう）複数の者が示し合わせ企む。 例 大勢が集まって通謀する。

【謀】（はかりごと）うまく事が運ぶよう予め考える。 例 事前に謀が発覚する。

【謀計】（ぼうけい）はかりごと。たくらみ。 例 謀計をめぐらし敵を失脚させる。

【方略】（ほうりゃく）はかりごとや策略。 例 事前に方略を立てておく。

【謀略】（ぼうりゃく）人をおとしいれるたくらみ。 例 謀略を立てて政敵を陥れる。

そのほかの表現 企て／計略／仕掛け／巧む／からくり／術

⇩この項目も 企てる・図る

たくわえる　貯える（蓄）

【蓄財】（ちくざい）金銭をためること。たくわえたお金。 例 蓄財にはげむ。

【蓄積】（ちくせき）たくわえていくことやもの。 例 蓄積されたエネルギー。

外に出さずしまっておく。【蓄蔵(ちくぞう)】例大量の蓄蔵貨幣がある。

お金をためること。【貯金(ちょきん)】例郵便局に貯金する。

のちに使えるようたくわえる。【貯蔵(ちょぞう)】例水の貯蔵タンクを作る。

財貨をたくわえること。【貯蓄(ちょちく)】例貯蓄高日本一。

万一のために用意しておく。【備蓄(びちく)】例石油の備蓄タンクが並ぶ。

銀行などに金銭を預ける。【預金(よきん)】例不意の出費のため預金する。

そのほかの表現 溜める／ストック

たしか 確か

間違いや変更のないこと。【確実(かくじつ)】例それは確実な方法だ。

確かで動かすことのできないこと。【確然(かくぜん)】例確然たる論拠。

はっきりと決まる。【確定(かくてい)】例証拠によって、無罪が確定する。

確実でぐらつかないこと。【確固(かっこ)】例確固とした信念の持ち主。

確実で、信用できる様子。【正確(せいかく)】例この時計は正確だ。

精密で、故障が起こらない様子。【精確(せいかく)】例精確な測定器の開発。

判断が本質をついている。「適確」。【的確(てきかく)】例的確な指示に従う。

はっきりと他と区別がある様子。【明確(めいかく)】例明確な一線を引く。

たすける 助ける

なにかの足し、たすけ。【一助(いちじょ)】例遠征費の一助として提供する。

わずかな助力のこと。一臂は片腕。【一臂(いっぴ)】例一臂の力を貸そう。

陰にいて助けること、人。後見。【後ろ見(うしろみ)】例心強い後ろ見。

力を貸して助ける。【加勢(かせい)】例彼の孤軍奮闘に、思わず加勢する。

人のすることに自分も加わる。【荷担(かたん)】例陰謀に荷担する。

飢饉で困っている人たちを救う。【救荒(きゅうこう)】例甘藷は救荒作物だ。

国の危急事態を救うこと。【救国(きゅうこく)】例救国の英雄を称える。

共同で力を合わせ互いに助け合うこと。【共済(きょうさい)】例職員の共済組合。

家長が幼少のとき補佐すること、人。【後見(こうけん)】例後見役の伯父。

相手の配慮への敬称。【高配(こうはい)】例ご高配に感謝申し上げます。

同様の環境にある人が助け合う。【互助(ごじょ)】例互助会に入る。

趣旨に賛同し会や事業に協力をする。【賛助(さんじょ)】例賛助会員を募る。

研究・事業の完成を助ける。【助成(じょせい)】例助成金を申請した。

手助けし、力をそえること。【助勢(じょせい)】例君のためなら助勢しよう。

【助長】（じょちょう） 力をそえて、盛んにさせること。 例表現力を助長する教育。

【助命】（じょめい） 殺されるはずの人を助けること。 例死刑囚の助命嘆願。

【助力】（じょりょく） 力をそえること。手助け。 例先輩に助力を求める。

【増援】（ぞうえん） 人員を増やして助力を強化すること。 例増援部隊を送る。

【天助】（てんじょ） 天（神）の助け。 例神祐天助。

【内助】（ないじょ） 表立たないで助ける。精神的支え。 例妻の内助の功のお陰だ。

【扶助】（ふじょ） 経済的に援助する。 例健康保険は相互扶助の制度だ。

【扶養】（ふよう） 養い、世話をする。生活の面倒を見る。 例彼には一家六人の扶養家族がいる。

【鞭撻】（べんたつ） しっかりやるようにと励ます。 例ご指導ご鞭撻願います。

【幇助】（ほうじょ） 犯罪の手助けをすること。 例幇助の罪で起訴される。

【補佐】（ほさ） そばで、補い助けること。 例父の補佐役として入社する。

【補助】（ほじょ） 不足分を補って援助する。 例研究の補助金の申請をした。

【翼賛】（よくさん） 力をそえて手助けすること。 例翼賛政治と批判される。

【来援】（らいえん） 当地へ来て手助けする。応援する。 例本社に来援を依頼した。

そのほかの表現 後ろ盾／援助／応援／救世／救貧／協力／後援／支援／庇護／ヘルプ／ヘルパー／ケア／サポート／サポーター／バックアップ／リリーフ／アシスト／カバー

⇩この項目も 救う・守る

たずねる

訪ねる

【慰問】（いもん） 見舞って慰める。 例独居老人を慰問する。

【往訪】（おうほう） 人を訪ねて行くこと。 例友人同士の往訪や来訪が盛んだ。

【採訪】（さいほう） その土地を訪れ、資料を採集する。 例東北地方を採訪旅行する。

【参上】（さんじょう） 目上の人のところを訪ねること。 例明日参上いたします。

【伺候】（しこう） 貴人のご機嫌を伺いに参上する。 例ただいま伺候いたしました。

【推参】（すいさん） 自分からおしかけて参上する。 例突然の推参、失礼いたしました。

【探訪】（たんぼう） 何かを目的として訪れること。 例義経伝説探訪の旅。

【弔問】（ちょうもん） 弔いのため死者の遺族を訪ねること。 例弔問客の長い列ができた。

【訪問】（ほうもん） 人を訪ねること。 例友人宅を訪問する。

【来駕】（らいが） 自分の家に来ていただく。 例ご来駕に感謝します。

【来訪】（らいほう） 人が訪ねてくること。 例来訪者用の駐車場。

【歴訪】（れきほう） 目的に従って次々に訪ねること。 例アジア歴訪の旅に出る。

そのほかの表現 伺（うかが）う

⇩この項目も 来る

たずねる　尋ねる（訊）

【喚問】（かんもん）公の場に呼び出して質問する。例国会での証人喚問。

【詰問】（きつもん）相手を厳しく責め、返答を求める。例詰問口調で話す。

【糾弾】（きゅうだん）責任を追及し、非難する。「糺弾」。例糾弾集会を行う。

【検索】（けんさく）その事柄について調べ、探し出す。例情報検索システム。

【検問】（けんもん）疑わしい点を問いただし調べる。例テロ対策に検問を強化する。

【考究】（こうきゅう）本質まで掘り下げて考えようとする。例弟は考究の徒だ。

【策敵】（さくてき）敵の位置、兵力などを調べる。例策敵が事を分ける。

【査問】（さもん）関係者に問い糺して事実を調べる。例前衛党の査問委員会。

【試問】（しもん）問題を出して学力をはかる。試験。例難しい口頭試問を突破した。

【諮問】（しもん）政策などについて意見を求めること。例文部科学大臣の諮問を受ける。

【自問】（じもん）自分の行為などを自己に問う。例失敗の原因を自問する。

【借問】（しゃもん）ちょっと問うこと。「しゃくもん」。例論者に借問する。

【照会】（しょうかい）不明な点を問い合わせて調べる。例身元の照会を行う。

【審問】（しんもん）詳しく問いただすこと。例その件について審問された。

【尋問】（じんもん）取り調べのために口頭で質問する。例警察官に不審尋問を受けた。

【誰何】（すいか）「誰か」と呼びとめ、身元を調べる。例衛兵が誰何する。

【請訓】（せいくん）大使などが本国政府に訓令を求める。例緊急事態が発生し、請訓する。

【設問】（せつもん）質問や問題を作って示すこと。例適切な設問に感心した。

【穿鑿】（せんさく）あれこれ事細かに知りたがること。例穿鑿好きな隣人。

【詮索】（せんさく）細かいところまで探り求めること。例詮索は必要ない。

【捜査】（そうさ）犯人や証拠などを捜し、取り調べる。例捜査本部を設置する。

【捜索】（そうさく）ものや行方をたずね、捜し求める。例即製の捜索隊を組織する。

【探求】（たんきゅう）あくまで探して得ようとすること。例一族のルーツを探求する。

【探究】（たんきゅう）物事の真の姿、あり方を求めること。例真理の探究。

【探索】（たんさく）探り、求めること。例家出人の行方を探索する。

【探偵】（たんてい）密かに他人の事情などを探ること。例面白い探偵小説。

【追究】（ついきゅう）深く明らかにしようとする。例古代文明の謎を追究する。

【偵察】（ていさつ）敵や相手の動きをこっそり観察する。例偵察機が飛ぶ。

【内偵】（ないてい）こっそりと相手の事情を探ること。例内偵を進めてきた。

【難詰】（なんきつ）非難し、問いつめること。例難詰され、言葉に詰まる。

【発問】（はつもん）質問を発する。またその質問。例発問形式を考える。

たたかう　戦う（闘う）

【一戦（いっせん）】一回の戦い。ひと勝負。 例ついに一戦を交える。

【格闘（かくとう）】組み合って争う。とっくみあい。 例難題と格闘する。

【敢闘（かんとう）】逃げずに勇敢にたたかう。 例試合後に敢闘をたたえあう。

【苦戦（くせん）】不利な状況下での苦しい戦い。 例苦戦を強いられる。

【激戦（げきせん）】激しい戦い。 例激戦の末、我がチームが勝ち残る。

【激闘（げきとう）】激しいぶつかり合い。 例まだ激闘が続いている。

【血戦（けっせん）】血みどろになり力いっぱい戦う。 例宿敵との血戦となる。

【決戦（けっせん）】最終の勝敗を決める戦い。 例短期決戦の方針を立てる。

【決闘（けっとう）】互いに決めた方法で命を掛けて闘う。 例決闘を申し入れる。

【混戦（こんせん）】敵味方が入り乱れて戦う。 例試合が混戦模様を呈する。

【死闘（しとう）】生死をかけた戦い。 例死闘を繰り広げる。

【緒戦（しょせん）】戦いの始まり。 例緒戦に優勢であるほうが有利だ。

【接戦（せっせん）】力量が同じ両者が勝負をせりあう。 例接戦の末惜敗する。

【舌戦（ぜっせん）】言いあらそうこと。口論。 例舌戦を戦わす。

【善戦（ぜんせん）】実力を出し尽くし、戦うこと。 例最後までよく善戦した。

【戦闘（せんとう）】兵器を使って敵と闘うこと。 例戦闘開始。

【争覇（そうは）】権力争い。優勝争い。 例争覇戦を戦い抜いた強者。

【対戦（たいせん）】相対して、敵と味方とが戦う。 例次の対戦相手は手強い。

【督戦（とくせん）】部下を監督激励して戦わせる。 例督戦術に長けた首領。

【熱戦（ねっせん）】熱のこもった激しい勝負。 例熱戦の火ぶたが切られた。

【白兵戦（はくへいせん）】刀や槍などを使って行う接近戦。 例白兵戦に持ち込む。

【奮戦（ふんせん）】力をふるってたたかう。奮闘。 例奮戦むなしく敗れ去る。

【奮闘（ふんとう）】力のかぎり努力する。 例彼の奮闘のおかげで今日がある。

【勇戦（ゆうせん）】勇ましく戦うこと。 例祖父は勇戦の士だ。

【乱戦（らんせん）】敵味方が入り乱れて戦うこと。 例乱戦模様になった。

【乱闘（らんとう）】入り乱れて戦うこと。 例学生の乱闘騒ぎがあった。

【力戦（りきせん）】力を尽くして戦うこと。力闘。 例力戦の結果、引き分けた。

【力闘（りきとう）】力いっぱい戦うこと。力戦。 例力闘に悔いはない。

そのほかの表現　合戦／苦闘／戦争／戦闘／ファイト／コンバット（戦闘）／バトル／ウォー（戦争）

⇩この項目も　競う・争う

ただしい　正しい

【公正（こうせい）】偏らず正しい判断。 例 公正な判断を下す。

【至当（しとう）】至って当然なこと。 例 至当な反応が返ってきた。

【順当（じゅんとう）】期待通りにそうなること。 例 チームは順当に優勝した。

【真実（しんじつ）】うそいつわりのない本当のこと。 例 真実はただ一つだ。

【真性（しんせい）】間違いなくほんもの。 例 真性コレラという診断。

【正格（せいかく）】規則にのっとっている。 例 動詞の正格活用。

【正確（せいかく）】確実で信用できること。 例 彼のする仕事は正確だ。

【正規（せいき）】正式なきまりで決められたこと。 例 正規職員として採用する。

【正義（せいぎ）】道理にかなう人が行うべき正しい道。 例 正義の味方を任ずる。

【正式（せいしき）】正規の方式。本式。 例 いずれ正式な発表がある。

【正常（せいじょう）】ほかと変ったところがなく普通。 例 正常な値を知る。

【正則（せいそく）】正しい規則。規則にかなっている。 例 正則の教育訓練を受ける。

【正当（せいとう）】正しく道理にかなっている。 例 正当な権利を主張する。

【正道（せいどう）】正当な道理。正しい道。公けの道。 例 正道を歩む。

【方正（ほうせい）】きちんとして正しいこと。 例 品行方正な青年。

【本当（ほんとう）】見せかけや偽りでなく真実である。 例 本当の思いを表す。

そのほかの表現　まっとう／まとも／ノーマル（正常）／ジャスティス（正義）／リアリティー（真実）／トルース（本当）／フォーマル（正式）

ただす　正す

【改正（かいせい）】改めて正しくする。 例 時刻表の改正。

【改定（かいてい）】以前のものを改め定めること。 例 十年ぶりに運賃が改定された。

【改訂（かいてい）】書籍の内容を改め直すこと。 例 高校の教科書を改訂する

【矯正（きょうせい）】欠点を直して、正しくすること。 例 姿勢を矯正する。

【更生（こうせい）】改め、正しくあろうとする。 例 更生の道を歩き始めた。

【校正（こうせい）】文字の誤りや不備を調べ正すこと。 例 何度も校正をして正確を期す。

【叱正（しっせい）】叱ることによって正すこと。 例 叱正されて気づいた事柄。

【修正（しゅうせい）】よくないところを直して正しくする。 例 計画を修正する。

【粛正（しゅくせい）】厳格に取り締まって乱れを正す。 例 腐敗した行政組織の粛正を求める。

【是正（ぜせい）】悪い点を改め、正しくする。 例 制度を是正する。

【補整（ほせい）】理想的な形に補って直す。 例 体型補整をして着物を着る。

たつ　立つ

⇩この項目も　直す・改める

【起立】（きりつ）立ちあがること。　例 起立して、主賓の入場を待つ。

【樹立】（じゅりつ）しっかりと立てる。確立する。　例 新しい国家を樹立する。

【設立】（せつりつ）新しく組織を作ること。　例 財団の設立総会を開く。

【佇む】（たたずむ）立ちどまる。立っている。　例 夕暮れの庭にしばらく佇む。

【直立】（ちょくりつ）まっすぐに立つこと。　例 直立不動で、先生の前に立つ。

【佇立】（ちょりつ）たたずむ。立ちどまる。　例 部屋の前でしばし佇立する。

【爪立つ】（つまだつ）足のつま先で立ち、伸び上がる。　例 爪立って向こうを見る。

【倒立】（とうりつ）手をついて逆さまに立つ。逆立ち。　例 倒立前転ができた。

【棒立ち】（ぼうだち）驚いて突っ立つ様子。　例 爆音に驚いて棒立ちになる。

【擁立】（ようりつ）その地位につかせようと盛り立てる。　例 候補者擁立を図る。

【乱立】（らんりつ）多数が乱雑に立ち並ぶ。　例 レストランが乱立ぎみだ。

【立案】（りつあん）案を立てること。草案を作ること。　例 計画立案を任せる。

【立身】（りっしん）世に認められ栄達すること。　例 立身出世をめざす。

【林立】（りんりつ）林の木のように並んで立つこと。　例 林立したビル群。

たつ　断つ（絶・裁）

【横断】（おうだん）横に裁つこと。横に切ること。　例 横断中の事故が多い。

【禁止】（きんし）してはいけないと止めること。　例 降雪で通行禁止になる。

【禁断】（きんだん）ある行為を禁ずること。　例 禁断の木の実。

【遮光】（しゃこう）光を遮ること。　例 寝室に遮光カーテンを付けた。

【遮断】（しゃだん）通らないように遮ること。　例 交通を遮断して行列を通す。

【縦断】（じゅうだん）縦方向に進む、または切る。　例 自転車で日本を縦断した。

【寸断】（すんだん）細かく断たれること。　例 大雨で、道が寸断されている。

【絶縁】（ぜつえん）つながりを断つ。　例 不行跡によって家から絶縁された。

【切断】（せつだん）物を切り離すこと。截断。　例 片足切断のけがを負う。

【断交】（だんこう）付き合いを断つ。　例 隣国との断交の危機を避けたい。

【断食】（だんじき）ある期間、物を食べないこと。　例 僧侶が断食修行をする。

【断酒】（だんしゅ）酒を飲むのをやめること。　例 有名漫画家が断酒を決意した。

【断水】（だんすい）水道の水が止まること。　例 水源地の渇水で断水の事態。

【断絶】（だんぜつ）つながりが絶え、切れること。　例 会話で世代間の断絶を埋める。

【断線(だんせん)】線、特に電線が切れること。 例落雷で断線した。

【断熱(だんねつ)】熱の伝わりを断つ。 例断熱効果のある箱で料理を運ぶ。

【断念(だんねん)】思い切る。あきらめる。 例残念ながら進学を断念する。

【中絶(ちゅうぜつ)】途中で止めること。 例研究が中絶した。

【中断(ちゅうだん)】途中でとぎれること。 例食事で中断した作業を続ける。

【分断(ぶんだん)】分かちきること。寸断。 例国境で分断されている民族。

【滅亡(めつぼう)】滅びてなくなること。 例滅亡の危機に瀕した動物が多い。

⇩この項目も 切る

たとえ 例え（喩・譬）

【悪例(あくれい)】好ましくない先例。 例悪例を遺さないようにする。

【一例(いちれい)】そのことを表す典型的な例。 例一例を紹介する。

【殷鑑(いんかん)】殷の鑑(かがみ)としての夏。失敗の先例。 例殷鑑はすぐ目の前にあると戒める。

【引喩(いんゆ)】有名な詩歌・文章を引用すること。 例引喩法を学ぶ。

【隠喩(いんゆ)】直接でなく暗にたとえること。暗喩。 例隠喩は「〜のようだ」を用いない。

【引例(いんれい)】証拠として引用する。引用例。 例私の発言を引例された。

【擬人(ぎじん)】人間でないものを人間に見立てる。 例春の訪れを擬人化した作品。

【擬する(ぎする)】見立てる。なぞらえる。 例彼女を花に擬すると白百合の花だ。

【月例(げつれい)】毎月定例で行われること。 例月例の営業所長会議を開く。

【好例(こうれい)】説明するのに適した例。 例回復の好例として取り上げる。

【作例(さくれい)】文章などの手本となる実例。 例作例をよく見て分析する。

【実例(じつれい)】実際にあった例。 例実例を挙げて危険性を訴える。

【事例(じれい)】個々の場合にみられる事実。 例事例から傾向がわかった。

【新例(しんれい)】新しい例。 例新例としてとりあげる。

【先蹤(せんしょう)】先人のしたこと。先例。 例なにごとも先蹤に従いたい。

【先例(せんれい)】以前にあった例。しきたり。 例先例に倣って執り行う。

【前例(ぜんれい)】前にあった例。 例前例が無いので許可されなかった。

【直喩(ちょくゆ)】物事を直接何かに喩えること。 例直喩は「〜のようだ」を用いる。

【適例(てきれい)】そのことを表した適切な例。 例適例を示す。

【特例(とくれい)】特別の例。 例一切の特例を認めない方針だ。

【準える(なぞらえる)】たとえる。似せる。比べる。 例人生を旅に準える。

【凡例(はんれい)】編集方針や利用の仕方などの箇条書。 例わかりやすい凡例を工夫する。

【判例(はんれい)】過去の判決の実例。 例過去の判例を参考にする。

【比喩】（ひゆ）別なことや物にたとえる表現方法。 例 比喩的に表現する。

【覆轍】（ふくてつ）失敗の前例。 例 覆轍を踏まないように気をつける。

【寄える】（よそえる）たとえる。なぞらえる。 例 芙蓉（ふよう）の花に寄える。

【類例】（るいれい）類似の例。似たような例。 例 類例が各所にみられる。

【例証】（れいしょう）例をだして証明する。 例 具体的に例証して見せよう。

そのほかの表現 用例／例／例外／暗喩／換喩／寓意／類似／類同／サンプル／メタファー（隠喩）／メトニミー（換喩）／シミリー（直喩）／アレゴリー（寓話）

たのしむ　楽しむ

【一興】（いっきょう）ちょっと面白いこと。 例 旅の一興にとためしてみる。

【逸楽】（いつらく）気ままに遊び楽しむこと。 例 家庭を顧みず逸楽の時を過ごす。

【悦楽】（えつらく）よろこびたのしむこと。 例 悦楽の極致を味わう。

【快楽】（かいらく）官能が満たされ心地よく楽しいこと。 例 快楽に浸る。

【感興】（かんきょう）興味を感じ、面白がる。 例 名演に感興をそそられた。

【歓楽】（かんらく）よろこび楽しむこと。 例 駅周辺に歓楽街がひらける。

【喜悦】（きえつ）喜ぶこと。よろこび。 例 受賞に喜悦の涙を流した。

【気保養】（きほよう）心を楽しませて憂いを払う。 例 気保養に温泉に出かける。

【享楽】（きょうらく）快楽にふけり楽しむ。 例 享楽的な人生を送る。

【娯楽】（ごらく）楽しむこと。心慰めるもの。 例 娯楽施設が充実している。

【座興】（ざきょう）その場に趣を添えるたわむれ。 例 座興に物まねをする。

【手遊び】（てすさび）手あそび。手なぐさみ。 例 手遊びにギターをつま弾く。

【道楽】（どうらく）趣味などに打ち込むこと。その趣味。 例 京の着道楽。

【慰み】（なぐさみ）遊び。楽しみ。 例 うまくいきましたらお慰み。

【法悦】（ほうえつ）恍惚とするような歓喜の状態。 例 法悦の時をすごす。

【愉悦】（ゆえつ）心から嬉しく楽しいこと。 例 愉悦のかぎりだ。

【愉楽】（ゆらく）心からの楽しみ。 例 官能の愉楽を尽くす。

【余興】（よきょう）宴席で座を盛り立てるための演芸。 例 余興に手品をする。

そのほかの表現 即興／アミューズメント／リラクゼーション／リクレーション／

⇩この項目も 楽（らく）・うれしい

たのむ　頼む

【依存】（いぞん）他者を頼って存在する。 例 精神的に親に依存している。

【依託】（いたく）預けて、教育などを頼むこと。 例 依託生を引き受ける。

【依頼】（いらい）頼りきること。用件を頼むこと。　例依頼心が強い。

【心頼み】（こころだのみ）心の中で頼みにすること。　例伯父を心頼みにしている。

【懇望】（こんもう）ひたすら望むこと。　例首相就任を懇望する。

【嘱する】（しょくする）望みをかける。頼む。　例会社の将来を嘱された人物。

【信頼】（しんらい）信じてたよること。　例友の全幅の信頼に応える。

【縋る】（すがる）頼りとする。　例近所の人の温情に縋る。

【嘆願】（たんがん）その事情を知らせて願うこと。　例嘆願運動を展開する。

そのほかの表現　神頼み／託（こと）ける／せがむ／リクエスト／コミッション(委任)

⇩この項目も　任せる・願う

たび　旅

【行脚】（あんぎゃ）僧が各地を巡り修行する。徒歩の旅。　例諸国行脚に出る。

【回遊】（かいゆう）各地を巡り遊ぶこと。　例回遊式庭園を愛でる。

【外遊】（がいゆう）外国に旅行すること。　例社長の外遊のお供をする。

【観光】（かんこう）よその風景などを見に行く。　例バスで観光旅行に行く。

【帰省】（きせい）故郷に帰ること。　例八月は帰省する人で列車は満員だ。

【羇旅】（きりょ）旅、または、旅人。　例伯父は羇旅の途にある。

【周遊】（しゅうゆう）あちこち旅行してまわること。　例四国周遊の旅。

【壮途】（そうと）前途が期待される勇壮な出発。　例いざ、壮途の朝だ。

【旅路】（たびじ）旅行の道、または、旅。　例目的地までの旅路ははるかだ。

【探勝】（たんしょう）名勝を見て歩くこと。　例ゆっくりと探勝する。

【長旅】（ながたび）長期間・長時間にわたる旅行。　例長旅の疲れをとる。

【股旅】（またたび）博徒や遊び人が旅をして歩くこと。　例股旅ものの劇。

【漫遊】（まんゆう）目的地なしに心のまま旅して歩く。　例世界漫遊の旅。

【遊覧】（ゆうらん）見てまわること。　例遊覧船に乗り、湖水を一周する。

【遊歴】（ゆうれき）諸国を巡り歩くこと。　例青年時代にアジアを遊歴した。

【遊山】（ゆさん）遊びに出掛けること。気晴しの外出。　例物見遊山。

【洋行】（ようこう）留学などで渡米・渡欧すること。　例洋行の経験がある。

【旅行】（りょこう）他の地方に旅をすること。　例毎年夏に家族旅行を行う。

【歴遊】（れきゆう）方々を巡って遊ぶこと。　例歴遊の経験を仕事に生かす。

たべる　食べる

【悪食】（あくじき）いかものぐい。粗末な食事。　例悪食を好む。

朝食のこと。【朝餉（あさげ）】例キャンプ場に朝餉の煙が立つ。

食事を抜くこと。食事がとれないこと。【欠食（けっしょく）】例欠食児童。

昼の食事のこと。【午餐（ごさん）】例御夫人たちを午餐会に招待する。

植物性のものだけを食べること。【菜食（さいしょく）】例彼女は菜食主義だ。

働かないで食べること。徒食。【座食（ざしょく）】例座食の身分をうらやむ。

試しに食べて味や調理の具合をみる。【試食（ししょく）】例新製品の試食。

食べたり寝たりする日常。【寝食（しんしょく）】例寝食を忘れ研究に没頭する。

加熱しないで食べること。【生食（せいしょく）】例この貝は生食用で新鮮だ。

食べる量を少なくする。【節食（せっしょく）】例体重を減らそうとして節食する。

食物を食べること。【摂食（せっしょく）】例ストレスから摂食障害になる。

ものを食べないこと。【絶食（ぜっしょく）】例絶食治療を試みる。

粗末な食事。する食事の謙譲語。饗応【粗餐（そさん）】例粗餐を差し上げたい。

粗末な食事をする。その食物。【粗食（そしょく）】例粗食に甘んじる。

昼の食事。昼食。午餐。【昼餐（ちゅうさん）】例昼餐の時間に情報交換する。

仕事をせずに遊び暮らすこと。【徒食（としょく）】例無為徒食の生活。

むさぼって食らうこと。【貪食（どんしょく）】例貪食細胞。

改まった感じの豪華な夕食。【晩餐（ばんさん）】例晩餐を共にする。

うまい物や贅沢な物を食べること。【美食（びしょく）】例彼は美食家だ。

ひるめし。昼食。【昼餉（ひるげ）】例もう昼餉の時間だ。

食物をえり好みして食べること。【偏食（へんしょく）】例偏食はからだによくない。

腹一杯に食べること。【飽食（ほうしょく）】例飽食の時代といわれて久しい。

度を越してむやみに食うこと。【暴食（ぼうしょく）】例暴飲暴食がたたる。

じゅうぶんに味わう。【満喫（まんきつ）】例山海の珍味を満喫する。

立ったまま食べること。【立食（りっしょく）】例立食パーティが盛ん。

そのほかの表現 朝食／昼食／夕食／夜食／衣食／飲食／会食／外食／間食／軽食／食事／食生活／草食／肉食／フード／ミール／ブレックファースト／ランチ／ディナー／グルメ

だます

騙す

だまして立場が悪くなるようにする。【陥れる（おとしいれる）】例逆恨みで人を罪に陥れる。

人目をごまかす。【掠める（かすめる）】例先生の目を掠めて不正をする。

名前などを詐称する。【騙る（かたる）】例親戚を騙って会場に入り込んだ。

だます。欺く。【担ぐ（かつぐ）】例まんまと担がれてしまった。

【欺瞞】（ぎまん）人をごまかし騙すこと。 例その態度は、欺瞞的だ。

【口車】（くちぐるま）口先でうまい言いまわしをすること。 例口車に乗せられる。

【暗ます】（くらます）見えないようにする。「晦ます」。 例そのまま姿を暗ます。

【糊塗】（こと）ごまかして取りつくろっておくこと。 例その場を糊塗する。

【詐欺】（さぎ）人をだまして財産や物を奪う。 例寸借詐欺にあう。

【詐術】（さじゅつ）人をいつわる方法や術策。 例彼の詐術で被害を受けた。

【誑かす】（たぶらかす）自分に都合よくだます。 例老人を誑かして投資させる。

【釣る】（つる）おびき出す。 例うまい話につい釣られてしまった。

【瞞着】（まんちゃく）人の目をごまかす。だます。 例世人を瞞着する。

【籠絡】（ろうらく）巧みに言いくるめて人を操る。 例簡単には籠絡できない人。

【歪曲】（わいきょく）内容をゆがめること。 例この報道は事実を歪曲している。

だまる
黙る

【暗黙】（あんもく）口に出して言わないこと。 例彼との間にある暗黙の了解。

【寡言】（かげん）口かずが少ない。寡黙。 例寡言な人で、声も知らない。

【緘口】（かんこう）口を閉じて何も言わないこと。 例その件について、緘口令が敷かれた。

【完黙】（かんもく）完全に黙ること。完全黙秘の略。 例取調べに対して完黙を貫いた。

【緘黙】（かんもく）口を閉じて、話さないこと。 例終始緘黙を守った。

【静寂】（しじま）静まりかえっていること。 例静寂が辺りをおおう。

【絶句】（ぜっく）話の途中で言葉につかえる。 例彼の見当違いに絶句する。

【沈黙】（ちんもく）口をきかないこと。 例長年の沈黙を破って真実を語る。

【噤む】（つぐむ）口を閉じて何も言わない。 例事件のことは皆が口を噤む。

【無言】（むごん）何も言葉を発しない。 例彼は無言でうなずいた。

【黙過】（もっか）知らぬふりで見逃すこと。 例黙過できないいじめだ。

【黙止】（もくし）そのまま黙って捨てておくこと。 例挑発を黙止する。

【黙視】（もくし）無言で介入せず見守る。 例そんな態度は黙視できない。

【黙す】（もくす）だまる。無言でいる。 例黙して語らず。

【黙秘】（もくひ）黙ったまま明かさない。 例黙秘権は憲法が保障する。

そのほかの表現 押し黙る／口篭（くちご）もる／だんまり／サイレンス／シークレット

ためす
試す

【試金石】（しきんせき）価値や力量をはかる材料となる物事。 例これは彼の試金石だった。

【試験】（しけん）能力、性質、到達度などを判断する。 例試験の結果が発表された。

試しに行うこと。
【試行（しこう）】例試行錯誤の末やっとたどりつく。

試しに作ること。
【試作（しさく）】例いくつもの試作品を使い比べる。

実地の試験。
【実験（じっけん）】例実験の結果、欠陥が見つかった。

試しに使うこと。
【試用（しよう）】例試作品を試用した感想。

そのほかの表現 挑戦／冒険／瀬踏み

たもつ 保つ

物事の状態を保つ。
【維持（いじ）】例古い家なので維持費がかかる。

大切にとっておくこと。
【温存（おんぞん）】例追い込みのために体力を温存する。

確実に手元にもっていること。
【確保（かくほ）】例よい席を確保する。

その状態で長く持ちこたえる。
【持久（じきゅう）】例兄は持久走が得意だ。

大切なものを管理して保存する。
【保管（ほかん）】例文化財の保管をする。

手放さず保ちつづける。
【保持（ほじ）】例世界記録を七年間保持した。

正常な状態を保ちまもること。
【保守（ほしゅ）】例森林の保守を行う。

完全な状態に保つこと。
【保全（ほぜん）】例環境の保全に取り組む。

そのままの状態を維持する。
【保存（ほぞん）】例古刹の保存に力を注ぐ。

自分のものとしてもつ。
【保有（ほゆう）】例日本は核兵器を保有しない。

そのほかの表現 キープ（保つ）／メンテナンス（維持）／

だんじる 断じる

臆測で判断すること。
【臆断（おくだん）】例臆断で物事を進めるのは危険だ。

判断し、きっぱり決める。
【決断（けつだん）】例決断を下す。

確実に決めること。決まった事柄。
【決定（けってい）】例勝敗が決定した。

誤った判断。
【誤断（ごだん）】例その誤断は心外だ。

正邪・善悪をさばいて定めること。
【裁断（さいだん）】例裁断が容易でない。

裁いて決断する。
【処断（しょだん）】例適切な処断が下された。

医者が診察して病気を判断する。
【診断（しんだん）】例診断は風疹だった。

論理から推して断定する。
【推断（すいだん）】例事の経過から推断する。

君主・天皇の裁断や決断。
【聖断（せいだん）】例聖断が下される。

すぐに決断・断定する。
【即断（そくだん）】例相手に即断を迫る。

速やかに判断または決断する。
【速断（そくだん）】例速断が待たれる。

思いきって決定すること。
【断（だん）】例断を下す。

案を断定する。考えを決める。
【断案（だんあん）】例断案を迫る。

た

罪を断定し処罰する。
【断罪(だんざい)】 例厳しすぎる断罪がなされた。

ある物事に対し自分の考えを決める。
【判断(はんだん)】 例判断力が付いた。

判別して定めること。
【判定(はんてい)】 例審判の判定は絶対だ。

明快なさばき。明瞭な決断。
【明断(めいだん)】 例明断を下す。

理由もなく決める。勝手な判断。
【妄断(もうだん)】 例許し難い妄断だ。

まえもって、予め判断する。
【予断(よだん)】 例予断を許さない事態。

論じて判断・裁断を下す。
【論断(ろんだん)】 例簡単に論断できない。

そのほかの表現 ドグマ(独断)/ジャッジ/デシジョン(決定)

⇩この項目も 決める

ち

ちいさい 小さい

わずか。「些か」。
【聊か(いささか)】 例聊かでも役に立つ。

年が小さい。幼い。
【稚い(いとけない)】 例稚い女の子。

過度に小さい。
【過小(かしょう)】 例力を過小評価していた。

幼くてききわけがない。無邪気。
【頑是無い(がんぜない)】 例頑是無い子供の寝顔。

きわめて小さいこと。
【極小(きょくしょう)】 例極小の値を求める。

きわめて細かい。かすか。
【極微(きょくび)】 例やはり極微な違いがある。

わずか。ほんの少し。
【僅僅(きんきん)】 例生存者は僅僅三名に過ぎない。

多くの取るに足りないもの。
【群小(ぐんしょう)】 例群小の音楽家。

わずか。
【軽少(けいしょう)】 例軽少の元手で店をはじめる。

毛先ぐらいのわずかなこと。
【毫末(ごうまつ)】 例毫末の私心もない。

こまかくて小さいこと。
【細小(さいしょう)】 例細小の気配りが見られる住宅。

わずかなこと。
【些些(ささ)】 例些些たるできごと。

わずかなこと。些些。
【些細(ささい)】 例些細なことでけんかする。

量がきわめてわずかである。些末。
【些少(さしょう)】 例些少な謝礼。

取るに足りない。「些末」。
【瑣末(さまつ)】 例瑣末なこだわり。

ごくわずか風が吹くさま。
【嫋嫋(じょうじょう)】 例嫋嫋たる川風。

すこしばかり。いささか。
【寸分(すんぶん)】 例寸分の違いもない。

わずかなこと。
【露(つゆ)】 例そうとは露ほども思わなかった。

きわめて細かなこと。
【微細(びさい)】 例微細なことまで話す。

きわめて小さいこと。
【微小(びしょう)】 例微小な違いも見落とさない。

【微微】(びび) わずかで取るに足りないさま。 例 微微たる金額だ。

【渺】(びょう) きわめて小さいこと。 例 渺たる問題。

【微塵】(みじん) きわめて細かいこと。 例 悲しさを微塵も見せない。

【矮小】(わいしょう) たけや規模が小さい。 例 事態を矮小化して捉える。

そのほかの表現 最小／弱小／短小／零細／スモール／リトル／ミニ／マイクロ／ミニマム(最小限)／ショート／プチ

ちかい 近い

【足下】(あしもと) 目前の状態。また、立脚地。 例 じっくりと足下を固める。

【界隈】(かいわい) そのあたり一帯。 例 駅界隈がにぎわう。

【際】(きわ) 他と接する境目。 例 池の際まで身を乗り出す。

【近時】(きんじ) 近ごろ。 例 近時にめずらしい盛り上がり。

【近辺】(きんぺん) 近いあたり。近傍。 例 会社近辺で食事する。

【近傍】(きんぼう) 何かの近く。近辺。 例 駅近傍の書店。

【近来】(きんらい) ちかごろ。このごろ。 例 近来まれにみるしとやかな令嬢。

【近隣】(きんりん) 近所となり。 例 近隣の人とよい関係を結ぶ。

【君側】(くんそく) 君主のそば近く。 例 君側の奸が除かれた。

【至近】(しきん) すぐ近く。すぐそば。 例 至近距離から写真を写す。

【膝下】(しっか) ひざもと。父母のもと。 例 膝下で大事に育てられる。

【近間】(ちかま) 近いところ。 例 買い物は近間で済ませる。

【傍】(はた) ある物のほとり。人のかたわら。 例 傍でやきもきしても始まらない。

【輓近】(ばんきん) ちかごろ。最近。 例 輓近の状況を聞く。

そのほかの表現 近所／最近／近頃／手近／付近／身近／程近い／最寄／ニアー

ちがい 違い

【違算】(いさん) 計算の間違い。見込み違い。 例 彼の離反は違算だった。

【異質】(いしつ) 異なった性質。 例 異質の組合せで成功した。

【異同】(いどう) それまでと異なること。 例 前回と若干の異同がある。

【格差】(かくさ) 水準・品質・等級などの差。 例 物価には地域格差がある。

【過誤】(かご) あやまち。しそこない。 例 医療過誤があきらかとなる。

【誤差】(ごさ) 真の値と測定値との差。 例 誤差の少ない計測器。

【誤算】(ごさん) 計算ちがい。見込み違い。 例 とんだ誤算だった。

【差異】(さい) 他との違い。 例 意味は物と物との差異から生じる。

現実を違って捉えること。【錯誤（さくご）】例時代錯誤の考え方。

劣ったものとして不当に扱う。【差別（さべつ）】例人種差別意識が見られる。

互いに一致しないこと。【相違（そうい）】例予想に相違する。

大きな違い。【大差（たいさ）】例事態に大差はない。

まぎらわしく見間違える。【見紛う（みまがう）】例姉と見紛うほど成長した。

高低の差。物事のへだたり。【落差（らくさ）】例水の落差を利用する。

そのほかの表現 差／誤（あやま）る／思い違い／手違い／ギャップ／ディファレンシャル（格差）／アナクロニズム（時代錯誤）

ちち　父

母が同じで、父が違うこと。【異父（いふ）】例私と姉は異父姉妹だ。

妻の父。【岳父（がくふ）】例私の岳父は、恩師でもある。

自分の父の改まった言い方。【家父（かふ）】例家父の戒め。

継父、養父、配偶者の父。【義父（ぎふ）】例温厚な義父。

自分の父親の卑称。【愚父（ぐふ）】例田舎の愚父は、八十歳になります。

母の夫で、実父や養父でない人。【継父（けいふ）】例継父が学資を出してくれた。

きびしい父。他人の父の尊敬語。【厳父（げんぷ）】例御厳父様によろしく。

血のつながった父親。実の父。【実父（じっぷ）】例実父を早く亡くした。

いつくしみ深い父親。【慈父（じふ）】例慈父の如く見守ってくれた先生。

配偶者の父親。【舅（しゅうと）】例舅の趣味は幅広い。

死んだ父。祖父。祖先。【先君（せんくん）】例先君の遺言。

死亡した父。亡父。【先考（せんこう）】例先考の教えを守る。

父が子に対する自称。一般に父。【乃父（だいふ）】例乃父から言い遺すことがある。

すでに亡くなった父親。【亡父（ぼうふ）】例明日は亡父の祥月命日だ。

養子先の父。養い親。【養父（ようふ）】例養父に厳しく育てられた。

年とった父。【老父（ろうふ）】例老父は一人暮らしを楽しんでいる。

そのほかの表現 お父さん／親父／尊父／父上／父親／父君／父御／パパ／ファザー／ダディー

ちゃいろ　茶色

赤みがかった茶色。【赤茶色（あかちゃいろ）】例赤茶色に髪を染める。

亜麻糸の色のような灰色がかった薄茶色。【亜麻色（あまいろ）】例亜麻色の髪の乙女。

黒みがかった褐色。【暗褐色（あんかっしょく）】例暗褐色の瞳。

茶色の薄いもの。【薄茶（うすちゃ）】例 薄茶色に変色した枯葉。

黒みをおびた赤茶色。【海老茶色（えびちゃいろ）】例 海老茶色の袴。

黄色がかった茶色。【黄褐色（おうかっしょく）】例 黄褐色の絵の具を使う。

黄色がかった茶色。【黄土色（おうどいろ）】例 黄土色の土壁。

柿の実の色に似た赤茶色。【柿色（かきいろ）】例 柿色の夕日が美しい。

やや黒みをおびた茶色。【褐色（かっしょく）】例 夏の陽ざしに肌が褐色になる。

金色がかった薄い焦茶色。【狐色（きつねいろ）】例 コロッケを狐色に揚げる。

栗の実の皮のような焦茶色。【栗色（くりいろ）】例 栗色のセーターを編む。

黒みがかった濃い茶色。【焦茶（こげちゃ）】例 今年の冬は焦茶で決めたい。

黒みを帯びた褐色。【黒褐色（こっかっしょく）】例 黒褐色の腐葉土。

鉄錆に似た朱色がかった茶色。【錆色（さびいろ）】例 錆色が美しい漆塗り。

柿渋のような赤茶色。薄柿色。【渋色（しぶいろ）】例 おしゃれな渋色の着物。

赤銅のようなつやのある紫黒色。【赤銅色（しゃくどういろ）】例 漁師たちの赤銅色の肌。

雀の羽のような茶褐色。【雀色（すずめいろ）】例 黄昏（たそがれ）時は雀色時ともいう。

赤みがかった褐色。代赭色。【赤褐色（せきかっしょく）】例 羽根の色が赤褐色の雄鶏。

茶色がかった橙色。【代赭色（たいしゃいろ）】例 代赭色の枯れた草原。

やや黒みを帯びた茶色。鳶色。【茶褐色（ちゃかっしょく）】例 葉裏が茶褐色になる。

土のような色。【土色（つちいろ）】例 疲れで顔が土色をしている。

鳶の羽のような茶褐色。【鳶色（とびいろ）】例 鳶色に輝く髪の毛。

煉瓦のような赤茶色。【煉瓦色（れんがいろ）】例 秋に映える煉瓦色のセーター。

そのほかの表現　カーキ色／セピア／ブラウン／ベージュ

ちる　散る

集まった人が別れ散ること。【解散（かいさん）】例 会合は三時に解散になる。

散らばってひろがる。【拡散（かくさん）】例 核拡散防止条約の締結。

まとまったものが散りうせる。【散逸（さんいつ）】例 文書の散逸を防ぎたい。

会が終わり出席者が解散する。【散会（さんかい）】例 散会の後で本屋に寄る。

散らばり広がること。【散開（さんかい）】例 浜辺に散開して清掃をする。

供養に花をまき散らす。戦死する。【散華（さんげ）】例 祖父は南の島で散華した。

選挙で票が集中しないこと。【散票（さんぴょう）】例 有力候補がなく、散票になった。

まきちらすこと。「撒布」。【散布（さんぷ）】例 空中散布を行う。

あちこちに散らばる。【散乱（さんらん）】例 ゴミの散乱を防止する。

【四散（しさん）】四方に散らばること。 例災害で家族が四散する。

【消散（しょうさん）】消えてなくなる。消し散らす。 例心配事は霧のように消散した。

【蒸散（じょうさん）】植物が水分を体外に出すこと。 例蒸散作用で涼しい木陰。

【発散（はっさん）】外へ散らし出すこと。 例歌ってストレスの発散をする。

【飛散（ひさん）】飛びちること。 例窓ガラスが飛散した。

【分散（ぶんさん）】散らばる。分ける。 例力を分散させる構造。

【放散（ほうさん）】広がり散らすこと。 例熱を放散させるための装置。

【霧散（むさん）】霧のようにあとかたもなく消える。 例夢が霧散してしまった。

【離散（りさん）】離ればなれになること。 例破産によって一家離散した。

つかう
使う

【愛用（あいよう）】非常に気に入って常に使っている。 例父の愛用の万年筆。

【悪用（あくよう）】悪い目的で使う。 例地位を悪用した犯罪が続く。

【頤使（いし）】軽んじてあごで使う。 例彼に頤使されるのは嫌だ。

【援用（えんよう）】意見の正しさを言うために引用する。 例資料を援用する。

【応用（おうよう）】知識・原理を実際的なことに用いる。 例応用力をつける。

【外用（がいよう）】体の外側に用いる。 例外用薬を調剤する。

【活用（かつよう）】効果があるように活かして使う。 例時間を有効活用する。

【虐使（ぎゃくし）】しいたげながら、むごく使う。 例奴隷虐使の歴史。

【共用（きょうよう）】いっしょに使うこと。 例夫婦共用のパソコン。

【駆使（くし）】自由に使いこなすこと。 例最新技術を駆使する。

【兼用（けんよう）】二つの用途に使う。共同して使う。 例晴雨兼用の傘。

【行使（こうし）】実際に用いること。 例権利を行使する。

【公用（こうよう）】公共の目的で使うこと。 例公用車が用意された。

【酷使（こくし）】ひどく使うこと。 例農作業で体を酷使している。

【誤用（ごよう）】誤った使い方をする。 例敬語の誤用が多い。

【混用（こんよう）】異なる種類のものをまぜて使う。 例薬の混用は避けたい。

【使役（しえき）】他人に何か仕事をさせる。 例使役に徴用される。

【準用（じゅんよう）】標準として他にもあてはめること。 例内規を準社員にも準用する。

【試用（しよう）】試しに使うこと。 例化粧品を試用する。

【消費（しょうひ）】使ってなくする。使いつくす。 例賢い消費者。

【常用】（じょうよう） 普通に使用する。いつも使う。 例コンタクトレンズを常用する。

【代用】（だいよう） 代わりとして他のものを使う。 例重石の代用として使う。

【通用】（つうよう） 世間一般に認められる。 例この程度では通用しない。

【適用】（てきよう） 規則などをあてはめて用いる。 例産休制度の適用を申請する。

【転用】（てんよう） 用途を変えて用いること。 例農地を宅地に転用する。

【当用】（とうよう） さしあたっての用事、使用。 例当用には間にあう。

【盗用】（とうよう） 盗んで、自分のものとして使用する。 例作品の盗用。

【登用】（とうよう） 優れた人材を選抜して用いる。 例ルーキーを登用する。

【内用】（ないよう） 薬を飲むこと。内内の用事。 例内用薬の処方。

【繁用】（はんよう） たくさん用事がある。繁多。 例ご繁用の折、恐縮ではございますが…

【併用】（へいよう） いっしょに用いること。 例投薬と食餌療法を併用する。

【用兵】（ようへい） 戦いで軍隊を動かすこと。 例用兵の妙を発揮する。

【乱用】（らんよう） 勝手気ままに用いること。「濫用」。 例職権乱用。

【利用】（りよう） 役立つように用いる。便宜として用いる。 例地位を利用する。

【両用】（りょうよう） 二つの方面に用いる。 例水陸両用車の開発。

【浪費】（ろうひ） むだについやすこと。 例エネルギーの浪費だ。

そのほかの表現 散財／ユーズ／ユーザー（使用者）／アプリケーション（応用）

⇩この項目も 用いる

つかれる 疲れる

【過労】（かろう） 働きすぎでつかれてしまうこと。 例過労で倒れる。

【気骨】（きぼね） 気苦労。心づかい。 例生徒の引率は気骨が折れる。

【倦怠】（けんたい） 疲れてだるいこと。 例倦怠感が抜けない。

【困憊】（こんぱい） 疲れはてること。 例疲労困憊で倒れる。

【心労】（しんろう） あれこれ思いわずらう。 例心労が重なって病気になる。

【疲弊】（ひへい） 疲れ弱ること。経済的に弱ること。 例政策の失敗で国家が疲弊する。

【疲労】（ひろう） 疲れること。 例疲労が蓄積している。

つき 月

【有明の月】（ありあけのつき） 夜明けに空に残る月。 例有明の月がかすんでいる。

【居待ち】（いまち） 陰暦十八日の月。座って待つ月。 例今夜は居待ちの月だ。

【芋名月】（いもめいげつ） 旧暦八月十五夜の月。 例サトイモを供える芋名月。

【雨月】（うげつ） 雨の夜の月。雨名月。 例雨月の宴もまた一興。

【朧月】（おぼろづき） 例朧月夜に散歩する。 春の夜などにかすんだ月。

【下弦】（かげん） 例満月から次の新月までが下弦の月。 月の左半分が輝く半月。

【寒月】（かんげつ） 例空高く寒月が輝く。 冬の空につめたくさえた月。

【栗名月】（くりめいげつ） 例栗を供える栗名月。 旧暦九月十三日の夜の月。

【弦月】（げんげつ） 例弦月がさまざまな表情を見せる。 上弦または下弦の月。

【残月】（ざんげつ） 例夜勤明けの空に残月の影。 明け方まで残っている月。

【秋月】（しゅうげつ） 例秋月がひときわ輝いている。 秋の夜の月のこと。

【春月】（しゅんげつ） 例みやびな春月の夜。 春の夜の朧月。

【上弦】（じょうげん） 例新月から満月に至る間が上弦の月。 月の右半分が輝く半月。

【新月】（しんげつ） 例新月がかすかに見えている。 陰暦で月の初めの夜に見える月。

【立ち待ち】（たちまち） 例十六夜の次が立ち待ち月。 陰暦十七日の夜の月（特に八月）。

【月影】（つきかげ） 例月影さやけき夜。 月の光。 月の形。 月の姿。

【寝待ち】（ねまち） 例寝待ちの月を待ちかねる。 遅く出る陰暦十九日の月。

【更け待ち】（ふけまち） 例夜更けに出る更け待ち月。 陰暦二十日の夜の月。

【臥待ち】（ふしまち） 例臥待ち月を待つ。 陰暦十九日の夜の月。

【豆名月】（まめめいげつ） 例豆名月には枝豆を供える。 旧暦九月十三夜の月。

【無月】（むげつ） 例中秋無月。 名月の夜に空が曇り月が見えない。

【名月】（めいげつ） 例中秋の名月。 陰暦八月十五日、九月十三日の月。

【明月】（めいげつ） 例秋の明月を楽しむ。 清く澄みわたった月。

【望月】（もちづき） 例望月を映す湖。 陰暦十五夜の満月。

【夕月】（ゆうづき） 例白く夕月がかかる。 夕方の月。

【弓張り月】（ゆみはりづき） 例弓張り月が空に明るい。 弓の弦を張ったような弦月。

そのほかの表現 十五夜／満月／半月／月光／月明かり／月見／ムーン／フルムーン（満月）／ハーフムーン（半月）／ムーンライト（月光）／クロワッサン（三日月）

つき　付く（点）

【帰属】（きぞく） 例集団への帰属意識。 ある人や集団に属すること。

【吸着】（きゅうちゃく） 例臭いを吸着する物質。 吸いつくこと。

【凝着】（ぎょうちゃく） 例凝着力が強い。 異なったものが互いにくっつき合うこと。

【決着】（けっちゃく） 例やっと決着がついた。 決まりをつけること。

【固着】（こちゃく） 例岩に固着した生物。 一定の場所にとどまり移動しない。

【従属】（じゅうぞく） 例経済的に従属国だ。 他の人や物に支配されている。

【所属】（しょぞく） 例囲碁クラブに所属している。 団体に参加していること。

【接着（せっちゃく）】くっつくこと。くっつけること。 例新製品の接着剤。

【専属（せんぞく）】一つの会社や団体などだけに属する。 例専属契約を結ぶ。

【着氷（ちゃくひょう）】氷点下の物に水が付いて凍る現象。 例波しぶきで船に着氷する。

【直属（ちょくぞく）】その下に直接属していること。 例直属の部下。

【定着（ていちゃく）】しっかりと根付く。 例民主主義が定着した。

【添加（てんか）】何かをつけ加えること。 例食品添加物が問題になっている。

【添付（てんぷ）】他のものを添えること。 例添付書類がある。

【貼付（てんぷ）】はりつけること。「ちょうふ」。 例写真を貼付する。

【粘着（ねんちゃく）】ねばりつくこと。 例粘着性がよい。

【配属（はいぞく）】人を各方面にふりあてること。 例配属先が決まる。

【付加（ふか）】つけ加えること。 例付加事項はこれだけだ。

【付随（ふずい）】従属的な関係にある。 例付随して起きる事柄。

【付属（ふぞく）】主たるものに付いていること。 例本体に付属している。

【付着（ふちゃく）】くっついて離れない。 例ガムが衣服に付着した。

【密着（みっちゃく）】ぴったりと付着すること。 例密着取材をしたルポ。

【癒着（ゆちゃく）】本来あるべきでない関係を結ぶ。 例政治家と癒着している。

【隷属（れいぞく）】他に支配されること。 例強国に隷属している。

つく 突く（衝）

【衝突（しょうとつ）】つきあたる。意見が対立する。 例出会い頭の衝突事故。

【猪突（ちょとつ）】むこう見ずに一直線に突き進むこと。 例猪突猛進する。

【追突（ついとつ）】後ろから衝突すること。 例交差点で追突された。

【突貫（とっかん）】一気につき進むこと。 例突貫工事で間に合わせる。

【突起（とっき）】一部分がつきでていること、もの。 例突起に掴まる。

【突撃（とつげき）】突き進んで攻撃すること。 例突撃の命令が下る。

【突出（とっしゅつ）】飛び出すこと。突き出ること。 例突出した福祉予算。

【突如（とつじょ）】だしぬけに。突然。 例突如持ち上がった話だ。

【突進（とっしん）】つき進むこと。 例自動車が突進してきた。

【突入（とつにゅう）】はげしく入ること。 例警官隊が突入した。

【突破（とっぱ）】つきやぶること。 例はやばやと目標を突破した。

そのほかの表現 激突／唐突／突然／小突く／突っ込む／突っ張る／クラッシュ（激突）／チャージ（突撃）／ダッシュ（突進）／ラッシュ（突進）

つく 着く

【安着】（あんちゃく） 無事に目的地に着く。 例無事安着と電話をした。

【延着】（えんちゃく） 予定よりおくれて着くこと。 例車の故障で延着した。

【帰着】（きちゃく） 帰りつく。最終的におちつく。 例みなが納得できる方法に帰着した。

【近着】（きんちゃく） 最近到着したこと、もの。 例外国から近着のCDを聴く。

【終着】（しゅうちゃく） 最後に着くこと。 例終着駅で待つ。

【新着】（しんちゃく） 到着したばかりであること。 例新着図書を購入する。

【先着】（せんちゃく） 先に到着すること。 例先着順で受け付ける。

【着座】（ちゃくざ） 座につくこと。すわること。 例もう着座してよろしい。

【着任】（ちゃくにん） 任地に着くこと。任務につくこと。 例来月着任します。

【着荷】（ちゃっか） 荷物が着く。着いた荷物。 例着荷が若干遅れている。

【到達】（とうたつ） 目標に届くこと。 例到達点が見えた。

【到着】（とうちゃく） 行きつくこと。とどくこと。 例ついに全員到着した。

【必着】（ひっちゃく） 必ず到着すること。 例期日までに必着厳守。

【漂着】（ひょうちゃく） 海を漂って岸に流れつく。 例海岸には多様な漂着物がある。

【未着】（みちゃく） まだ着かないこと。 例重要な手紙が未着だ。

【来着】（らいちゃく） こちらに到着すること。 例客の来着を待つ。

そのほかの表現 着岸／着席／着船／着地／着陸／ターミナル（終着）／アライバル（到着）

つぐ 継ぐ（接）

【継承】（けいしょう） うけつぐこと。 例文化を継承する。

【後継】（こうけい） 後をつぐこと。あとつぎ。 例後継者が問題だ。

【襲名】（しゅうめい） 先代などの名をつぐこと。 例盛大な襲名披露公演。

【承継】（しょうけい） うけつぐこと。 例代々承継された行事。

【世襲】（せしゅう） 地位などを嫡系の子孫が継ぐこと。 例宗家は世襲制だ。

【接合】（せつごう） つぎあわせる。 例おれた部分を接合して使う。

【増結】（ぞうけつ） 列車にさらに車両を連結すること。 例増結車両も満員だ。

【相承】（そうしょう） 師から弟子に学問などを伝えること。 例相承の奥義。

【相続】（そうぞく） 跡目や遺産を受けつぐこと。 例この土地を父から相続した。

【中継】（ちゅうけい） 間でうけつぐこと。 例中継がよくリレーは一等だった。

【踏襲】（とうしゅう） 前のことをそのまま受けつぐこと。 例行事を踏襲する。

使った分を補う。【補給（ほきゅう）】例タンクに水を補給する。

結び合せる。【連結（れんけつ）】例電車の車両を連結する。

つなぎつづけること。【連接（れんせつ）】例連接個所がはずれた。

そのほかの表現 コネクション（接続）／コネクター（接続器具）／ジャンクション（接合点）

⇩この項目も 続く・つながり

つぐなう 償う

罪ほろぼしをする。【贖う（あがなう）】例贖いきれない行為。

罪を贖うこと。【贖罪（しょくざい）】例生涯かけて贖罪する。

損失が何らかの利得で償われる。【代償（だいしょう）】例代償として得た地位。

損害を償うこと。【賠償（ばいしょう）】例損害賠償の話し合い。

借りている金品を返す。【返済（へんさい）】例毎月決まった金額を返済する。

債務を弁償すること。【弁済（べんさい）】例弁済期間を設ける。

他人に与えた損害を償い返すこと。【弁償（べんしょう）】例破損品の代金を弁償する。

損害を金銭などで償うこと。【報償（ほうしょう）】例報償の準備はある。

損害を金銭などで償う。【補償（ほしょう）】例補償金の交渉。

報酬のないこと。無料であること。【無償（むしょう）】例無償の行為。

有料であること。【有償（ゆうしょう）】例この品は有償でお頒けします。

つくる 作る（造・創）

作品を作り直すこと、その作品。【改作（かいさく）】例劇への改作を許可する。

少ししか作品を作らないこと。【寡作（かさく）】例寡作な詩人の作品集。

共同して作品を作ること。その作品。【合作（がっさく）】例日中で映画を合作する。

本物に似せて、偽物を作る。【贋造（がんぞう）】例美術品の贋造。

急いでこしらえること。【急造（きゅうぞう）】例急造された避難住宅。

作品を競い合って作ること。【競作（きょうさく）】例力の入った競作展。

建物や組織をつくる。【建設（けんせつ）】例住宅の建設が盛んだ。

建物・船などをつくる。【建造（けんぞう）】例大型タンカーの建造を受注した。

田畑を耕して農作物を栽培する。【耕作（こうさく）】例耕作機械を導入する。

組み立て、築くこと。【構築（こうちく）】例研究には論理の構築が重要だ。

寺院などを建てること。【建立（こんりゅう）】例五重塔を建立する。

加工しなおして別な製品を作り出す。【再製（さいせい）】例容器を洋服生地に再製する。

【栽培（さいばい）】食用などの目的で植物を育てること。例リンゴの栽培が盛んだ。

【作成（さくせい）】書類などを作ること。例企画書を作成する。

【作製（さくせい）】ものをつくること。製作。例ヨットの模型を作製する。

【試作（しさく）】試しに作ること。作ったもの。例新製品を試作する。

【自作（じさく）】自分で作ること、作ったもの。例自作の椅子でくつろぐ。

【新製（しんせい）】新しく製作する、製作したもの。例新製品の展示会。

【新造（しんぞう）】新しく造ること。造ったもの。例新造された観光船。

【制作（せいさく）】芸術作品などを作る。その作品。例アトリエで絵画の制作にはげむ。

【製作（せいさく）】ものを作ること。作ったもの。例工作機械を製作する。

【製造（せいぞう）】原料を加工して商品を作ること。例実家は味噌の製造業だ。

【造営（ぞうえい）】神社仏閣などを作る。例本殿の造営に長い歳月がかかる。

【造形（ぞうけい）】形を作ること、作った形。例造形的に優れた橋。

【創作（そうさく）】初めて作り出す。作品を作る。例創作活動に専念する。

【創始（そうし）】物事を初めて起こすこと。はじまり。例会社を創始する。

【創生（そうせい）】作り出すこと。例新しい品種を創生する。

【創製（そうせい）】はじめてつくりだす。例新製品を創製する。

【造成（ぞうせい）】人工的に作りあげること。例新しく造成地を売り出す。

【創設（そうせつ）】はじめて設けること。例来春母校に大学院が創設される。

【創造（そうぞう）】新しいものを造ること。例創造的な仕事をしたい。

【築造（ちくぞう）】堅固なものを築くこと。例この石垣は百年も前に築造された。

【著作（ちょさく）】著述すること、その書物。例著作集を編む。

【盗作（とうさく）】他人の作品を自分のものとする。例盗作の疑いがある。

【変造（へんぞう）】既存の物の形を変える。例変造硬貨が見つかった。

【密造（みつぞう）】こっそり秘密に製造する。例法を犯した麻薬の密造。

【模造（もぞう）】他の物の形に似せて造る。例これは巧妙な模造品だ。

【乱作（らんさく）】やみくもに多く作ること。例映画が乱作気味だ。

そのほかの表現　メイキング／プロダクション／プロデュース／コンポジット（合成）

つげる　告げる

【急告（きゅうこく）】緊急に知らせること。例変更が急告された。

【謹告（きんこく）】謹んでお知らせする、の意。例謹告。本日休業いたします。

【告示（こくじ）】国家・自治体からの一般向け通知。例法令改正を告示する。

【告知】（こくち） 告げ知らせること。 例 病名を告知される。

【告白】（こくはく） 隠していたことなどを打ち明ける。 例 好意を抱いていることを告白する。

【自供】（じきょう） 自分から供述すること。 例 真犯人が自供した。

【自白】（じはく） 自分から白状する。 例 自白だけでは有罪とされない。

【社告】（しゃこく） 会社が世間に向け出す知らせ。 例 会社の考えを社告で知らせる。

【宣告】（せんこく） 言いわたすこと。 例 絶交を宣告された。

【通告】（つうこく） 通知して告げること。 例 明け渡しを通告する。

【通達】（つうたつ） 所管の機関や職員に出す指示の通知。 例 長官の通達を出す。

【通知】（つうち） 知らせること。 例 会合の開催を通知する。

【布告】（ふこく） 国の決めた意思を公けに告げること。 例 宣戦を布告する。

【報告】（ほうこく） ある任務を行った結果を述べる。 例 決算報告書。

【密告】（みっこく） ひそかに知らせること。 例 不正を密告する。

【予告】（よこく） 前もって告げ知らせること。 例 襲撃の予告がなされた。

【論告】（ろんこく） 検事が罪状を論じて求刑を行うこと。 例 厳しい論告求刑。

⇩この項目も 伝える

つたえる
伝える

【皆伝】（かいでん） 技の奥義をすべて伝えられること。 例 免許皆伝の腕前。

【家伝】（かでん） その家に代々伝えられた事物。 例 家伝の掛け軸。

【口伝】（くでん） 口伝えで伝えていくこと。 例 口伝の奥義。

【口授】（こうじゅ） 口伝えに教えを授けること。 例 祖父から口授された。

【口承】（こうしょう） 口伝えされてきた話や教え。 例 口承文芸。

【直伝】（じきでん） 宗家から直接教えを受けること。 例 師匠直伝の技。

【師伝】（しでん） 師匠から伝授されること。 例 師伝の彫りの技。

【相伝】（そうでん） 代々伝え継いでいくこと、もの。 例 秘術を相伝する。

【伝授】（でんじゅ） 特に芸の奥義などを教え伝えること。 例 秘技を伝授する。

【伝承】（でんしょう） 古くからのしきたりを受け伝えること。 例 文化の伝承。

【伝達】（でんたつ） つぎつぎに伝えること。 例 伝達事項はこれだけだ。

【伝道】（でんどう） 宗教の教義を伝え入信を促す。 例 伝道者がもたらした品。

【伝導】（でんどう） 熱や電気が物質内を伝わること。 例 電気の伝導体。

【伝播】（でんぱ） 広く伝わること。 例 文化の伝播の道筋。

【伝聞】（でんぶん） 人づてに聞くこと。 例 伝聞の間に尾ひれがついた話。

【伝来】（でんらい） 外国から伝わった事物。代々受け継がれる事物。 例 先祖伝来の槍。

【伝令】（でんれい） 命令の伝達。伝達する人。 例伝令が着いた。

【人伝】（ひとづて） 他人を通じて聞くこと。 例我が子の活躍を人伝に聞いた。

【流伝】（るでん） 世に広く伝わること。 例流伝した噂。

そのほかの表現 宣伝／伝言／連絡／コミュニケート（伝える）／コミュニケーション（伝達）／アナウンス／インフォメーション／リポート／メッセージ／ニュース

⇩この項目も 告げる

つづく 続く

【永続】（えいぞく） ながく続くこと。 例幸せの永続を願う。

【勤続】（きんぞく） 同じ勤め先に続けて勤務する。 例勤続十五年で表彰される。

【継続】（けいぞく） その状態・活動を続けること。 例治療の継続。

【後続】（こうぞく） あとから続くこと。 例後続グループが追いつく。

【持続】（じぞく） 保ち続けること。 例理想体重を持続する。

【接続】（せつぞく） つなげること。 例電車とバスの接続が悪い。

【続演】（ぞくえん） 演劇などの上演予定期間を延長する。 例続演が決まった。

【続出】（ぞくしゅつ） 次々と続いて出ること。 例希望者が続出した。

【続発】（ぞくはつ） 次々と発生すること。 例大事故が続発した。

【続行】（ぞっこう） 続けて行うこと。 例深夜まで会議を続行する。

【存続】（そんぞく） 存在し続けること。 例劇団を存続させる。

【点綴】（てんてい） ほどよく散らばりまとまっている。 例海原に点綴する漁船。

そのほかの表現 反復／連続／打ち続く／引き継ぐ

⇩この項目も 継ぐ・つながり

つつしむ 謹む（慎）

【遠慮】（えんりょ） 行動を控え目にする。 例遠慮なく話す。

【畏れる】（おそれる） おそれ多く感じる。 例神仏を畏れぬ行為。

【戒心】（かいしん） 身を慎み油断しない。 例戒心して事に当たる必要がある。

【畏まる】（かしこまる） 恐れ入る。 例お話を畏まって聞く。

【恭慎】（きょうしん） うやうやしく慎むこと。 例恭慎の表情を浮かべる。

【謹厳】（きんげん） つつしみ深くて自分に厳しい。 例謹厳な性格。

【謹慎】（きんしん） 悪い行いの罰として言動を慎むこと。 例自室で謹慎する。

【自粛】（じしゅく） 自分の行いを慎む。 例祝い事を自粛する。

【自制】（じせい） 自分の感情や欲望を抑制する。 例怒りを自制する。

【自重（じちょう）】行いを慎む。 例時節柄自重をのぞむ。

【斟酌（しんしゃく）】言動を控えめにすること。 例斟酌する必要はない。

【慎重（しんちょう）】つつしみ深く軽々しく行動しない。 例慎重に見守る。

【節制（せっせい）】ほどよくひかえめにする。 例節制を保ち健康を取り戻す。

【節度（せつど）】度を越さないこと。 例節度をわきまえる。

【憚る（はばかる）】さしさわりを遠慮する。 例口を出すのを憚られる雰囲気。

つとめ 勤め（務）

【皆勤（かいきん）】一日も欠かさず出席・出勤する。 例皆勤賞をもらう。

【恪勤（かっきん）】職務にはげむこと。 例陰日向無く恪勤する姿。

【義務（ぎむ）】為すべき事、してはならない事。 例義務の遂行。

【勤務（きんむ）】職務に従事すること。 例まじめに勤務している。

【勤労（きんろう）】労して働くこと。 例日々の勤労に感謝する。

【欠勤（けっきん）】勤務先を休むこと。 例欠勤届を書く。

【執務（しつむ）】事務を執ること。 例大統領の執務室。

【使命（しめい）】命ぜられた役目。また、天職。 例使命は充分に果たした。

【重責（じゅうせき）】重大な責任。 例一人重責を担う。

【常勤（じょうきん）】毎日決まって常に勤務すること。 例常勤の研究員となる。

【職責（しょくせき）】職務の上での責任。 例職責を果たす。

【精勤（せいきん）】職務などによく励むこと。 例彼の精勤は手本だ。

【責務（せきむ）】果すべき責任。 例重大な責務を果たす。

【忠勤（ちゅうきん）】忠実に勤務すること。 例忠勤に報いる。

【服務（ふくむ）】職務に従事すること。 例規則を守って服務する。

【本分（ほんぶん）】守るべき本来の分限。 例学生としての本分を全うせよ。

【本務（ほんむ）】本来のつとめ。 例本務をないがしろにできない。

そのほかの表現 任務／外勤／内勤／出勤／通勤／役目／デューティ（義務）／ロールプレイング（役割演技）

つとめる 努める（務・勤・勉）

【勤しむ（いそしむ）】努めはげむ。 例勉学に勤しむ学生。

【勤勉（きんべん）】仕事や勉強にはげむこと。 例勤勉な人柄は貴い。

【刻苦（こっく）】たいへん苦労すること。 例刻苦して身につく勉強。

【根性（こんじょう）】困難にも挫けない強い性格。 例この子は根性がある。

【自彊（じきょう）】自ら勉めて励むこと。 例自彊のかいあって夢がかなった。

【精進】（しょうじん）一所懸命に努力すること。 例 日ごろの精進のたまもの。

【尽瘁】（じんすい）一所懸命に努力して労苦する。 例 長年の尽瘁に感謝する。

【尽力】（じんりょく）力を尽すこと。骨を折ること。 例 財団の創設に尽力した。

【精励】（せいれい）力を尽してつとめること。 例 精励を賞する。

【努力】（どりょく）目標実現のため努めること。 例 一心に努力する。

【奮闘】（ふんとう）困難に対し力一杯努力する。 例 店舗進出のため奮闘する。

【奮励】（ふんれい）気力をふるいおこし励む。 例 さらなる奮励を期待する。

【勉励】（べんれい）つとめ励むこと。 例 勉励の成果が表れる。

（そのほかの表現）勉強／地道／頑張る

つながり　繋がり

【一脈】（いちみゃく）一すじ。ひとつづき。 例 一脈通じるものを感じる。

【関係】（かんけい）他との間に関わりを持つこと。 例 補完的な関係。

【関与】（かんよ）ある物ごとに関わる。 例 経営に関与する。

【関連】（かんれん）かかりあうこと。 例 関連事業所の反応を見る。

【接続】（せつぞく）つなげること。 例 電車とバスの接続が悪い。

【相関】（そうかん）互いに影響しあう関係。 例 相関図を書いて説明する。

【短絡】（たんらく）結びつかない事を直結して論ずる。 例 短絡思考はいけない。

【紐帯】（ちゅうたい）結びつける役割をなすもの。 例 両者の紐帯をなす利害関係。

【直結】（ちょっけつ）直接に結びつくこと。 例 発言と行動が直結している。

【脈絡】（みゃくらく）物ごとの必然性あるつながり。 例 脈絡なく話すのでわからない。

【連係】（れんけい）密接に繋がっていること。 例 連係が断たれる。

【連携】（れんけい）連絡をとり合って物事を行うこと。 例 連携プレーを重視。

【連鎖】（れんさ）鎖のようにつながること。 例 連鎖反応を起こす。

【連帯】（れんたい）仲間意識で結びつき協力すること。 例 連帯感が生まれる。

【連絡】（れんらく）つながりがある。つながりがつく。 例 電車の連絡がいい。

（そのほかの表現）コネ／コネクション／リレーション（関係）

（⇩この項目も）継ぐ・続く・係わる

つま　妻

【家内】（かない）他人に自分の妻をいう語。 例 家内は留守番だ。

【寡婦】（かふ）夫に死別した女。 例 寡婦を経済支援する制度。

【愚妻】（ぐさい）自分の妻の謙称。 例 この帽子は愚妻の手作りだ。

【荊妻】（けいさい）自分の妻の謙称。例荊妻を同道します。

【継室】（けいしつ）後妻。のちぞい。例継室となり、世継ぎを得る。

【賢夫人】（けんぷじん）賢く道理に明らかな夫人。例賢夫人として高名だ。

【後家】（ごけ）夫に死別後も家を守っている寡婦。例後家を立てた。

【後妻】（ごさい）後ぞいの妻。「こうさい」。例後妻として継子を育てた。

【ご新造】（ごしんぞう）下級武士や上層の町人の妻の敬称。例粋なご新造だ。

【御寮人】（ごりょうにん）江戸時代、年若い妻の尊敬語。例御寮人はおいでか。

【山妻】（さんさい）自分の妻の謙称。例山妻の料理ですが、召し上がれ。

【正室】（せいしつ）本妻。正妻。例正室として迎える。

【貞婦】（ていふ）貞操を堅くまもる女性。例貞婦として尊敬される婦人。

【内儀】（ないぎ）町人の妻の尊敬語。例ご内儀にはお世話をかけた。

【亡妻】（ぼうさい）亡くなった自分の妻。例亡妻の七回忌がくる。

【本妻】（ほんさい）正式の妻。例本妻に据える。

【御台所】（みだいどころ）大臣や将軍などの妻の敬称。例御台所が取り仕切る。

【未亡人】（みぼうじん）夫と死別した女性の本来は自称。例未亡人となる。

【山の神】（やまのかみ）自分の妻の卑称。かかあ。例うちの山の神は気が強い。

【令閨】（れいけい）他人の妻の尊敬語。例ご令閨さまにもよろしく。

【令夫人】（れいふじん）貴人の妻、他人の妻の尊敬語。例令夫人のお席。

そのほかの表現　愛妻／悪妻／恐妻／恋女房／令室／後添い／新妻／室／新婦／先妻／内妻／人妻／王妃／皇后／后／後宮／お上さん／奥方／ミセス／ワイフ／マダム

つまらない　詰まらない

【片腹痛い】（かたはらいたい）身のほど知らずな態度を笑う意。例片腹痛い論評だ。

【興ざめ】（きょうざめ）面白く思っていた気分をそぐ。例そんな発言は興ざめだ。

【愚劣】（ぐれつ）愚かでくだらないこと。例弱い者いじめは愚劣な行為だ。

【滑稽】（こっけい）ばかばかしく、おかしいこと。例彼の立場は滑稽だ。

【塵芥】（じんかい）ちりあくた。値打ちのないもの。例塵芥にまみれる。

そのほかの表現　ごみ／滓（かす）／無意味／無価値

つむ　積む

【艦載】（かんさい）軍艦に載せること。例艦載機が飛び立つ。

【載貨】（さいか）貨物をのせること。その貨物。例載貨作業が始まる。

【山積】（さんせき）山のように積んである荷物。例問題が山積している。

何かの下に積むこと。【下積み（したづみ）】例下積み時代を振り返る。

物が集まりつもる。【集積（しゅうせき）】例廃棄物の集積地。

船や車などに荷物を積みのせること。【積載（せきさい）】例積載量一杯だ。

うず高く積むこと。【堆積（たいせき）】例大量の火山灰が堆積した。

とどこおりつもること。【滞積（たいせき）】例荷物が滞積している。

たくわえてためる。【蓄積（ちくせき）】例経験の蓄積がものをいう。

車、飛行機などに資材を積む。【搭載（とうさい）】例消火器搭載を義務づける。

荷を積むこと。【荷積み（にづみ）】例荷積みが始まる。

外国から船で運んで来ること。舶来。【舶載（はくさい）】例舶載品の石けん。

荷物を車などにいっぱい載せること。【満載（まんさい）】例荷物を満載したトラック。

かさなり積むこと。【累積（るいせき）】例借金が累積している。

⇩この項目も　たくわえる

つめたい　冷たい

寒く冷たいこと。【寒冷（かんれい）】例山間の寒冷な気候。

いかにも寒そうなようす。【寒寒（さむざむ）】例寒寒とした曇り空。

そっけないこと。思いやりがない。【素気無い（すげない）】例素気無い態度。

すがすがしい。【清涼（せいりょう）】例清涼さを求めて高原を訪れる。

さわやかで涼しい気候。【爽涼（そうりょう）】例秋の爽涼な一日。

義理、人情にうすい。心の冷たい。【薄情（はくじょう）】例薄情な仕打ち。

感情がなくて冷たいこと。【非情（ひじょう）】例非情な判断を下す。

人間としての情がないこと。【非人情（ひにんじょう）】例非人情な行為。

人情味に欠けること。【不人情（ふにんじょう）】例不人情なまねはできない。

あわれむ心のないこと。【無慈悲（むじひ）】例無慈悲に切り捨てる。

なさけ心のないこと。【無情（むじょう）】例無情の嵐のため祭りは中止になった。

思いやりがなく酷いこと。【冷酷（れいこく）】例冷酷な人物。

冷ややかで、平然としているさま。【冷然（れいぜん）】例冷然と言い渡す。

同情心のないこと。不親切なこと。【冷淡（れいたん）】例冷淡な対応をする。

冷静に本質を見通している。【冷徹（れいてつ）】例冷徹な判断が必要。

冷やっとして涼しいこと。【冷涼（れいりょう）】例冷涼な季節となる。

つもり　積もり

行うと決め、実行する気持ち。【意志（いし）】例強い意志で成しとげる。

【意思（いし）】考え。思い。　例はっきりとした意思を持つ。

【意趣（いしゅ）】心の向かうところ。　例全員の意趣を取り入れたい。

【意図（いと）】めざすこと。その目的。　例意図するところを話す。

【思惑（おもわく）】思うところ。考え。　例思惑が外れる。

【企図（きと）】企てること。その目論見。　例競争相手の企図がわかった。

【心組み（こころぐみ）】かねてからしている心がまえ。　例心組みを明かす。

【魂胆（こんたん）】たくらみ。策略。　例魂胆は見え見えだ。

【心算（しんさん）】心の中の計画。　例意外にも心算が外れる。

【抱負（ほうふ）】心に持っている計画や決意。　例新年の抱負を語る。

【胸算用（むなさんよう）】胸の中での計算。　例利益は胸算用に終わった。

【予定（よてい）】前もって見込みをつける。　例勉強の予定をたてる。

つよい

強い

【頑強（がんきょう）】頑なに屈せず強いこと。　例頑強な抵抗にあう。

【頑健（がんけん）】体が、頑丈で壮健なこと。　例頑健そのものだ。

【頑丈（がんじょう）】しっかりして丈夫なこと。　例頑丈な造りの倉庫。

【強健（きょうけん）】からだが丈夫なこと。　例身体強健。

【強固（きょうこ）】しっかりして確かなこと。　例兄弟三人に強固な絆がある。

【強硬（きょうこう）】強い態度で主張をまげないこと。　例強硬な反対意見。

【強豪（きょうごう）】強くて手ごわいこと。その人。　例強豪との対戦。

【強靭（きょうじん）】ねばりがあり強いこと。　例強靭な精神の持ち主。

【強壮（きょうそう）】からだが健康で強いこと。　例強壮剤を飲む。

【強烈（きょうれつ）】強くはげしいこと。　例強烈な色彩。

【屈強（くっきょう）】強情で屈しないこと。　例屈強な若者たち。

【堅固（けんご）】しっかりして動かないこと。　例堅固な守り。

【堅牢（けんろう）】堅くて丈夫なこと。　例堅牢な造りの鞄。

【剛毅（ごうき）】意志が強く物事に屈しないこと。　例彼は剛毅な男だ。

【剛健（ごうけん）】たくましくすこやかなこと。　例質実剛健な校風。

【剛直（ごうちょく）】気質が強くてまっすぐ。　例剛直さが長所かつ短所である。

【剛勇（ごうゆう）】強くて勇ましいこと。　例剛勇の誉れが高い。

【丈夫（じょうぶ）】健康であるさま。壊れにくいこと。　例丈夫に育った。

【盤石（ばんじゃく）】極めて堅く確かなこと。　例盤石の備えが必要だ。

【無敵（むてき）】敵となるもののないこと。　例無敵艦隊と呼ばれた。

【牢乎】（ろうこ） 不動である。 例彼の地位は牢乎としている。

【牢固】（ろうこ） しっかりして丈夫なこと。 例牢固たる天守閣。

そのほかの表現 最強／強力／強大／強度／根強い／ストロング／タフ／パワフル／ハード

⇩この項目も 堅い

つりあい 釣り合い

【均衡】（きんこう） つりあいがとれている。バランス。 例三者は均衡を保っている。

【均整】（きんせい） 体やものがつりあい、整っている。 例均整のとれた体つき。

【権衡】（けんこう） つりあい。はかりの意。 例二国の力の権衡を保つ。

【衡平】（こうへい） つりあいのとれていること。平衡。 例衡平な判断を期待する。

【相応】（そうおう） 身分や地位にふさわしいこと。 例分相応の収入。

【相称】（そうしょう） 互いにつりあうこと。 例左右相称の図形。

【相当】（そうとう） ふさわしいこと。つりあうこと。 例課長相当の待遇。

【対称】（たいしょう） 対応し、つりあいがとれている。 例左右対称の庭園。

【対当】（たいとう） 同じ価値のものとしてつりあうこと。 例対当の額の品と引き換える。

【調和】（ちょうわ） 互いに程よくつりあっている。 例調和がとれた庭。

【平均】（へいきん） 不揃いのない。つりあっている。 例精度が平均している。

【平衡】（へいこう） 二つ以上の力がつりあっている。 例常に平衡状態だ。

そのほかの表現 アベレージ（平均）／ハーモニー（調和）／バランス／シンメトリー（対称）

つれる 連れる

【引率】（いんそつ） 多くの人を連れて行く。 例先生に引率され美術館に行く。

【供奉】（ぐぶ） お供をすること。 例殿様に供奉する。

【随行】（ずいこう） つき従って行く。 例大使の随行員として外国に行く。

【随伴】（ずいはん） お供としてつき従う。 例随伴者は二人まで認めよう。

【帯同】（たいどう） いっしょに連れていく。 例部下を帯同する。

【同行】（どうこう） いっしょに行くこと。 例登山の同行者は八名です。

【同道】（どうどう） 連れ立っていっしょに行くこと。 例ご同道願いたい。

【同伴】（どうはん） 誰かをいっしょに連れて行く。 例夫人をご同伴ください。

【連行】（れんこう） 引き立てて連れていくこと。 例容疑者として連行された。

そのほかの表現 伴う／相伴う／従える／率いる／道連れ／お供する／連れあう／連れ立つ／引き具す／引き連れる／エスコート（付き添う）／フォロー

⇩この項目も 従う

て

て 手

【腕首（うでくび）】手と腕とのさかいめ。例 腕首をつかまえて連れていく。

【大手（おおで）】肩から手先まで。例 大手を振って歩く。

【腕（かいな）】二の腕。例 腕を捉えて泣き縋る。

【下膊（かはく）】腕のひじと手首との間。例 下膊で血圧を測る。

【義手（ぎしゅ）】切断された手の代わりにつけるもの。例 義手とは気づかなかった。

【拳固（げんこ）】にぎりこぶし。例 ずいぶん拳固をもらった。

【拳骨（げんこつ）】にぎりこぶし。げんこ。例 拳骨をふるう。

【小手（こて）】腕の手首に近いところ。例 小手をかざして遠くを見る。

【上肢（じょうし）】肩から付いた腕や手、動物の前肢。例 上肢を負傷した。

【上膊（じょうはく）】腕のひじから上の部分。例 上膊に注射をする。

【食指（しょくし）】ひとさしゆび。例 食指が動く。

【触手（しょくしゅ）】無脊椎動物の口の近くにある突起。例 イソギンチャクが触手を伸ばす。

【隻手（せきしゅ）】片方の手。例 隻手のドラマー。

【前腕（ぜんわん）】肘と手首の間。例 前腕二頭筋。

【高高指（たかたかゆび）】指の中央の一番長い指。中指。例 高高指で長さを測る。

【掌（たなごころ）】てのひら。例 雪片を掌で受ける。

【手相（てそう）】運勢が現れるという手のひらの形。例 長生きの手相。

【掌（てのひら）】たなごころに同じ。例 掌を返すような行動。

【平手（ひらて）】平らに開いた手。例 平手で尻をぶつ。

【紅差し指（べにさしゆび）】くすりゆびの異称。例 紅差し指が色っぽい。

【魔手（ましゅ）】人に害悪を加えようとする方法。例 魔手を逃れる。

【無名指（むめいし）】くすりゆび。例 無名指と小指で挟む。

【馬手（めて）】馬の手綱を持つ手。右手。例 馬手に刀を持つ。

【諸手（もろて）】両手。例 諸手をあげて賛成する。

【弓手（ゆんで）】弓を持つ方の手。左の手。例 弓手に盾を持つ。

そのほかの表現 二の腕／隻腕／細腕／痩せ腕／手首／手先／手の甲／握り拳／ハンド／フィンガー／リスト（手首）／アーム／フィスト（こぶし）／エルボー（ひじ）

⇩この項目も 腕

ていねい　丁寧

【殷勤】（いんぎん）　ていねい。ねんごろ。　例 殷勤な言葉づかいをする。

【厳密】（げんみつ）　こまかく手落ちのないようにする。　例 厳密に調査する。

【克明】（こくめい）　こまかくて念を入れて行うこと。　例 克明な記事を書く。

【細心】（さいしん）　こまかいところにまで心を配る。　例 細心の注意をはらう。

【細密】（さいみつ）　こまかく綿密なこと。　例 細密画が得意な画家。

【周到】（しゅうとう）　よく行き届くこと。　例 周到な心配りがありがたい。

【周密】（しゅうみつ）　細かい所までゆきとどくこと。　例 周密な計画を立てる。

【丹念】（たんねん）　真心をこめ細かい心づかいをする。　例 丹念に縫い上げられた花嫁衣裳。

【緻密】（ちみつ）　きめこまかいこと。綿密なこと。　例 緻密な計算の上で実行する。

【丁重】（ていちょう）　ていねいなこと。大事に扱うこと。　例 取扱は丁重に。

【入念】（にゅうねん）　注意深く行う。　例 入念な仕上げがしてある家具。

【綿密】（めんみつ）　手抜かりのないようにすること。　例 綿密な準備のもとに行う。

てがみ　手紙

【後便】（あとびん）　この次の便り。　例 詳しくは後便にてお知らせする。

【音沙汰】（おとさた）　便り。連絡。　例 彼からさっぱり音沙汰がない。

【音信】（おんしん）　便り。訪問。　例 音信が途絶える。

【雁書】（がんしょ）　手紙。書簡。雁の便り。　例 雁書を待つ。

【貴簡】（きかん）　相手の手紙の尊敬語。「貴翰」。　例 貴簡を読み返していたところだ。

【貴書】（きしょ）　相手の手紙の尊敬語。貴簡。　例 貴書拝受いたしました。

【恋文】（こいぶみ）　恋しい思いを述べた手紙。　例 若いころの母の恋文を見せてもらう。

【幸便】（こうびん）　よいことのついで。届けさせる手紙の添書。　例 幸便に添えて報告する。

【懇書】（こんしょ）　親切な手紙。　例 懇書ありがたく拝読した。

【私書】（ししょ）　私人として書いた手紙。内密の手紙。　例 大臣からの私書が届けられた。

【手簡】（しゅかん）　てがみ。「手翰」。　例 手簡をしたためる。

【手書】（しゅしょ）　自筆の手紙。親書に同じ。　例 社長から手書を頂いた。

【消息】（しょうそく）　音信。手紙のやりとり。　例 このところ消息が途絶えてしまった。

【書簡】（しょかん）　てがみ。「書翰」。　例 書簡箋を用いる。

【書札】（しょさつ）　手紙のこと。　例 改めて書札にて御礼を。

【信書】（しんしょ）　元首などが特定の人にあてた文書。　例 首相が大統領に信書を送る。

【親書】（しんしょ）　自筆の手紙。天皇や元首の手紙。　例 お祝いの親書をお送りになる。

【寸簡（すんかん）】短い手紙。自分の手紙の謙譲語。 例寸簡にて失礼します。

【寸紙（すんし）】短い手紙。自分の手紙の謙譲語。 例過日寸紙をお送りしました。

【寸書（すんしょ）】自分の手紙の謙譲語。 例寸書をお送りいたしました。

【寸楮（すんちょ）】楮は紙の意。自分の手紙の謙譲語。 例寸楮ご覧頂けましたでしょうか。

【寸牘（すんとく）】短い自分の手紙の謙譲語。 例寸牘を添える。

【尺牘（せきとく）】牘は方形の木札。手紙。 例尺牘文を練習する。

【尊翰（そんかん）】他人の手紙の尊敬語。お手紙。 例尊翰拝読いたしました。

【添書（てんしょ）】紹介などの旨を記し添える書状。 例紹介する旨の添書を持たせる。

【返書（へんしょ）】返事の手紙。 例返書を頂きたい。

【芳翰（ほうかん）】他人の手紙の尊敬語。貴翰に同じ。 例たいへん嬉しく芳翰を拝読した。

【芳書（ほうしょ）】他人の手紙の尊敬語。 例芳書にて事情がわかりました。

【芳信（ほうしん）】花のたより。他人の手紙の尊敬語。 例故郷からの芳信が届いた。

【鳳声（ほうせい）】他人の手紙、伝言の尊敬語。 例ご鳳声ありがたく受け取った。

【芳墨（ほうぼく）】他人の手紙、筆跡の尊敬語。 例今夕芳墨を拝見した。

【密書（みっしょ）】秘密の文書、手紙。 例江戸から密書が届いた。

そのほかの表現 賀状／書状／便り／封書／礼状／追記／追伸／レター／ラブ・レター／メール／Eメール／ドラフト（草稿）／メッセージ／P.S.（追伸）

てがら 手柄

【偉勲（いくん）】大きな手柄。 例偉勲をたたえる。

【偉功（いこう）】すぐれて大きな手柄。 例偉功が今に伝えられる。

【功（いさお）】てがら。「勲」。 例大いなる功を立てる。

【遺烈（いれつ）】先人がのこした功績。 例故人の遺烈を超えることは難しい。

【巨歩（きょほ）】大きな功績。 例社史に巨歩を記す。

【金字塔（きんじとう）】後世にのこる素晴らしい実績。 例金字塔を打ち立てる。

【勲功（くんこう）】国家などに尽した功労。 例勲功に報いる。

【功業（こうぎょう）】功績のすぐれた事業、仕事。 例功業半ばに落命する。

【功名（こうみょう）】てがらを立て、名をあげること。 例功名を立てる。

【功労（こうろう）】立派な仕事をした苦労。 例彼が一番の功労者だ。

【殊勲（しゅくん）】他よりすぐれた功績。 例殊勲賞を手にする。

【戦功（せんこう）】戦争で立てたてがら。 例多くの戦功を挙げる。

【武勲（ぶくん）】戦争での勇ましい手柄。武功。 例武勲を顕彰する。

【武功（ぶこう）】軍事上の功績。武勲。 例武功を重ねる。

そのほかの表現 業績／功績／サクセス

⇩この項目も 勝つ・成功・働き

てがる 手軽

くどくなく、要領を得ている。【簡潔（かんけつ）】例要旨を簡潔にまとめる。

質素でむだのないこと。【簡素（かんそ）】例簡素な装いが似合う。

こまかい所を略し簡単にすること。【簡略（かんりゃく）】例手続きを簡略化する。

てがるなこと。【軽易（けいい）】例軽易な仕事が好まれる。

手軽で便利なこと。【軽便（けいべん）】例軽便さが売れ行き良好の秘密。

一つの要素だけで、複雑でないこと。【単純（たんじゅん）】例それは単純な問題だ。

そのほかの表現 シンプル／イージー

⇩この項目も 易しい

できごと 出来事

非常の事態。【異変（いへん）】例何か異変がおきたもようだ。

急に起きた変事。【急変（きゅうへん）】例夜中に容態が急変した。

不吉な変事。【凶変（きょうへん）】例暗殺、暴動など凶変が相次いだ。

少しのこと。【些事（さじ）】例原因はほんの些事にすぎなかった。

むごたらしい出来事。【惨劇（さんげき）】例住宅地が惨劇の現場となった。

むごたらしい事件。【惨事（さんじ）】例墜落の惨事があったばかりだ。

その時に起った事。社会事象。【時事（じじ）】例時事的な視点を取り入れる。

ちょっとした異変。【小変（しょうへん）】例小変を見逃して大ごとになった。

大きな変事。一大事。【大変（たいへん）】例国家の大変に備える。

日常の普通のこと。ありふれたこと。【徒事（ただごと）】例この熱は、徒事ではない。

珍しいこと。椿事。【珍事（ちんじ）】例珍事に出合う記者冥利。

思いがけない出来事。【椿事（ちんじ）】例この椿事にはあっけにとられた。

対処が難しい事がら、事件。【難事（なんじ）】例予定外の難事に立ち向かう。

日常とは変わったこと。【非常（ひじょう）】例非常の事態にこそ冷静さが大事。

日常と違った事がら。【変事（へんじ）】例変事勃発の知らせに騒然となる。

そのほかの表現 事件／事故／奇跡／イベント／ハプニング／アクシデント

てんじる 転じる

状況ががらりとかわること。【一転（いってん）】例情勢が一転した。

方向や情勢が反対の方向へ転ずる。【逆転（ぎゃくてん）】例大方の予想に反し逆転優勝する。

成りゆきが急にかわること。【急転（きゅうてん）】例風向きが急転した。

情勢が良い方向にかわること。【好転（こうてん）】例経営状態が好転する。

一度転じた物事が、また反対になる。【再転（さいてん）】例予想外の計画再転が起きる。

変化して他の状態になること。【転化（てんか）】例時代とともに意味が転化した。

傾向や方針がそれまでと変わる。【転換（てんかん）】例散歩で気分転換する。

病気の状態のいきつくところ。【転帰（てんき）】例死の転帰をとる。

状況が変わる機会。【転機（てんき）】例その出会いが転機となった。

自分の立場などを変える。【転向（てんこう）】例彼の転向を非難する。

変わっていくこと。【変転（へんてん）】例めまぐるしく時代が変転する。

状況や環境が流れ移ること。【流転（るてん）】例流転の人生を送る。

そのほかの表現 変移／リバーシブル（反転できる）／コンバート（転換）／コンバージョン（転換）

と

とおい　遠い

そこから先。さらに遠方。【以遠（いえん）】例その駅以遠には行ったことがない。

果てしなくずっと続くこと。【永遠（えいえん）】例永遠の恋人。

遠く隔たっている。【遠隔（えんかく）】例模型飛行機の遠隔操縦を教える。

遠く離れた所。【遠方（えんぽう）】例遠方の友からの便り。

久しく遠いこと。永遠。【久遠（くおん）】例久遠の夢。

音信・訪れが絶えて久しい。【疎遠（そえん）】例長い間に学校友達と疎遠になる。

一万里。たいへん遠い距離。【万里（ばんり）】例万里の長城。

中心地から遠いこと。その場所。【僻遠（へきえん）】例僻遠の地に引っ越す。

距離や時間、状況にへだたりがある。【程遠い（ほどとおい）】例理想には程遠い。

時間がはるかに遠く久しいこと。【悠遠（ゆうえん）】例宇宙は悠遠のかなた。

距離がはるかに遠いこと。【遼遠（りょうえん）】例先はまだまだ遼遠だ。

そのほかの表現 遥（はる）か／ファー（遠い）

とおる　通る（徹・透）

初めて開き、通すこと。【開通（かいつう）】例鉄道の開通式。

貫き通ること。【貫通（かんつう）】例山腹を貫通する道路。

【及第（きゅうだい）】試験に通ること。例及第点をもらう。

【合格（ごうかく）】ある条件や基準、試験に通ること。例合格祝いを贈る。

【全通（ぜんつう）】交通機関の路線全部が開通する。例鉄道が全通して便利になった。

【疎通（そつう）】開き通すこと。通ずること。例意思の疎通をはかる。

【直通（ちょくつう）】目的・目的地まで直接に通ずること。例直通の電車を選んで乗る。

【通過（つうか）】通りすぎること。問題なく通ること。例踏切で通過列車を待つ。

【通気（つうき）】空気を送ること。例熱帯魚の水槽にポンプで通気する。

【通行（つうこう）】通って行くこと。例通行人に署名を呼びかける。

【通水（つうすい）】水を通すこと。例用水路に通水する。

【通風（つうふう）】風を通わせること。例通風を考えた設計。

【流通（りゅうつう）】流れること。世間で行われること。例米の自由な流通を図る。


【そのほかの表現】通う／風通し／素通り／過ぎる／パス／スルー（通して）

とき
時

【一時（いちじ）】しばらく。または、かつて。例自転車一時預かり所。

【一刻（いっこく）】ほんのわずかの時間。例これは一刻を争う事態だ。

【往往（おうおう）】しばしばくり返し起こるようす。例私は往往にして誤解される。

【折折（おりおり）】そのときどき。例折折の便りが嬉しい。

【折節（おりふし）】その折その折。例折節の花が季節の移ろいを告げる。

【片時（かたとき）】わずかの間。例片時も離れられない。

【機運（きうん）】時の巡りあわせ。時機。例機運が満ちる。

【機会（きかい）】何かをするのに都合のよいおり。例機会を捉えて忠告する。


【契機（けいき）】ある事のきっかけ。例母の病気を契機に故郷に帰る。

【好機（こうき）】よい機会。例好機を逃さない。

【刻限（こくげん）】定刻。または、時刻。例約束の刻限を過ぎる。

【潮時（しおどき）】ちょうどよい時期。例潮時をみて話す。

【時季（じき）】季節。例サクランボが実る時季となった。

【時期（じき）】そのとき。また、季節。例書類提出の時期。

【時機（じき）】適切な時節。例時機が到来する。

【時宜（じぎ）】ほどよいころあい。例時宜を得た挨拶状だ。

【時限（じげん）】時間の限界。例時限爆弾の恐怖。

【時日（じじつ）】日数。または、日どり。例時日は、下記の通りだ。

【時節（じせつ）】時候。または、好機会。例時節到来だ。

【時代】（じだい）ひとまとまりの長い期間。 例飛鳥時代の文物。

【時点】（じてん）時間の流れのなかのある一点。 例この時点で判断を下す。

【時分】（じぶん）一日の中のある時間。ころ。 例いま時分誰が訪ねてきたのだろう。

【数刻】（すうこく）二〜三時間から五〜六時間ほど。 例彼に会ったのはほんの数刻前だ。

【寸時】（すんじ）ほんのちょっとした時間。 例寸時を惜しんで学ぶ。

【戦時】（せんじ）戦争の行われているとき。 例祖父は、よく戦時中の苦労を話す。

【適時】（てきじ）ちょうどよい時。 例適時に退出する。

【時世】（ときよ）その時代の風潮。 例時世時節が変わっても…。

【日限】（にちげん）定めた期日。 例日限を切って借用する。

【平時】（へいじ）平和なとき。また は、ふだん。 例平時の心掛けが急場を救った。

【毎時】（まいじ）一時間につき。 例毎時百kmで進む台風。

【間間】（まま）時々。時折。珍しいことでなく。 例そのようなことも間間あると聞く。

【砌】（みぎり）とき。おり。 例酷暑の砌、いかがお過ごしか。

そのほかの表現 タイム／タイミング

⇩この項目も とこしえ

とく

解く（溶・融・梳）

【解決】（かいけつ）事件や問題などに対処すること。 例紛争の解決には時間がかかりそうだ。

【解雇】（かいこ）雇用の契約を解くこと。 例違法ストで大勢が解雇処分された。

【解釈】（かいしゃく）出来事・物ごとの自分なりの理解。 例どのようにも解釈できる彼の態度。

【解除】（かいじょ）ある設定・取り決めをとりやめる。 例防犯装置を解除する。

【解消】（かいしょう）これまでの関係を取り消しにする。 例婚約解消で慰謝料を請求される。

【解職】（かいしょく）職務・役目をやめさせること。 例背任行為のため解職の処分をとる。

【解題】（かいだい）著作の由来・内容などに関する解説。 例歌舞伎観劇前に出し物の解題を読む。

【解凍】（かいとう）冷凍したものを溶かしてもとに戻す。 例上手な解凍が旨さのポイントだ。

【解答】（かいとう）出題を解いて答を出す。出した答。 例あっという間に解答した秀才。

【解任】（かいにん）職務からはずす。役目を解く。 例取締役会で社長を解任される。

【解放】（かいほう）束縛を解き放つこと。 例占領軍の支配から解放される。

【解明】（かいめい）わからない点を解き明かす。 例失敗の原因を解明したい。

【詳解】（しょうかい）詳細に解釈する。その解釈。 例古典作品の詳解が出版された。

【図解】（ずかい）図を使った説明。また、絵図中心の冊子。 例図解して人体の構造を教える。

【精解】（せいかい）詳しく解釈すること。 例古典全文の精解参考書。

【注解】（ちゅうかい）本文に注を加えて解釈をほどこす。 例注解付きの法令解説書。

【潮解】(ちょうかい) 固体が空気中の水分を吸って溶ける現象。 例にがりは潮解しやすい。

【通解】(つうかい) 全体にわたった解釈。 例経済学の通解本。

【読解】(どっかい) 文章を読んでその意味を理解する。 例この子は読解力不足だ。

【訳解】(やっかい) 訳して解釈すること。解釈したもの。 例医学書の訳解をしながら学ぶ。

【融解】(ゆうかい) 固体が熱で溶けること。熔解。 例融解温度を測る。

【溶解】(ようかい) 物質が液にとけて均一になること。 例砂糖は水に溶解する。

【熔解】(ようかい) 熱で固体がとけ、液状になること。 例高炉で銑鉄がすっかり熔解した。

【溶融】(ようゆう) 固体が高温で溶けること。熔解。 例アルミの溶融温度は低い。

【略解】(りゃっかい) 簡単な解釈。その本。 例江戸時代の略解を元に古書を読む。

【例解】(れいかい) 具体的に例を挙げて解く。その解。 例例解付きの参考書で数学を学ぶ。

そのほかの表現 解け合う／ソリューション(解決)／イラストレーション(図解)／リリース(解放)

とく 説く

【演説】(えんぜつ) 人の前で自分の主義・主張を述べる。 例駅前で応援演説をする。

【解説】(かいせつ) 解き明かして説明する。その説明。 例ラジオで野球の解説を聞く。

【概説】(がいせつ) 大枠を説明する。あらましの説明。 例まず概説を述べてから各論に入る。

【再説】(さいせつ) 何度もくりかえして説くこと。 例最重要点を再説する。

【細説】(さいせつ) 詳しく説明する。 例疑問点を細説する。

【詳説】(しょうせつ) くわしく説くこと。詳しい説明。 例陶磁器の伝来について詳説する。

【序説】(じょせつ) 本論導入のためのまえおき。序論。 例序説が長い。

【叙説】(じょせつ) 述べて説くこと。 例簡単に叙説する。

【絮説】(じょせつ) 細部までこまごまと説くこと。 例絮説するまでもないことだ。

【説教】(せっきょう) 教え諭す。宗教的な教えを説く。 例親父の説教はきついが短かった。

【説得】(せっとく) よく話して相手を納得させる。 例説得されてパソコンを買った。

【説伏】(せっぷく) ときふせ、自分の意見に従わせる。 例説伏されて会長を引き受ける。

【総説】(そうせつ) 全体を見渡して説明する。総論。 例総説をご執筆いただきたい。

【補説】(ほせつ) 説明不足の点を補う。補足の説明。 例その点は来週の授業で補説する。

【遊説】(ゆうぜい) 意見を説いて各地をまわる。 例遊説先でその知らせを聞いた。

【要説】(ようせつ) 要点をまとめて説明する。その説明。 例時間がないので要説にとどめる。

【略説】(りゃくせつ) 概略を説くこと。概略の説明。 例略説を聞く限り、その考えは正しい。

【縷説】(るせつ) こまごまと説くこと。 例縷説はもう聞かなくてよい。

そのほかの表現 図説／説明／口説く／

説き伏せる／論じる／スピーチ／ダイジェスト（要説）

⇩この項目も　述べる・話す

とくい　得意

【得手】（えて）得意なところ。得意なこと。　例 得手を活かして仕事をする。

【会心】（かいしん）自分のしたことに満足をおぼえる。　例 会心の笑みを浮かべた。

【巧者】（こうしゃ）たくみなこと。事に熟練している。　例 今度の対戦相手は試合巧者だ。

【昂然】（こうぜん）自信に満ち意気のあがるようす。　例 昂然として顔を上げる。

【熟達】（じゅくたつ）練れた境地に達していること。　例 鋳物一筋の熟達した腕前。

【達者】（たっしゃ）物事に熟達している。また、達人。　例 彼は、車の運転が達者だ。

【堪能】（たんのう）技能に優れること。正しくは「かんのう」。　例 彼女は語学に堪能だ。

【得得】（とくとく）得意なようす。　例 得得として見せびらかす。

【鼻高高】（はなたかだか）いかにも得意げなようす。　例 イベントの成功に鼻高高だ。

【秘訣】（ひけつ）その事を成功させる秘密の奥の手。　例 長寿の秘訣は食事にある。

【優越感】（ゆうえつかん）自分が人に勝ると感じる気持ち。　例 優越感に浸っている場合ではない。

【揚揚】（ようよう）得意げなようす。　例 試合場から揚揚と引き揚げる。

そのほかの表現　長所／特長／能力／エキスパート／メリット

⇩この項目も　上手

とくべつ　特別

【格段】（かくだん）格別。破格。まるで違う。　例 格段の心配りに感謝する。

【格別】（かくべつ）特別に。とりわけ。　例 母の料理は格別の味だ。

【過分】（かぶん）分を過ぎた。身分不相応な。　例 過分の待遇にあずかる。

【殊更】（ことさら）特別に。また、とりわけ。　例 弱点を殊更強調するな。

【大変】（たいへん）並の苦労でないこと。または非常に。　例 大変な努力の末にでき上がる。

【特殊】（とくしゅ）特別である。一般とは異なる。　例 これは特殊な事例である。

【特有】（とくゆう）そのものに見られる特徴。　例 特有の粘りけがある。

【就中】（なかんずく）その中でも特に。とりわけて。　例 一年のうちでも就中大事な時期。

【破格】（はかく）特例の扱い。または普通以上のこと。　例 破格の給料をもらっている。

【非常】（ひじょう）通例でないこと。異常。　例 車が非常な勢いで近づいてくる。

【別格】（べっかく）規格の外にある。特別であること。　例 そうは言っても彼女は別格だ。

【別段】（べつだん）とりわけ。後に打消しを伴う。　例 待遇には別段不満はない。

（そのほかの表現）特徴／取り分け／甚だ／別けても／スペシャル

とこしえ　永久

【永遠（えいえん）】果てしなく続くこと。例永遠のあこがれ。

【永劫（えいごう）】無限に続く年月。例この瞬間を未来永劫留めおきたい。

【永世（えいせい）】いつまでも続くかぎりない世。例永世名人に叙せられた棋士。

【永続（えいぞく）】ながく続くこと。例幸福の永続を願う。

【永代（えいたい）】とこしえ。何代も先まで。例菩提寺に永代供養をお願いする。

【久遠（くおん）】時間の果てのない。久しく遠い。例久遠の真理を追究したい。

【劫（こう）】非常に長い時間の単位。長い年月。例劫を経た強者揃い。

【恒久（こうきゅう）】久しく変わらないこと。例武力を放棄し恒久の平和をめざす。

【長久（ちょうきゅう）】ひさしく続くこと。例伯父は武運長久の祈りに送られた。

【永久（とわ）】いつまでも変わらないこと。例永久の愛を誓う。

【無窮（むきゅう）】無限。きわまりないこと。例無窮の空を見上げる。

【悠遠（ゆうえん）】はるかに遠く久しいこと。例悠遠の昔に思いを馳せる。

【悠久（ゆうきゅう）】時間がはるか久しいこと。永久。例悠久のかなた。

【遼遠（りょうえん）】はるかに道のりが遠いこと。例完成まで前途遼遠だ。

（そのほかの表現）エターニティ（永遠）／エターナル（永遠の）／

とし　年（歳）

【幾年（いくねん）】多くの年。例幾年も会っていない幼友達。

【閏年（うるうどし）】季節と整合するため閏のある年。例閏年は百年に二十五回ある。

【往年（おうねん）】過ぎ去った年。昔。例往年の名歌手の舞台。

【客年（かくねん）】去年。昨年。例過ぎし客年の思い出。

【隔年（かくねん）】一年おき。例隔年の家族旅行を続ける。

【旧年（きゅうねん）】新年の初めに去年のことをいう語。例旧年に変わらぬご厚誼を願います。

【凶年（きょうねん）】農作物が凶作の年。例凶年が二年続いた。

【後年（こうねん）】のちの年。数年のち。例後年、彼は大統領となった。

【再来年（さらいねん）】来年の次の年。例娘は、再来年小学校に入学する。

【式年（しきねん）】祭儀を行うことに決まっている年。例先の天皇の式年行事が行われた。

【春秋（しゅんじゅう）】年月。または、年齢。例幾春秋を重ねた夫婦の絆。

【初年（しょねん）】最初の年。例住宅ローンの初年度支払額。

【昔年（せきねん）】むかし。往事。例もはや昔年の面影はない。

【積年】（せきねん）長年。積み重ねた年月。 例積年の恨み言をぶつける。

【先年】（せんねん）以前。すぎさった年。 例先年完成した会館で待つ。

【他年】（たねん）ほかの年。後年。 例成果は他年に期待しよう。

【多年】（たねん）多くの年月。長い年月。 例多年にわたる精勤を表彰する。

【当年】（とうねん）この年。本年。今年。 例当年生まれの子馬。

【年毎】（としごと）毎年。年年。 例年毎に行事参加者が増える。

【永年】（ながねん）長い年月の間。多年。 例永年の研究がまとまる。

【年次】（ねんじ）年ごとの順番。または毎年。 例年次報告集の作成。

【年中】（ねんじゅう）一年の間ずっと。または、四六時中。 例年中行事を大事にする。

【平年】（へいねん）閏年でない年。また、普通の年。 例平年並みの収穫量を見込む。

【豊年】（ほうねん）穀物が豊作の年。 例豊年を祝って秋祭りが行われる。

【累年】（るいねん）毎年。年をかさねること。 例さすが累年の功だ。

【例年】（れいねん）いつもの年。毎年。 例会は例年通りの要領で運ばれた。

【暦年】（れきねん）太陽暦に定めた一年。または、年月。 例暦年で計算する。

【歴年】（れきねん）年を重ねること。または年年。 例これが歴年の成績だ。

⇩この項目も 年齢

とじる 閉じる

【開閉】（かいへい）開いたりしまったりすること。 例ドアの開閉を自動にする。

【封鎖】（ふうさ）とざして出入させないこと。 例空港ビルを封鎖する。

【閉会】（へいかい）集会・会議の終了。 例盛会のうちに閉会した。

【閉館】（へいかん）会館を閉じること。 例図書館の閉館日だ。

【閉業】（へいぎょう）営業の終了。また商売の廃業や休業。 例閉業する店が増えている。

【閉鎖】（へいさ）とざすこと。とじること。 例インフルエンザで学級閉鎖になる。

【閉場】（へいじょう）会場を閉じること。 例採決前に閉場する。

【閉塞】（へいそく）閉じふさぐ。または閉ざされ塞がる。 例世紀末の閉塞感。

【閉廷】（へいてい）法廷を閉じること。 例閉廷の宣言をする。

【閉店】（へいてん）営業の終了。また店を畳むこと。 例台風のため本日は四時で閉店した。

【閉幕】（へいまく）物事が終ること。演劇などの終了。 例大会が成功裏のうちに閉幕した。

【閉門】（へいもん）門を閉じる。または家で謹慎する。 例夜は十時ちょうどに閉門する。

【密閉】（みっぺい）すきまなく閉じること。 例こぼれないように密閉して運ぶ。

【幽閉】（ゆうへい）他人と接触のない状態に閉じこめる。 例長い間塔に幽閉されていた。

そのほかの表現 塞ぐ（ふさぐ）／遮断／クロー

ーズ／ブロック

とどこおる　滞る

【延滞（えんたい）】期日より長く延びて滞ること。 例税金に延滞金が加算される。

【渋滞（じゅうたい）】滞って、通じにくいこと。 例交差点で交通渋滞が起きやすい。

【滞留（たいりゅう）】情報や物流が滞ること。 例荷物が滞留する。

【遅滞（ちたい）】滞って、期日に遅れること。 例遅滞のないように支払ってほしい。

【沈滞（ちんたい）】底の方にとどまっていること。 例気分が沈滞気味だ。

【停滞（ていたい）】物事がたまりとどこおること。 例業務が停滞する。

【停頓（ていとん）】ゆきづまること。進展しないこと。 例事務処理が停頓する。

【泥む（なずむ）】はかばかしく進まない。 例山道の途中で暮れ泥む。

【難航（なんこう）】障害が多く物ごとがはかどらない。 例計画は難航している。

【難渋（なんじゅう）】容易に物ごとが進まない。 例交渉が難渋している。

そのほかの表現　つかえる／もたつく

⇩この項目も　遅れる

ととのえる　整える（調・斉）

【準備（じゅんび）】用意。支度。 例出発する準備は整っている。

【新調（しんちょう）】特に衣服や家具などを新しく整える。 例着物と帯を新調した。

【整地（せいち）】建築する前に行う地ならし。 例角の土地が整地して売り出された。

【整頓（せいとん）】よく整った状態。「頓」は整う意。 例タンスの中を整頓する。

【整髪（せいはつ）】洗髪や調髪で髪を整えること。 例彼はいつもきちんと整髪している。

【整備（せいび）】すぐ使えるように準備を整える。 例飛行機の整備をする。

【整理（せいり）】乱れた状態を整え秩序だてる。 例書類の整理をする。

【整列（せいれつ）】列に並ぶ。また、行列を整える。 例玄関前に整列して待つ。

【調整（ちょうせい）】調子を整えること。 例レース前の調整期間。

【調節（ちょうせつ）】丁度よく整えること。 例ベルトの具合を調節する。

【調達（ちょうたつ）】取りそろえておくこと。 例材料を調達する。

【調停（ちょうてい）】第三者が仲裁する。 例境界争いの調停を依頼する。

【調髪（ちょうはつ）】髪を整えること。 例力士の調髪を仕事にする。

【調理（ちょうり）】物ごとを整える。また料理すること。 例素材をいかす調理人の技。

【調和（ちょうわ）】全体の釣合がとれていること。 例街並みの調和をはかる。

そのほかの表現　用意／コントロール／

アレンジ（整える）／ハーモニー／プレパレーション（準備）

となえる　唱える

【暗唱】（あんしょう）文章をそらで覚え口に出して唱える。 例 短歌を暗唱する。

【詠ずる】（えいずる）詩歌を声を出して読み、つくる。 例 漢詩を詠ずる。

【吟ずる】（ぎんずる）詩歌をうたう、またはつくる。 例 自作の和歌を吟ずる。

【高吟】（こうぎん）詩などを声高く吟ずる。 例 山道を歩きながら高吟する。

【口唱】（こうしょう）声をあげて読むこと。「口誦」。 例 徒然草を口唱する。

【高唱】（こうしょう）大声でうたう。 例 心を込めて校歌を高唱する。

【三唱】（さんしょう）三度、唱えること。 例 万歳を三唱した。

【主唱】（しゅしょう）主となって唱える。 例 憲法改正を主唱する。

【首唱】（しゅしょう）まっさきに唱えだすこと。 例 構造改革を首唱する。

【誦する】（じゅする）節をつけて読む。 例 経典を誦する。

【主張】（しゅちょう）意見を強く言い張る。 例 自己を主張する。

【誦する】（しょうする）そらんじること。唱えること。 例 愛唱の詩を誦する。

【唱道】（しょうどう）自ら先に立って唱える。 例 実存主義を唱道する。

【唱導】（しょうどう）法を説いて仏道に導き入れる。 例 唱導師が法会を執り行う。

【称名】（しょうみょう）仏の名号を唱える。 例 称名念仏。

【唱和】（しょうわ）一人が唱えた後に他者が唱える。 例 万歳を唱和する。

【誦経】（ずきょう）経文をそらんじて読むこと。 例 仏の前で誦経する。

【先唱】（せんしょう）他人に先がけて言う。 例 外相が先唱した機構改革。

【提唱】（ていしょう）物事の意義を説き示す。 例 正しき道の提唱者。

【読経】（どきょう）声を出して経文を読む。 例 毎朝読経する。

【読誦】（どくじゅ）声を出して経文を読む。 例 知人を読誦で弔う。

【諷誦】（ふうじゅ）経文を読み唱える。 例 経文を諷誦して年越しを祝う。

【復唱】（ふくしょう）繰り返し確認する。 例 復唱して事故を防ぐ。

【朗吟】（ろうぎん）詩歌を声高らかに唱える。 例 漢詩の朗吟を楽しむ。

【朗唱】（ろうしょう）声高に歌うこと。 例 応援歌を朗唱する。

【朗読】（ろうどく）読み方を工夫し声高く読む。 例 物語を朗読する。

とぶ　飛ぶ（跳）

【翔る】（かける）鳥などが空高く飛ぶ。 例 鳥が天を翔る。

【滑空】（かっくう）風や気流で空を飛ぶこと。 例 グライダーが滑空する。

と

【滑翔】（かっしょう） 空をすべるように飛ぶ。 例 餌をとる鳥の滑翔はみごとだ。

【高翔】（こうしょう） 空高く飛びかける。 例 鷹が高翔する。

【翔破】（しょうは） 飛び通す。飛びきる。 例 目的地まで翔破した。

【滞空】（たいくう） 空中を飛行しつづける。 例 滞空記録を更新する。

【跳躍】（ちょうやく） 地面を蹴って飛びあがる。 例 校内一の跳躍力。

【飛散】（ひさん） 飛んで散乱する。 例 ガラスが飛散した。

【飛翔】（ひしょう） 空中を飛びかける。 例 空中を自由に飛翔する。

【飛躍】（ひやく） 大きく高く飛ぶ。 例 売上げが飛躍的に伸びた。

【飛揚】（ひよう） 飛んで高く空中にあがる。 例 飛揚する凧の力強さ。

【飛来】（ひらい） 物が飛んでくること。 例 飛行機が飛来する。

【離陸】（りりく） 空へ飛び立つ。 例 ジェット機が離陸する。

そのほかの表現 躍（おど）る／ジャンプ／フライ／フライト／テイクオフ（離陸）

とまる とめる　止まる 止める（留・停）

【休止】（きゅうし） 活動を一時とめること。 例 いったん休止してから再開しよう。

【禁圧】（きんあつ） 権力をふるって禁止すること。 例 少数派の抵抗を禁圧する。

【禁止】（きんし） 為すことを許さないこと。 例 立入禁止の立て札。

【禁制】（きんせい） 為すことをさしとめること。 例 禁製品の密輸入。

【禁断】（きんだん） ある行為を禁じること。 例 たばこの禁断症状を乗り切る。

【係留】（けいりゅう） つないでおくこと。 例 ボートを岸に係留する。

【固着】（こちゃく） しっかりとくっつくこと。 例 イソギンチャクが岩場に固着している。

【固定】（こてい） 動かないように止めておくこと。 例 船のテーブルをボルトで固定する。

【在留】（ざいりゅう） 特に外国のある地にとどまること。 例 在留邦人の集まりに参加する。

【残留】（ざんりゅう） 残り留まること。 例 化学物質の残留濃度を調べる

【常駐】（じょうちゅう） 常にそこに留まっていること。 例 デパートに常駐して販売促進する。

【制止】（せいし） 行動などをいましめとどめる。 例 暴力を制止する。

【静止】（せいし） 止まって動かないこと。 例 静止衛星から送られてくるデータ。

【滞在】（たいざい） 他所に出かけある期間とどまること。 例 滞在中に交流のあった人々。

【滞留】（たいりゅう） 旅先に長い期間とどまること。 例 気候がいいので長期滞留者が多い。

【駐在】（ちゅうざい） 職務として派遣されその地に留まる。 例 駐在員からの現地報告。

【駐屯】（ちゅうとん） 軍隊がある土地にとどまること。 例 昔、ここは米軍の駐屯地だった。

【駐留】（ちゅうりゅう） 軍隊が一時的に滞在すること。 例 内乱鎮圧のため国連軍が駐留した。

【停泊】（ていはく） 船が碇を降ろしてとまること。 例 港に停泊中の客船を見学する。

とどまること。とまること。【停留（ていりゅう）】例一番近いバスの停留所。

しっかりとして動かないこと。【不動（ふどう）】例その地位は不動のものとなった。

そのほかの表現 駐車／停車／停戦／停電／ストップ／ホールド(固定)／ホールディング／サスペンド(中止)／パーキング

⇩この項目も 付く・捕らえる

とまる 泊まる

同じ宿屋、同じ部屋に泊り合わせる。【相宿（あいやど）】例研修会で同業者と相宿となった。

よそに泊まること。【外泊（がいはく）】例やっと外泊の許可が下りた。

一緒に寝泊まりして練習などを行う。【合宿（がっしゅく）】例クラブの合宿で高原に出かける。

船が港や沖合に仮に碇を降ろすこと。【仮泊（かはく）】例台風のため港に仮泊する。

家を離れ寮や他家で暮らすこと。【寄宿（きしゅく）】例遠方の学生のための寄宿舎。

他人の家の部屋に住まうこと。【下宿（げしゅく）】例下宿のおばさんには世話になった。

宿泊すること。【止宿（ししゅく）】例出張の時の止宿先は決めてある。

軍隊が宿泊すること。宿泊場所。【宿営（しゅくえい）】例軍港の近くに宿営する。

宿所を移ること。【転宿（てんしゅく）】例あす転宿することにした。

旅宿に泊ること。【投宿（とうしゅく）】例疲れから早々と投宿する。

同じ所に泊まること。【同宿（どうしゅく）】例有名人と同宿になった。

しばらく滞在すること。【逗留（とうりゅう）】例春までゆっくりと逗留する。

野外で宿泊する。【野宿（のじゅく）】例日が暮れたので野宿する。

一団の人がわかれて泊まること。【分宿（ぶんしゅく）】例クラスが五つの棟に分宿する。

住まう。または旅先で宿をとる。【宿る（やどる）】例今夜は一軒の民宿に宿る。

そのほかの表現 一泊／宿泊／民宿／寝泊まり／ステイ

ともだち 友達

尊敬する友人。友人の敬称。【畏友（いゆう）】例彼は私の大学時代の畏友です。

古い知り合い。【旧知（きゅうち）】例彼女とは旧知の間柄だ。

古い友達。【旧友（きゅうゆう）】例旧友と昔話に花が咲く。

友と交際する。【交友（こうゆう）】例交友関係がある。

同じ学校の卒業生。【校友（こうゆう）】例校友会を開く。

師として敬う友人。【師友（しゆう）】例兄は師友に恵まれていた。

知り合いであることの謙譲語。【辱知（じょくち）】例先生とは辱知の間柄だ。

心を許し理解しあえる友。【心友（しんゆう）】例心友に悩みを打ち明けた。

【親友】（しんゆう）仲の良い友。 例 無二の親友が心の支えだ。

【知音】（ちいん）心を知り合っている友人。 例 知音女房に助けられている。

【知己】（ちき）親友。知人。 例 知己の一言で目が覚めた。

【知友】（ちゆう）よく心を知り合った友。 例 三十年来の知友に再会した。

【友垣】（ともがき）友達。 例 つつがなしや友垣。

【朋友】（ほうゆう）友達。 例 朋友の交わりを結ぶ。

【亡友】（ぼうゆう）今は亡き友人。 例 今年は亡友の三回忌だ。

【盟友】（めいゆう）誓い合った友人。 例 日米は盟友関係にある。

【良友】（りょうゆう）交わってためになる友。 例 良友を選ぶことが肝要だ。

【僚友】（りょうゆう）同じ職場で仕事をする友。 例 会社の僚友と酒を飲んだ。

【老友】（ろうゆう）年をとった友達。 例 私には気が若い老友がいる。

そのほかの表現 学友／悪友／戦友／級友／親友／同窓／フレンド／アミーゴ／パートナー／チームメイト／クラスメイト／ルームメイト／メル友

とらえる

捕らえる

【挙げる】（あげる）犯人を捕らえ検挙する。 例 犯人を挙げることができた。

【引致】（いんち）強制的に出頭させること。 例 容疑者を署に引致する。

【検挙】（けんきょ）容疑者を捕らえ警察に連行すること。 例 強盗を検挙した。

【検束】（けんそく）自由を制限し束縛する。 例 共産主義者を検束する。

【拘引】（こういん）捕えて無理に連れていく。 例 殺人の容疑で拘引された。

【拘禁】（こうきん）捕えて留めおくこと。 例 拘禁性ノイローゼにかかる。

【拘置】（こうち）捕らえて閉じ込める。 例 拘置所に入る。

【勾留】（こうりゅう）逃亡を防ぐため監獄に留置すること。 例 被疑者を勾留する。

【拘留】（こうりゅう）拘留場に拘置する刑罰。 例 軽犯罪で拘留された。

【収監】（しゅうかん）法令により監獄に収容すること。 例 殺人犯が収監された。

【就縛】（しゅうばく）罪人などが捕われ縛られること。 例 犯人が就縛された。

【拿捕】（だほ）特に外国の船を捕らえること。 例 漁船が隣国に拿捕された。

【投獄】（とうごく）監獄にいれる。 例 無実の罪で投獄される。

【縄目】（なわめ）縄で縛られる。 例 縄目の恥を受ける。

【縛する】（ばくする）縛る。 例 捕った獲物を縛した。

【捕獲】（ほかく）生け捕ること。 例 クジラを捕獲する。

【捕縛】（ほばく）捕えて縛る。 例 泥棒を捕縛する。

【留置】（りゅうち）人や物を支配下におき拘束すること。 例 留置場に入れられた。

【連行】（れんこう） 引きつれて行くこと。 例警察に連行される。

そのほかの表現 逮捕／生け捕る／召し捕る／からめ捕る／しょっぴく／ぱくる

とる 取る（採・捕・執）

【獲得】（かくとく） 手に入れる。 例念願の金賞を獲得した。

【採決】（さいけつ） 議長が採否を決定すること。 例この件につき採決をとる。

【採光】（さいこう） 室内に光を取り入れる。 例採光に適した空間。

【採取】（さいしゅ） 目的に合ったものを選びとる。 例指紋を採取する。

【採集】（さいしゅう） 取って集める。 例昆虫を採集する。

【採用】（さいよう） 人をとりたてて事に当たらせる。 例新社員を採用する。

【採録】（さいろく） とりあげて記録する。 例採録されたおもな意見。

【詐取】（さしゅ） 金品をだまし取ること。 例品物を詐取する。

【収得】（しゅうとく） 手にいれる。 例広大な土地を収得した。

【取得】（しゅとく） 自分の所有とする。 例資格を取得する。

【摂取】（せっしゅ） 外部から取り入れること。 例栄養を摂取する。

【先取】（せんしゅ） ほかより先にとる。 例先取点をあげる。

【増徴】（ぞうちょう） 税金などをさらに多くとる。 例所得税が増徴された。

【徴収】（ちょうしゅう） 金銭などを取り立てる。 例年会費を徴収する。

【徴集】（ちょうしゅう） 人や物を強制的に集める。 例兵士を徴集する。

【追徴】（ついちょう） あとから不足額を取り立てる。 例追徴金が課せられた。

【没収】（ぼっしゅう） とりあげること。 例財産を没収される。

そのほかの表現 押収／接収／撤収／もぎ取る／キャッチ／ゲット（得る）／エンプロイメント（雇用）

⇨この項目も 奪う・捕らえる・盗む

な

な 名

【愛称】（あいしょう） 親愛の気持ちを込めてつけた呼び名。 例新商品の愛称。

【悪名】（あくめい） よくない評判。「あくみょう」。 例悪名たかき犯人。

【徒名】（あだな） 男女関係のうわさ。浮き名。 例徒名を流す。

【異名】（いみょう） 本来の呼び名以外の名。「いめい」。 例弥生は三月の異名だ。

【威名】（いめい） 人をおそれさせるほどの名声。 例世界に威名をとどろかす。

すぐれたほまれ。【英名】えいめい 例世界中にとどくほどの英名。

人の死後に贈る称号。【贈り名】おくりな 例弘法大師は空海の贈り名。

わるい評判。【汚名】おめい 例汚名返上の努力をする。

かりの名をつけて呼ぶ。【仮称】かしょう 例全国協会と仮称する。

本名を伏せて、かりにつける名。【仮名】かめい 例記事には仮名を使った。

氏名・地位などを偽ること。【偽称】ぎしょう 例旧華族だと偽称する。

氏名をいつわる。【偽名】ぎめい 例偽名を使って入社する。

もとの姓。【旧姓】きゅうせい 例旧姓は、鈴木である。

芸者などの高い評判。【嬌名】きょうめい 例嬌名を馳せる。

実際の価値以上の名声。【虚名】きょめい 例虚名を追って歳月を無駄にした。

実力にそぐわない名声。【空名】くうめい 例空名ではいつかは破れがでる。

芸能人が本名のほかに持つ名前。【芸名】げいめい 例芸名をつける。

評判が高い。名高い。「こうみょう」。【高名】こうめい 例高名な学者を招聘した講演会。

名づけること。呼び名。【呼称】こしょう 例正式な呼称を決定する。

犯罪の名称。【罪名】ざいめい 例複数の罪名にふれる。

氏名や職業などをいつわって称する。【詐称】さしょう 例経歴詐称。

自分から名乗る。自賛すること。【自称】じしょう 例彼は自称天才だ。

恥になるような評判。【醜名】しゅうめい 例醜名きわまりない奴だ。

さかんな名声。【盛名】せいめい 例盛名をとどろかす。

勝手に自分より上の称号を自称する。【僭称】せんしょう 例王を僭称する。

普通に使う正式でない呼び名。【俗称】ぞくしょう 例俗称で呼ばれる。

僧となる前の俗世間での名。【俗名】ぞくみょう 例俗名を捨てて僧となる。

一般に通用している名前。【通称】つうしょう 例通称で呼ばれる店。

自分や相手を卑しめて言うこと。【卑称】ひしょう 例「貴様」や「てめえ」は卑称の類。

飾ったりほめたりする呼び名。【美称】びしょう 例酒の美称は「百薬の長」。

武人としての名声。【武名】ぶめい 例武名を挙げる。

詩文に巧みであるとの名声。【文名】ぶんめい 例文名に名高い人だ。

本名を隠して別の名を用いること。【変名】へんめい 例変名を使って乗船する。

家督。名字の跡目。【名跡】みょうせき 例名跡を継ぐ。

表面上、名目上の名前。【名義】めいぎ 例名義を借りる。

良い評判。【名声】めいせい 例名声が高まる。

名前。口実。理由。【名目】めいもく 例病気の名目で休む。

勇者であるという名声。【勇名】ゆうめい 例勇名を轟かす。

【雷名】（らいめい） 世間にとどろきわたる名声。 例雷名はお聞きしています。

【略称】（りゃくしょう） 名前を省略して呼ぶ。 例国際連合の略称は国連である。

【令名】（れいめい） よい名前。よい評判。 例令名を馳せる。

【和名】（わめい） 日本語による物の名前。 例デージーは和名をひなぎくという。

そのほかの表現 名前／ネーム／ニックネーム／ペンネーム／ビッグネーム（有名人）／ファースト・ネーム／セカンド・ネーム／ミドル・ネーム／ネーミング

⇩この項目も 呼ぶ

なおす 直す（治）

【営繕】（えいぜん） 建築物の営造と修繕。 例家屋を営繕する。

【快気】（かいき） 病気やけががすっかりなおる。 例快気を祝う。

【改修】（かいしゅう） 改め直す。作り直す。 例道路の改修工事。

【回復】（かいふく） もとのとおりになる。 例健康が回復する。

【快復】（かいふく） 病気がなおる。 例快復を祝う集まり。

【快癒】（かいゆ） 病気やけががすっかりよくなる。 例大病がすっかり快癒した。

【加療】（かりょう） 病気や傷を治療する。 例医者の加療をうける。

【緩解】（かんかい） 病状が一時的によくなる。「寛解」。 例緩解により自宅療養する。

【根治】（こんち） 根本から完全になおす。 例根治は難しい。

【叱正】（しっせい） 添削を請うときの謙譲語。 例御叱正を賜る。

【修繕】（しゅうぜん） 建物や器物をつくろいなおす。 例母屋を修繕する。

【修復】（しゅうふく） 建造物などをなおす。 例塀の修復作業を行う。

【推敲】（すいこう） 文章を何度も考え練り挙げる。 例卒論を推敲する。

【施療】（せりょう） 無料で治療すること。 例施療院が作られた。

【全快】（ぜんかい） 病気や傷が完全になおる。 例持病が全快した。

【全治】（ぜんち） 病気やけががすっかりなおる。 例全治三週間のけがを負う。

【全癒】（ぜんゆ） 病気がすっかりなおる。 例病気の全癒を喜ぶ。

【治癒】（ちゆ） 病気やけががなおる。 例人間には自然治癒力がある。

【訂正】（ていせい） 誤りを正し改める。 例誤植を訂正する。

【転換】（てんかん） 物事の方針・傾向などが変わる。 例気分転換する。

【添削】（てんさく） 答案などをなおす。 例文章を添削する。

【批正】（ひせい） 批評して訂正する。 例御批正を乞う。

【復調】（ふくちょう） 体などの調子がもとにもどる。 例復調には時間がかかる。

【復活】（ふっかつ） 生き返る。よみがえる。 例資本主義の復活。

【復旧】（ふっきゅう） もと通りにする。 例道を復旧させる。

【平癒】（へいゆ） 病気やけががなおる。 例平癒を祈願する。

【変改】（へんかい） 変え改めること。 例社訓を変改する。

【補修】（ほしゅう） 補いつくろう。 例道路の補修工事が行われる。

【本復】（ほんぷく） 病気がすっかり治る。 例病が次第に本復する。

【療治】（りょうじ） 病気を治す。 例荒療治でなおす。

そのほかの表現 改正／改善／改良／修正／修理／治療／変革／変更／キュア（治癒）／リカバーリー（回復）／リフォーメーション（改革）

⇩この項目も 正す・変える

ながれ
流れ

【浅瀬】（あさせ） 川の水の浅いところ。 例浅瀬で遊ぶ。

【暗流】（あんりゅう） 表面に表れない流れや動き。 例歴史の暗流が感じられる。

【一流】（いちりゅう） 一つの流派。 例日本舞踊の一流を成す。

【逆流】（ぎゃくりゅう） 水が反対の方向に流れること。 例逆流に逆らって泳ぐ。

【急流】（きゅうりゅう） 勢いの急な流れ。 例急流にながされる。

【傾向】（けいこう） 性質や状態などの傾き。 例業績が上昇傾向にある。

【激流】（げきりゅう） 勢いの激しい流れ。 例激流にのまれる。

【時勢】（じせい） 時代のなりゆき。 例時勢におくれるな。

【時節】（じせつ） 季節、時世。好機会。 例時節に乗って成功する。

【時流】（じりゅう） 時代の傾向や風潮。 例時流に乗った発言。

【趨勢】（すうせい） 物事の進み向かう様子。 例時代の趨勢を探る。

【清流】（せいりゅう） 川などの清い流れ。 例清流を泳ぐめだか。

【濁流】（だくりゅう） 濁った水の流れ。 例豪雨で川が濁流となった。

【潮流】（ちょうりゅう） 潮の流れ。時代の流れ。 例潮流が速く渦を巻く。

【底流】（ていりゅう） 物事の深部に動いている勢い。 例国際情勢の底流。

【早瀬】（はやせ） 水の流れのはやいところ。 例気をつけて早瀬を渡る。

【飛湍】（ひたん） 流れの激しい急流。瀬。 例その川は曲折して飛湍が多い。

【風潮】（ふうちょう） 風によって生じる潮流。世の流れ。 例嘆かわしい最近の風潮。

【伏流】（ふくりゅう） 流水が一時的に地下を流れること。 例扇状地の伏流水。

【傍流】（ぼうりゅう） 本流から分かれた流れ。 例傍流諸派の意見。

【奔流】（ほんりゅう） 激しい勢いの流れ。 例奔流に押し流される。

【流儀】（りゅうぎ） 芸道などの独特のやり方。 例流儀に従って学ぶ。

【流出】（りゅうしゅつ）流れて外に出る。 例重油の流出事故。

【流動】（りゅうどう）流れ動く。移り変わる。 例情勢はいまだ流動的だ。

【流入】（りゅうにゅう）他から流れ込む。 例他国の人が流入してきた。

【流派】（りゅうは）流儀の違いによる流れ、系統。 例華道の流派を立てる。

そのほかの表現 諸流／主流／支流／本流／分流／合流／水流／フロー（流れ）／ストリーム（流れ）／トレンド（傾向）

なく 泣く

【嗚咽】（おえつ）すすり泣く。 例嗚咽が漏れる。

【感泣】（かんきゅう）深く感じて泣く。 例親切な言葉に感泣する。

【歔欷】（きょき）すすり泣き。むせび泣き。 例歔欷の声が満ちる。

【号泣】（ごうきゅう）大声をあげて泣くこと。 例悲報に号泣する。

【差し含む】（さしぐむ）涙ぐむ。 例人陰でひとり差し含む。

【涕泣】（ていきゅう）涙を流して泣く。 例人目も憚らず涕泣する。

【啼泣】（ていきゅう）声をあげて泣く。 例大声で啼泣する。

【慟哭】（どうこく）大声をあげて嘆き泣く。 例父の事故に慟哭する。

【咽ぶ】（むせぶ）声を喉に詰まらせ激しく泣く。 例悲しみに咽ぶ。

⇩この項目も 涙

なげく 嘆く（歎く）

【叡嘆】（えいたん）天子のお嘆き。 例天皇が悲報に叡嘆された。

【慨世】（がいせい）世を嘆き憂える。 例慨世の士をきどる。

【慨嘆】（がいたん）嘆きいきどおる。 例慨嘆に堪えない。

【慷慨】（こうがい）社会の不義などを憂い嘆く。 例政治腐敗に慷慨する。

【嗟嘆】（さたん）嘆くこと。 例この事態には嗟嘆するばかり。

【愁嘆】（しゅうたん）憂え嘆く。嘆き悲しむ。 例愁嘆場を演じる。

【嘆息】（たんそく）嘆いてため息をつく。「歎息」。 例嘆息を漏らす。

【長嘆】（ちょうたん）長いため息をついて嘆く。 例天を仰いで長嘆する。

【痛嘆】（つうたん）ひどく悲しみなげく。 例母の死を痛嘆する。

【悲嘆】（ひたん）悲しみ嘆く。 例悲嘆に暮れる。

【憤慨】（ふんがい）ひどく腹を立てる。 例不公平に憤慨する。

なげる 投げる

【観念】(かんねん) 諦める。覚悟する。 例もうこれまでと観念する。

【断念】(だんねん) 思い切る。あきらめる。 例旅行を断念した。

【諦観】(ていかん) あきらめてながめる。 例人生を諦観する。

【投影】(とうえい) 物のうつった影。 例山容が湖面に投影されている。

【投下】(とうか) 投げ下ろす。 例爆弾を投下する。

【投棄】(とうき) 投げ捨てる。 例不法投棄に反対する。

【投光】(とうこう) 光をあてること。 例投光照明で夜間試合に備える。

【投降】(とうこう) 敵に降参する。 例白旗を掲げて投降する。

【投稿】(とうこう) 原稿を新聞社などに送る。 例投稿欄で発表される。

【投書】(とうしょ) 希望や苦情などを関係機関に送る。 例改善希望の投書。

【投石】(とうせき) 石を投げつける。 例デモ隊が投石する。

【投擲】(とうてき) 投げること。なげうつこと。 例槍を投擲する。

【投入】(とうにゅう) なげいれる。つぎこむ。 例資本を投入する。

【投与】(とうよ) 薬剤などを与える。 例漢方薬を投与する。

そのほかの表現 諦める／放る／投球／投手／ギブアップ／ピッチング

なさけ
情け

【哀憐】(あいれん) かなしみあわれむ。 例哀憐の情に堪えない。

【愛憐】(あいれん) いつくしみあわれむこと。 例我が子にかける愛憐の情。

【恩情】(おんじょう) なさけある心。 例恩情あるはからい。

【温情】(おんじょう) 思いやりのある優しい心。 例温情の厚い人。

【寛大】(かんだい) 心が広くゆるやかなこと。 例寛大に扱う。

【堪忍】(かんにん) 怒りをこらえて許す。 例堪忍袋の緒が切れる。

【寛容】(かんよう) 心が広く、よく人を許し受け入れる。 例寛容な精神。

【厚誼】(こうぎ) 心からの親しい付き合い。 例厚誼を感謝する。

【交情】(こうじょう) 交友のしたしみ。よしみ。 例交情を深める。

【厚情】(こうじょう) 厚いなさけ。 例御厚情を謝す。

【高配】(こうはい) 他人の配慮の尊敬語。 例御高配にあずかる。

【懇情】(こんじょう) ねんごろな心づかい。 例御懇情を賜る。

【至情】(しじょう) まごころ。誠心誠意の気持ち。 例至情がこもる文面。

【情愛】(じょうあい) いつくしみ。愛情。 例こまやかな親子の情愛。

【情味】(じょうみ) 人間らしい思いやりやあたたかみ。 例情味に欠ける仕打ち。

【仁慈】(じんじ) いつくしみめぐむこと。 例仁慈に富む母に育てられる。

【惻隠】そくいん　いたわしく思うこと。　例惻隠の情をおぼえる。

【同情】どうじょう　その人の身になって感じる。　例同情を寄せる。

【篤志】とくし　不幸な人などに対する親切心。　例匿名の篤志家。

【不憫】ふびん　かわいそうなこと。哀れむべきこと。　例不憫な子を庇護する。

【芳志】ほうし　他人の親切な心の尊敬語。　例御芳志を賜る。

【芳情】ほうじょう　他人の親切な心の尊敬語。　例御芳情に感謝します。

【憐憫】れんびん　なさけをかけること。　例憐憫の情をもよおす。

そのほかの表現　親切／人情／志／情／カインドネス(親切)／シンパシー(同情)

⇩この項目も　優しい・親切

なつ
夏

【炎暑】えんしょ　燃えるようなきびしい暑さ。　例うだるような炎暑。

【季夏】きか　夏の末。晩夏。　例季夏になってもまだ暑い。

【向暑】こうしょ　暑さに向かう。　例向暑の候。

【極暑】ごくしょ　暑いさかり。　例極暑の候。

【残暑】ざんしょ　秋になってなお残る暑さ。　例残暑が厳しい。

【三伏】さんぷく　時候の挨拶で、極暑の候をいう。　例三伏の候。

【小暑】しょうしょ　暑気に入る、七月八日頃。　例梅雨が過ぎ小暑を迎えた。

【初夏】しょか　夏のはじめ。　例すがすがしい初夏の朝。

【暑夏】しょか　暑さの厳しい夏。　例近年にない暑夏だった。

【清夏】せいか　晴れ渡ったさわやかな夏の日。　例清夏の一日、海に遊ぶ。

【盛夏】せいか　夏の暑さのさかり。　例盛夏を思わせる日差し。

【大暑】たいしょ　きびしい暑さ。　例大暑お見舞い申しあげます。

【仲夏】ちゅうか　夏のなかば。　例夏も仲夏にさしかかる。

【常夏】とこなつ　いつも夏のよう。　例常夏の楽園。

【麦秋】ばくしゅう　麦の収穫期。初夏の頃。　例麦秋の頃に近所の男と結婚した。

【薄暑】はくしょ　初夏のやや汗ばむような暑さ。　例海の香りに薄暑を覚える。

【晩夏】ばんか　夏の末。　例晩夏の名残を惜しんで蟬が鳴く。

【孟夏】もうか　夏の初め。　例孟夏の宴。

【猛暑】もうしょ　はげしい暑さ。　例猛暑に花がしおれる。

【立夏】りっか　夏に入る日。夏の始まり。　例暦の上では立夏だ。

【冷夏】れいか　気温の低い夏。　例冷夏で稲の出来が心配だ。

そのほかの表現　夏季／夏場／真夏／夏

ばて／サマー／ミッドサマー（真夏）

なみ　波（浪）

【徒波（あだなみ）】いたずらに立ち騒ぐ波。例浅瀬の徒波のように心が変わる。

【荒波（あらなみ）】荒い波。荒れ狂う波。例荒波にもまれる。

【男波（おなみ）】高低のある波の高いほうの波。例男波女波が寄せては返す。

【川波（かわなみ）】川に立つ波。例川波千鳥が鳴いている。

【狂濤（きょうとう）】荒れ狂う大波。さかまく波。例狂濤逆巻く大海原。

【金波（きんぱ）】月光などできらきらと光る波。例金波銀波が美しい。

【激浪（げきろう）】激しい波。荒波。例激浪にもまれる。

【小波（こなみ）】小さい波。例大波小波が打ち寄せる。

【逆波（さかなみ）】流れに逆らってうつ波。逆まく波。例逆波を乗り切る。

【漣（さざなみ）】細かに立つ波。例漣のように心が乱れる。

【白波（しらなみ）】白く泡立つ波。例白波が浜に寄せる。

【千波（せんぱ）】幾重にも寄せくるたくさんの波。例千波万波がおりなす景観。

【滾る（たぎる）】逆巻いて激しく流れる。例滾り落ちる激流。

【縦波（たてなみ）】波の進行方向と一致する波動。例音波などは縦波である。

【津波（つなみ）】地震などが原因で起こる海水の波動。例津波が湾岸を襲う。

【怒濤（どとう）】激しく打ち寄せる波。例怒濤の勢い。

【土用波（どようなみ）】台風の時に打ち寄せる波。例土用波の季節。

【波頭（なみがしら）】波の立った先。例波頭がみえる。

【波風（なみかぜ）】風が強く吹いて立った波。例家庭に波風をたてるな。

【波の花（なみのはな）】砕ける波の泡。例波の花が咲く。

【波濤（はとう）】大波。高い波。例万里の波濤。

【波動（はどう）】波の動き。波のような動き。例電波や光の波動。

【波浪（はろう）】海面や湖面の波の動き。例波浪警報が出された。

【風波（ふうは）】風が吹いて荒立つ波。例風波が高い。

【風浪（ふうろう）】海面を吹く風で起こる波。例船が風浪にもまれる。

【女波（めなみ）】低く弱く打ち寄せる波。例女波のつぎに男波が寄せる。

【夕波（ゆうなみ）】夕方に立つ波。例夕波千鳥。

【余波（よは）】風がおさまった後も立つ波。「なごり」。例台風の余波。

そのほかの表現　大波／高波／横波／三角波／ウエーブ（波）

なみだ　涙（涕・泪）

【暗涙（あんるい）】人知れず心の中で泣く涙。 例暗涙にむせぶ。

【感涙（かんるい）】深く感じて流す涙。 例感涙を催す。

【血涙（けつるい）】悲哀のあまり出る涙。 例血涙をしぼる。

【紅涙（こうるい）】美人の涙。 例悲恋の物語に紅涙を絞る。

【空涙（そらなみだ）】いつわりの涙。 例空涙を流す。

【涕涙（ているい）】涙を流すこと。 例涕涙雨の如し。

【熱涙（ねつるい）】感動して流す涙。 例熱涙にむせぶ。

【落涙（らくるい）】涙を落とす。 例はらはらと落涙する。

⇩この項目も　泣く

なやむ　悩む

【倦む（あぐむ）】物事をしとげられずいやになる。 例難問に考え倦む。

【鬱屈（うっくつ）】ふさぎこむ。 例鬱屈した心情。

【鬱積（うっせき）】ふさがりつもる。心にたまる。 例疲労が鬱積する。

【懊悩（おうのう）】悩みもだえること。 例懊悩に苦しむ。

【苦渋（くじゅう）】事がうまくいかず苦しみ悩む。 例苦渋を味わう。

【苦悩（くのう）】精神的な苦しみ。 例苦悩の色が濃い。

【焦がす（こがす）】思い悩ます。 例恋の炎に身を焦がす。

【困惑（こんわく）】どうしたら良いか分からない。 例突然の客に困惑する。

【心配（しんぱい）】不安に思う。 例心配で眠れない。

【当惑（とうわく）】思案が尽きて途方に暮れる。 例彼の当惑顔が気の毒。

【煩悶（はんもん）】もだえ苦しむ。 例煩悶して夜も眠れない。

【煩う（わずらう）】あれこれひっかかって思い苦しむ。 例思い煩う。

⇩この項目も　苦しむ・鬱陶しい

ならぶ　並ぶ（双）

【行列（ぎょうれつ）】列をつくって並ぶこと。 例行列に割り込んではいけない。

【縦列（じゅうれつ）】縦に並ぶこと。縦に並んだ列。 例クラスごとに縦列になる。

【整列（せいれつ）】列を作って並ぶこと。 例整列して体操をする。

【隊伍（たいご）】隊列の組。並んだ組。 例隊伍を組んで行進をした。

【隊列（たいれつ）】隊を組んで作った列。 例隊列を乱さずに進む。

【陳列】（ちんれつ）見せるために物品を並べること。 例陳列棚を季節に合わせて飾る。

【堵列】（とれつ）垣のように並ぶこと。その隊列。 例兵を堵列して応戦態勢にはいる。

【配列】（はいれつ）順序よく並べること。その並び方。 例色の配列を考えるのが楽しい。

【分列】（ぶんれつ）分かれて並べる、または並ぶこと。 例開会式で分列行進をする。

【放列】（ほうれつ）射撃のため大砲を横に並べた隊形。 例カメラの放列が待ち構えていた。

【羅列】（られつ）次々つらね並べること。 例思いつくままに名前を羅列する。

そのほかの表現 横隊／縦隊／直列／並列／列する／ラインナップ

ならわし 習わし（慣）

【悪習】（あくしゅう）悪いならわし。悪習慣のこと。 例それは、昔からの悪習だ。

【悪風】（あくふう）悪い風習。 例悪風を一掃しよう。

【悪弊】（あくへい）悪いならわし。悪習。 例いつの間にか悪弊に染まっていた。

【遺習】（いしゅう）現代に残る昔の風俗やならわし。 例封建遺習を打破する。

【古風】（いにしえぶり）昔の様式や風習。 例古風が垣間見られる祭り。

【遺風】（いふう）昔から伝わっている風習。 例遺風にしたがう。

【今風】（いまふう）現代風。当世風。 例今風の考えだ。

【因習】（いんしゅう）時代に合わない昔から伝わる風習。 例村の因習を抜けきれない。

【家風】（かふう）その家独特の生活の習わし。 例家風になじめない。

【慣行】（かんこう）習慣として行われていること。 例慣行を守る約束がある。

【慣用】（かんよう）使いなれること。普通に使うこと。 例その言葉は慣用的に使われる。

【気風】（きふう）気だて。ある集団に共通する気質。 例進取の気風のある土地柄。

【国風】（くにぶり）国ぐにの風俗・習慣。 例国風の違いが面白い。

【芸風】（げいふう）芸の表現や持ち味。芸のおもむき。 例兄弟でも芸風が違う。

【恒例】（こうれい）決まって行われる儀式や行事。定例。 例恒例の夏の家族旅行。

【古風】（こふう）古代の風習。昔からのやり方。 例古風を重んじる人。

【習俗】（しゅうぞく）社会の風習。また、生活様式。 例変わった習俗の民族。

【定法】（じょうほう）いつも行う決まった方法。 例そうするのが定法だろう。

【人気】（じんき）土地柄。地方の気風。「にんき」。 例人気が好ましくない地方。

【世故】（せこ）世間づきあいの上の習慣など。 例彼は世故に長けている。

【俗習】（ぞくしゅう）世俗のならわし。世間の習慣。 例俗習に振り回される。

【手風】（てぶり）風習。ならわし。 例その地方独特の手風。

【伝統】（でんとう）長い間培い伝えてきた様式など。 例伝統文化の継承者を育てる。

【土俗】（どぞく）その土地の風俗。土地のならわし。 例民俗学と民族学を土俗学といった。

【美風】（びふう） よい風俗。よい習わし。 例美風は残したい。

【風儀】（ふうぎ） ならわしや行儀作法。 例昔の風儀が残る土地柄。

【風俗】（ふうぞく） ある集団に行われている生活上のしきたり。 例時代による風俗の違いに驚く。

【弊習】（へいしゅう） 悪いならわし。弊風。 例弊習の打破をめざす。

【弊風】（へいふう） 悪い風俗または風習。 例弊風に悩まされる。

【流弊】（りゅうへい） 以前から世間に広まっている悪習。 例流弊と思いつつ抜けきれない。

【良俗】（りょうぞく） よい風俗や習慣。 例良俗に反した行為は認められない。

【良風】（りょうふう） うつくしい風習や風俗。 例良風を広めようとする運動。

【陋習】（ろうしゅう） わるい習慣。いやしい習慣。 例このような陋習が今も残っていた。

そのほかの表現 慣習／慣例／習慣／風習／洋風／トラディション（伝統）／カスタム（習慣）

なりゆき　成り行き

【過程】（かてい） 物ごとの進展・展開のみちすじ。 例人類の進化の過程を研究する。

【危局】（ききょく） さし迫った事態。切羽詰まった場面。 例国の危局を救った英雄。

【急場】（きゅうば） 差し迫って処置が必要な場面。 例急場しのぎの修理。

【局面】（きょくめん） いま直面している状勢。成り行き。 例差し迫った局面を打開する策。

【経緯】（けいい） これまで展開してきたいきさつ。 例事態の経緯を報告する。

【経過】（けいか） 物ごとの移り変わりいく状態。 例病状の経過を聞く。

【傾向】（けいこう） 状態などがある方向に傾くこと。 例彼は安易に流れる傾向がある。

【形勢】（けいせい） 対立する勢力関係のなりゆき。 例不利な形勢を挽回する。

【仕儀】（しぎ） 事の次第。事のなりゆき。 例このような仕儀になり申し訳ない。

【時局】（じきょく） 時の情勢のなりゆき。 例時局を分析する。

【始終】（しじゅう） 事物の始めから終りまで。 例男が一部始終を見ていた。

【時勢】（じせい） 時代の移り変わって進む勢い。 例時勢に乗った商売。

【事態】（じたい） 事の成り行き。事のようす。 例とりあえず事態を静観しよう。

【首尾】（しゅび） 事の始めから終わりまで。 例首尾は上々だ。

【情勢】（じょうせい） 変化する物ごとのなりゆき。 例正確に情勢をつかむ。

【趨向】（すうこう） 事態がその方へ向かうこと。 例これが世界の環境保全の趨向だ。

【趨勢】（すうせい） 物ごとの進み向かう先。なりゆき。 例時代の趨勢をキャッチする。

【大局】（たいきょく） 物ごと全体のなりゆき。 例大局をつかんで対処する。

【大勢】（たいせい） 事態のおおよその形勢。天下の趨勢。 例大勢にしたがう。

【大全】（たいぜん） 十分に備えを整えること。 例大全の態勢で当日を迎えた。

な

【顛末】（てんまつ） 事の始めから終りまで。一部始終。 例事の顛末を書きとめる。

【動向】（どうこう） 物事の動きやようす。 例動向を見守る。

【道程】（どうてい） ある状態に至るまでの道すじ。 例認められるまでが長い道程だった。

【難局】（なんきょく） 対処の難しい場面。困難な場面。 例努力と気力で難局を乗り切った。

【破局】（はきょく） 破綻した局面。好ましくない結末。 例結婚生活は破局を迎える。

【旗色】（はたいろ） 変化していく事態のなりゆき。形勢。 例どうも旗色が悪い。

【羽目】（はめ） 境遇。多くは、困難な局面のこと。 例苦難におちいる羽目になった。

そのほかの表現 状況／状態／政局／風向き／雲行き／シチュエーション（状況）／シーン（場面）／コンディション（状態）／ステイタス（社会的地位）／トレンド（傾向）／プロセス（過程）

⇩この項目も 勢い

なる 成る（生・為）

【完遂】（かんすい） 物事を完全にやりとげる。 例完遂させるまで気を抜かない。

【形成】（けいせい） 形作ること。形ができあがること。 例チームカラーが形成された。

【結実】（けつじつ） 努力が実ること。努力の結果。 例これまでの丹精がやっと結実した。

【結晶】（けっしょう） 力を注いだ結果が形になったもの。 例努力の結晶といえる作品。

【構成】（こうせい） 要素を組み立てて一つにつくること。 例バンドの構成メンバーの紹介。

【竣工】（しゅんこう） 工事が完成すること。落成。 例竣工式が執り行われる。

【竣成】（しゅんせい） 建物などができあがること。竣工。 例三年がかりで本社ビルが竣成した。

【成就】（じょうじゅ） なしとげること。達成。 例大願が成就した。

【所産】（しょさん） 作りだしたもの。 例この作品集は精励の所産だ。

【成業】（せいぎょう） 事業などをなしとげること。 例成業を願って努力を続ける。

【生成】（せいせい） 発生し形をなすこと。 例結晶の生成過程を記録した。

【組成】（そせい） あるものを組み立てる要素や成分。 例栄養の組成表がついている食品。

【大成】（たいせい） 立派に成しとげること。 例大きな仕事を大成させた。

【達成】（たっせい） 目的などをなしとげること。 例昔からの悲願を達成した。

【転化】（てんか） だんだんに変化してそうなった状態。 例時代とともに意味が転化してきた。

【変成】（へんせい） 形が変わってできること。 例火山灰が変成してできた鉱物。

【編成】（へんせい） 組織して形づくること。 例ラジオ番組を編成する。

【落成】（らくせい） 建築工事ができあがること。竣工。 例落成披露を行う。

そのほかの表現 完成／完了／実現／成功／成立／誕生／発生／プロダクト（生産）／リアライズ／サクセス／バース（誕生）

なれる　慣れる

【円熟(えんじゅく)】技能などが熟達し内容豊かになる。例 円熟味が増した家元の踊り。

【慣熟(かんじゅく)】十分になれて上手になること。例 慣熟した手つきで包丁を使う。

【熟れる(こなれる)】世の中に通じてかどがとれる。例 対応がこなれてきた。

【習熟(しゅうじゅく)】練習して十分に会得すること。例 習熟の度合いを試された。

【熟達(じゅくたつ)】練れた境地に達していること。例 パンづくりに熟達する。

【熟練(じゅくれん)】よく慣れてよい腕前であること。例 仕事を任せられるほど熟練している。

【馴致(じゅんち)】馴染ませ、馴れさせること。例 辛抱強く野生児を馴致する。

【順応(じゅんのう)】環境に適応すること。例 子どもは順応力が高い。

【親昵(しんじつ)】親しいこと。心安いこと。馴染むこと。例 彼女とは親昵の間柄だ。

【親炙(しんしゃ)】ある人に親しんで感化されること。例 師に親炙する。

【適応(てきおう)】その情況にふさわしいこと。例 厳しい気候条件に適応した動物。

【懐く(なつく)】馴れてつき従う。馴れて慕う。例 拾った子犬がようやく懐いた。

【練熟(れんじゅく)】練れてたくみなこと。例 彼の手品は練熟の境地だ。

【練達(れんたつ)】その事の奥義に達していること。例 彼のゴルフは練達の域に達している。

【老熟(ろうじゅく)】長く経験を積み、熟練すること。例 力で勝る相手を老熟した技で倒す。

そのほかの表現 馴染(じな)む／場慣れ／世慣れる／エキスパート

に

におい　匂い（臭）

【青臭い(あおくさい)】青草のような匂い。また、未熟なこと。例 青臭いことを書いた昔のノート。

【悪臭(あくしゅう)】いやなにおい。不快なにおい。例 捨てられたゴミが悪臭を放つ。

【異臭(いしゅう)】変なにおい。いやなにおい。例 辺りに異臭が漂う。

【移り香(うつりが)】移って付いた香り。例 容器の移り香が気になる。

【汚臭(おしゅう)】きたなくてくさいにおい。例 汚臭の原因を探る。

【香り(かおり)】よいにおい。例 あの夏のかおりを想起する。

【激臭(げきしゅう)】はげしいにおい。例 扉を開けたとたん激臭が鼻をつく。

【香気(こうき)】香り高いにおい。よい香り。例 馥郁(ふくいく)たる香気。

【口臭(こうしゅう)】口や息のいやなにおい。例 口臭が気になる。

【刺激臭(しげきしゅう)】体にある反応をひき起こすにおい。例 この物質には刺激臭がある。

【死臭(ししゅう)】死体の腐敗によって発する悪臭。例 死臭の漂う戦場の惨憺たる有様。

【臭気】（しゅうき） 不快なにおい。悪臭。 例室内に臭気がこもる。

【体臭】（たいしゅう） 体の分泌物などから生じるにおい。 例年齢によって体臭は変わる。

【血腥い】（ちなまぐさい） 血液のにおい。流血をみる事態。 例血腥い出来事はごめんだ。

【残り香】（のこりが） その人が去った後に残っている香り。 例残り香から誰がいたかが分かった。

【微香】（びこう） かすかな香り。 例微香性の整髪料。

【馥郁】（ふくいく） よい香りのただようようす。 例梅の花の馥郁たる香り。

【腐臭】（ふしゅう） 腐ったものが発するいやなにおい。 例政界の腐臭が漂う。

【芬芬】（ふんぷん） 強く匂うようす。 例俗臭芬芬たる人物。

【芳香】（ほうこう） よいにおい。 例車に芳香剤を置いた。

【芳烈】（ほうれつ） 香気のはげしいこと。 例芳烈な香りに圧倒される。

【無臭】（むしゅう） においのないこと。 例無味無臭で面白味に欠ける。

【余香】（よこう） 後に残るかおり。 例余香を楽しむ。

【余臭】（よしゅう） 残っているにおい。昔からのなごり。 例封建時代の余臭がただよう。

にげる
逃げる

【潰走】（かいそう） 戦いに負けて逃げること。敗走。 例敵の攻撃に全軍潰走した。

【回避】（かいひ） 免れようとして避けること。 例戦争を回避するために奔走する。

【出奔】（しゅっぽん） 逃げて跡をくらますこと。逐電。 例失敗続きで故郷を出奔する。

【待避】（たいひ） わきに避け、ことの過ぎるのを待つ。 例列車の追い越しを待避線で待つ。

【退避】（たいひ） しりぞいて危険をやり過ごすこと。 例ひとまず退避しよう。

【脱獄】（だつごく） 囚人が牢獄をぬけ出て逃げること。 例脱獄囚が連れもどされる。

【脱出】（だっしゅつ） 危機から抜け出す。 例危機一髪で脱出に成功する。

【脱走】（だっそう） ぬけ出して逃げ去ること。 例軍隊からの脱走は重罪とされた。

【逐電】（ちくでん） 行方をくらまして逃亡すること。 例破産して逐電した。

【逃走】（とうそう） 逃げさること。 例犯人の逃走経路がはっきりしない。

【逃避】（とうひ） 困難から逃げること。 例本の世界に逃避する。

【逃亡】（とうぼう） 逃げて身をかくすこと。 例逃亡生活で心身ともに消耗する。

【遁走】（とんそう） のがれて逃げること。 例容疑者が遁走する。

【敗走】（はいそう） 戦いにまけて急いで逃げること。 例主力は散り散りに敗走した。

【亡命】（ぼうめい） 政治的理由で自国を脱出すること。 例隣国からの亡命者が後をたたない。

そのほかの表現　エスケープ

にぶい
鈍い

【愚図（ぐず）】おろかな人。 例おっとりしているが愚図ではない。

【愚鈍（ぐどん）】頭の働きが悪く、まがぬけている。 例おそろしく愚鈍な作品。

【遅鈍（ちどん）】気転がきかないこと。 例遅鈍な性格に驚かされる。

【鈍感（どんかん）】感じ方や感覚がにぶいこと。 例鈍感さを指摘されて気がついた。

【鈍根（どんこん）】才知が劣っていること。 例生まれついての鈍根を呪う。

【鈍重（どんじゅう）】動作などがのろく軽快でないこと。 例彼はあまりにも鈍重だ。

【鈍間（のろま）】頭の働きが遅く気がきかない。 例鈍間な振る舞いが目につく。

【魯鈍（ろどん）】愚かで鈍い。頭の働きが鈍い。 例魯鈍な人。

にる 似る

【疑似（ぎじ）】本物とよく似ていてまぎらわしい。 例疑似餌で釣りをする。

【近似（きんじ）】非常によく似ていること。差が僅か。 例近似値を求める。

【酷似（こくじ）】きわめてよく似ていること。 例酷似した製品が発売された。

【相似（そうじ）】お互いに似ていること。 例相似形の建物。

【伯仲（はくちゅう）】たいへんよく似ていて優劣がない。 例力が伯仲して甲乙付けがたい。

【匹敵（ひってき）】力がちょうど同じくらいであること。 例彼の力は名人に匹敵する。

【類似（るいじ）】似ていること。 例類似の商品と間違える。

【類同（るいどう）】同じ種類であること。 例類同のもので差し支えない。

そのほかの表現 似通う／類する／アナロジー（類似）

にわか 俄か

【俄然（がぜん）】にわかに。急に。突然。 例俄然やる気がわいた。

【豁然（かつぜん）】突然ひらけたようす。 例豁然として平野が広がる。

【言下（げんか）】言葉の終わるか終わらぬかの瞬間。 例言下に回答する。

【忽焉（こつえん）】たちまち。忽然。 例忽焉として見失なう。

【忽然（こつぜん）】にわかなさま。たちまち。突然。 例忽然として現れる。

【卒爾（そつじ）】行動が突然なこと。 例卒爾ながら申し上げる。

【卒然（そつぜん）】だしぬけに。突然。 例裏口から卒然と現れた。

【短兵急（たんぺいきゅう）】にわかに。やにわに。 例短兵急な申し入れに驚く。

【唐突（とうとつ）】だしぬけ。突然。 例唐突な質問には応えかねる。

【突然（とつぜん）】にわかなこと。だしぬけ。 例突然の悲しみに我を失う。

【勃然（ぼつぜん）】にわかに、または突然なようす。 例勃然として意欲がわく。

【翻然（ほんぜん）】急に心を改めるようす。 例翻然として、ここに立ち向かう。

そのほかの表現 瞬間／突然／不意

⇩この項目も すぐ・早い

ぬ

ぬかり 抜かり

【迂闊】（うかつ） 注意不足なこと。うっかりしている。 例迂闊にも連絡するのを忘れた。

【粗相】（そそう） 軽率。誤り。また、不躾なこと。 例僅かな粗相があってはいけない。

【不覚】（ふかく） 注意不足や油断によって失敗する。 例対校試合で不覚をとった。

【油断】（ゆだん） 気を抜いて注意を怠ること。不注意。 例思わぬところで油断した。

そのほかの表現 手抜かり／へま／ミス／ミステイク

⇩この項目も 過ち

ぬく 抜く

【割愛】（かつあい） 惜しく思いつつ思いきって捨てること。 例長くなるので、その件は割愛した。

【省略】（しょうりゃく） 一部分を略してはぶくこと。 例以下、説明を省略する。

【抄録】（しょうろく） 書き抜くこと。抜き書き。 例会議の抄録をまとめる。

【抜剣】（ばっけん） 剣を抜き放つこと。また、その剣。 例抜剣しないのが彼の誇り。

【抜糸】（ばっし） 手術の時の縫合糸を抜き取ること。 例抜糸しないで退院する予定だ。

【抜歯】（ばっし） 治療などで歯を抜くこと。 例虫歯のため抜歯した。

【抜出】（ばっしゅつ） 飛び抜けてすぐれていること。 例抜出の出来映えだった。

【抜粋】（ばっすい） 要所を抜き出すこと。抄録。 例一部を抜粋して朗読する。

【抜刀】（ばっとう） 刀を抜くこと。また、その刀。 例武士がいきなり抜刀した。

ぬすむ 盗む

【拐帯】（かいたい） あずかった金品を持ち逃げすること。 例公金を拐帯する。

【掏摸】（すり） 身に付けている金品を密かに盗みとる。 例満員電車の中で掏摸の被害にあう。

【窃取】（せっしゅ） こっそりと盗み取ること。 例交際費の窃取で私腹を肥やす。

【窃盗】（せっとう） 他人の金品をこっそりぬすむこと。 例窃盗犯が捕まった。

【盗難】（とうなん） 金品を盗まれる災難。 例盗難事件が頻発する。

【盗人】（ぬすっと） 他人の物を盗む者。どろぼう。 例盗人猛々しい言い訳。

【剽窃】（ひょうせつ） 人の詩や文を自作として発表する。 例若い頃の習作を剽窃された。

ね

ねがう

願う

【哀願】（あいがん）相手の情に訴えて願う。 例 切々と哀願する。

【依願】（いがん）本人による願い、希望。 例 依願退職する。

【渇望】（かつぼう）渇きに水を欲するように望むこと。 例 祖国の平和を渇望する。

【願意】（がんい）願いの趣旨。願いの目的や理由。 例 願意はよくわかった。

【願望】（がんぼう）願い、望むこと。 例 願望をかなえてあげよう。

【祈願】（きがん）神仏に祈り願うこと。 例 健康と一家の繁栄を祈願する。

【希求】（ききゅう）願いもとめること。 例 早期停戦を希求している。

【希望】（きぼう）ある事を成就させようと願い望むこと。 例 希望にあふれて学窓を巣立つ。

【冀う】（こいねがう）切に願い望む。 例 世界の平和を冀う。

【懇願】（こんがん）思いを十分に伝えて相手に願う。 例 助命を懇願する。

【懇請】（こんせい）意を尽くして請い願うこと。 例 救援を懇請する。

【志願】（しがん）ある事を志し、のぞみ願い出る。 例 自分から現場勤務を志願する。

【志望】（しぼう）自分はこうしたいと望むこと。 例 弟は外交官を志望している。

【宿願】（しゅくがん）長年の願い。宿望。 例 宿願を果たすことができた。

【宿望】（しゅくぼう）ずっと抱いていた望み。 例 やっと宿望を達した。

【出願】（しゅつがん）願書を提出すること。 例 出願日が迫っている。

【所願】（しょがん）心で願っている事。願い。 例 所願が成就した。

【庶幾】（しょき）あることを心から願うこと。 例 永年の庶幾が実現した。

【所望】（しょもう）何かがほしいと望み願うこと。 例 長年所望されておいでの茶碗を譲ろう。

【心願】（しんがん）神仏などに心から祈ること。 例 密かに心願を立てる。

【申請】（しんせい）ある機関に向けて願い出る。 例 有給休暇を申請する。

【垂涎】（すいぜん）ある物を非常に強くほしがること。 例 垂涎の的といわれる名車。

【誓願】（せいがん）誓いを立てて神仏に願うこと。 例 誓願を立てる。

【請願】（せいがん）願い出ること。 例 森林保全の請願運動が強まる。

【切願】（せつがん）熱心に願うこと。切望。 例 友達に同行を切願された。

【切望】（せつぼう）心から強く望んで願うこと。 例 平和の到来を切望する。

【素懐】（そかい）平素からの願い。 例 素懐をとげることができた。

【訴願】（そがん）うったえねがうこと。 例 住民の訴願に耳を傾ける。

【大願】（たいがん）大きな願望。大きな祈願。 例 市長当選という大願を果たした。

【待望】（たいぼう） そうならないかと待ち望む。 例 待望の長男が誕生した。

【大望】（たいもう） 大きな望み。身の程を越えた望み。 例 息子の将来に大望を抱く。

【念願】（ねんがん） 心にかけて願うこと。 例 念願の世界一周旅行を果す。

【悲願】（ひがん） ぜひ達成したいと心から思う願い。 例 長年の悲願がかなった。

【併願】（へいがん） 受験の際、複数校を志願すること。 例 念のため、もう一校を併願する。

【本懐】（ほんかい） かねてからの願い、本望、本意。 例 男子の本懐を遂げる。

【本願】（ほんがん） 一番の念願。本当の願い。 例 本願成就を祈る。

【本望】（ほんもう） 持ち続けていた志、願い。本懐。 例 本望を遂げる。

【野望】（やぼう） 身のほどを越えた大きな望み。野心。 例 野望にかられて反旗を翻す。

【夢】（ゆめ） 空想的な願い。将来実現したい願い。 例 数学者になることが彼の夢だ。

⇩この項目も 望む・頼む

ね

ねむる 眠る

【安眠】（あんみん） 安らかに眠ること。 例 真夜中の大声は安眠妨害だ。

【一睡】（いっすい） 少し眠ること。ひとねむり。 例 昨夜は心配で一睡もしていない。

【転寝】（うたたね） 横になって寝るつもりなく眠ること。 例 転寝をして風邪をひいた。

【永眠】（えいみん） 永久に眠る。死ぬ。 例 皆に惜しまれながら永眠された。

【快眠】（かいみん） 心地よい眠り。気持ちよく眠ること。 例 快眠が私の健康の秘訣。

【仮睡】（かすい） うたたね。仮寝・仮眠。 例 しばし仮睡して仕事にもどる。

【仮眠】（かみん） 仮にしばらく寝ること。 例 仮眠室に行く。

【仮寝】（かりね） 仮に寝ること。旅先で寝ること。 例 仮寝のつもりが寝過ごした。

【午睡】（ごすい） 昼、寝ること。ひるね。 例 午睡の習慣のある国々。

【昏睡】（こんすい） ぐっすり寝こむ。意識が消失する。 例 けが人は昏睡状態が続いている。

【催眠】（さいみん） ねむけを催すこと。 例 催眠療法を試してみる。

【嗜眠】（しみん） 目覚めて反応しない病的状態。 例 高熱が続いて嗜眠状態に陥る。

【就寝】（しゅうしん） 床につき、眠ること。寝床に入る。 例 昨日は就寝時間が遅かった。

【就眠】（しゅうみん） 眠りにつくこと。眠ること。 例 就眠中に見た夢の話をする。

【熟睡】（じゅくすい） 深く十分に眠ること。 例 熟睡していて気がつかなかった。

【熟眠】（じゅくみん） 十分に眠ること。 例 心配事があって、熟眠できない。

【春眠】（しゅんみん） 春の快い眠り。 例 春眠暁を覚えず。

【睡魔】（すいま） いちじるしい眠気。 例 運転中に睡魔に襲われた。

【睡眠】（すいみん） 眠ること。ねむり。活動をやすむこと。 例 十分な睡眠が必要だ。

【空寝】（そらね） 寝たふりをすること。たぬき寝入り。 例 空寝をきめこむ。

【惰眠（だみん）】なまけてねむること。例惰眠をむさぼったつけだ。

【不貞寝（ふてね）】ふてくされて寝ること。例子どもが不貞寝をしてしまった。

そのほかの表現　冬眠／昼寝／不眠／スリープ／スリーピング

ねんれい　年齢

【老い先（おいさき）】年をとった人の余生。例老い先短い人生を充実させたい。

【享年（きょうねん）】天からこの世に享けた年。死んだ年齢。例祖母は享年九十八歳だった。

【月齢（げつれい）】新月をゼロとして数える日数。例月齢三日の眉のような月が上る。

【行年（こうねん）】生まれてから現在までの年。生年。例行年五十年を重ねる。

【高年（こうねん）】年齢の高いこと。老年。例高年にもかかわらず精力的だ。

【高齢（こうれい）】年齢が多いこと。高年。例日本は高齢社会をむかえた。

【弱年（じゃくねん）】年若いこと。年が若い人。青年。例弱年の頃お世話になった。

【熟年（じゅくねん）】経験を積んで円熟した年ごろ。中高年。例熟年向けの健康体操。

【樹齢（じゅれい）】樹木の年齢。例樹齢百年の桜がみごとに咲く。

【春秋（しゅんじゅう）】年月。または、年齢。例幾春秋を重ねた夫婦の絆。

【少壮（しょうそう）】年の若いこと。二十歳から三十歳ごろ。例少壮の跡継ぎが張りきる商店街。

【生年（しょうねん）】生まれてから過ぎた年数。年齢。例生年をあかされて驚いた。

【初老（しょろう）】老境にさしかかった頃。また四十歳。例上品な初老の婦人。

【成年（せいねん）】責任能力があるとみなす年齢。例成年としての責任を自覚する。

【盛年（せいねん）】若い、元気の盛んな年頃。例盛年の頃はむちゃなこともした。

【壮年（そうねん）】血気盛んで働き盛りの年頃。例壮年の男たちが祭りの進行を担う。

【丁年（ていねん）】一人前の年齢。二十歳、六十歳の異称。例丁年の若者たちが労役につく。

【定年（ていねん）】規則によって退職する年齢。「停年」。例父は来年定年をむかえる。

【適齢（てきれい）】それに適する年齢。例結婚適齢期。

【天寿（てんじゅ）】天から授けられた寿命。天年。例天寿を全うした大往生。

【当年（とうねん）】この年。本年。今年。例当年とって五十歳になる。

【年頃（としごろ）】だいたいの年齢。一人前の年齢。例母と同じ年頃の客。

【年端（としは）】年齢のほど、程度。例年端もいかない娘。

【年歯（ねんし）】年齢。よわい。例自ら年歯を語る。

【年配（ねんぱい）】年齢のほど。世間によく通じた年頃。例年配の紳士から道を聞かれる。

【馬齢（ばれい）】自分の年齢の謙譲語。例なすこともなく、馬齢を重ねる。

【晩年（ばんねん）】一生のおわり頃。年老いたとき。例この作家の晩年の作品が好きだ。

【芳紀（ほうき）】若い女性の年齢にいう語。例芳紀まさに十七歳の乙女。

ね

【宝算】（ほうさん） 天皇の年齢。 例千秋の宝算を祈念する。

【没年】（ぼつねん） 死んだ時の年齢。 例墓標に生没年を刻む。

【末路】（まつろ） 力の衰えた生涯の終わり。晩年。 例盛んだった彼の末路は哀れだった。

【妙齢】（みょうれい） 若い年頃。 例妙齢の女性の訪問。

【厄年】（やくどし） 厄にあう恐れが多く慎むべき年齢。 例厄年なので気をつけている。

【齢】（よわい） 生まれてからこの世に生きている間。 例齢六十年を重ねる。

【老境】（ろうきょう） 老人の身の上。老年。 例老境に入ってますます意気盛ん。

【老齢】（ろうれい） 非常に年をとっていること。高齢。 例老齢年金の給付が始まる歳。

そのほかの表現 ジェネレーション（世代）／エイジ（年齢）／ティーンエイジ（十代）／ミドルエイジ（中年）

⇩この項目も 年

の

のこる 残る（遺）

【残骸】（ざんがい） 破壊されて見るかげもなく残ったもの。 例残骸を見るにたえない。

【残金】（ざんきん） 手元に残る金銭。未払いの金。 例残金は僅かしかない。

【残滓】（ざんし） 後にのこったかす。「ざんさい」。 例残滓を処理する。

【残存】（ざんぞん） 残っていること。残りとどまること。 例古い体質が残存している。

【残品】（ざんぴん） 売れ残った品物。 例残品整理の安売り。

【残部】（ざんぶ） 残り部分。または本の残りの部数。 例残部僅少につき注文はお早めに。

【残余】（ざんよ） のこり。あまり。 例残余が出ないように発注管理する。

【残留】（ざんりゅう） 残ってとどまっていること。 例残留農薬の数値を調べる。

【名残】（なごり） 気配や影響などが残ること。余韻。 例春の名残の雨。

【余剰】（よじょう） あまり。のこり。 例余剰人員を配置転換する。

【余白】（よはく） 紙面に文字などを書いた以外の部分。 例余白に電話番号を書きとめた。

のぞく 除く

【一掃】（いっそう） 一度に、または残らず払いのける。 例並みいる敵を一掃した英雄。

【駆除】（くじょ） 追いはらい、取り除くこと。 例寄生虫の駆除剤をのませる。

【削除】（さくじょ） 文章などの一部分を削り除くこと。 例文章の重複部分を削除する。

【除外】（じょがい） 取りのけること。規定の外におくこと。 例高齢者は当番から除外する。

【除去】（じょきょ） とりのぞくこと。 例川底から堆積物を除去した。

【除湿（じょしつ）】空気中から湿気を取り除くこと。 例除湿すると暑さがしのぎやすい。

【除籍（じょせき）】名簿や戸籍から名を除くこと。 例不品行により学校を除籍される。

【除雪（じょせつ）】積もった雪を除去すること。 例徹夜で除雪作業を行う。

【除名（じょめい）】団体などの構成員である資格を奪う。 例会則違反で多数の除名者が出た。

【切除（せつじょ）】体から臓器や組織の一部を切り取る。 例切除手術で一命をとりとめる。

【撤去（てっきょ）】施設や建物を取り去ること。 例駐車違法で車が撤去された。

【淘汰（とうた）】不用の物を排除すること。 例自然淘汰により強い種が繁栄した。

【排除（はいじょ）】おしのけ取りのぞくこと。 例異分子を排除する。

【払拭（ふっしょく）】すっかり取り除くこと。 例ひ弱な印象が払拭された。

【防除（ぼうじょ）】農業で病害虫の予防と駆除。 例いもち病の防除の研究をする。

【放逐（ほうちく）】おいはらうこと。 例あまりの行状に家から放逐した。

そのほかの表現 撤収／取り除く／外す／デリート（削除）

のぞむ 望む

【遠望（えんぼう）】遠くを望み見ること。 例高層階から遠望がきく。

【観望（かんぼう）】景色を眺める。形勢をうかがい見る。 例戦闘状況を観望する。

【期待（きたい）】あてにして待つ気持ち。 例成果を期待している。

【失望（しつぼう）】のぞみを失って、がっかりすること。 例作品の出来に失望する。

【嘱望（しょくぼう）】将来や前途に期待すること。 例将来を嘱望された新入社員。

【絶望（ぜつぼう）】まったく望みを失うこと。 例契約の成立は絶望視されていた。

【眺望（ちょうぼう）】見渡した、ながめ。 例眺望絶景のマンション。

【展望（てんぼう）】景色や出来事を見渡す。 例将来を展望しづらい社会情勢。

【遠見（とおみ）】遠くを見渡す。遠方の敵を見張る。 例この丘からは遠見がきく。

【望遠（ぼうえん）】遠くを見ること。 例宇宙望遠鏡を据えつける。

【望見（ぼうけん）】遠くからのぞみ見ること。 例次世代社会を望見する。

【有望（ゆうぼう）】見込みのあること。 例今度の試作品は有望だ。

【理想（りそう）】意志と努力との究極の目標。 例彼女の理想はじつに高い。

そのほかの表現 願望／希望／切望／要望／欲望／ホープ／リクエスト／デマンド（要求）／リビドー（本能的欲望）／エスポワール（希望）／ドリーム

⇩この項目も 願う・求める・欲しい

のぞむ 臨む

【際会（さいかい）】事件やできごとにたまたまであう。 例事件に際会してしまった。

【参会】（さんかい） 会に参加すること。 例 参会者に昼食を準備した。

【参列】（さんれつ） 行事などに参加、列席すること。 例 ぜひご参列願いたい。

【出御】（しゅつぎょ） 天皇や后がおでましになること。 例 国民への挨拶に出御された。

【出場】（しゅつじょう） その場所に出る。競技に参加する。 例 全国大会への出場が決まった。

【出席】（しゅっせき） 授業や会合などに出ること。 例 受付で出席をとる。

【親臨】（しんりん） 天子などがその場に臨むこと。 例 親臨を得たことを名誉に思う。

【遭遇】（そうぐう） 思わぬ場面で出会うこと。 例 登山隊が雪崩に遭遇した。

【対峙】（たいじ） 向きあって立つこと。 例 両軍は対峙したまま動かない。

【対面】（たいめん） 面会すること。向かい合うこと。 例 父の遺骸と対面した。

【台臨】（たいりん） 太皇太后、皇太后、皇后と皇族の臨席。 例 台臨の栄誉を得た。

【直面】（ちょくめん） 直接に対する。じかに接する。 例 国家の危機に直面した。

【当面】（とうめん） いま直面していること。さしあたり。 例 当面の課題から解決を図る。

【来臨】（らいりん） 人が出席することの尊敬語。 例 ご来臨いただき光栄です。

【臨御】（りんぎょ） 天子が行幸すること。 例 臨御の碑が残っている。

【臨場】（りんじょう） その場に臨むこと。臨席。 例 ご臨場の皆さんにお礼を申し上げる。

【臨席】（りんせき） その席にのぞむこと。出席。 例 是非ご臨席賜りたい。

のばす　伸ばす（延）

【圧延】（あつえん） 金属素材を引き伸ばし、均質にする。 例 金属塊に圧延をかけて板状にする。

【延引】（えんいん） 時日が予定より延びて遅れること。 例 下山予定が延引して心配をかけた。

【延期】（えんき） 予定の日時をあとにのばすこと。 例 出場者の病気で公演が延期になる。

【延長】（えんちょう） 長く延びる、延ばす。延びた部分。 例 延長コードを用意してほしい。

【順延】（じゅんえん） 順ぐりに期日を延ばすこと。 例 運動会は雨天の場合順延となる。

【伸長】（しんちょう） 長さや勢力などがのびること。 例 根は何メートルも伸長する。

【伸張】（しんちょう） 勢力がのびひろがること。 例 新興勢力が伸張する。

【伸展】（しんてん） のばしひろげること。 例 国力がさらに伸展している。

【遷延】（せんえん） ながびく。また、のびのびにする。 例 回答を遷延してはいけない。

【増進】（ぞうしん） 能力などを増すこと。 例 体力増進のために歩いている。

【遅延】（ちえん） 遅れのびること。長びくこと。 例 遅延行為にイエローカードが出る。

【展延】（てんえん） 薄くひろげてのばすこと。 例 融けたガラスを展延して作る作品。

【伸す】（のす） しわをのばし、平らにする。「熨す」。 例 アイロンでシャツのしわを伸す。

のべる　述べる（陳・宣）

【開陳】（かいちん） 意見などを申しのべること。 例どうどうと自説を開陳する。

【既述】（きじゅつ） 前に述べたこと。前述。 例既述したとおりの結論を得た。

【供述】（きょうじゅつ） 被疑者・証人などが行う陳述。 例供述を強要してはならない。

【口供】（こうきょう） 事実や意見を口頭で述べること。 例証人の口供を聞く。

【公述】（こうじゅつ） 公聴会で意見を述べること。 例公述人として調査を発表した。

【述懐】（じゅっかい） 心の中の思いを述べること。 例若い頃の思い出を述懐する。

【詳述】（しょうじゅつ） くわしく述べること。 例論拠を詳述する。

【叙事】（じょじ） 出来事をありのままに述べること。 例雄大な叙事詩。

【所述】（しょじゅつ） 述べるところ。述べた事柄。 例本書の所述によれば…。

【叙述】（じょじゅつ） 出来事や考えを順を追って述べる。 例簡潔な叙述が好感をあたえる。

【如上】（じょじょう） 上に述べたところ。上述。 例如上の流れに沿って説明する。

【叙上】（じょじょう） 前に述べたこと。上述。前述。 例叙上の条件で許可する。

【叙情】（じょじょう） 自分の感情を述べ表すこと。「抒情」。 例叙情的なメロディーが流れる。

【宣言】（せんげん） 主張や考えを外部に表明すること。 例ここに開会を宣言する。

【宣告】（せんこく） 述べ告げること。言いわたすこと。 例破産を宣告された。

【祖述】（そじゅつ） 師や先人の説をうけついで述べる。 例先達の論を祖述する。

【直叙】（ちょくじょ） ありのままに述べること。 例目にしたままを直叙する。

【陳述】（ちんじゅつ） 意見などを口頭で述べること。 例証人陳述が始まる。

【略述】（りゃくじゅつ） 概略を述べること。 例前回の講演内容を略述する。

【屡述】（るじゅつ） しばしば述べること。 例既に屡述したことだが触れておく。

【縷述】（るじゅつ） こまごまと述べること。 例縷述におよぶ必要はない。

【論及】（ろんきゅう） その事がらに論じ及ぶこと。 例論及の手をゆるめない。

【論述】（ろんじゅつ） 順序立てて自分の考えを表現する。 例論述をまとめた本が刊行される。

そのほかの表現 記述／口述／著述／後述／上述／説明／前掲／先述／前述／スピーキング／トーク／スピーチ／チャット／オーラル・コミュニケーション（口頭の意志伝達）／マニフェスト（宣言・公約）

⇩この項目も 話す・説く

のぼる 上る（登・昇）

【昇格】（しょうかく） 格式や階級が上がること。 例昇格試験に合格した。

【上京】（じょうきょう） 地方から都に上ること。 例上京して上野駅についた。

【上昇】（じょうしょう） のぼること。あがること。 例エレベーターが上昇する。

【昇天】（しょうてん） 天に昇ること。死ぬこと。 例昨夜先生が昇天された。

【昇任】（しょうにん） 上位の役職に任命されること。 例 妻から昇任祝いをもらった。

【沖天】（ちゅうてん） 高く空にのぼること。 例 意気沖天に達する。

【登壇】（とうだん） 壇の上に登ること。 例 次の発表者が登壇した。

【登攀】（とうはん） 山などによじのぼること。「とはん」。 例 アイガー北壁の登攀を試みる。

【登板】（とうばん） 野球で、投手として出場する。 例 ルーキーの登板が告げられた。

【入京】（にゅうきょう） 都に入ること。 例 戦乱を招かず入京を果たした。

そのほかの表現 クライミング（登山）

⇩**この項目も** 進む

のむ　飲む（呑）

【愛飲】（あいいん） 好んで飲むこと。 例 自家製野菜ジュースを愛飲する。

【仰ぐ】（あおぐ） あおむいて一息に飲む。 例 なみなみとつがれた杯を仰ぐ。

【呷る】（あおる） 酒などをぐいぐいと飲む。 例 男はやけ酒を呷った。

【飲酒】（いんしゅ） 酒を飲むこと。 例 宗教によって飲酒の禁じられた国。

【嚥下】（えんか） のみくだすこと。「えんげ」。 例 嚥下力が弱いので柔らかく煮る。

【喫茶】（きっさ） お茶を飲むこと。 例 散歩の途中で喫茶店による。

【酌む】（くむ） 酒や茶などを器についで飲む。 例 夜を徹して酌み交わそう。

【鯨飲】（げいいん） 鯨が水を飲むように多量に酒を飲む。 例 体力にまかせて鯨飲する。

【試飲】（しいん） ためしに飲むこと。 例 ワインの試飲会があった。

【痛飲】（つういん） 大いに酒を飲むこと。 例 憂さを忘れようと痛飲する。

【呑吐】（どんと） 呑んだり吐いたりすること。 例 数万都民を呑吐する東京駅。

【内服】（ないふく） 薬を飲むこと。内用。 例 内服薬を処方された。

【服毒】（ふくどく） 毒薬をのむこと。 例 犯人は服毒して自死していた。

【服薬】（ふくやく） 薬をのむこと。服用。 例 忘れずに服薬を続ける。

【服用】（ふくよう） 薬をのむこと。服薬。 例 食前に服用する薬だ。

【暴飲】（ぼういん） 酒などを飲み過ぎること。 例 暴飲で肝臓をこわした。

のる　乗る（載）

【相乗り】（あいのり） 車などにいっしょに乗ること。 例 ワゴンカーに男女が相乗りする。

【移乗】（いじょう） のりうつること。 例 船からボートへと移乗する。

【艦載】（かんさい） 軍艦に積みのせること。 例 艦載機の離発着訓練が行われた。

【記載】（きさい） 書物や書類などに書いて載せること。 例 名簿に住所を記載する。

【騎乗】（きじょう） 馬に乗ること。 例 凛々しい騎乗姿が印象的だ。

【休載（きゅうさい）】雑誌などに連載中の記事を休むこと。例作者の病気で今月号は休載する。

【掲載（けいさい）】雑誌などに文章などをのせること。例紹介記事に顔写真も掲載された。

【警乗（けいじょう）】列車に乗り込んで警戒すること。例この列車には警官が警乗している。

【載貨（さいか）】貨物をのせ積むこと。また、積み荷。例載貨は重量オーバーだ。

【載録（さいろく）】印刷物などに載せること。例旅行記が広報紙に載録された。

【座乗（ざじょう）】司令官が艦船に乗り指揮をとること。例座乗によって士気を鼓舞する。

【試乗（しじょう）】試しに乗ってみること。例いろいろ試乗してこの車に決めた。

【収録（しゅうろく）】書物などに取り入れて掲載すること。例全員の作品が収録されている冊子。

【乗馬（じょうば）】馬に乗ること。また、乗用の馬。例彼女は乗馬クラブに通い始めた。

【所載（しょさい）】新聞や雑誌に記事がのっていること。例論文の所載誌を教えてほしい。

【積載（せきさい）】船舶や車などに荷物を積みのせる。例積載量を遵守のこと。

【転載（てんさい）】既発表の文章などを再度移し載せる。例転載の許可を求める。

【搭載（とうさい）】船や車・機械などに資材を積みこむ。例二基のエンジンを搭載している。

【登載（とうさい）】新聞・雑誌に書いてのせること。例探訪記事が署名入りで登載された。

【搭乗（とうじょう）】艦船・航空機などに乗り込むこと。例搭乗手続きに時間がかかった。

【同乗（どうじょう）】同じ車にいっしょに乗ること。例駅まで同乗を勧める。

【舶載（はくさい）】船にのせて運ぶ。外国から運ぶ。例舶載品として珍重される。

【便乗（びんじょう）】相乗りすること。機会に乗じること。例便乗値上げが横行する。

【分乗（ぶんじょう）】一団の人が別の乗物に分かれて乗る。例二台のバスに分乗して見学に出かけた。

【満載（まんさい）】荷物を車・船などにいっぱいのせる。例珍しい果物を満載した行商の舟。

【訳載（やくさい）】翻訳して掲載すること。例重要な論文の訳載が始まる。

【連載（れんさい）】雑誌などに続き物として掲載する。例来月から彼の作品の連載が始まる。

そのほかの表現　乗艦／乗車／乗船／乗り回す／ボーディング（搭乗）

のんびり

【安逸（あんいつ）】何もしないで遊び暮すこと。例安逸を貪った。

【安閑（あんかん）】何もせずのんきにしているようす。例安閑として日を送る。

【気長（きなが）】気の長いこと。のんびりしている性質。例気長に構えたほうがいい。

【綽然（しゃくぜん）】ゆったりと余裕のあるようす。例綽然たる態度でのぞむ。

【太平楽（たいへいらく）】のんきにかまえていること。例太平楽をきめこむ。

【温温（ぬくぬく）】不自由のないようす。例温温と庇護されて育った鷹揚さ。

【長閑（のどか）】のんびりと、おちついて静かなさま。例長閑な田園風景が広がる。

【暢気（のんき）】気分や性格がのんびりしていること。例暢気に構えて待つ。

【左団扇（ひだりうちわ）】安楽な暮しの境遇の喩え。 例 左団扇で暮す。

【悠然（ゆうぜん）】落ち着いてゆったりしたようす。 例 祖母は悠然と対応した。

【悠長（ゆうちょう）】ゆったりとして急がないこと。 例 悠長に構えている場合ではない。

【悠悠（ゆうゆう）】ゆっくりと落ち着いているようす。 例 悠悠と立ち去る。

【楽楽（らくらく）】ゆったりしていて安楽なこと。 例 楽楽と課題をこなしていく。

⇩この項目も 楽（らく）

は

はえる 生える

【相生（あいおい）】二つのものがともに生れ育つこと。 例 相生の松が村落の目印。

【活着（かっちゃく）】さし木などした植物が根づくこと。 例 移植した梅の木が活着した。

【萌す（きざす）】芽生える。物事が起こりそうな気配。 例 もう花芽が萌している。

【群生（ぐんせい）】植物が一か所に群をなし生えること。 例 カタクリの群生を見に行く。

【原生（げんせい）】生じた時のまま変化しないこと。 例 ブナの原生林は激減した。

【互生（ごせい）】一枚ずつ別方向に葉が生えている。 例 サクラの葉は互生している。

【混生（こんせい）】多種類の植物がまじって生えること。 例 雑木林には木々が混生している。

【自生（じせい）】人為でなく生じること。野生。 例 自生のリンゴの木を見つけた。

【出芽（しゅつが）】芽が出ること。 例 出芽で増える原生動物。

【出穂（しゅっすい）】稲などの穂が出ること。 例 天候に恵まれ今年の出穂は上々だ。

【叢生（そうせい）】草や木などが群れ生えること。 例 クマザサが叢生する山道。

【族生（ぞくせい）】草木などが群れ生えること。叢生。 例 タケノコが族生する。

【対生（たいせい）】葉が二枚ずつ向かい合ってつくこと。 例 対生の葉をもつ植物。

【萌芽（ほうが）】めばえ。物事の始まり。きざし。 例 文明発祥の萌芽が見られる。

【実生（みしょう）】種子から芽を出して生長すること。 例 実生の柿が初めて実をつけた。

【密生（みっせい）】草木などがすきまなく生えること。 例 コケがびっしり密生している。

そのほかの表現 水生／生育／発育／発生／発芽／発根／野生

はかる 図る（謀）

【画策（かくさく）】計画を立て実現を図る。 例 密かに画策された野望。

【欺瞞（ぎまん）】うそをついてだます。 例 首相の答弁は欺瞞に満ちている。

【機略（きりゃく）】臨機応変の計略。 例 機略にたけた行動で成功する。

計画の相談。計画し相談すること。

【謀議】（ぼうぎ）例上司と謀議をこらす。

⇩この項目も たくらみ・企てる・だます

はかる 計る（測・量）

いいかげんに推測する。【憶測】（おくそく）例憶測だけで判断はできない。

観察によって成りゆきを推し量る。【観測】（かんそく）例天気を観測する。

所要時間をはかること。【計時】（けいじ）例正式計時が発表される。

長さ・重さ・容積をはかる。【計測】（けいそく）例体重を計測する。

物の量をはかる。【計量】（けいりょう）例ケーキの材料を計量する。

実際に測量・計量する。【実測】（じっそく）例距離を実測する。

事情や相手の思いを推し量る。【推察】（すいさつ）例遅れた相手の事情を推察する。

事柄や数値から推し量る。【推測】（すいそく）例橋が壊れた原因を推測する。

推し量り、決めること。【推定】（すいてい）例出土した土器の年代を推定する。

知識や結論を導き出す。【推理】（すいり）例手がかりから犯人像を推理する。

事情や人の心を思いやること。【推量】（すいりょう）例災害に遭った人の心を推量する。

経験していないことを推し量る。【想像】（そうぞう）例受賞は想像を絶する嬉しさだった。

一定の歩幅で距離をはかる。【歩測】（ほそく）例残りの距離を歩測する。

将来の出来事を推測する。【予測】（よそく）例急激な株価の変動を予測する。

類似点に基づいて推し量る。【類推】（るいすい）例人間の進化を類推する学問。

そのほかの表現 測定／目測／イマジネーション／アナロジー（類推）

はく 吐く

吐く息と吸う息のこと。【阿吽】（あうん）例阿吽の呼吸が合う。

吐くこと。【嘔吐】（おうと）例食べ過ぎて嘔吐する。

胸がむかついて吐き気がする。【悪心】（おしん）例出勤の途中で急に悪心を催す。

気管支や肺から出た血を吐く。【喀血】（かっけつ）例肺結核で喀血したことがある。

吐き気がありながら、吐けない。【空嘔】（からえずき）例空嘔に苦しむ。

心の思いを述べる。愚痴をこぼす。【述懐】（じゅっかい）例しみじみと述懐する。

血の交じったへど。【血反吐】（ちへど）例血反吐を吐いて倒れる。

妊娠初期に起こる吐き気。【悪阻】（つわり）例ひどい悪阻に悩まされた。

消化管の出血のために血をはく。【吐血】（とけつ）例胃かいようで吐血した。

嘔吐と下痢。【吐瀉】（としゃ）例今年の風邪は激しい吐瀉が特徴だ。

心中を隠さず述べる。【吐露】（とろ）例やさしさに触れて心中を吐露する。

吐き戻すこと。
【反吐（へど）】例彼のやり方には反吐が出る。

そのほかの表現 呼吸／呼気／発言／吐き出す／吐き気／戻す／げろ／むかつく

はげしい 激しい（劇・烈）

【過激（かげき）】思考や行動が度を越す。例過激な発言に議会が揺れる。

【苛烈（かれつ）】厳しく激しいこと。例苛烈な戦闘シーンは問題だ。

【急激（きゅうげき）】急に激しい変化が起こる。例急激な気候の変化。

【矯激（きょうげき）】人の言動が度はずれて激しい。例矯激な言動が事件にまで発展した。

【強烈（きょうれつ）】強く激しいこと。例強烈な腐臭がいちめんに広がる。

【激越（げきえつ）】感情や声がたかぶる。例激越な口調のどなり声が響く。

【激甚（げきじん）】度合いがはなはだしい。例台風の激甚な被害をこうむる。

【激烈（げきれつ）】きわめて激しい。例激烈な競争を勝ち残った選手たち。

【熾烈（しれつ）】勢いが盛んで激しいようす。例優勝争いが熾烈さを増している。

【痛烈（つうれつ）】非常に激しいこと。例チャンスに痛烈な一打を放った。

【熱烈（ねつれつ）】感情の激しいようす。例駅で熱烈な歓迎を受ける。

【猛烈（もうれつ）】勢いが激しい。例合格を目指して猛烈に勉強した。

そのほかの表現 ハード／シビア／バイオレント（激烈な）／ラディカル（過激な）

はげます 励ます

【応援（おうえん）】声援を送って、味方を元気づける。例恋人は心の応援団。

【激励（げきれい）】気持ちを引き立たせること。例社長が新入社員を激励する。

【鼓吹（こすい）】勢いをつけて励ます。例チームの士気を鼓吹する。

【鼓舞（こぶ）】人の気をふるい起させ励ます。例意気消沈した兵士を鼓舞する。

【叱咤（しった）】叱りつけるように励ます。例先輩に叱咤され、気を取り直す。

【奨学（しょうがく）】学問を勧め、援助する。例誰にでも平等な奨学金制度。

【奨励（しょうれい）】するようにとすすめ励ます。例奨励金を受けた研究。

【声援（せいえん）】声をかけ励ます。例声援で盛り上がる試合。

【督励（とくれい）】監督して励ます。例部下を集めて督励する。

【鞭撻（べんたつ）】戒め励ます。むちうつこと。例先生にご鞭撻をいただく。

そのほかの表現 エール

はじ 恥（辱）

【赤恥（あかはじ）】恥を強調していう語。ひどい恥。例座席を間違えて赤恥をかく。

栄誉と恥辱。【栄辱】（えいじょく）例衣食足りて栄辱を知る。

辱めること。はずかしめ。【汚辱】（おじょく）例いわれない汚辱をこうむる。

不名誉。欠点。不品行。【汚点】（おてん）例歴史に汚点を残した事件。

悪い評判。【汚名】（おめい）例汚名返上のために努力する。

てれくさい。【面映ゆい】（おもはゆい）例面映ゆい思いをした。

恥じて顔に汗をかく。【汗顔】（かんがん）例大人気ない行動は汗顔の至りです。

屈伏させられている恥辱。【屈辱】（くつじょく）例屈辱的な言動を受けた。

国の恥。【国辱】（こくじょく）例国辱とみなされる暴言をはく。

死ぬほどの恥ずかしさ。【慙死】（ざんし）例慙死の思いにかられる。

恥じ入る。【忸怩】（じくじ）例内心忸怩たるものがある。

はじらい。【羞恥】（しゅうち）例羞恥心はないのか。

恥ずかしさに顔を赤らめる。【赤面】（せきめん）例大失敗で赤面する。

恥をすすぐ。【雪辱】（せつじょく）例雪辱を果たした試合。

はずかしめ。【恥辱】（ちじょく）例耐えがたい恥辱に体が震えた。

誉が傷つけられること。【名折れ】（なおれ）例その男は母校の名折れだ。

恥を恥と思わない。【破廉恥】（はれんち）例破廉恥な行為に驚く。

侮り辱める。【侮辱】（ぶじょく）例両親を侮辱されて憤る。

恥を知らない。【無恥】（むち）例無恥な行動に驚きあきれる。

良心に恥じる。【疚しい】（やましい）例疚しいことは何もない。

他人を侮り辱める。【陵辱】（りょうじょく）例覚えのないことで陵辱を受ける。

恥を知る心がある。【廉恥】（れんち）例廉恥心は失いたくない。

そのほかの表現　恥ずかしい／スティグマ（恥辱）／リベンジ（雪辱）

⇩この項目も　侮る（あなどる）

はじめ　初め（始）

てがかり。【糸口】（いとぐち）例難問解決の糸口をつかむ。

物事のよってきたるもと。みなもと。【淵源】（えんげん）例古謡の淵源を探す旅をする。

天地のはじまり。【開闢】（かいびゃく）例開闢以来の出来事だ。

禍の起こるもと。【禍根】（かこん）例禍根を残さないよう気を配る。

物事のしはじめ。【皮切り】（かわきり）例五日を皮切りに試合が続く。

はじまり。物ごとが起こる根源。【起源】（きげん）例人類の起源を推測する。

一番初め。おおもと。【原初】（げんしょ）例生物の形態の原初を探る。

【源泉(げんせん)】物の生ずるみなもと。 例文化の源泉を探訪する。

【源流(げんりゅう)】水の流れ出るみなもと。 例利根川の源流をたどる。

【根源(こんげん)】ものごとの中心。おおもと。 例悪の根源を断つ。

【処女(しょじょ)】初めて物事をすること。 例ついに処女作を刊行した。

【初手(しょて)】手始め。 例この相手には初手から強く出る。

【初頭(しょとう)】年代の初めのころ。 例二十世紀初頭に生まれる。

【序盤(じょばん)】ひと続きの物事の、初期の状況。 例試合は序盤戦が終了したところだ。

【初歩(しょほ)】学問・技術の学び初め。 例英語の学習を初歩からやり直す。

【序幕(じょまく)】芝居の初めの幕。物事の初め。 例会議は序幕から大荒れだった。

【端緒(たんしょ)】事の始まり。 例事件解決の端緒を開く。

【出端(ではな)】物事のしはじめ。第一歩。でだし。 例交渉の出端をくじかれた。

【双葉(ふたば)】物事の初め。特に人の幼いころ。 例双葉のころは君も可愛かった。

【劈頭(へきとう)】事の一番初め。 例開会劈頭に挨拶する。

【冒頭(ぼうとう)】文章の始め。また、物ごとのはじめ。 例文章を冒頭から音読する。

【発端(ほったん)】物事の糸口をひらく。 例もめごとの発端は何かを探る。

【本源(ほんげん)】おおもと。 例本源に遡って考える。

【源(みなもと)】物事の起こる初め。 例歴史の源を研究する。

【揺籃(ようらん)】物事の発展の初期。 例文明の揺籃期を講義する。

【濫觴(らんしょう)】物事の起源。 例医学濫觴の地を訪ねる。

そのほかの表現 最初／当初／オリジン(起源)／ルーツ(起源)／ソース(源)／バージン(処女)／ビギニング(初め)

⇩この項目も 元

はじめる 始める

【開会(かいかい)】会議・集会を始める。 例会議の開会が遅れる。

【開業(かいぎょう)】営業を新たに始める。 例新店舗を開業する。

【開始(かいし)】始める。 例昼休みを終え作業を開始する。

【起工(きこう)】工事を始める。 例道路の起工式に参加する。

【再開(さいかい)】再び始める。 例交渉を再開させる。

【始業(しぎょう)】業務や学業を始める。 例課長は始業三十分前に出社する。

【出発(しゅっぱつ)】何かを目指して行動を始める。 例目的地に向かって出発だ。

【創業(そうぎょう)】事業を新しく始める。 例創業七十年の老舗(しにせ)の貫禄。

【創始(そうし)】物事を初めて起こす。 例創始者の祖父を敬っている。

社寺をはじめて建立する。 【草創】(そうそう) 例この寺を草創して二年経つ。

取り掛かる。 【着手】(ちゃくしゅ) 例新しい実験に着手する。

工事に取り掛かる。 【着工】(ちゃっこう) 例既に着工した工事に変更が生じる。

会の組織が活動を始めること。 【発会】(はっかい) 例発会式で挨拶する。

活動を起こすこと。動力を起こすこと。 【発動】(はつどう) 例司令官の権限を発動する。

組織・機関が活動を開始する。 【発足】(ほっそく) 例趣味の会が発足する。

そのほかの表現 オープン／オープニング／スタート／ビギニング(開始)／デパーチャー(出発)

⇩この項目も 開く

はしる 走る

気持ちよいほど速く走る。 【快走】(かいそう) 例ヨットが沖を快走する。

戦いに負けてにげること。敗走。 【潰走】(かいそう) 例全軍潰走した。

滑るように走ること。 【滑走】(かっそう) 例飛行機が滑走し、空に舞い上がる。

最後まで走る。 【完走】(かんそう) 例マラソン大会で完走した。

車や馬車を速く走らせる。 【疾駆】(しっく) 例目的地まで車を疾駆させた。

非常に速く走る。 【疾走】(しっそう) 例短距離を全力で疾走する。

勢いを付けるために走る。 【助走】(じょそう) 例跳躍のために助走する。

自動車などが走る。 【走行】(そうこう) 例車はさらに走行距離を伸ばす。

全行程を走りとおす。 【走破】(そうは) 例北海道から九州までを走破する。

ぬけ出して逃げ去ること。 【脱走】(だっそう) 例軍隊からの脱走は重罪とされた。

走り回ること。奔走すること。 【馳駆】(ちく) 例馬で戦場を馳駆する。

一気に長距離を走ること。 【長駆】(ちょうく) 例長駆して敵陣を衝く。

逃げさること。 【逃走】(とうそう) 例犯人の逃走経路がはっきりしない。

他を引き離して走る。 【独走】(どくそう) 例独走態勢にはいる。

逃れて走ること。 【遁走】(とんそう) 例容疑者が遁走する。

戦いに負けて逃げ走る。 【敗走】(はいそう) 例主力は散り散りに敗走した。

競技者に付き添って走る。 【伴走】(ばんそう) 例選手に伴走する車。

むやみに乱暴に走る。 【暴走】(ぼうそう) 例高速で暴走する車が多い。

力の限り走る。 【力走】(りきそう) 例力走の甲斐あって一位になる。

そのほかの表現 快速／韋駄天(いだてん)走り／遅れ馳(ば)せ／馳せ回る／奔走(ほんそう)／ラン／ランニング／ダッシュ／ジョギング／ギャロップ(早駆け)／エスケープ(逃走)

はたらく はたらき

働く
働き

人知れず活動する。【暗躍（あんやく）】例ひそかにスパイが暗躍する。

はたらき動く。【活動（かつどう）】例火山の活動が激しい。

稼ぎ働く。生産に従事すること。【稼動（かどう）】例稼動日数を計算する。

物の働き。また、役割をはたすこと。【機能（きのう）】例疲労で胃の機能が低下した。

一定の時間、ある仕事をする。【勤労（きんろう）】例勤労に励む高齢者。

褒められるべき働き。【功績（こうせき）】例たくさんの功績を残した人物。

他に働きを及ぼす。【作用（さよう）】例飲み薬の作用で体が楽になる。

職業・職務上の能力。特有の働き。【職能（しょくのう）】例職能によって給与が異なる。

機械などの性質と能力。【性能（せいのう）】例DVDやMDは性能がいい。

大きなてがら。また、大きな事業。【大功（たいこう）】例会社のために大功をたてる。

むだな骨折り。【徒労（とろう）】例すべての努力が徒労に終わった。

長年の功績。多年の熟練。【年功（ねんこう）】例年功の序列で成り立つ組織。

そのほかの表現 勤務／仕事／実働／就職／就任／就労／職業／労働／勤め／稼ぐ／立ち働く／下働き／共働き／出稼ぎ／ワーク／ワーキング／ジョブ（仕事）／トラバーユ（仕事）／アクション（活動）

⇩この項目も 手柄

はなす はなしあい

話す
話し合い

決め事を集まって話し合う。【会議（かいぎ）】例会議を開いて検討したい。

話し始める。【開口（かいこう）】例開口一番にヤジが飛ぶ。

責任ある者が公的に話し合う。【会談（かいだん）】例各国首脳が環境に関し会談する。

意見などを申し述べる。【開陳（かいちん）】例自分の信念を開陳する。

二人または少人数で向かい合って話す。【会話（かいわ）】例友達との会話を楽しむ。

むだばなし。重要でない話。【閑談（かんだん）】例閑談はさておき本論に入ろう。

楽しく話す。うちとけて話す。【歓談（かんだん）】例しばしご歓談ください。

寄り集まって相談する。【協議（きょうぎ）】例離婚を協議する。

事柄に言い及ぼす。【言及（げんきゅう）】例過去の例に言及する。

集まって協議する。【合議（ごうぎ）】例合議の上、決定した決まり。

口で述べる。【口述（こうじゅつ）】例仏会話の口述試験に合格した。

相手と取り決めるために話し合う。【交渉（こうしょう）】例交渉に失敗した原因を探る。

打ち解けて話し合う。【懇談（こんだん）】例保護者同士で懇談会を開く。

【座談】(ざだん) すわったまま形式ばらずに話し合う。 例 座談会を企画した。

【雑談】(ざつだん) 雑多な、とりとめのない話。 例 幼友達との雑談に花が咲く。

【直談】(じきだん) 直接相手と談判する。 例 問題を直談で解決した。

【示談】(じだん) 当事者間の合意で解決する。 例 示談金を払い解決する。

【商談】(しょうだん) 取引などをまとめる。 例 車の商談が成立する。

【審議】(しんぎ) 事の可否を討議し検討する。 例 審議を重ね結果を出す。

【対談】(たいだん) 特定の問題について話し合う。 例 知事と対談する。

【対話】(たいわ) 向かい合って話す。 例 家族と対話の時間を持つ。

【多言】(たげん) 口数が多いこと。 例 多言を慎む。

【談合】(だんごう) 話し合うこと。相談。 例 談合で決まった仕事。

【談話】(だんわ) 話をすること。会話。 例 談話室が設けられている会社。

【鼎談】(ていだん) 三人が向かい合って話す。 例 トップ三者で鼎談する。

【討議】(とうぎ) 意見を戦わせる。 例 次の対策を討議する。

【内談】(ないだん) 内密に話し合う。 例 内談の話が漏れた。

【発言】(はつげん) 口頭で意見を述べる。 例 思いきった発言が論議を呼ぶ。

【筆談】(ひつだん) 用件を文字に記して伝えあう。 例 病人と筆談する。

【密談】(みつだん) 密かに相談する。 例 密談の内容が外部に漏れていた。

【面談】(めんだん) 会って直接に話す。 例 三者面談を行う。

【論議】(ろんぎ) 問答によって理非を明らかにする。 例 論議を呼んだ問題。

そのほかの表現 相談／放談／ディベート(討論)／ディスカッション(議論)／オピニオン／サジェスチョン(提案)／オブジェクション(反論)／コンセンサス(合意)／ネゴシエーション(交渉)／ミーティング／ダイアローグ(対話)／ディスクール(言説)

⇩この項目も 言う・述べる

はなす
離す

【隔絶】(かくぜつ) ひどくへだたっている。 例 文明から隔絶された奥地。

【隔離】(かくり) 隔て離すこと。 例 感染症患者を隔離する。

【蟬脱】(せんだつ) 因習や束縛から抜け出す。 例 旧套を蟬脱する。

【反間】(はんかん) 敵の仲間割れを図る。 例 反間の策を練る。

【分離】(ぶんり) わかれる。わけはなす。 例 水と油が分離した。

【放逐】(ほうちく) おいはらうこと。 例 あまりの行状に家から放逐した。

【遊離】(ゆうり) 他から離れて存在する。 例 現実から遊離した意見。

【離間】(りかん) 相互の仲をさく。 例 この言動が離間の原因だ。

【離郷】(りきょう) 郷里を離れる。例 離郷してから数年が経った。

【離職】(りしょく) 職務から離れる。例 体をこわし離職する。

【離脱】(りだつ) 所属から抜け出る。例 政党を離脱して無所属になる。

そのほかの表現 釈放／離村／離党／離島／離日／セパレート（分離）／ディアスポラ（離散）

⇩この項目も 分かれる・分ける

はは 母

【岳母】(がくぼ) 配偶者の母。例 岳母の訃報に接する。

【義母】(ぎぼ) 配偶者の母。例 自分の母同様に義母を慕う。

【愚母】(ぐぼ) 自分の母の謙称。例 先生、愚母を紹介します。

【継母】(けいぼ) 父の妻で、実母や養母でない人。例 継母を慕うのは難しい。

【賢母】(けんぼ) 賢明な母親。例 偉人は賢母より出ずる。

【実母】(じつぼ) 血のつながった母親。産みの親。例 生き別れした実母を探す。

【慈母】(じぼ) いつくしみ深い母親。母親の敬称。例 厳父と慈母に育てられる。

【姑】(しゅうとめ) 夫または妻の母。例 姑と仲良く暮らす。

【生母】(せいぼ) 自分を産んだ母。例 生母の死を悲しむ。

【先妣】(せんぴ) 死んだ母の敬称。例 先妣の七回忌を執り行う。

【嫡母】(ちゃくぼ) 父の正妻。例 実母ではなく嫡母の教育を受ける。

【母御】(ははご) 他人の母の尊敬語。例 母御に是非お会いしたい。

【母者人】(ははじゃびと) 子が母を親しんで呼ぶ。例 昔は親しみを込めて母者人と呼んだ。

【悲母】(ひぼ) 慈悲深い母。例 悲母観音を拝む。

【亡母】(ぼうぼ) 亡き母。例 亡母を懐かしむ。

【母堂】(ぼどう) 他人の母の尊敬語。例 御母堂はその後お元気ですか。

【養母】(ようぼ) 養子先の母親。例 やはり養母には気兼ねする。

【老母】(ろうぼ) 年とった母。例 老母と一緒に旅を楽しむ。

そのほかの表現 母上／母君／国母／聖母／おふくろ／マザー／ママ／マミー／グランドマザー

はやい 早い（速）

【快速】(かいそく) すばらしく速い。例 快速で走る新幹線。

【急速】(きゅうそく) 物事の進展がすみやか。例 急速な展開に驚く。

【高速】(こうそく) 速度が速い。例 車を高速で飛ばすのは危険だ。

【尚早】（しょうそう） それをするには早すぎる。 例時期尚早で失敗した。

【神速】（しんそく） 人間業とは思えないほど速い。 例兵は神速を貴ぶ。

【迅速】（じんそく） 極めてはやい。 例苦情処理を迅速に行う。

【早期】（そうき） 早い時期。 例病気は早期発見が望ましい。

【早急】（そうきゅう） 極めていそぐ必要のあること。 例早急な解決が望まれる。

【早計】（そうけい） 軽率な早まった考え。 例勝利と決めるのは早計に過ぎる。

【早熟】（そうじゅく） 実年齢より早く大人びる。 例早熟の天才ピアニストと称される。

【早早】（そうそう） いそぐようす。 例訪問先を早早に引き上げる。

【脱兎】（だっと） 逃げる兎のように非常に速い喩え。 例脱兎の勢いで走る。

【長足】（ちょうそく） 物事が早く進む。 例文明が長足の進歩をとげた。

【夙に】（つとに） 早くから。 例夙に才能をあらわし政治家になる。

【疾く】（とく） すみやかに。はやく。 例支度を調え、疾く出発せよ。

【敏捷】（びんしょう） すばやいこと。すばしこいこと。 例敏捷に動いて仕事を処理する。

【敏速】（びんそく） すばやいこと。敏捷。 例機械の故障に敏速に対応する。

そのほかの表現 速やか／クイック（速い）／ファースト（最初）／ラピッド（速やか）

⇩この項目も すぐ・にわか

はら
腹

【粥腹】（かゆばら） 食べ物が粥ばかりで力が入らない腹。 例寒さが粥腹に響く。

【肝胆】（かんたん） 腹の底。心。 例肝胆相照らす親友。

【糞度胸】（くそどきょう） ずぶとい度胸。 例糞度胸で難関を乗り切る。

【下腹】（したはら） 腹の下部。 例酒の飲み過ぎで下腹が出る。

【皺腹】（しわばら） しわの寄った腹。年寄りの腹。 例皺腹をかっさばく。

【心肝】（しんかん） こころ。まごころ。 例心肝に徹して奉仕する。

【心胆】（しんたん） こころ。きもだま。 例心胆が寒くなる出来事。

【太鼓腹】（たいこばら） 太鼓の胴のようにふくれた腹。 例太鼓腹をたたく。

【胆力】（たんりょく） 気おくれしない気力。度胸。 例胆力を試された出来事。

【茶腹】（ちゃばら） 茶を飲んで空腹をしのぐ。 例茶腹も一時。

【度胸】（どきょう） 物事に動じない心。きもったま。 例お化け屋敷で度胸試しをした。

【肺肝】（はいかん） 心の奥底。 例肺肝を砕いて奉公する。

【脾腹】（ひばら） よこばら。 例マラソンで脾腹が痛くなる。

【腹中】（ふくちゅう） はらの中。 例相手の腹中を探る。

【布袋腹】（ほていばら） 肥えて張り出した腹。 例お相撲さんの布袋腹。

横腹。

【脇腹（わきばら）】横腹。 例脇腹が痛む。

そのほかの表現 お腹／横腹／下腹部／腹部／ストマック（腹）

はらう 払う

【割賦（かっぷ）】何回かに分けて払う。 例高額品を割賦払いで購入する。

【勘定（かんじょう）】金銭の出納。ものの数量の計算。 例売り上げを勘定する。

【拠出（きょしゅつ）】目的のために金品を出し合う。 例我が国からも援助金を拠出する。

【決済（けっさい）】支払い。売買取引を終了させること。 例月末に行われる決済。

【歳出（さいしゅつ）】国家などの会計年度における支出。 例削減された歳出。

【支弁（しべん）】金銭の支払い。 例公費で支弁するよう取り計らう。

【自弁（じべん）】かかる費用を自分で負担する。 例交通費は自弁で応援に行く。

【即金（そっきん）】その場で即時に金銭を支払う。 例即金払いで安く購入する。

そのほかの表現 支出／追い払う／打ち払う／支払う／ペイ（支払う）

はる 春

【季春（きしゅん）】春のすえ。晩春。 例季春のころとなりました。

【暮れの春（くれのはる）】春の終わりの頃。 例物憂い暮れの春。

【啓蟄（けいちつ）】二十四節気の一つ。虫がはい出る意。 例もう啓蟄だから、春が目のまえだ。

【春情（しゅんじょう）】春の景色。 例山の春情を楽しむ。

【惜春（せきしゅん）】ゆく春を惜しむ。 例惜春の念にかられ野山を散策する。

【浅春（せんしゅん）】寒さ去らぬ春の初め。 例浅春の野辺に遊ぶ。

【常春（とこはる）】一年中、春のような季節。 例常春の南の島を訪れる。

【春先（はるさき）】春のはじめ。 例心地よい春先の陽気。

【芳春（ほうしゅん）】花のさかりの春。 例芳春を愛でて宴を催す。

【暮春（ぼしゅん）】春の終わり。 例暮春の候。

【孟春（もうしゅん）】初春。 例孟春の候。

【行く春（ゆくはる）】過ぎてゆく春。 例行く春を近江の人とおしみける。

【陽春（ようしゅん）】暖かく明るい春。 例陽春の候。

【立春（りっしゅん）】暦の上で春になる日。 例立春がすぎても寒い日が続く。

そのほかの表現 春季／春期／初春／新春／早春／仲春／晩春／春先／スプリング／プランタン（春）

はれる 晴れる

【秋晴れ】（あきばれ） 晴れ渡った秋空。例 雲ひとつない秋晴れ。

【秋日和】（あきびより） 秋の気持ちよく晴れ渡ったよい天気。例 秋日和に恵まれ旅行を楽しむ。

【油照り】（あぶらでり） 薄曇りで風がなく蒸し暑い夏の天候。例 過ごしにくい油照りの日。

【炎天】（えんてん） 焼け付くような暑い空。例 炎天下で日射病になった。

【快晴】（かいせい） 空が気持ちよく晴れ渡る。例 運動会が快晴に恵まれた。

【旱魃】（かんばつ） 日照り。例 旱魃で米不足が心配だ。

【好天】（こうてん） よく晴れた天気。例 行いが良いのか好天に恵まれた。

【五月晴れ】（さつきばれ） 梅雨の晴れ間。例 五月晴れの洗濯日和。

【上天気】（じょうてんき） 良く晴れた良い天気。例 心が踊る上天気。

【梅雨晴れ】（つゆばれ） 梅雨の晴れ間。例 梅雨晴れに洗濯をする。

【日本晴れ】（にほんばれ） すっかり晴れた空。例 絶好の日本晴れ。

【日照り】（ひでり） 長い間雨が降らずに水が枯れる。例 日照りで作物がやられた。

【日和】（ひより） 空模様。晴れていること。例 今日は行楽日和だ。

【冬晴れ】（ふゆばれ） 冬の穏やかに晴れた日。例 冬晴れの日に公園を散歩する。

【夕晴れ】（ゆうばれ） 夕方になってすっかり空がはれる。例 雨が止んで夕晴れになる。

【雪晴れ】（ゆきばれ） 雪が止んで空が晴れる。例 雪晴れの日の光がまばゆい。

ひ

ひ　日

【悪日】（あくにち） 縁起の悪い日。「あくび」。例 乗り遅れるなんて今日は悪日だ。

【縁日】（えんにち） 神仏の祭りや供養が行われる日。例 縁日には屋台が出る。

【佳日】（かじつ） めでたい日。「嘉日」。例 今日の佳日に式を挙げる。

【過日】（かじつ） 過ぎ去ったある日。例 過日、大変お世話になった人。

【元日】（がんじつ） 一月一日。例 元日に神社に参拝する。

【吉日】（きちじつ） 縁起が良いとされている日。例 結婚式には吉日を選ぶ。

【忌日】（きにち） その人が死んだ日と同じ日付けの日。例 母の忌日ごとに墓参をしている。

【後日】（ごじつ） あとの日。今後。将来。例 この企画は後日改めて検討する。

【祭日】（さいじつ） 神社の祭りを祝う日。国民の祝日。例 祭日があるので休みが多い。

【秋日】（しゅうじつ） 秋の日。例 秋日に紅葉を楽しむ。

【終日】（しゅうじつ） 朝から晩まで。例 コンビニは終日営業している。

【週日】（しゅうじつ） 一週間のうち土・日曜以外の日。例 週日以外は出かけることが多い。

【旬日】（じゅんじつ） 十日ほど。例 完成まで旬日の猶予を乞う。

【尽日】（じんじつ）月・年の最終日。 例九月尽日。

【昔日】（せきじつ）過去のある時点。 例昔日の思いにふける。

【即日】（そくじつ）すぐその日。 例即日開票の結果が出た。

【中日】（なかび）真中にあたる日。 例今日は公演の中日だ。

【寧日】（ねいじつ）平穏無事な日。 例寧日なしの毎日を送る。

【旗日】（はたび）国旗を掲げて祝う日。 例日曜と旗日が重なった。

【日日】（ひび）毎日。 例日日の生活を大切にする。

【不日】（ふじつ）幾日もたたないこと。日をおかず。 例不日参上いたします。

【末日】（まつじつ）その月の最後の日。 例申告は今月末日までだ。

【晦日】（みそか）月末の日。 例給料は晦日支払いだ。

【命日】（めいにち）毎月・毎年の忌日。 例父の命日にあたる日。

【物日】（ものび）祝い事や祭りのある日。 例神社の物日で、すごい人混みだ。

【紋日】（もんび）遊郭で定めた五節句などの特別な日。 例遊女は紋日には休めなかった。

【厄日】（やくび）災難の起こる日。天候の災いの多い日。 例二百十日は、農家の厄日だ。

【余日】（よじつ）他の日。 例余日にまた伺います。

【累日】（るいじつ）日を重ねること。 例累日に及ぶ厳しい取り調べ。

【暦日】（れきじつ）暦で決めてある日。月日。 例今年のゴールデンウィークは暦日通り。

ひ　火（灯）

⇩この項目も　太陽・昼

そのほかの表現　期日／近日／他日／隔日／デー／トゥデー／トゥモロー／イエスタデー／エブリデー／ホリデー／Xデー

【漁火】（いさりび）魚をとるためにたく火。 例沖の漁火が美しい。

【陰火】（いんか）夜、墓場などで燃える火。鬼火。 例墓場で陰火がゆらぐ。

【埋み火】（うずみび）炉や火鉢の灰に埋めた炭火。 例埋み火を掘り起こす。

【おき火】（おきび）赤くおこった炭火。 例火鉢におき火が赤々と燃えている。

【送り火】（おくりび）盆が終わり精霊を送るためにたく火。 例盆に門口で送り火をたく。

【鬼火】（おにび）きつね火。人魂。 例鬼火が不気味にゆれる。

【火炎】（かえん）ほのお。 例火事で火炎に包まれた。

【かがり火】（かがりび）照明・漁などのためにたく火。 例庭でかがり火をたく。

【狐火】（きつねび）狐が吐くという、山野に見える怪火。 例山裾に狐火がちらちらしている。

【炬火】（きょか）たいまつの火。 例炬火をたいて目印とする。

【切り火】（きりび）火打ち石でおこす、清めの火。 例切り火で送り無事を願う。

【口火（くちび）】 銃の点火に使う火。物事のきっかけ。 例ガスの口火をつける。

【業火（ごうか）】 悪業の報いとしての地獄の火。 例悪事を働くと地獄で業火に苦しむ。

【下火（したび）】 火の勢いが衰える。 例山火事が下火になる。

【不知火（しらぬい）】 夜、海上に多くの光がゆらめく現象。 例八代海の不知火が有名だ。

【焚火（たきび）】 屋外で落ち葉や木を燃やすこと。 例落ち葉で焚火をする。

【鎮火（ちんか）】 火事がおさまる。火事を消すこと。 例鎮火作業に努める。

【遠火（とおび）】 火から遠く離す。 例魚は遠火で焼く。

【灯火（ともしび）】 ともした火。あかり。 例遠くの町の灯火を頼りに歩く。

【とろ火（び）】 勢いの弱い火。 例豆をとろ火で煮る。

【残り火（のこりび）】 燃え尽きたあとに残った火。 例残り火に水を掛ける。

【野火（のび）】 春の初めに野山の枯れ草を焼く火。 例春の空に漂う野火が見える。

【火種（ひだね）】 火をおこす、もとの火。 例火種を絶やさず確保する。

【火柱（ひばしら）】 柱のように空中高く燃えあがる火。 例爆発の後、火柱が立った。

【砲火（ほうか）】 大砲を撃ったときに出る火。 例敵と砲火を交えた。

【蛍火（ほたるび）】 蛍のだす火。 例川辺で蛍火が輝いている。

【迎え火（むかえび）】 盆に精霊を迎えるためにたく火。 例迎え火をたいて盆の用意をする。

【猛火（もうか）】 激しく燃える火。 例猛火に包まれ逃げ場を失う。

【貰い火（もらいび）】 他家の火事が自家へ燃え移る。 例貰い火で家財をなくす。

【燐火（りんか）】 墓地などで見る青白い火。 例雨中の墓地で燐火を見る。

【烈火（れっか）】 激しい勢いで燃える火。 例烈火のように怒る。

そのほかの表現 火花／失火／弥火／銃火／戦火／神火／聖火／飛び火／火付き／火の気／ファイヤー／トーチ（松明）／スパーク（火花）

ひかり
光

【威光（いこう）】 自然に人を従わせる威厳。 例親の威光を笠に着る。

【一閃（いっせん）】 電光や刀がぴかっと光ること。 例白刃一閃。

【稲妻（いなずま）】 雷の放電現象により起こる火花。 例稲妻が光る。

【稲光（いなびかり）】 雷のときに空中に生じる電光。 例稲光が走る。

【薄日（うすび）】 曇った空からさす弱い日の光。 例薄日がさしてきた。

【外光（がいこう）】 戸外の太陽光線。 例外光をたっぷり浴びる。

【風光る（かぜひかる）】 春の日差しの中を風が吹き渡る。 例風光る五月の高原。

【眼光（がんこう）】 目の光。物事を見抜く力。 例眼光、人を射る。

【逆光】ぎゃっこう 対象物の背後から差す光線。 例あえて逆光で撮影する。

【暁光】ぎょうこう 明け方、東の空に差す光。 例暁光の空に響く鳥の声。

【旭光】きょっこう 朝日の光。東から昇る朝の光。 例旭光をあおぐ。

【極光】きょっこう 極地付近に見られるオーロラ。 例カーテン状の極光。

【蛍光】けいこう 蛍の光。刺激による発光現象。 例蛍光塗料を塗る。

【月光】げっこう 月の光。 例月の回りに現れる月光冠。

【光輝】こうき 光と輝き。また、光り輝く名誉。 例光輝を放つ実績。

【光彩】こうさい ひときわ鮮やかに際立つ輝き。 例光彩を放つ作品がある。

【光明】こうみょう 明るい光。また、希望。 例絶望の中に光明を見出す。

【後光】ごこう 仏・菩薩の背中から差す光。 例後光が差して見える恩人の姿。

【木漏れ日】こもれび 木の間からもれて差す日の光。 例木漏れ日の下に憩う。

【御来光】ごらいこう 高山で見る荘厳な日の出。 例御来光を拝む。

【残照】ざんしょう 夕日が沈んでから残っている光。 例残照に映える雁の群。

【斜光】しゃこう 斜めに差す光線。 例窓から差し込む斜光。

【遮光】しゃこう 光をさえぎること。 例窓に遮光カーテンを取り付ける。

【春光】しゅんこう 春の日の光。春の陽光。 例春光うららかな休日。

【曙光】しょこう 夜明けの光。明るいきざし。 例解決の曙光が見えてきた。

【燭光】しょっこう ともしびの光。 例燭光の下で密談を交わす。

【神威】しんい 神の威光。 例神威を汚す行為は許されない。

【瑞光】ずいこう めでたいしるしの光。吉兆の光。 例瑞光が現れた。

【閃光】せんこう 瞬間的にひらめく光。 例爆弾の閃光が建物を破壊した。

【月影】つきかげ 月の光。月の光でできる影。 例月影清かな夜。

【西日】にしび 西にかたむいた太陽の光。 例西日の当たる部屋。

【日光】にっこう 太陽の光。日の光。 例カーテンをして直射日光を避ける。

【発光】はっこう 光を発すること。 例太陽は発光体である。

【反射】はんしゃ 光が物に当たってはね返ること。 例反射鏡。

【微光】びこう ほのかな光。かすかな光。 例前途に微光も見えない。

【冬日】ふゆび 冬の弱い日の光。冬の日差し。 例寒い室内に冬日が差し込む。

【星影】ほしかげ 星の光。 例星影が道の小石を照らす。

【夜光】やこう 夜、暗い中で光る光。 例夜光虫が波間に青白く光る。

【陽光】ようこう 太陽の明るい光線。 例マルメロの樹に陽光がさす。

【燐光】りんこう 黄燐が空気中で発する青い光。 例燐光が青白く光る。

そのほかの表現

光線／灯火／月明り／

星明り／日差し／ライト／フラッシュ／オーロラ／ムーンライト／サンシャイン

ひきうける　引き受ける

【請負（うけおい）】仕事の注文を引き受けること。例土木請負業。

【応諾（おうだく）】頼みや申し入れに応じること。例快く応諾する。

【快諾（かいだく）】快く承知する。例理事就任の快諾を得た。

【甘受（かんじゅ）】甘んじて受け入れる。例無理な要求を甘受する。

【許諾（きょだく）】聞き入れ、許す。例許諾条件をクリアする。

【受諾（じゅだく）】聞き入れ、受け入れる。例ポツダム宣言を受諾した。

【承引（しょういん）】承知して引き受ける。例要請を受け、これを承引した。

【然諾（ぜんだく）】承諾し、引き受ける。例然諾を重んじる。

【即諾（そくだく）】すぐに承諾する。例申し入れを即諾した。

【諾否（だくひ）】承諾と不承諾。例諾否を決めかねる。

【内諾（ないだく）】内々に承諾する。例内諾を得ている。

【黙諾（もくだく）】無言で承諾する。例黙諾を得たと理解している。

【約諾（やくだく）】約束して承諾する。例事前の約諾を反故にされる。

⇩この項目も　受ける

ひく　引く（曳・索）

【引証（いんしょう）】例を引用して証拠とすること。例引証を要する。

【引率（いんそつ）】引き連れること。例修学旅行の生徒を引率する教師。

【引用（いんよう）】言葉や文章を引き合いに出す。例故事を引用した説教。

【引例（いんれい）】例を引用すること。例引例として挙げる。

【曳航（えいこう）】船が船を引っ張り航行すること。例故障船を曳航する。

【援用（えんよう）】自説の主張のために引用する。例諺（ことわざ）を援用する。

【牽引（けんいん）】引き寄せて引っ張ること。例故障車をレッカー車で牽引する。

【拘引（こういん）】捕らえて引っ張ること。例容疑者を警察署に拘引する。

【索引（さくいん）】語句や事項のインデックス。例索引を引く。

【誘引（ゆういん）】誘って引き込むこと。例誘引剤でゴキブリを駆除する。

そのほかの表現　インデックス（索引）／ディスカウント（割引）

ひそか　密か（私・秘・窃）

【暗暗裏（あんあんり）】密かに。気づかない内に。例暗暗裏に事が運ばれた。

ひ

親族・関係者など内部の者。**【内輪(うちわ)】** 例 内輪揉めを起こす。

密かに事を行うこと。**【隠密(おんみつ)】** 例 隠密行動をとる。

厳重に秘すべきこと。**【厳秘(げんぴ)】** 例 厳秘を口外して罰せられる。

極めて秘密であること。**【極秘(ごくひ)】** 例 政府の極秘文書。

隠しておくこと。**【内緒(ないしょ)】** 例 内緒話に夢中な女子高生。

非公式。うちわ。**【内内(ないない)】** 例 新たなポストを内内に伝える。

表沙汰にしないこと。**【内聞(ないぶん)】** 例 内聞に処理するように。

外部に漏らさないこと。**【内密(ないみつ)】** 例 この件はどうぞ内密に。

隠して外部に知らせないこと。**【秘密(ひみつ)】** 例 秘密の隠れ家。

事前に申し出ないこと。**【無断(むだん)】** 例 無断外泊。

そのほかの表現 人知れず／そっと／シークレット／プライバシー

ひとしい 等しい（均・斉）

一様に等しいこと。**【均等(きんとう)】** 例 ケーキを均等に切り分ける。

図形がぴったり重なり合うこと。**【合同(ごうどう)】** 例 二つの図形が合同をなす。

優劣なく、等しい力量。**【互角(ごかく)】** 例 互角に勝負する。

つり合うこと。**【相当(そうとう)】** 例 それ相当のポストに就く。

双方に差がなく、同等なこと。**【対等(たいとう)】** 例 両者が対等に話し合う。

格式や資格が同じ。**【同格(どうかく)】** 例 同格の扱いを受ける。

前に述べた通り。同じ、同上。**【同前(どうぜん)】** 例 以下の欄には同前と記す。

同じようす。**【同然(どうぜん)】** 例 寝間着同然の姿で飛び出す。

他と同じであること。**【同断(どうだん)】** 例 以下は同断に処す。

同じであるさま。**【同様(どうよう)】** 例 我が子同様に可愛がる。

地位や程度が同じ。**【同列(どうれつ)】** 例 彼と同列に扱われては困る。

すべて差がなく等しいこと。**【平等(びょうどう)】** 例 男女平等を主張する。

そのほかの表現 同等／五分五分／イコール／タイ

ひま 暇（閑・隙）

手がすいていて、ひまなこと。**【閑暇(かんか)】** 例 閑暇をもてあます。

ひま。心がゆったりしている。**【閑日月(かんじつげつ)】** 例 激職を離れた後、閑日月を送る。

わずかなひま。**【小閑(しょうかん)】** 例 忙中に小閑を得る。

ごくわずかなひま。**【寸暇(すんか)】** 例 寸暇を惜しんで働く。

【寸隙】（すんげき）わずかなすきま。わずかな手すき。 例寸隙を縫って行う。

【徒然】（つれづれ）することもなく、ひまなこと。 例日々の徒然に花を愛でる。

【手隙】（てすき）する仕事がないこと。 例手隙なら少し手伝ってくれ。

【農閑期】（のうかんき）農業で仕事がひまな時期。 例農閑期に湯治に行く。

【暇暇】（ひまひま）用事と用事の間。 例暇暇を見つけて書きためた散文。

【無沙汰】（ぶさた）便りや訪問をしないこと。 例長年の無沙汰を詫びる。

【無為】（むい）何もせずぶらぶらすること。 例休暇を無為に過ごしてしまった。

【有閑】（ゆうかん）経済的なゆとりがあり、ひまがある。 例有閑夫人を誘惑する。

【余暇】（よか）仕事や勉学から離れ、ひまな時間。 例余暇を趣味に充てる。

ひょうばん 評判
ひょうか 評価

【悪評】（あくひょう）悪い評判。 例彼については悪評たらたらだ。

【悪名】（あくめい）悪い噂。「あくみょう」。 例悪名高い女たらし。

【英名】（えいめい）すぐれた名声。名高い評判。 例英名を馳せる。

【汚名】（おめい）不名誉な評判。 例汚名を濯（そそ）ぐ機会を待っていた。

【怪聞】（かいぶん）怪しい評判。おかしな噂。 例怪聞が飛び交う。

【外聞】（がいぶん）世間の噂。世間体。 例外聞が悪いじゃないか。

【虚名】（きょめい）実力以上の名声。 例一時のブームで虚名を博す。

【下馬評】（げばひょう）世間の評判。 例下馬評をくつがえし、新人が勝った。

【巷説】（こうせつ）ちまたの噂。 例巷説をにぎわす。

【好評】（こうひょう）よい評判。 例好評につき、製品を増産した。

【高評】（こうひょう）相手の批評の敬称。 例その道の権威にご高評を賜る。

【酷評】（こくひょう）手厳しい批評。こっぴどい批評。 例作品は酷評された。

【時評】（じひょう）その時々の社会の出来事の批評。 例新聞の文芸時評欄。

【信望】（しんぼう）信用と人望。 例皆の信望を集めている人。

【人望】（じんぼう）寄せられる信頼と尊敬。 例彼は人望が厚い。

【寸評】（すんぴょう）ごく短い批評。 例高名な先生に寸評をいただく。

【声価】（せいか）よい評判や名声。 例受賞がブランドの声価を高めた。

【声望】（せいぼう）名声と人望。 例いよいよ声望が高まる。

【世間口】（せけんぐち）世間の噂。 例この界隈は昔から世間口がうるさい。

【世評】（せひょう）世の中の批評や評判。 例世評は芳しくない。

【選評】（せんぴょう）よいものを選んで行う批評。 例審査後の選評を聞く。

【総評】（そうひょう）全体にわたる批評。 例審査員が総評を語る。

【知名（ちめい）】世間に名前が知られていること。 例知名度が低い。

【著名（ちょめい）】非常に有名であること。 例一年後輩に著名な作家がいる。

【定評（ていひょう）】世の中で広く定着している評判。 例旨さでは定評がある。

【適評（てきひょう）】適切な批評。 例適評とは言えない。

【徳望（とくぼう）】人徳と人望があること。 例彼は徳望が高い。

【名代（なだい）】評判が高く、名高いこと。 例名代の菓子。

【美名（びめい）】すぐれた評判。立派な名目。 例美名に隠れて私利を求める。

【品評（ひんぴょう）】作品などを批評すること。 例品評会に出品する。

【風説（ふうせつ）】世間で話される噂。 例いろいろな風説が飛び交う。

【浮説（ふせつ）】根拠なく流布する話。 例そんな浮説を信じるな。

【武名（ぶめい）】武人としての名声や名誉。 例武名を挙げる。

【無名（むめい）】名前が知られていないこと。 例無名戦士の墓。

【名声（めいせい）】名高い評判。 例長年の研究で遂に名声を得る。

【名物（めいぶつ）】名高いこと。有名な産物。 例名物にうまいものなし。

【名望（めいぼう）】名声と人望。 例彼女は名望家だ。

【令名（れいめい）】名声。高い評判。 例令名を馳せた人物。

【論評（ろんぴょう）】論じ、批評すること。 例事件について論評を加える。

そのほかの表現 高名／短評／批判／批評／不評／不評判／人気／有名／取り沙汰／スキャンダル／クリティシズム（批評）

⇩この項目も うわさ

ひらく 開く

【開演（かいえん）】演目が始まること。 例演奏会場で開演のブザーが鳴る。

【開花（かいか）】花びらが開き、花が咲くこと。 例梅の開花を告げるニュース。

【開墾（かいこん）】山野を耕して田畑を作ること。 例移民が開墾した土地。

【開催（かいさい）】会議や催し物を行うこと。 例万国博覧会の開催。

【開削（かいさく）】土地を切り開き道路を通すこと。 例トンネルの開削工事。

【開場（かいじょう）】会場の入り口を開けること。 例開場時間は朝八時。

【開設（かいせつ）】施設をつくり、業務を始めること。 例結婚相談所の開設。

【開拓（かいたく）】山野を開いて耕地をつくること。 例北海道開拓の歴史。

【開発（かいはつ）】資源などを新しく開き起こす。 例新製品の開発プロジェクト。

【開封（かいふう）】郵便物の封を切ること。 例本人以外開封してはいけない。

【開平（かいへい）】数の平方根を求めること。 例開平の計算式。

出入りを自由にすること。【開放（かいほう）】例市場を開放する。

幕が開いて演目が始まること。【開幕（かいまく）】例ワールドカップの開幕戦。

土地を新たに切り開くこと。【新開（しんかい）】例この辺りは新開地だ。

治療のため患部を切り開くこと。【切開（せっかい）】例傷口を切開した。

完全に開ききること。【全開（ぜんかい）】例アクセルを全開する。

行き詰まり状態を切り開くこと。【打開（だかい）】例事態の打開をはかる。

くり広げること。【展開（てんかい）】例持論を展開する。

花が完全に開くこと。【満開（まんかい）】例満開の桜。

そのほかの表現 開会／開門／開館／開校／開廷／開店／公開／海開き／山開き／オープン／オープニング

⇩この項目も 始める

ひる 昼

正午に近い頃。その頃の食事。【小昼（こひる）】例小昼をいただく。

ひるま。日光の出ている間。【昼間（ちゅうかん）】例大学の昼間部に通う。

昼の間。朝から夕の間。【日中（にっちゅう）】例日中は留守にしている。

日中の太陽。【白日（はくじつ）】例白日の下にさらされる。

日光が明るい昼間。【白昼（はくちゅう）】例白昼の通り魔に刺された。

日光の差す時間。【日脚（ひあし）】例春になって日脚が伸びてきた。

一日のうちで最も照りつける頃。【日盛り（ひざかり）】例夏の日盛りに出かけた。

昼の最中。日がでている最中。【日中（ひなか）】例毎日、日中仕事に出かける。

春の日中の長いこと。【日長（ひなが）】例暖かくなり、日長になってきた。

昼間。真昼。【昼中（ひるなか）】例昼中から痴話喧嘩とは騒がしい。

真っ昼間。【昼日中（ひるひなか）】例こんな昼日中から酒を飲むな。

そのほかの表現 正午／昼時／昼前／昼間／真っ昼間／昼下がり／昼時間／データイム（昼間）／アフタヌーン

ひろい 広い（弘）

眺望や人柄が開けていること。【開豁（かいかつ）】例あの人は開豁だ。

視界がぱっと開けること。【豁然（かつぜん）】例その時、豁然と悟った。

おおらかな度量。【雅量（がりょう）】例雅量のある人物。

ゆったりと心が広いこと。【寛闊（かんかつ）】例寛闊な態度。

心が広く思いやりのあること。【寛大（かんだい）】例寛大な処置を願う。

【寛容（かんよう）】度量が大きく人を受け入れること。 例 寛容を以て人を許す。

【襟度（きんど）】人を受け入れる度量。 例 そんな考えは襟度が狭い。

【広闊（こうかつ）】広々と開けていること。 例 広闊な平原をジープで行く。

【浩浩（こうこう）】広々としていること。 例 天は浩浩と広い。

【広壮（こうそう）】広々と立派なこと。 例 広壮たる屋敷。

【広漠（こうばく）】果てしなく広いこと。 例 広漠としたサバンナのキリン。

【広範（こうはん）】広い範囲。 例 冷害は広範な地域に及んだ。

【広量（こうりょう）】心が広いこと。 例 彼は広量な人物だ。

【蒼茫（そうぼう）】見渡す限り青く広い。 例 蒼茫たる海原を望む。

【大量（たいりょう）】心が広く度量が大きいこと。 例 さすが大量の彼にも限度があった。

【渺茫（びょうぼう）】見渡す限り広々とした様子。 例 渺茫とした洋上を行く。

【茫漠（ぼうばく）】広くて限りがないこと。 例 茫漠として広がる砂漠。

【洋洋（ようよう）】地平線が目の前に広がる様子。 例 洋洋とした大海原に舞う鷗（かもめ）。

そのほかの表現 広域／広大／手広い／広やか／ワイド／ブロード

ふ

ふえる 増える（殖）

【急増（きゅうぞう）】急激にふえること。 例 人口が急増した。

【激増（げきぞう）】数量が激しくふえること。 例 交通事故の激増に対処する。

【純増（じゅんぞう）】純粋に実体としてふえること。 例 所得の純増は望めなくなった。

【漸増（ぜんぞう）】少しずつふえること。ふやすこと。 例 軍事予算の漸増傾向がみられる。

【増額（ぞうがく）】金額がふえること。ふやすこと。 例 小遣いの増額をねだる。

【増資（ぞうし）】資本金をふやすこと。また、その資本。 例 増資で経営基盤が固まる。

【増殖（ぞうしょく）】生物が量的にふえること。 例 がん細胞が増殖する。

【増大（ぞうだい）】数量や規模などが大きくなること。 例 軍備の増大が懸念される。

【増幅（ぞうふく）】電流や電圧の振幅を大きくすること。 例 真空管で音声を増幅する。

【著増（ちょぞう）】顕著にふえること。 例 外国人労働者が著増した。

【逓増（ていぞう）】少しずつ段階的にふえること。 例 家賃が逓増するシステム。

【倍旧（ばいきゅう）】以前よりも程度が増すこと。 例 倍旧のお引き立てを…。

【倍増（ばいぞう）】二倍に増えること。大きく増えること。 例 所得倍増計画。

【繁殖（はんしょく）】生物が次々にふえること。 例 帰化植物の異常な繁殖。

かすかにふえること。【微増】（びぞう） 例 収入が微増だにしない。

体積や規模がふくれあがること。【膨張】（ぼうちょう） 例 国家予算が膨張する。

次第にふえること。ふやすこと。【累増】（るいぞう） 例 生産高が累増している。

そのほかの表現 増員／増加／増水／増量

ふかい 深い

内容や意味が非常に奥深いこと。【深遠】（しんえん） 例 深遠な哲学思想。

はかりしれず奥深いこと、ところ。【深奥】（しんおう） 例 学問の深奥。

気持ちや感情が心の奥底からでる。【深厚】（しんこう） 例 深厚な同情を示す。

気持ちや意味合いが非常に深いこと。【深甚】（しんじん） 例 深甚なる謝意を表する。

表面に表れない隠れた奥深いところ。【深層】（しんそう） 例 夢は深層心理の表出だ。

深くて大きいこと。【深大】（しんだい） 例 今次改革の深大な意味に鑑み…。

意味が深く、含みがあること。【深長】（しんちょう） 例 意味深長な笑いを浮かべた。

非常に深いこと。非常に高いこと。【千尋】（せんじん） 例 千尋の谷。

水の深いところ。男女の深い間柄。【深間】（ふかま） 例 深間にはまって身動きができない。

そのほかの表現 幽遠／幽玄／幽寂／幽邃（すい）／目深（まぶか）／奥深い／根深い／ディープ（深い）

ふくする 服する

おそれ従うこと。【畏服】（いふく） 例 老校長に畏服している。

つき従って支配下に入ること。【帰服】（きふく） 例 皇帝の徳に帰服する者が多い。

相手の力を恐れて服従する。【屈服】（くっぷく） 例 力ずくで屈服させられた。

戦いに負けて相手に服従すること。【降参】（こうさん） 例 降参の白旗を掲げる。

敗れたことを認め敵の要求に従うこと。【降伏】（こうふく） 例 無条件降伏に応じる。

相手を信頼して服従すること。【信服】（しんぷく） 例 相手を信服させる人柄。

ある人を尊敬して服従すること。【推服】（すいふく） 例 担任の教師を推服してやまない。

武器を捨て敵に降参すること。【投降】（とうこう） 例 将軍は投降を決断した。

懲役や兵役に服すること。【服役】（ふくえき） 例 十年の服役を終えた。

職場で仕事につくこと。【服務】（ふくむ） 例 服務規程に準拠する。

⇩この項目も 従う

ふしあわせ 不幸せ（不仕合）

悪業の報いとしてのこの世の不幸。【因果】（いんが） 例 親の因果が子に報いる。

順調ではない運命。不運。【逆運（ぎゃくうん）】例逆運に悩む。

黄色人種のもたらす不幸、わざわい。【黄禍（こうか）】例黄禍論は人種差別的偏見。

共産主義のもたらす害、わざわい。【赤禍（せっか）】例ヨーロッパを席捲（せっけん）した赤禍論。

不幸せなこと。短命なこと。【薄命（はくめい）】例薄命の生涯を終える。

幸せに恵まれないこと。【薄幸（はっこう）】例つくづく薄幸な人だ。

運が悪いこと。運のなさ。【非運（ひうん）】例非運を嘆いても仕方がない。

悲しい運命。悲しいめぐりあわせ。【悲運（ひうん）】例悲運の歌姫。

最も不運なめぐりあわせ。【貧乏籤（びんぼうくじ）】例貧乏籤を引き当てる。

能力に見合う評価が得られないこと。【不遇（ふぐう）】例不遇の生涯を終える。

そのほかの表現 不運／不幸／水禍／戦禍／ハードラック（不運）／ミスフォーチュン（不幸）／アンハッピー／アンラッキー

⇩この項目も 災い

ふせぐ 防ぐ（禦）

洪水などの水害を防ぐこと。【水防（すいぼう）】例水防訓練に励む。

あることを抑えて食い止めること。【阻止（そし）】例環境破壊を阻止する。

他からの侵害を防ぎ守ること。【防衛（ぼうえい）】例専守防衛の任にあたる。

感染症を予防し、流行を防ぐこと。【防疫（ぼうえき）】例水際の防疫対策。

騒音の侵入や漏出を防ぐこと。【防音（ぼうおん）】例防音装置を取り付ける。

寒さを防ぐこと。【防寒（ぼうかん）】例防寒衣料を配布する。

相手の攻撃を防ぎ守ること。【防御（ぼうぎょ）】例攻撃は最大の防御である。

空からの攻撃を防ぐこと。【防空（ぼうくう）】例防空大演習が行われた。

危害や災害などを防ぎ守ること。【防護（ぼうご）】例津波から町を防護する。

防ぎ止めること。【防止（ぼうし）】例交通事故を防止する。

悪臭を防ぎ消すこと。【防臭（ぼうしゅう）】例防臭剤が売れている。

害になるものを除いて予防すること。【防除（ぼうじょ）】例虫害防除の計画を立てる。

攻撃されて防ぎ戦うこと。【防戦（ぼうせん）】例防戦一方に追い込まれる。

銃弾が通らないよう防ぐこと。【防弾（ぼうだん）】例防弾チョッキを着用する。

スパイの活動を防ぐこと。【防諜（ぼうちょう）】例各国の防諜組織と連絡を取る。

毒ガスを防ぐこと。【防毒（ぼうどく）】例改良型防毒マスク。

犯罪を防止すること。【防犯（ぼうはん）】例防犯パトロールを強化する。

腐敗を防ぐこと。【防腐（ぼうふ）】例防腐剤を添加する。

鉄道線路の安全を守ること。【保線（ほせん）】例保線作業の万全を期す。

悪いことを前もって防ぐこと。【予防（よぼう）】例インフルエンザの予防接種。

そのほかの表現 防備／防水／防虫／食い止める／ディフェンス／ブロック

⇩この項目も 守る

ふつう 普通

ひとまず整っている。だいたい。【一応（いちおう）】例一応筋が通っている。

ありふれた。特殊でない。【一般（いっぱん）】例世間一般の会社。

決まったやり方。ありふれた方法。【常套（じょうとう）】例これが奴の常套手段だ。

他と変わらない、ふつうの。当たり前。【尋常（じんじょう）】例尋常な方法では無理だ。

ありきたりなこと。下に打消しを伴う。【大抵（たいてい）】例大抵のことでは泣かない。

ありふれていて、趣に乏しいこと。【陳腐（ちんぷ）】例陳腐な筋書きに辟易する。

普段の。特別でない。【通常（つうじょう）】例通常の値段に戻す。

普遍的に共通して持っていること。【通有（つうゆう）】例日本人に通有の心的欠陥。

普通の例。一般に。通常。【通例（つうれい）】例いまや通例になってしまった。

すべてに共通な性質。共通していること。【普遍（ふへん）】例普遍妥当性がある。

いつもと同じであること。平素。【平常（へいじょう）】例列車は平常運転に戻った。

優れてもおらず、ありふれている。【平凡（へいぼん）】例平凡な成績に終わった。

ありふれた人。凡人。【凡庸（ぼんよう）】例凡庸な作品しか撮れない映画監督。

個性がなくて平凡なこと。【類型（るいけい）】例類型的な作品が多い。

そのほかの表現 月並み／人並み

ふゆ 冬

冬の終わり。晩冬。【季冬（きとう）】例季冬の厳しい寒さ。

冬のうちで寒さの厳しい時期。【厳冬（げんとう）】例厳冬の候。

冬の初めのころ。【初冬（しょとう）】例鉛色の初冬の空。

例年より暖かい冬。【暖冬（だんとう）】例暖冬異変で梅が咲き初めた。

冬の半ば。陰暦十一月の異称。【仲冬（ちゅうとう）】例仲冬の寒風にあおられ…。

冬の末。冬の終わり頃。【晩冬（ばんとう）】例晩冬とはいえ寒さ厳しく…。

寒さの厳しい冬を擬人化した表現。【冬将軍（ふゆしょうぐん）】例いよいよ冬将軍が到来。

最低気温が零度以下の日。【冬日（ふゆび）】例一週間冬日が続いている。

冬の初め。陰暦十月の異称。【孟冬（もうとう）】例孟冬の候。

暦の上で冬に入る日。【立冬（りっとう）】例立冬の声を聞いて急に寒くなる。

そのほかの表現 冬季／冬期／冬場／真

冬／今冬／昨冬／旧冬／ウインター

ふるい　古い

【大時代】（おおじだい）古臭くて陳腐なこと。時代遅れ。　例なんという大時代な物言いだ。

【黴臭い】（かびくさい）古臭くて時代遅れ。　例黴臭い思想を振りかざす。

【旧弊】（きゅうへい）古くからの悪習。古臭い考え。　例旧弊は打破すべきだ。

【古雅】（こが）古風で優雅なようす。　例古雅な美人に出会った。

【古色】（こしょく）古びたものの趣。　例古色を帯びたたたずまい。

【古風】（こふう）古めかしいさま。伝統的で雅やか。　例古風な生き方が心地よい。

【古流】（こりゅう）古い流儀や作法。古い習慣。　例古流を今に伝える。

【中古】（ちゅうこ）少し古い。他人が使ったもの。　例中古の車を購入する。

【陳套】（ちんとう）古臭いこと。陳腐で旧套。　例陳套なる表現に辟易する。

そのほかの表現　旧式／襤褸（ぼろ）／古臭い／古めかしい／オールド／オールドファッション（古風）／ユーズド（使い古し）／マンネリ

ふるう　振るう（奮・揮）

【感奮】（かんぷん）強く感動して奮い立つこと。　例校長の激励に感奮した。

【興起】（こうき）心が奮い立つこと。　例感奮興起を抑えられない。

【作興】（さっこう）気持ちや意欲が奮い立つこと。　例民族意識を作興する。

【宣揚】（せんよう）盛んであることを広く世に示すこと。　例伝統文化を宣揚する。

【発揚】（はつよう）奮い立たせる。勢いを盛んにする。　例国威を発揚する。

【奮起】（ふんき）心を奮い立たせること。張り切ること。　例奮起一番、逆転に成功する。

【奮然】（ふんぜん）力や気力を奮い立たせる。　例奮然として戦いに赴く。

【奮発】（ふんぱつ）気力を奮い起こすこと。　例兄の失敗を見て逆に奮発した。

【勇躍】（ゆうやく）心が勇んで奮い立つこと。　例勇躍して外遊の途についた。

ふるさと　故郷（古里・故里）

【田舎】（いなか）地方にある故郷。　例夏休みで田舎に帰る。

【産土】（うぶすな）人の生まれた土地。　例産土神に参拝する。

【御国】（おくに）他人の故郷を敬って言う。　例御国はどちらですか。

【家郷】（かきょう）遠く離れた故郷。　例一人家郷を思う。

【郷関】（きょうかん）故郷。故郷と他の土地との境の意。　例大志を抱いて郷関を出る。

【郷国】（きょうこく）生まれ故郷。　例郷国をしのんで物思いにふける。

【郷土】(きょうど) 生まれ育った土地。 例郷土の偉人として尊敬する。

【郷里】(きょうり) 生まれ育った土地。 例懐かしい郷里に帰る。

【国許】(くにもと) 生まれた土地。故郷。 例国許の母から便りが届く。

【故国】(ここく) 生まれ育った国。母国。 例再び故国の土を踏む。

【故山】(こざん) 故郷の山。転じて故郷。 例骨を故山に埋める。

【故地】(こち) 過去に縁故のあった土地。 例十年ぶりに故地を訪れた。

【生国】(しょうこく) 生まれた国。出生地。 例手前、生国は駿河です。

【生地】(せいち) 生まれた土地。出生地。 例妻の生地を訪れる。

【天涯】(てんがい) 空のはて。故郷を遠く離れた地。 例天涯孤独の身の上。

【同郷】(どうきょう) 郷里が同じであること。 例同郷のよしみに甘える。

そのほかの表現 異郷／異境／他郷／他国／ホーム／ホームタウン／カントリー

ふるまい 振る舞い

【云為】(うんい) 言うこととすること。言行。 例人の云為を批判する。

【挙止】(きょし) 人の立ち居振舞い。挙動。 例挙止は端正でありたい。

【挙措】(きょそ) 立ち居振舞い。動作。 例挙措のしなやかな美人。

【挙動】(きょどう) 人の動作、行動。 例挙動不審の男を捕らえる。

【所為】(しょい) しわざ。ふるまい。 例子供の所為とは思えない。

【所行】(しょぎょう) よくない行い。しわざ。 例目に余る所行。

【所作】(しょさ) 身のこなし。しぐさ。 例ちょとした所作で馬脚を現す。

【所在】(しょざい) すること。しわざ。 例所在がなくてかえって疲れる。

【進退】(しんたい) 立ち居振舞い。動作。 例進退が優美である。

【立ち居】(たちい) 日常の動作。 例立ち居振舞いに気をつける。

そのほかの表現 言行／言動／行為／行動／動作／アクション／パフォーマンス／ムーブメント

⇩この項目も 持てなす

ふれる 触れる

【近接】(きんせつ) すぐ近くにあること。 例近接した商店街で買い物をする。

【言及】(げんきゅう) 話題としてそのことに触れること。 例最高機密に言及する。

【事触れ】(ことぶれ) 物事を広く世間に触れて歩くこと。 例モンシロチョウは春の事触れ。

【触診】(しょくしん) 患者の体に触れて診察すること。 例触診の結果異常がみとめられた。

近づいて触れること。**【接触】**（せっしょく）例接触事故で横転する。

法律などの禁止事項に触れること。**【抵触】**（ていしょく）例校則に抵触して停学になった。

内部の円と多角形、円と円が接している。**【内接】**（ないせつ）例内接する円の面積を求めよ。

ぴたりと接近しているさま。**【密接】**（みっせつ）例工場が密接して建っている。

隣り合って接していること。**【隣接】**（りんせつ）例中学校に幼稚園が隣接している。

そのほかの表現　接する／反する／タッチ

へ

へいき　平気

ゆったりと落ち着いているさま。**【鷹揚】**（おうよう）例鷹揚に構えている。

こだわりなく、おおらかなさま。**【闊達】**（かったつ）例自由で闊達な生きざま。

気持ちがしっかりしていること。**【気丈】**（きじょう）例気丈な女将が切り盛りしている。

肝がすわって動じないこと。**【豪胆】**（ごうたん）例豪胆な武将が輩出した。

度胸があって小さなことにこだわらない。**【豪放】**（ごうほう）例豪放な性格が災いした。

落ち着いてあわてないさま。**【自若】**（じじゃく）例自若として顔色も変えない。

動じることなく落ち着いているさま。**【従容】**（しょうよう）例従容として死に就く。

落ち着いていて物事に動じない。**【泰然】**（たいぜん）例いつも泰然と構えている。

度胸があって物事を恐れないさま。**【大胆】**（だいたん）例大胆な服装が度肝を抜く。

落ち着いて行動するようす。**【沈着】**（ちんちゃく）例沈着な判断と行動が命を救った。

動ずることなく平然としているさま。**【恬然】**（てんぜん）例恬然として恥じない。

のんびりしていること。「呑気」。**【暢気】**（のんき）例根っからの暢気な性分。

敵を少しも恐れないこと。**【不敵】**（ふてき）例不敵な面魂をしている。

普段と変わらず穏やかで静かなこと。**【平静】**（へいせい）例現地は平静を保っている。

落ち着いて動じないようす。**【平然】**（へいぜん）例平然とした態度が憎らしい。

常識に縛られず思うままに振舞う。**【奔放】**（ほんぽう）例自由奔放に生きていく。

周囲をまったく気にかけないようす。**【無神経】**（むしんけい）例無神経にもほどがある。

自信に満ちて落ち着いている。**【悠然】**（ゆうぜん）例悠然として葉巻をくわえる。

度量が大きく小事にこだわらない。**【磊落】**（らいらく）例磊落な性格が災いした。

冷静で威厳があること。**【冷厳】**（れいげん）例冷厳な態度には頭が下がる。

感情に流されず落ち着いている。**【冷静】**（れいせい）例冷静な行動をとる。

感情に流されず冷ややかに対処する。**【冷然】**（れいぜん）例冷然と答えるだけだった。

冷静に奥まで見通していること。**【冷徹】**（れいてつ）例冷徹な見通しが奏効した。

そのほかの表現 事も無げ／ぬけぬけ／クール

⇩この項目も 勇ましい

へた 下手

【空下手（からへた）】まったくの下手。からっぺた。例歌は空下手で困る。

【古拙（こせつ）】技術はまずいが古風な味わいがある。例土偶の古拙美に惹かれる。

【拙速（せっそく）】できあがりはまずいが、仕事は速い。例兵は拙速を貴ぶ。

【拙劣（せつれつ）】きわめてまずいこと。つたないこと。例拙劣きわまる表現。

【稚拙（ちせつ）】技術が未熟で欠点が目立つこと。例稚拙の域を出ない。

【拙い（つたない）】下手。力不足で不十分なこと。例拙い歌を披露する。

【苦手（にがて）】自分が得意でないもの。例寒いところは苦手だ。

【不得手（ふえて）】得意でないこと。不得意。例不得手な教科にチャレンジする。

【不堪（ふかん）】技芸などが上手でないこと。例不堪の芸に怒りを覚える。

【不細工（ぶさいく）】細工の出来上がりがまずいこと。例不細工な仕上がり。

【不束（ふつつか）】心が至らない。気が利かない。例不束者ですがよろしく。

【未熟（みじゅく）】学問や技芸の修練が十分でないこと。例人間的にも未熟だ。

【幼稚（ようち）】考えや技術などが未熟なこと。例幼稚な発言にあきれる。

そのほかの表現 不器用／不得意／下手糞／まずい／ぎごちない／たどたどしい

へる 減る

【軽減（けいげん）】負担や苦痛を減らして軽くすること。例税の軽減をはかる。

【激減（げきげん）】数量が急激に減少すること。例このあたりは人口が激減している。

【減額（げんがく）】金額を減らすこと。例毎月の小遣いが減額された。

【減殺（げんさい）】程度や量を減らして少なくすること。例興味を減殺する。

【減産（げんさん）】生産量を減らすこと。例来期は減産の予定である。

【減資（げんし）】資本金を減らすこと。例やむなく減資の決定をくだす。

【減収（げんしゅう）】収入や収穫が減ること。例業績不振で減収となった。

【減少（げんしょう）】数量や程度などが少なくなること。例交通事故は減少傾向にある。

【減税（げんぜい）】税金の額を減らすこと。例減税を公約にかかげる。

【減速（げんそく）】速力を落とすこと。例カーブでは減速してください。

【減損（げんそん）】減ること。減らすこと。例観光収入が減損した。

【減退（げんたい）】体力や気力が衰えること。例精力の減退を感じる。

【減点（げんてん）】点数を減らすこと。例減点法で採点する。

【減配(げんぱい)】 配給の量や配当金の率を減らすこと。 例業績が上がらず減配となった。

【減俸(げんぽう)】 給料の額を減らすこと。 例減俸処分を受ける。

【減耗(げんもう)】 減ること。すり減らすこと。 例体力を減耗する。

【減量(げんりょう)】 分量や重さが減ること。 例チャンピオンは減量に失敗した。

【削減(さくげん)】 削って減らすこと。 例経費削減を命じられる。

【縮減(しゅくげん)】 規模を縮小し減らすこと。 例福祉予算を縮減する。

【消耗(しょうもう)】 使い減らす。使い果たす。 例体力を消耗する。

【節減(せつげん)】 使用量をきりつめ減らすこと。 例電力の節減に努める。

【漸減(ぜんげん)】 少しずつ減っていくこと。 例火災件数は漸減傾向にある。

【損耗(そんもう)】 使われて減ること。使い減らすこと。 例兵力の損耗がはなはだしい。

【低減(ていげん)】 数値や値段が低くなること。 例増加速度が低減した。

【半減(はんげん)】 半分に減ること。 例生徒の数が半減してしまった。

【目減り(めべり)】 取り扱っているうちに減ること。 例目減りを最初から計算に入れる。

そのほかの表現 減員／減給／減刑／減食／控除／削除／ダウン／カットダウン（節減）／コストダウン（原価切り下げ）／スピードダウン／ロス

⇩この項目も 絶える

べんり 便利

【勝手(かって)】 何かするときの具合のよさ。 例使い勝手のよい包丁。

【簡便(かんべん)】 簡単で便利。手軽で使いやすい。 例簡便な操作が受けている。

【軽便(けいべん)】 扱い方が手軽で便利なこと。 例軽便なカメラを売り出す。

【至便(しべん)】 非常に便利なさま。 例交通至便の地に住まう。

【重宝(ちょうほう)】 役立って便利。便利に使う。 例使いやすくて重宝している。

【調法(ちょうほう)】 使って便利である。 例調法な人間として可愛がられる。

【徳用(とくよう)】 使用すると得になること。 例お徳用品を用意しました。

【万能(ばんのう)】 全てのものに効力や効用があること。 例スポーツは万能です。

【便益(べんえき)】 便利で利益があること。 例国民の便益をはかる。

【便宜(べんぎ)】 何かするのに都合がよいこと。 例便宜を図ってもらった。

【利便(りべん)】 都合のよいこと。便利なこと。 例読者の利便を図る。

そのほかの表現 便／実用／好都合／コンビニエンス／プラクティカル／オールマイティー／オールラウンド

ほ

ほし
星

【綺羅星（きらほし）】美しく輝く星。美しい高貴な人々。 例綺羅星のように顔をそろえる。

【新星（しんせい）】新しく発見された星。新しいスター。 例デビュー時には新星と騒がれた。

【彗星（すいせい）】白い尾をひく星。ほうき星。 例彗星のように現れた新人選手。

【星雲（せいうん）】雲のように見える無数の星の集まり。 例アンドロメダ星雲がよく見える。

【星宿（せいしゅく）】中国で定めた星座。二十八宿。 例夜空を星宿が飾る。

【星辰（せいしん）】星。星座。 例日月星辰。

【星団（せいだん）】密集した恒星の集団。 例プレアデス星団。

【超新星（ちょうしんせい）】爆発で急激に明るく輝き出す星。 例カニ星雲は超新星の残骸。

【糠星（ぬかぼし）】夜空に散らばる無数の小さな星。 例夜空のかなたに糠星が見える。

【箒星（ほうきぼし）】彗星。箒のように白い尾を引く。 例箒星を観測した。

【星影（ほしかげ）】星の光。 例川面に星影が映る。

【星屑（ほしくず）】散在して小さく光る無数の星。 例星屑をちりばめた夜空。

【遊星（ゆうせい）】惑星。恒星の間をさまようことから。 例遊星は迷い星。

【流星（りゅうせい）】大気圏に入った宇宙塵。流れ星。 例流星に願いをかける。

そのほかの表現 衛星／恒星／惑星／星座／天の川／銀河／星明かり／スター／プラネット／コメット（彗星）／エトワール（星）／ノバ（新星）／スーパーノバ（超新星）／サテライト（衛星）／スターダスト（星屑）

ほしい
欲しい

【愛欲（あいよく）】異性への肉体的な欲望。 例愛欲の虜となる。

【淫欲（いんよく）】異性へのみだらな性的欲望。 例日夜淫欲にふける。

【我欲（がよく）】自分の利益だけを考える気持ち。 例彼は我欲の塊だ。

【禁欲（きんよく）】自分の欲望を自分で抑えること。 例やむを得ず禁欲生活を送る。

【強欲（ごうよく）】とても欲の深いこと。 例強欲者とさげすまれる。

【色欲（しきよく）】性的欲望。性的欲望と物的欲望。 例色欲に溺れる。

【娑婆気（しゃばけ）】俗世の名利を求める心。執着心。 例娑婆気の抜けない人。

【邪欲（じゃよく）】不正な欲望。みだらな欲情。 例邪欲に迷う。

【獣欲（じゅうよく）】動物的な欲望。特に性欲。 例獣欲に狂った犯行。

【情欲（じょうよく）】男女間の性的な欲望。 例情欲のままに行動する。

【私欲（しよく）】自分だけの利益を求める心。 例私欲に走る。

【性欲（せいよく）】性的な欲望。 例すっかり性欲が衰えてしまった。

【俗気（ぞくけ）】世俗的な名誉や利益にひかれる心。 例俗気を離れた心境。

【俗情（ぞくじょう）】世俗の名利にあこがれる心。 例古刹（こさつ）に詣でて俗情を離れる。

【大欲（たいよく）】大きな欲望。非常に欲深なこと。 例大欲を抱く。

【多欲（たよく）】欲望が多いこと。欲張り。 例多欲は慎みなさい。

【痴情（ちじょう）】情欲に迷って理性を失った心。 例痴情のもつれ。

【貪欲（どんよく）】非常に欲が深いこと。 例知識を貪欲に吸収すること。

【肉欲（にくよく）】異性の肉体を求める欲望。 例肉欲にかられる。

【物欲（ぶつよく）】金銭や物品を所有したいという欲望。 例物欲に凝り固まった人物。

【煩悩（ぼんのう）】心身を惑わせる欲望・邪念。 例煩悩を断ち切る。

【貪る（むさぼる）】いくらでも欲しがること。 例安逸を貪る。

【欲気（よくけ）】さらに多くを欲しがる気持ち。 例欲気を出してはいけない。

【欲情（よくじょう）】異性に対する性的欲望。 例欲情を遂げる。

【欲心（よくしん）】欲しいと思う気持ち。 例宝を見て欲心を起こす。

【欲動（よくどう）】人間を行動に駆りたてる内在的な力。 例欲動は人の本能的な欲望である。

【欲得（よくとく）】利益を欲しがること。打算。 例欲得ずくで行動する。

【欲念（よくねん）】欲しいと思う気持ち。欲心。 例欲念を捨て去る。

【欲求（よっきゅう）】欲しがり求めること。その気持ち。 例欲求不満に陥る。

【利欲（りよく）】自分の利益を得ようとする欲望。 例利欲に目がくらんだ。

【劣情（れつじょう）】動物のような劣った情欲。 例劣情を催すＡＶ。

そのほかの表現 欲／欲望／利欲／デザイア（欲）／リビドー（本能的欲望）／グリード（貪欲）

⇩この項目も 願う

ほまれ

誉れ

【威名（いめい）】人を恐れさせるほどの名声。 例威名を天下にとどろかす。

【栄冠（えいかん）】輝かしい名誉や勝利。 例勝利の栄冠に輝く。

【栄光（えいこう）】輝かしい大きな誉れ。 例栄光涙あり。

【英名（えいめい）】優れているという評判。 例英名を馳せる。

【栄誉（えいよ）】褒め称えられること。 例郷土の栄誉を担う。

【家名（かめい）】一家の名誉。 例これは家名の名折れだ。

【嬌名（きょうめい）】なまめかしく美しいという評判。 例嬌名を馳せた名物芸者。

【光栄（こうえい）】認められて名誉に思うこと。 例ご来場は光栄の至りです。

【光輝（こうき）】輝かしい名誉。光り輝くこと。 例光輝ある生涯。

【死に花】しにばな　立派な死に方。死後の名誉。　例 死に花を咲かせる。

【声名】せいめい　よい評判。名声。　例 声名とみに上がる。

【盛名】せいめい　人の口に上る立派な評判。　例 ご盛名はお伺いしております。

【武名】ぶめい　武人としての評判。　例 戦場で武名をあげる。

【文名】ぶんめい　文章家としての名声。　例 文名隠れなき大作家。

【名声】めいせい　立派だという評判。　例 名声を博する。

【名聞】めいぶん　世間のよい評判。　例 名聞を気にする。

【名誉】めいよ　輝かしい評判と光栄。　例 名誉の戦死を遂げる。

【名利】めいり　名誉と利益。　例 名利を追うばかりだ。

【面目】めんぼく　世間から与えられた評価。　例 面目丸つぶれ。

【勇名】ゆうめい　勇敢だという評判。　例 勇名はとどろいている。

【余栄】よえい　死んだ後まで残る名誉。　例 余栄がうすれる。

【雷名】らいめい　世間に響く名声。高い評判。　例 雷名とどろく大偉人。

【令名】れいめい　優れているという評判。　例 ご令名はかねてより…。

ほめる

誉める（褒）

【溢美】いつび　誉めすぎ。　例 かく断言しても溢美ではない。

【謳歌】おうか　声をそろえて褒め称えること。　例 青春を謳歌する。

【過賞】かしょう　誉めすぎること。　例 過賞の嫌いなしとしない。

【喝采】かっさい　大きな声を上げて誉めること。　例 公演は喝采を博した。

【感嘆】かんたん　非常に感心して褒め称えること。　例 思わず感嘆の声を発した。

【激賞】げきしょう　非常に褒め称えること。　例 来場者の激賞を受けた。

【嗟嘆】さたん　感心して誉めること。　例 勇敢な行為は嗟嘆の的となった。

【賛嘆】さんたん　深く感心して褒め称えること。　例 賛嘆措おくあたわざる作品。

【賛美】さんび　すばらしさや美しさを褒め称える。　例 神を賛美する歌。

【賞賛】しょうさん　褒め称えること。「称賛」。　例 各方面の賞賛を浴びる。

【賞美】しょうび　すばらしさを褒め称えること。　例 美酒を賞美する。

【賞揚】しょうよう　立派だと褒め称える。「称揚」。　例 賞揚を惜しまない。

【推賞】すいしょう　優れていることを人に誉めて言う。　例 評論家の推賞を受ける。

【絶賛】ぜっさん　この上なく誉めること。　例 絶賛を博した妙技。

【嘆賞】たんしょう　感心して褒め称えること。　例 口々に嘆賞の言葉を述べる。

【嘆美】たんび　感動して誉めること。　例 嘆美の声を上げる。

【熱賛】ねっさん　熱烈に褒め称えること。　例 一同の熱賛を受けた。

ほ

すばらしいと褒め称えること。
【礼賛（らいさん）】例礼賛の辞を述べる。

そのほかの表現 称（たた）える／誉めそやす／賛する／賞する／囃（はや）す

ほろびる　滅びる（亡）

組織などが完全にこわれること。
【壊滅（かいめつ）】例党組織は壊滅状態になった。

敵を徹底的にうちほろぼすこと。
【撃滅（げきめつ）】例敵の要害を撃滅する。

死んで滅びること。死に絶える。
【死滅（しめつ）】例トキは死滅の危機にあった。

自ら滅びること。自然に滅びること。
【自滅（じめつ）】例フォアボールで自滅した。

消えてなくなること。
【消滅（しょうめつ）】例権利は守らねば消滅する。

勢力などが衰えて見る影もなくなる。
【衰微（すいび）】例国力に衰微の兆しが見える。

勢力が弱まって滅びること。
【衰亡（すいぼう）】例戦争が国家の衰亡をまねいた。

次第に衰え滅びること。
【衰滅（すいめつ）】例伝統芸能が衰滅していく。

絶えて滅びる。絶やし滅ぼす。
【絶滅（ぜつめつ）】例絶滅の危機にある動植物。

戦争で敵を皆殺しにすること。
【殲滅（せんめつ）】例テロリストの殲滅作戦。

全部が滅びること。
【全滅（ぜんめつ）】例味方は全滅してしまった。

戦いに敗れて滅びる。
【敗滅（はいめつ）】例敗滅を決定づけた一戦。

すたれて滅びること。
【廃滅（はいめつ）】例古くからの習慣が廃滅した。

破れ滅びること。だめになること。
【破滅（はめつ）】例サラ金で身の破滅を招いた。

完全に滅ぼすこと。滅びること。
【覆滅（ふくめつ）】例敵艦隊を覆滅する。

国を滅ぼすこと。ほろびた国。
【亡国（ぼうこく）】例亡国の危機に直面する。

滅んでなくなること。
【滅亡（めつぼう）】例民族滅亡の悲劇。

⇩この項目も　絶える

ま

まいる　参る

困り果てること。
【往生（おうじょう）】例ぬかるみには往生した。

神宮、特に伊勢神宮に参拝すること。
【参宮（さんぐう）】例お伊勢さんに参宮する。

神社や寺にお参りすること。
【参詣（さんけい）】例神社に参詣する客で賑わう。

目上の人のもとに出向くこと。
【参向（さんこう）】例こちらから参向いたします。

行くことをへりくだっていう言葉。
【参上（さんじょう）】例すぐにでも参上いたします。

神前や貴人の前に進み出ること。
【参進（さんしん）】例神前に参進して拍手を打つ。

宮中に行くこと。
【参内（さんだい）】例正月に参内した。

【参殿】（さんでん）御殿に参上すること。訪問の謙譲語。 例後日参殿させていただきます。

【参堂】（さんどう）神仏の堂に参ること。訪問の謙譲語。 例御堂に参堂することができた。

【参入】（さんにゅう）高貴なところへ参上すること。 例宮中参入の栄を賜った。

【参拝】（さんぱい）社寺で神仏を拝むこと。 例参拝者の列が続く。

【推参】（すいさん）おしかけ訪ねること。訪問の謙譲語。 例突然の推参、失礼いたしました。

【代参】（だいさん）かわりに寺社に参詣すること。 例石松代参の物語。

【日参】（にっさん）毎日出向くこと。毎日参拝すること。 例日参して契約にこぎつけた。

【閉口】（へいこう）言葉に詰まること。困りきること。 例あの味には閉口しました。

【辟易】（へきえき）しつこさにうんざりすること。 例彼の長話には辟易した。

【墓参】（ぼさん）お墓に参ること。 例お盆に墓参する。

⇩この項目も　困る

まえ

前

【予予】（かねがね）以前から。前々から。 例おうわさは予予伺っておりました。

【御前】（ごぜん）貴人の座前を敬って言う。その貴人。 例御前会議が開かれる。

【最前】（さいぜん）一番前。さきほど。さっき。 例最前お会いした方ですね。

【先頃】（さきごろ）このあいだ。先日。 例つい先頃火事のあった場所。

【事前】（じぜん）ある事の起こる前。行われる前。 例事前協議の対象。

【寸前】（すんぜん）時間・空間的に少し前、少し手前。 例高飛び寸前に逮捕される。

【生前】（せいぜん）なくなる前。生きていた時。 例生前の姿を偲ぶ。

【前衛】（ぜんえい）芸術活動などで最先端的な第一線。 例前衛芸術の旗手と称えられる。

【先刻】（せんこく）さきほど。すでに。 例そんなことは先刻承知だ。

【尊前】（そんぜん）神仏や貴人の前。 例尊前を汚してはならない。

【庭前】（ていぜん）にわさき。庭の縁側に近い所。 例庭前の梧葉すでに秋声。

【手前】（てまえ）自分のすぐ前。目の前。 例手前の角を曲がる。

【庭先】（にわさき）庭の縁側に近いあたり。 例庭先の椿が満開だ。

【宝前】（ほうぜん）神仏の前の敬称。 例ご宝前にお供えする。

【没前】（ぼつぜん）死ぬ前。生前。 例没前の思い出にふける。

【前前】（まえまえ）ずっと前。ずっと以前。 例前前からあなたが好きでした。

そのほかの表現　以前／眼前／直前／敵前／人前／面前／婚前／食前／墓前／門前／フロント／ビフォアー／アバンギャルド（前衛）

⇩この項目も　昔

まかせる 任せる（委）

【委譲（いじょう）】権限などを他の人に譲り任せること。例社長の権限を委譲する。

【委嘱（いしょく）】外部の人に仕事を任せること。例県の委嘱を受けて調査する。

【委託（いたく）】人に仕事を代わりにやってもらう。例営業販売を委託する。

【一任（いちにん）】全てをしかるべき人に任せること。例この件は委員長に一任する。

【委任（いにん）】あることを他の人にゆだね任せる。例全権を委任する。

【寄託（きたく）】物品を預けて保管や処理を頼むこと。例遺品の絵画を寄託する。

【受託（じゅたく）】あることを他人から頼まれること。例受託収賄罪で逮捕される。

【嘱託（しょくたく）】ある条件で仕事を頼んで任せる。例学校の嘱託医となる。

【信託（しんたく）】相手を信用して任せること。例国政は国民の信託による。

【信任（しんにん）】その人を信用して任せる。例内閣の信任不信任を問う。

【選任（せんにん）】適任者を選んで任務につけること。例代理人を選任する。

【任命（にんめい）】官職や役目につくことを命じること。例大臣に任命された。

【任用（にんよう）】採用して職務につかせること。例一級職員任用試験。

【付託（ふたく）】物事の処置を他に頼んで任せること。例審議を委員会に付託する。

【負託（ふたく）】他に責任をもたせて任せること。例政治家は国民の負託に応えよ。

【委ねる（ゆだねる）】物事を人に任せる。委任する。例個人の判断に委ねたい。

【預託（よたく）】株などを預けて運用を任せる。例公社債を預託する。

そのほかの表現 放置／野放し／コミッション（委任）／トラスト（委託）

⇩この項目も 譲る

まける 負ける（敗）

【完敗（かんぱい）】徹底的に負ける。完全に負ける。例ライバルに完敗してしまった。

【惨敗（ざんぱい）】惨めなほど徹底的に負ける。例強豪に惨敗を喫する。

【勝負（しょうぶ）】勝つことと負けること。勝ち負け。例なかなか勝負がつかない。

【惜敗（せきはい）】わずかな差で負けること。例ワンストローク差で惜敗した。

【潰える（ついえる）】敗れて総崩れになる。例騎馬軍団がもろくも潰えた。

【敗因（はいいん）】戦いや試合に負けた原因。例監督の指導力が敗因だ。

【敗残（はいざん）】戦いに負けて生き残ること。例敗残兵の列が続く。

【敗訴（はいそ）】訴訟に負けること。例裁判で敗訴する。

【敗走（はいそう）】戦いに敗れて逃げること。例敗走につぐ敗走で壊滅する。

試合に負けて退くこと。【敗退（はいたい）】例初戦で敗退の憂き目を見る。

一点も取れなくて負けること。【零敗（れいはい）】例零敗を喫する。

そのほかの表現　一敗／全敗／大敗／敗北／連敗／根負け／総崩れ／ルーズ

⇩この項目も　頼む・服する

まずしい　貧しい

極めて貧しいこと。【極貧（ごくひん）】例極貧生活にあえぐ。

非常に貧乏で何も持っていないこと。【素寒貧（すかんぴん）】例給料日前で素寒貧だ。

貧乏だが行い正しく暮らすこと。【清貧（せいひん）】例清貧に甘んじる。

何も持たないひどい貧乏。【赤貧（せきひん）】例赤貧洗うが如（ごと）し。

貧しくみすぼらしいこと。【貧寒（ひんかん）】例貧寒とした独身寮。

貧しくて生活が行き詰まること。【貧窮（ひんきゅう）】例職もなく貧窮にあえぐ。

貧しくて生活が苦しいこと。【貧苦（ひんく）】例貧苦に耐える。

貧しくて生活に困ること。【貧困（ひんこん）】例貧困な家庭に育つ。

みすぼらしくて見劣りがする。【貧弱（ひんじゃく）】例見るからに貧弱な男。

貧乏そうな顔立ち。【貧相（ひんそう）】例貧相な小男に出会った。

財産がなく体だけであること。【丸裸（まるはだか）】例博打（ばくち）に負けて丸裸にされた。

金をぜんぜん持っていないこと。【無一文（むいちもん）】例無一文から出発する。

資産や財産のないこと。【無産（むさん）】例無産階級による赤色革命。

そのほかの表現　貧乏／文無し／プアー

まぜる　交ぜる（混・雑）

かきまわすこと。かきまぜること。【攪拌（かくはん）】例液体を攪拌する。

いくつかのものが入り混じること。【交錯（こうさく）】例期待と不安が交錯する。

異質のものが入り混じること。【混交（こんこう）】例和漢混交文。

混じり合う事。混ぜ合わせること。【混合（こんごう）】例混合ダブルスに出場する。

混ぜ合せてつくること。【混成（こんせい）】例二国の混成チームを結成する。

異物が混じって入ること。【混入（こんにゅう）】例毒物混入事件が起こる。

物事が複雑に入り組むこと。【錯綜（さくそう）】例事実関係が錯綜している。

決まった割合で混ぜ合わせること。【調合（ちょうごう）】例薬を調合する。

ほどよく混ぜ合わせること。【配合（はいごう）】例色の配合に気を配る。

ひとつにとけ合うこと。【融合（ゆうごう）】例核融合反応が起こる。

そのほかの表現　ブレンド／ミックス／

コンビネーション（化合）／フュージョン（融合）

⇩この項目も 合う・合わせる

まつ 待つ（俟）

【鶴首（かくしゅ）】首を長くしてひたすら待つこと。 例受賞の知らせを鶴首して待つ。

【期待（きたい）】あてにして心待ちに待ち受けること。 例期待に胸がふくらむ。

【所期（しょき）】期待すること。期待していること。 例所期の目的を達成する。

【待機（たいき）】準備をしてそのときを待つこと。 例待機命令が下った。

【待避（たいひ）】危険などが通りすぎるのを待つこと。 例防空壕に待避する。

【待望（たいぼう）】ある事を待ち焦がれること。 例待望の男の子が生まれた。

【待命（たいめい）】命令が出るのを待つこと。 例事務所で待命するように。

そのほかの表現 心待ち／ウエイティング（待つ）／ホープ／エクスペクテーション（期待）

まなぶ 学ぶ

【荒行（あらぎょう）】肉体と精神をいじめる激しい修行。 例修験の荒行に耐える。

【温習（おんしゅう）】芸事などを繰り返し練習すること。 例温習会で成果を発表する。

【学修（がくしゅう）】知識や技能を学び自分のものにする。 例物理学を学修する。

【既習（きしゅう）】すでに習っていること。 例既習漢字を復習する。

【教練（きょうれん）】軍隊で訓練して身につけさすこと。 例新兵を教練する。

【苦学（くがく）】学費を稼ぎながら勉強すること。 例苦学して大学を卒業する。

【研鑽（けんさん）】学問などを研き深めるよう努力する。 例日々研鑽を積む。

【修業（しゅうぎょう）】学術や技芸を習い修めること。 例小学校の修業証書。

【習熟（しゅうじゅく）】慣れて上手になること。 例仕事に習熟する。

【修得（しゅうとく）】学問などを覚えて身につけること。 例専門単位を修得する。

【習得（しゅうとく）】技術などを習い覚えること。 例専門技術を習得する。

【修養（しゅうよう）】精神や人格をみがき高めること。 例精神修養が足りない。

【習練（しゅうれん）】上手になるよう繰り返し習うこと。 例キックの習練を積む。

【受講（じゅこう）】講義や講習を受けること。 例受講科目を提出する。

【初学（しょがく）】初めて学ぶこと。 例初学者向きの教本。

【専修（せんしゅう）】専門的にその分野だけを学ぶこと。 例フランス語を専修する。

【伝習（でんしゅう）】学問などの教えを受けて学ぶこと。 例古典芸能を伝習する。

【独学（どくがく）】師につかず、ひとりで学ぶこと。 例独学で中国語を身につけた。

年を取ってから学び始めること。
【晩学(ばんがく)】 (例)晩学ながら大成した。

努め励むこと。一心に努力すること。
【勉励(べんれい)】 (例)刻苦勉励したかいがあった。

学力を補うための正規授業外の学習。
【補習(ほしゅう)】 (例)夏休みの補習授業。

人から聞きかじって得た知識。
【耳学問(みみがくもん)】 (例)耳学問で得た知識。

まねること。似せてつくること。
【模倣(もほう)】 (例)先生の作品を模倣する。

郷里を離れて他の土地で勉強する。
【遊学(ゆうがく)】 (例)アメリカに遊学する。

決められた学科・課程を修めること。
【履修(りしゅう)】 (例)全科目を履修する。

練習を重ねて優れた域に達すること。
【練達(れんたつ)】 (例)練達の士が集まった。

そのほかの表現 学習／共学／訓練／稽古／見学／自習／復習／勉学／勉強／予習／留学／練習／演習／教習／講習／実習／独習／スタディ／レッスン／レクチャー／セミナー／ゼミ／エクササイズ

まねく 招く

⇩この項目も 鍛える・修める

官庁が日時を指定して呼び出すこと。
【召喚(しょうかん)】 (例)裁判所の召喚状が届く。

多くの人を召し集めること。
【召集(しょうしゅう)】 (例)国会を召集する。

会議などのために人を招き集める。
【招集(しょうしゅう)】 (例)株主総会を招集する。

人に頼んで来てもらうこと。
【招請(しょうせい)】 (例)外国人選手を招請する。

お客様として招く。来てもらう。
【招待(しょうたい)】 (例)披露宴に招待する。

招いて来てもらうこと。
【招致(しょうち)】 (例)オリンピックを招致する。

礼を尽くして丁重に招くこと。
【招聘(しょうへい)】 (例)有名監督を招聘する。

事物や人をまねきよせること。
【招来(しょうらい)】 (例)サッカーの代表チームを招来する。

まもる 守る（護）

⇩この項目も 誘う

味方を敵の攻撃から守ること。
【掩護(えんご)】 (例)味方の突撃を掩護する。

困っている人を助け守ること。
【援護(えんご)】 (例)被災者を援護する。

神仏が守り助けること。
【加護(かご)】 (例)神のご加護がありますように。

いたわって、危険や不利から守る。
【庇う(かばう)】 (例)弱者を庇う。

監督し保護すること。
【監護(かんご)】 (例)非行少年を監護する。

非行少年などを教育し保護すること。
【教護(きょうご)】 (例)教護施設に収容する。

人や場所を警戒し護衛すること。
【警衛(けいえい)】 (例)政府要人の警衛にあたる。

警戒して守ること。
【警護(けいご)】 (例)要人警護の任にあたる。

【警備】（けいび） 警戒すること。用心して守ること。 例空港を警備する。

【厳守】（げんしゅ） かたく守ること。 例〆切厳守でお願いします。

【高庇】（こうひ） 相手からの庇護を敬って言う。 例ご高庇を感謝申し上げます。

【護衛】（ごえい） 人や大事なものを付き添って守る。 例護衛艦を派遣する。

【護国】（ごこく） 国家を守ること。 例死して護国の鬼となる。

【固守】（こしゅ） かたく守ること。 例城を固守する。

【自衛】（じえい） 自分の力で自分を守ること。 例自衛権を行使する。

【死守】（ししゅ） 死ぬ気で懸命に守ること。 例橋頭堡を死守する。

【守護】（しゅご） 大切な人や物などを他から守ること。 例仏法を守護する。

【守備】（しゅび） 敵の攻撃から味方の陣地を守ること。 例守備をかためる。

【順守】（じゅんしゅ） 規則や命令をよく守ること。「遵守」。 例憲法順守の義務。

【遵法】（じゅんぽう） 法律を守り従うこと。「順法」。 例遵法の精神を涵養する。

【遵奉】（じゅんぽう） 道理や法律などを従い守ること。 例恩師の教えを遵奉する。

【鎮護】（ちんご） 乱れを静めて国を守ること。 例仏教による鎮護国家。

【庇護】（ひご） 弱い立場の人を庇い守ること。 例親の庇護のもとにある。

【弁護】（べんご） 言い開きをしてその人を守ること。 例被告人を弁護する。

【保護】（ほご） 弱いものをかばって守ること。 例文化財を保護する。

【養護】（ようご） 児童・生徒を保護し養育すること。 例養護学級を増設する。

【擁護】（ようご） 大切にかばって守ること。 例人権を擁護する。

そのほかの表現 ガード／ヘルプ／レスキュー／ディフェンス／プロテクション（保護）

⇩この項目も 助ける・防ぐ・救う

まよう 迷う

【懐疑】（かいぎ） 考えが決定できなくて迷うこと。 例懐疑の念を抱く。

【疑心】（ぎしん） 疑いの心。 例疑心暗鬼を生ず。

【眩む】（くらむ） 判断力を失う。理性を失う。 例ダイヤモンドに目が眩む。

【幻惑】（げんわく） ありもしないことに惑わされること。 例衆人を幻惑する。

【眩惑】（げんわく） 目が眩んで惑うこと。 例策略で敵を眩惑する。

【昏迷】（こんめい） 意識が朦朧として、分別がつかない。 例昏迷した心境。

【混迷】（こんめい） 複雑に入り組んで見通しがつかない。 例混迷を極めた政局。

【低迷】（ていめい） 悪い状態から抜け出せないこと。 例下位に低迷する。

【不審】（ふしん） 疑わしく思う。疑問に思う。 例不審尋問にひっかかる。

【惑う】（まどう）判断ができない。心を奪われる。 例四十にして惑わず。

【迷信】（めいしん）科学的根拠のない言い伝え。 例迷信を信じる。

【迷夢】（めいむ）夢のようにとりとめのない考え。 例迷夢からさめる。

【迷妄】（めいもう）道理に暗く、間違った考え。 例自我の迷妄を断つ。

まるい 丸い

【円形】（えんけい）まるい形。 例ローマの円形劇場。

【球形】（きゅうけい）球状の丸い形。 例球形のドーム。

【団団】（だんだん）形が丸いこと。 例団団たる月影。

【円ら】（つぶら）小さくてまんまる。 例円らな瞳が愛らしい。

そのほかの表現 サークル（円）／サーキュラー（丸い）

まわり 周り（回）

【君側】（くんそく）君主のそば。 例君側の奸を討つ。

【座右】（ざゆう）座席の右。そば。身辺。 例座右の銘とすべき金言。

【四囲】（しい）四方。周囲。 例四囲の情勢が急を告げる。

【四辺】（しへん）あたり。近所。 例声望四辺に聞こえる。

【四方】（しほう）周囲。ぐるり。 例四方を山に囲まれている。

【四面】（しめん）まわり。四方の面。 例日本は四面を海に囲まれている。

【周囲】（しゅうい）まわり。ぐるり。取り巻く環境。 例周囲の目がうるさい。

【周縁】（しゅうえん）もののまわり。ふち。 例基地周縁は騒音がひどい。

【周辺】（しゅうへん）まわり。あたり。 例都市の周辺に農地がひろがる。

【身辺】（しんぺん）身のまわり。 例身辺を整理する。

【前後】（ぜんご）空間的・時間的に前と後ろ。 例前後左右に気を配る。

【枕頭】（ちんとう）まくらもと。まくらべ。 例枕頭で遺訓を聞く。

【枕辺】（まくらべ）まくらもと。 例枕辺での最期の別れ。

【窓辺】（まどべ）窓のそば。窓の近く。 例窓辺の桜がほころんだ。

まわる 回る（廻）

【一転】（いってん）一回廻ること。一回転。 例空中で一転する。

【回旋】（かいせん）ぐるぐるまわること。 例ジャイロの針が回旋する。

【回転】（かいてん）軸を中心にぐるぐる回る。 例エンジンが回転する。

回り遊ぶ。魚が季節的に移動する。【回遊（かいゆう）】例北海道を回遊する。

車などが無駄に回転すること。【空転（くうてん）】例審議が空転する。

周期的に他の天体の周りを回ること。【公転（こうてん）】例太陽の回りを公転する。

自分で回転する。天体が自ら回転する。【自転（じてん）】例地球は自転している。

あちこちをまわること。【巡回（じゅんかい）】例巡回図書館。

一回りして元に戻ることを繰り返す。【循環（じゅんかん）】例市内循環のバスに乗る。

方々を巡り歩くこと。【巡行（じゅんこう）】例山鉾の巡行を見物する。

円を描いてくるくる回ること。【旋回（せんかい）】例グライダーが青空を旋回する。

同じ所をうろうろ歩き回ること。【低回（ていかい）】例公園の遊歩道を低回する。

くるりと回る。方向を変える。【転回（てんかい）】例空中で方向を転回する。

あてもなくうろつくこと。【徘徊（はいかい）】例徘徊老人が問題となる。

輪が回る。輪のように回る。【輪転（りんてん）】例輪転機で新聞を印刷する。

そのほかの表現　一周／空回り／もんどり打つ／ロール／ローテーション／ターン

まんぞく　満足

出来上がりやことの運びに満足する。【会心（かいしん）】例会心の笑みを浮かべる。

自分の状況に自分で満足すること。【自足（じそく）】例十分な自足感がある。

自分で満足する。うぬぼれる。【自得（じとく）】例自得の色が見える。

満ち足りること。必要を満たすこと。【充足（じゅうそく）】例欲望の充足をはかる。

満ち足りて不足がないこと。【十分（じゅうぶん）】例十分な睡眠をとる。

十分に味わって満ち足りること。【堪能（たんのう）】例古典芸能の粋を堪能する。

よいことが重なり非常に満足なこと。【重畳（ちょうじょう）】例重畳至極に存じます。

思いどおりになって満足なこと。【得意（とくい）】例彼は今、得意の絶頂だ。

あきるほど満ち足りていること。【飽満（ほうまん）】例飽満の日々を送る。

悔いがなく満足であること。【本望（ほんもう）】例舞台で死ねれば本望だ。

十分満足して喜ぶこと。【満悦（まんえつ）】例至極ご満悦の体。

十分に味わって満足すること。【満喫（まんきつ）】例秋の味覚を満喫した。

欠点・不足がなく、申し分がないこと。【満点（まんてん）】例スリル満点のジェットコースター。

まんなか　真ん中

活動の中心。方法。構想。【機軸（きじく）】例新機軸を打ち出す。

地震の震源の真上の地点。【震央（しんおう）】例震央は三陸沖と発表された。

活動などの中心となる大切なところ。【枢軸（すうじく）】例国家の枢軸となる都市。

ま

物を等分する真中。【正中（せいちゅう）】例円の正中線をひく。

まんなか。中心。「只中」。【直中（ただなか）】例猛火のまっ直中に飛び込んだ。

地球の中心。コア。【地核（ちかく）】例地核は高熱で高圧である。

物事の中心をなす重要な部分。【中核（ちゅうかく）】例組織の中核が崩壊した。

広い野原の中央。【中原（ちゅうげん）】例中原に鹿を逐う。

物事の中心となる大切な事柄や人物。【中軸（ちゅうじく）】例自軍の中軸打者。

一か月の真中の十日間。【中旬（ちゅうじゅん）】例九月中旬の陽気。

中心となる最も大切な部分。【中枢（ちゅうすう）】例権力の中枢を攻撃する。

体の胴の中ほど。物の中央。【胴中（どうなか）】例大根の胴中。

大都市の中心部。【都心（としん）】例都心から一時間はかかる。

爆発の中心点。【爆心（ばくしん）】例爆心地の惨劇。

そのほかの表現 中期／中途／外心／内心／中心／半ば／センター／コア（核）

み

みかけ　見かけ

物の表面。うわべ。【上っ面（うわつら）】例上っ面を撫でただけ。

外から見えるところ。外観。【上辺（うわべ）】例上辺はまじめそうな人なのに。

外から見たようす。【外観（がいかん）】例外観は立派だが中身は貧弱だ。

人や物を外から見たようす。【外見（がいけん）】例人を外見から判断する。

顔立ち。外から見えるようす。【外貌（がいぼう）】例外貌はいかめしいが、優しい人だ。

外側の表面。外から見たようす。【外面（がいめん）】例外面を飾り立てても無駄だ。

物の外形・状態。体裁。【格好（かっこう）】例格好をつける。

人の目を引く外観。表面。【看板（かんばん）】例看板に偽りなし。

おもてに現れた状態。体裁。【具合（ぐあい）】例この服装では具合が悪い。

世間に対する体裁。【世間体（せけんてい）】例世間体を気にする。

他人から見られているようす。【体裁（ていさい）】例体裁を繕う。

他人や世間への体裁。【手前（てまえ）】例近所の手前もある。

物事の表面。うわべ。【皮相（ひそう）】例皮相的な見解にすぎない。

表面の層。うわべ。【表層（ひょうそう）】例表層なだれに襲われた。

物の外側、上側。外見。【表面（ひょうめん）】例表面を取り繕う。

外から見た格好。【辺幅（へんぷく）】例辺幅を飾らない人。

他人に見えるようす。【見栄（みえ）】例見栄も外聞もない。

外から見たようす。【見場（みば）】例見場をよくする。

そのほかの表現 見せかけ／見てくれ／見た目／ルックス／アピアランス（外見）

みごと 見事（美事）

最も優れた部分、場面。【圧巻（あっかん）】例ラストの戦闘場面が圧巻だ。

立派なようす。【天晴れ（あっぱれ）】例天晴れな武者振り。

きわだったようす。普通とは違うこと。【異彩（いさい）】例異彩を放つ。

評判が輝くほどすばらしいこと。【赫赫（かっかく）】例赫赫たる戦果をあげる。

立派で申し分がない。【結構（けっこう）】例結構な出来映え。

出来映えの優れた作品。【傑作（けっさく）】例数々の傑作を生んだ巨匠。

威勢がよく派手ですごい。【豪儀（ごうぎ）】例そいつは豪儀だ。

あざやかに光り輝く。優れている。【光彩（こうさい）】例ひときわ光彩を放つ。

このうえなく上等なこと。【極上（ごくじょう）】例極上のワインをご賞味ください。

この上なく優れて高いこと。【至高（しこう）】例至高の芸を鑑賞する。

ずばぬけて優れていること。【秀逸（しゅういつ）】例この書は秀逸である。

よさが際立っていること。【出色（しゅっしょく）】例出色の出来映え。

この上なくよいこと。【上上（じょうじょう）】例調子は上上だ。

好みに合って素晴らしいこと。【素敵（すてき）】例素敵なプレゼントをありがとう。

生き生きとして美しいこと。【精彩（せいさい）】例精彩を放つ。

多くの中で群を抜いて優れている。【抜群（ばつぐん）】例抜群の記憶力を発揮する。

優れている。見事である。【立派（りっぱ）】例立派な若者に育つ。

そのほかの表現 最高／上等／上出来／非凡／素晴らしい

⇩この項目も 優れる・良い

みこみ 見込み

相場で騰貴を予想すること。【思惑（おもわく）】例思惑で株を買う。

前もって損得を計算すること。【勘定（かんじょう）】例世論の動向は勘定の内だ。

将来のことをあらかじめ見通すこと。【逆睹（ぎゃくと）】例形勢は逆睹しがたい。

結果を予測して考えをすすめること。【計算（けいさん）】例相手の出方を計算する。

だいたいの推測をすること。【見当（けんとう）】例見当がはずれて大損する。

推測や予想がはずれること。【誤算（ごさん）】例敵の出方を誤算してしまった。

敵に勝つ見込み。【勝算（しょうさん）】例勝算のない戦いはしない。

成功する見通し、見込み。**【成算】**（せいさん）例成算のない事業。

結果についての大雑把なもくろみ。**【目算】**（もくさん）例目算がはずれて恥をかく。

将来の見込みがあること。**【有為】**（ゆうい）例有為な人材を輩出する。

前もって結果を推測し期待すること。**【予期】**（よき）例予期せぬ出来事が起こった。

事前に知ること。予知。**【予見】**（よけん）例災害を予見する能力。

前もってあれこれ推し量ること。**【予測】**（よそく）例予測していない事態が起きた。

そのほかの表現 予想／予定／可能性

みせる　見せる

多くの人に見せること。**【供覧】**（きょうらん）例供覧に付する。

人目につくところに張って見せる。**【掲示】**（けいじ）例駅の掲示板。

正しい仏の道を表し示すこと。**【顕正】**（けんしょう）例破邪顕正を標榜する人々。

人が見ることができるようにする。**【公開】**（こうかい）例資料を一般公開する。

公の機関が一般人に広く示すこと。**【公示】**（こうじ）例選挙の投票日を公示する。

見ることを敬って言う。**【高覧】**（こうらん）例ご高覧賜れば幸いです。

公の機関が一般にある事を知らせる。**【告示】**（こくじ）例官報で告示する。

誇らしげに見せびらかすこと。**【誇示】**（こじ）例勢力を誇示する。

人に見てもらうことを謙遜して言う。**【笑覧】**（しょうらん）例ご笑覧ください。

図に描いて示すこと。**【図示】**（ずし）例現在位置を図示する。

人に見せるために物品を並べておく。**【陳列】**（ちんれつ）例商品を陳列する。

差し出して見せること。「提示」。**【呈示】**（ていじ）例身分証明書の呈示を求める。

作品などを並べて人に見せること。**【展示】**（てんじ）例見本の展示会を開く。

作品を並べて多くの人に見せること。**【展覧】**（てんらん）例絵画作品を展覧する。

正式発表の前に内内に見せること。**【内示】**（ないじ）例人事異動の内示があった。

はっきりと外部に示すこと。**【表示】**（ひょうじ）例添加物の表示を義務付ける。

目印をつけて示すこと。**【標示】**（ひょうじ）例町名を標示する。

主義・主張を公然と掲げること。**【標榜】**（ひょうぼう）例ユーロ・コミュニズムを標榜する。

実例をあげて示すこと。**【例示】**（れいじ）例わかりやすく例示する。

そのほかの表現 見せつける／ひけらかす／サジェスチョン（暗示）／ディスプレー（展示）／デモンストレーション（示威）

⇩この項目も 示す

みだれる　乱れる（紊）

【壊乱】（かいらん） 秩序が乱れること。破り乱すこと。 例風俗壊乱を嘆く。

【攪乱】（かくらん） かきみだして混乱させること。 例後方を攪乱する。

【狂乱】（きょうらん） 心が激しく乱れて言動が異常になる。 例突然、狂乱状態に陥る。

【混線】（こんせん） 通信などが混じって乱れること。 例電話が混線して通じない。

【混迷】（こんめい） 物事が入り乱れて見通しがつかない。 例政局が混迷する。

【混乱】（こんらん） 入り乱れて秩序がなくなること。 例頭が混乱して整理がつかない。

【錯乱】（さくらん） 入り乱れてわからなくなる。 例錯乱状態に陥る。

【散乱】（さんらん） あちこちに散らばること。 例ガラスの破片が散乱している。

【擾乱】（じょうらん） 騒ぎで秩序が乱れること。 例機動隊が擾乱を鎮めた。

【政変】（せいへん） 武力などによる政権の急激な交代。 例政変が絶えない。

【騒乱】（そうらん） 騒ぎが起こって世の中が乱れる。 例騒乱罪が適用される。

【紊乱】（びんらん） 道徳や秩序が乱れること。 例人心が紊乱する。

【紛糾】（ふんきゅう） 意見が対立してまとまらずもめる。 例審議会は紛糾した。

【紛乱】（ふんらん） もつれて乱れること。混乱。 例議事が紛乱する。

【兵変】（へいへん） 武力で世を乱すこと。 例自国に兵変が起こる。

【変乱】（へんらん） 事変が起きて社会が混乱すること。 例変乱に乗じて国を乗っ取る。

（そのほかの表現） 反乱／戦乱／動乱／兵乱／大乱／内乱／パニック

みちびく　導く

【案内】（あんない） 内容などを知らせる。連れて行く。 例会場まで案内する。

【引導】（いんどう） 仏道に導く。霊を浄土に導く。 例引導を渡す。

【教導】（きょうどう） 教え導くこと。 例初心者を教導する。

【嚮導】（きょうどう） 先に立って案内する。道案内する。 例後続部隊を嚮導する。

【指導】（しどう） 教えてある方向へ導くこと。 例青少年スポーツの指導にあたる。

【指南】（しなん） 武術や技芸を教え導くこと。 例一手ご指南願いたい。

【主導】（しゅどう） 中心になって他を導くこと。 例政府主導で改革を進める。

【唱導】（しょうどう） 自分の考えを唱えて人を導くこと。 例原理主義を唱導する。

【助言】（じょげん） わきから言葉をかけて助けること。 例先生の助言に救われる。

【先導】（せんどう） 先に立って導き進むこと。 例先導の白バイが通過する。

【善導】（ぜんどう） 教え諭してよい方向に導くこと。 例青少年の善導に寄与する。

【誘掖】（ゆうえき） 導き助けること。 例後進を誘掖する。

【誘導】（ゆうどう） 誘い導くこと。 例避難場所へ誘導する。

（そのほかの表現） 教示／補導／ガイダンス

ス（案内）／リード（指示）／アドバイス／ディレクション（指導）

⇩この項目も　教える

みとめる　認める

【確認】（かくにん）　確かにそうだと認めること。　例 信号を確認して渡りなさい。

【肯定】（こうてい）　そのとおりであると認めること。　例 現状を肯定的に捉える。

【公認】（こうにん）　正式に認める。おおやけに認定する。　例 与党公認候補で出馬する。

【自認】（じにん）　自分自身が認めること。　例 失敗だと自認している。

【承認】（しょうにん）　正当であることを認め同意すること。　例 辞職を承認する。

【是認】（ぜにん）　それでよいとして認めること。　例 彼女の行動を是認する。

【追認】（ついにん）　事後にその事実を認めること。　例 契約の変更を追認した。

【特認】（とくにん）　特別に認めること。　例 以上が特認事項です。

【認可】（にんか）　よいと認めて実行を許可すること。　例 開業を認可する。

【認識】（にんしき）　物事の本質をとらえ、他と見分ける。　例 事態を認識している。

【認知】（にんち）　はっきりと認める。実子と認める。　例 認知を求める。

【認定】（にんてい）　審査して条件にかなうことを認める。　例 資格の認定試験に合格する。

【認容】（にんよう）　よいと認めて許すこと。　例 認容の条件を示す。

【評価】（ひょうか）　価値を認めること。　例 熱意を高く評価する。

【黙認】（もくにん）　知らないふりをして認めること。　例 遅刻を黙認する。

【容認】（ようにん）　許せる範囲だとして認めること。　例 その行為は容認できない。

みどり　緑（翠）

【浅緑】（あさみどり）　うすい緑色。淡緑色。　例 浅緑の若葉が美しい。

【鶯色】（うぐいすいろ）　緑に茶と黒の混じった色。　例 白と鶯色の縞模様。

【薄緑】（うすみどり）　うすい緑色。　例 薄緑色の芽吹きが可愛い。

【黄緑】（きみどり）　黄みを帯びた緑色。　例 芝生の黄緑がまぶしい。

【草色】（くさいろ）　黄色みがかった緑色。　例 草色のバッタが跳んできた。

【深緑】（しんりょく）　草木の濃い緑色。　例 樹々が深緑色になってきた。

【新緑】（しんりょく）　初夏の若葉のみずみずしい緑。　例 新緑を体いっぱいに浴びる。

【鶸色】（ひわいろ）　鶸の羽のような黄緑色。　例 鶸色の山肌。

【萌黄色】（もえぎいろ）　黄色がかった緑。　例 萌黄色は葱が萌出たばかりの色。

【利休色】（りきゅういろ）　黒ずんだ緑色。　例 利休色の帯が素敵。

【若緑】（わかみどり）　若葉のみずみずしい緑色。　例 若緑が目にあざやか。

そのほかの表現 濃緑／オリーブ色／グリーン／エメラルドグリーン／モスグリーン／ボトルグリーン

みみ　耳

【笊耳（ざるみみ）】聞いたことをすぐ忘れること。例あの人は笊耳だ。

【耳介（じかい）】外耳の貝殻状の部分。例耳介で音を集める。

【耳殻（じかく）】外耳の貝殻状の部分。耳介の旧称。例耳殻の集音機能。

【地獄耳（じごくみみ）】聞いたら忘れない。素早く聞きこむ。例地獄耳だから油断できない。

【耳朶（じだ）】みみたぶ。みみ。例耳朶に触れる。

【心耳（しんじ）】心で聞き取ること。心の耳。例心耳を澄ます。

【俗耳（ぞくじ）】世間一般の人の耳。世俗の耳。例俗耳に入りやすい話。

【空耳（そらみみ）】聞こえた気がする。聞こえないふり。例今のは空耳だったのか。

【初耳（はつみみ）】そのことを初めて聞くこと。例それは初耳だ。

【早耳（はやみみ）】話を聞きつけるのが早いこと。例彼は早耳で知られている。

【僻耳（ひがみみ）】聞き間違うこと。例それはまったくの僻耳だった。

【福耳（ふくみみ）】みみたぶの大きな耳。福相を表す。例福耳だから幸せになる。

【袋耳（ふくろみみ）】一度聞いたら忘れない耳。例彼は袋耳だ。

【俚耳（りじ）】世間一般の人の耳。例俚耳に入りやすい理屈。

⇩この項目も 聞く

みらい　未来

【御先（おさき）】これから先。将来。例なんとも御先真っ暗だ。

【向後（こうご）】これからのち。今後。例向後口出しは無用。

【後年（こうねん）】そのことがあってから何年かのち。例彼は後年、名人とうたわれた。

【後刻（ごこく）】その時よりすこし後。例後刻改めて参上します。

【先先（さきざき）】ずっと以後。行く末。例先先が思いやられる。

【自今（じこん）】今から後。今後。例自今お見知りおきを。

【末（すえ）】これから先。将来。例この子の末が楽しみだ。

【前途（ぜんと）】将来のなりゆきや見通し。例前途に不安を抱く。

【早晩（そうばん）】おそかれはやかれ。そのうち。例早晩暗礁に乗り上げるだろう。

【他日（たじつ）】将来のある日。後日。例詳細は他日知らせる。

【他年（たねん）】これからのちのいつかの年。後年。例他年再び挑戦したい。

【行く末（ゆくすえ）】これから先。前途。例来し方行く末を考える。

【来世】（らいせ） 死後の世界。未来の世。 例来世を信じる。

みる

見る（看・診・観）

【閲覧】（えつらん） 書籍などを調べたり見たりすること。 例図書館で閲覧する。

【遠望】（えんぼう） 遠くを眺め渡すこと。 例山頂は遠望がきく。

【往診】（おうしん） 医者が患者の家で診察すること。 例発熱して往診してもらう。

【岡目】（おかめ） 他人のすることを脇から見ること。 例岡目には仲のいい兄弟だが。

【概観】（がいかん） 全体をざっと見渡すこと。 例国際情勢を概観する。

【回覧】（かいらん） 順番にまわして見ること。 例町内の回覧板。

【刮目】（かつもく） 目をこすって十分注意して見る。 例刮目に値する。

【看過】（かんか） 見逃すこと。見過ごすこと。 例看過できない過ち。

【監視】（かんし） 警戒して見張ること。 例監視の目をくぐって自爆する。

【仰視】（ぎょうし） 上のほうにあるものを仰ぎ見ること。 例富士山頂を仰視する。

【凝視】（ぎょうし） 目を凝らして見つめること。 例一点を凝視する。

【警邏】（けいら） 警戒のために見まわること。 例市街を警邏する。

【検視】（けんし） よく見て事実を取り調べること。 例殺人現場を検視する。

【検診】（けんしん） 病気の有無を調べるために診察すること。 例春の集団検診。

【見聞】（けんぶん） 見たり聞いたりすること。得た知識。 例見聞を広める。

【検分】（けんぶん） 実際に立ち会って調べること。 例実地検分に立ち会う。

【高覧】（こうらん） 見ることの尊敬語。 例ご高覧賜りたく。

【細見】（さいけん） 詳しく見ること。 例再度、細見の要がある。

【座視】（ざし） 黙って見ている。係わろうとしない。 例座視するに忍びない。

【参観】（さんかん） その場所へ行って見ること。 例学校の授業参観。

【視察】（しさつ） その場へ行って実情を見届けること。 例被害状況を視察する。

【衆目】（しゅうもく） 多くの人の見る目。見方。 例衆目の一致するところ。

【巡視】（じゅんし） 警戒のためにあちこち見まわること。 例校内を巡視する。

【照覧】（しょうらん） 神や仏が見ること。 例天も照覧あれ。

【上覧】（じょうらん） 天皇や貴人が見ること。 例上覧の栄を賜る。

【所見】（しょけん） 見たり観察したりした事柄。 例医師の所見を聞く。

【診察】（しんさつ） 医師が患者が病気かどうか調べる。 例患者を診察する。

【診断】（しんだん） 医師が調べて病状を判断すること。 例マラリヤだと診断された。

【診療】（しんりょう） 医師が診察と治療をすること。 例診療所を開設する。

【静観】（せいかん） 物事のなりゆきをじっと見守る。 例事態を静観する。

【正視（せいし）】目をそらさず、まともに見ること。 例正視に堪えない。

【注視（ちゅうし）】注意深くじっと見つめる。 例満場の注視を浴びる。

【鳥瞰（ちょうかん）】高い場所から全体を見下ろすこと。 例山頂から市街を鳥瞰する。

【眺望（ちょうぼう）】景色を遠く見渡すこと。 例展望台からの眺望を楽しむ。

【直視（ちょくし）】目をそらさないでまっすぐに見る。 例相手の目を直視する。

【通覧（つうらん）】全体にざっと目を通すこと。 例参考資料を通覧する。

【展望（てんぼう）】遠くまで広く見とおすこと。 例展望台からの眺めが素晴らしい。

【天覧（てんらん）】天皇が見ること。 例天覧相撲が行われる。

【遠目（とおめ）】遠くから見ること。 例遠目にもわかる。

【拝観（はいかん）】社寺を鑑賞させてもらうこと。 例拝観料を支払う。

【拝見（はいけん）】見ることの謙譲語。 例お手紙を拝見しました。

【僻目（ひがめ）】間違って見ること。見誤り。 例彼と見たは僻目か。

【俯瞰（ふかん）】高いところから見下ろすこと。 例俯瞰図を描く。

【傍観（ぼうかん）】そばでなりゆきを眺めていること。 例傍観者的態度をとる。

【黙視（もくし）】干渉しないで黙って見ていること。 例黙視するに忍びない。

【夜目（よめ）】夜、暗い中で見ること。 例夜目遠目笠の内。

【脇目（わきめ）】気を取られてそっちを見ること。 例脇目も振らずに専心する。

そのほかの表現 一瞥（いちべつ）／一望／一覧／一見／観劇／観察／観賞／鑑賞／観測／見学／検査／見物／着目／注目／必見／目撃／ウォッチング／ビュー（眺望）

む

むかし 昔

【古（いにしえ）】遠く過ぎ去った時代。昔。 例古の奈良の都の夕桜。

【往古（おうこ）】遠く過ぎ去った昔。 例往古を偲ぶ。

【往時（おうじ）】過ぎ去った昔。過去。 例往時の栄華の跡。

【往年（おうねん）】過ぎ去ったある時期。 例往年の大スター。

【過日（かじつ）】何日か前。この間。手紙文で。 例過日は失礼いたしました。

【過般（かはん）】何日か前。やや改まった手紙文で。 例過般お申し越しの件。

【既往（きおう）】過ぎ去ってしまったこと。 例既往に遡って効力を発する。

【旧時（きゅうじ）】昔、あることが起きた時。 例旧時の追憶にふける。

【在来（ざいらい）】これまで普通に行われてきたこと。 例在来線の旅。

【先頃（さきごろ）】この間。先日。 例先頃の火災。

【従前（じゅうぜん）】現在よりも前。今まで。 例従前どおりに行う。

【従来（じゅうらい）】以前から今まで。これまで。 例従来のやり方を真似る。

【千古（せんこ）】千年もの昔。大昔。太古。 例千古の謎がいま明かされる。

【前世（ぜんせ）】生まれる前の過去。 例前世の因縁。

【先般（せんぱん）】先頃。ついこの間。 例先般申し上げましたとおり。

【年来（ねんらい）】何年も前から。長年。 例年来の望みがかなう。

そのほかの表現 以前／大昔／過去／昔日／昔年／先日／先年／一昔／オールディーズ（昔のもの）

むごい 惨い（酷）

【陰惨（いんさん）】暗くてむごたらしいようす。 例戦場は陰惨をきわめた。

【苛酷（かこく）】はなはだしく惨いこと。 例苛酷な刑罰を課せる。

【酷薄（こくはく）】やり方がひどく、惨いこと。 例酷薄な態度をとる。

【残虐（ざんぎゃく）】非常にむごたらしいこと。 例残虐の限りを尽くす。

【惨憺（さんたん）】見るにたえないほど痛ましいさま。 例惨憺たる情景が繰り広げられた。

【残忍（ざんにん）】惨いことを平気でやること。 例犯人の残忍な性格。

【酸鼻（さんび）】目を覆いたくなるほど惨たらしい。 例酸鼻を極めた事故現場。

【惨烈（さんれつ）】非常に惨たらしいようす。 例惨烈な状況を報じる。

【凄惨（せいさん）】目を背けたくなるほど、非常に惨い。 例凄惨な処刑の場面。

【凄絶（せいぜつ）】たとえようもないほど凄まじいさま。 例凄絶な戦いを勝ち抜いた。

【凄愴（せいそう）】ぞっとするほど非常に痛ましいこと。 例凄愴な光景に嘔吐する。

【殺生（せっしょう）】惨いこと。残酷なこと。 例殺生なことを言わないで。

【血腥い（ちなまぐさい）】多くの血が流れる残酷な感じ。 例最近血腥い事件が多い。

【悲惨（ひさん）】非常に悲しくて心が痛むこと。 例悲惨な事故に遭遇した。

【無残（むざん）】残酷で正視に堪えないようす。 例無残な最期をとげる。

【無慈悲（むじひ）】哀れみ慈しむ心がないこと。 例無慈悲な仕打ちをする親たち。

むずかしい 難しい

【一難（いちなん）】一つの危険。一つの困難。 例一難さって、また一難。

【荊棘（けいきょく）】障害や困難が多い状態。 例荊棘の道を進む。

【困難（こんなん）】やりとげることが非常にむずかしい。 例困難を克服する。

【時艱（じかん）】その時代の直面する難問題。 例非常の時艱に遭遇した。

【至難】（しなん）この上なく難しいこと。
例 全勝するのは至難の技だ。

【多難】（たなん）困難や災難が多いこと。
例 多難な人生を送る。

【難解】（なんかい）解釈や解決が難しいこと。
例 難解な事件を解決した。

【難題】（なんだい）処理・解決が難しい問題や課題。
例 政府は難題に直面した。

【煩雑】（はんざつ）入り混じって複雑で煩わしいようす。
例 煩雑な事務をこなす。

【無理】（むり）やり遂げることが困難、不可能なこと。
例 彼一人では無理だ。

【面倒】（めんどう）手数が掛かって煩わしいこと。
例 面倒なのは覚悟の上。

【厄介】（やっかい）扱いが難しく手数が掛かること。
例 厄介な仕事を引き受けた。

そのほかの表現　世知辛（せちがら）い／トラブル／ハード

むすこ　息子

【愛息】（あいそく）愛する息子。他人の息子を言う。
例 ご愛息をお見受けしました。

【御曹司】（おんぞうし）名門や資産家の子息。
例 会長の御曹司。

【公達】（きんだち）親王など上流貴族の子息。
例 平家の公達。

【愚息】（ぐそく）自分の息子を謙遜して言う。
例 愚息を参上させます。

【公子】（こうし）貴い身分の人の子息。
例 貴公子然としている。

【孝子】（こうし）親孝行な息子のこと。
例 家貧しくして孝子あらわる。

【嗣子】（しし）親のあとを継ぐ子供。あととり。
例 幼い嗣子をのこす。

【子息】（しそく）むすこ。多くは他人の息子に使う。
例 ご子息はどちらにお勤めですか。

【倅】（せがれ）自他の息子の謙譲語。
例 これは私の倅です。

【総領】（そうりょう）家名を継ぐもの。特に長男。
例 総領息子が生まれた。

【太子】（たいし）皇位を継承する皇子。
例 聖徳太子。

【嫡男】（ちゃくなん）嫡出の長男。
例 社長の嫡男に生まれる。

【豚児】（とんじ）自分の息子の謙譲語。
例 豚児をご紹介申し上げます。

【令息】（れいそく）他人の息子の敬称。
例 局長のご令息。

そのほかの表現　プリンス／ジュニア

むすぶ　結ぶ

【帰結】（きけつ）議論や行動が最終的に落ち着くこと。
例 当然の帰結だ。

【結合】（けつごう）二つ以上のものを結び合わせること。
例 両者を結合して一つにする。

【結成】（けっせい）団体や組織を作り上げること。
例 党の結成を祝う。

【結束】（けっそく）心を合わせて固く結びつくこと。
例 同志が結束を固める。

【結盟】（けつめい）盟約を結ぶこと。
例 同志の結盟に背く。

契約が成立すること。【成約（せいやく）】例成約の見通しが立つ。

互いに妥協して話をまとめること。【妥結（だけつ）】例賃上げ交渉が妥結する。

ある目的のために力を合わせること。【団結（だんけつ）】例今年の同期は団結力が強い。

国が条約や協定などを結ぶこと。【締結（ていけつ）】例安全保障条約を締結する。

条約や契約を結ぶこと。【締約（ていやく）】例修好条約を締約する。

つなぎ合わせて一つにすること。【連結（れんけつ）】例列車を連結する。

そのほかの表現 連鎖／連接／接続／ユニット／ユニオン（団結）／ジョイント（連結）／ジャンクション（連接）／コンタクト（連絡）／カップリング（結合）

⇩この項目も 組む・約束

むすめ 娘

愛する娘。他人の娘に用いる。【愛嬢（あいじょう）】例社長のご愛嬢。

若い娘。少女。未婚の娘。【乙女（おとめ）】例純情な乙女心を踏みにじる。

看板代わりに客を引きつける娘。【看板娘（かんばんむすめ）】例たばこ屋の看板娘。

自分の娘。へりくだった言い方。【愚女（ぐじょ）】例愚女をご紹介いたします。

親孝行な娘。【孝女（こうじょ）】例孝女の鏡と称えられる。

一番上の娘。長女。【総領娘（そうりょうむすめ）】例さすがは総領娘だ。

貴人の娘。他人の娘の敬称。【息女（そくじょ）】例ご息女さまのご入学。

外へも出さず大切に育てた娘。【箱入り娘（はこいりむすめ）】例世間知らずの箱入り娘。

可愛がっている娘。【愛娘（まなむすめ）】例愛娘を嫁にやる。

他人の娘の敬称。【令嬢（れいじょう）】例社長の令嬢と結婚する。

そのほかの表現 プリンセス

むだ 無駄

むだになること。役に立たないこと。【徒（あだ）】例好意が徒となった。

むだで空しいこと。【徒ら（いたずら）】例徒に年月を過ごしたにすぎない。

実際の役に立たないもの。【画餅（がべい）】例会社設立は画餅に帰した。

やってもしかたがない。意味がない。【詮無い（せんない）】例今更言っても詮無いこと。

無駄なもの。余計なつけたし。【蛇足（だそく）】例蛇足ながら一言申し添えます。

役に立たない死に方。無駄死に。【徒死（とし）】例彼の死を徒死に終わらせるな。

無駄なこと。無益なこと。【徒爾（とじ）】例努力は徒爾に終わった。

むだな労力。むだな骨折り。【徒労（とろう）】例徒労に帰す結果となった。

目的を外れ他の事にかまけること。【道草（みちくさ）】例とんだ道草を食ってしまった。

【無益】（むえき） なんの利益も効果もないこと。 例 無益な争いをさける。

【余計】（よけい） 度を越していて無駄なこと。 例 余計なお世話だ。

【横道】（よこみち） 本筋から外れていること。 例 話が横道にそれる。

むなしい　空しい（虚）

【虚脱】（きょだつ） 気力がなくなりぼんやりした状態。 例 虚脱感にとらわれる。

【虚無】（きょむ） 本質的なものが何もないこと。 例 虚無的な思想に基づく行動。

【空虚】（くうきょ） 内容や価値がない。実質がない。 例 首相の空虚な発言。

【空疎】（くうそ） 形だけで内容がないこと。 例 空疎な議論に終始する。

【空白】（くうはく） 行われるべきことが行われていない。 例 一年間の空白を取り戻す。

【空漠】（くうばく） 漠然としてつかみどころがない。 例 空漠たる不安が渦巻く。

【詮無い】（せんない） やってもしかたがない。意味がない。 例 詮無いこととあきらめる。

【徒爾】（とじ） 思いを遂げることができず無駄であること。 例 努力は徒爾に終わった。

【無益】（むえき） やってもなんの利益もないこと。 例 無益な殺生はするな。

【無常】（むじょう） 人の世がはかなく空しいこと。 例 人生は無常である。

め

めいじる　命じる

【依命】（いめい） 官庁で、命令によること。 例 依命通達。

【下命】（かめい） 目下の者に命令をくだすこと。 例 ご下命がある。

【下知】（げち） 指図する。命令する。 例 下知をくだす。

【厳命】（げんめい） きびしく命じること。 例 規則遵守を厳命する。

【号令】（ごうれい） 命令の言葉を大声で発すること。 例 号令をかける。

【指図】（さしず） 人に細かくいいつけて仕事をさせる。 例 あなたの指図は受けない。

【沙汰】（さた） 善悪や是非を決めて指示・命令する。 例 追って沙汰する。

【指示】（しじ） 指図すること。命令すること。 例 先生の指示に従う。

【主命】（しゅめい） 主君や主人の命令。 例 主命に背く悲しみ。

【指令】（しれい） 命令・指図。命令や指図すること。 例 総員退去を指令する。

【大命】（たいめい） 君主や天皇の命令。 例 大命が降下する。

【朝命】（ちょうめい） 朝廷がくだす命令。 例 朝命をないがしろにする。

【特命】（とくめい） 特別の命令・任命。 例 特命を受けて任地に赴く。

【任命】（にんめい） 官職や役目につくことを命じる。 例 委員長に任命された。

【任用】(にんよう) 人を職務・役目につけて使うこと。例任用試験に合格する。

【発令】(はつれい) 法令・辞令・警報などを出すこと。例空襲警報が発令された。

【命名】(めいめい) 名前をつけること。例ファンファンと命名する。

【用命】(ようめい) 用をいいつける。注文する。例ご用命を賜る。

そのほかの表現 社命／命令／オーダー（命令）／コマンド（命令）／サイン／ネーミング

めずらしい　珍しい

【稀覯】(きこう) きわめて珍しいこと。例稀覯本が手に入った。

【稀世】(きせい) 世にも稀なほど優れている。「希世」。例希世の英雄と謳われる。

【希代】(きたい) きわめて稀なこと。「稀代」。例希代の悪党と恐れられる。

【奇抜】(きばつ) 他とまったく違って風変わりなこと。例奇抜な服装に驚く。

【奇妙】(きみょう) 普通と違っていて不思議なこと。例奇妙な病気が流行り始めた。

【稀有】(けう) めったにない珍しいこと。「希有」。例稀有な才能を発揮する。

【珍奇】(ちんき) 変わっていて珍しいこと。例珍奇な姿をさらす。

【珍重】(ちんちょう) 珍しく思って大切にすること。例浮世絵が珍重される。

【珍妙】(ちんみょう) 普通とは違っていておかしいこと。例珍妙な問答を楽しむ。

【珍無類】(ちんむるい) 他に類がないほど変わっていること。例珍無類な生物が現れた。

そのほかの表現 稀／レア（珍しい）／レア物／ストレンジ（奇妙な）／ユニーク（無類）

も

もうける　儲ける

【巨利】(きょり) 莫大な利益。大儲け。例巨利をむさぼる大富豪。

【差益】(さえき) 価格変動などで生じる差し引き利益。例為替売買で差益を得る。

【実益】(じつえき) 実際の利益。実生活上の利益。例趣味と実益を兼ねる。

【実利】(じつり) 現実の儲け。実際上の効用。例実利を重んじる。

【私腹】(しふく) 自分の財産・利益。例私腹を肥やす。

【受益】(じゅえき) 利益を受けること。例受益者負担の原則。

【純益】(じゅんえき) 収益から諸経費を引いた純粋な利益。例当期純益が前期を下回った。

【純利】(じゅんり) 純粋の利益。純益のこと。例思ったよりも純利が少ない。

【対価】(たいか) 財産・労働力などを使用する報酬。例労働力の対価としての賃金。

儲け、利益。分け前。【得分（とくぶん）】例各自の得分を分け合う。

儲けが少ないこと。【薄利（はくり）】例薄利多売の営業戦略。

便利で利益があること。【便益（べんえき）】例会員には数々の便益が与えられる。

不当に多い利益。法外な儲け。【暴利（ぼうり）】例戦争特需で暴利をむさぼる。

役職に付随する特別な利益。【役得（やくとく）】例役得の多い仕事は誘惑も多い。

正規の収入以外の余分の利益。【余得（よとく）】例余得にあずかる。

正規の収入以外の所得。余得。【余禄（よろく）】例余禄のある仕事が魅力だ。

株価の上がり下がりの差額で儲けること。【利食い（りぐい）】例売りで利食いする。

売値と買値の差額で得られる利益。【利鞘（りざや）】例この商売は利鞘が大きい。

利益を得ること。得た利益。【利得（りとく）】例目先の利得に走る。

そのほかの表現 営利／黒字／収益／利益／利潤／丸儲け／一儲け／マージン

もちいる
用いる

他人の言葉や文章を借用すること。【引用（いんよう）】例引用箇所に傍線を引く。

うまく使って働かせること。【運用（うんよう）】例資金の運用を誤る。

習慣として使いならされること。【慣用（かんよう）】例慣用されている言い方。

本来の目的とは反対に用いる。【逆用（ぎゃくよう）】例相手の宣伝を逆用する。

抜擢してその仕事をさせる。【起用（きよう）】例若手歌手を起用する。

人材を地位をひきあげて起用する。【挙用（きょよう）】例人材の挙用に努める。

労働に従事させるために雇うこと。【雇用（こよう）】例大学の新卒を雇用する。

適切なものをとりあげて用いる。【採用（さいよう）】例新人の意見を採用する。

土地などを強制的に収めて用いる。【収用（しゅうよう）】例土地収用法の適用。

本来の用途ではなく他に用いること。【充用（じゅうよう）】例農地を宅地に充用する。

特定の人や目的のために用いる。【専用（せんよう）】例女性専用電車ができる。

よい目的・方向のために用いる。【善用（ぜんよう）】例原子力の善用をはかる。

人を重要な地位で用いる。【重用（ちょうよう）】例有能な人材を重用する。

国が強制的に国民を動員して用いる。【徴用（ちょうよう）】例戦時下の徴用工。

広くいろいろな方面に用いること。【汎用（はんよう）】例汎用コンピュータ。

本来の使い道以外に用いること。【流用（りゅうよう）】例公金の流用が問題となる。

続けて用いること。【連用（れんよう）】例薬の連用に注意する。

そのほかの表現 応用／兼用／誤用／混用／使用／私用／試用／常用／代用／通用／日用／利用／ユーズ／クォーテーション（引用）／エンプロイメント（雇用）

⇩この項目も 使う

もつ　持つ

【享有(きょうゆう)】生まれながら持っていること。 例 基本的人権を享有する。

【具備(ぐび)】必要なものを備えていること。 例 必要な資格を具備する。

【具有(ぐゆう)】才能などを身につけて持っている。 例 先端技術を具有する。

【携行(けいこう)】身につけて持っていくこと。 例 筆記用具を携行する。

【携帯(けいたい)】身につけて持ち歩くこと。 例 携帯電話の普及が目覚しい。

【堅持(けんじ)】考えや態度を堅く守っていること。 例 革命思想を堅持する。

【兼備(けんび)】兼ね備えていること。 例 才色兼備のキャリアウーマン。

【現有(げんゆう)】現在持っていること。 例 現有勢力を死守する。

【持久(じきゅう)】ある状態を長く持ちつづけること。 例 持久戦に勝利する。

【持参(じさん)】自分で持って行くこと。 例 弁当持参で出かける。

【所持(しょじ)】身につけて持っていること。 例 所持品検査を行う。

【所蔵(しょぞう)】自分のものとしてしまっておくこと。 例 所蔵品のリストをつくる。

【占有(せんゆう)】自分のものとして所有する。 例 土地を不法に占有する。

【担当(たんとう)】仕事などを受け持つこと。 例 人事を担当している。

【担任(たんにん)】任務を受け持つ。教員の受け持ち。 例 一学年を担任する。

【把持(はじ)】しっかりと手に握り持つこと。 例 信念を把持する。

【分掌(ぶんしょう)】仕事を分担して受け持つこと。 例 職務分掌規定。

【分担(ぶんたん)】仕事などを分けて受け持つこと。 例 役割を分担する。

【捧持(ほうじ)】うやうやしくささげ持つこと。 例 軍旗を捧持する。

【保有(ほゆう)】自分のものとして持っていること。 例 核兵器を保有する。

【領有(りょうゆう)】土地を自分のものとして所有する。 例 他国が領有する地域。

そのほかの表現　私有／所有／長持ち／日持ち／キープ／メンテナンス／リザーブ

⇩この項目も　保つ

もっとも　最も

【最高(さいこう)】いちばん高い。 例 日本最高の山は富士山。

【最小(さいしょう)】最も小さい。 例 世界最小の国。

【最上(さいじょう)】いちばん上。 例 最上の酒を贈ります。

【最大(さいだい)】最も大きい。 例 世界最大の航空母艦。

【最低(さいてい)】いちばん低い。 例 最低の男と出くわした。

【至極(しごく)】この上もない。最上。 例 迷惑至極だ。

【至上(しじょう)】 これ以上はない。最上。 例芸術至上主義。

【至大(しだい)】 この上なく大きい。 例至大の功績をあげる。

【大層(たいそう)】 程度がはなはだしい。非常に。 例今日は大層寒い。

【非常(ひじょう)】 程度がはなはだしいこと。 例非常にうれしい出来事。

【無上(むじょう)】 これ以上はないこと。 例無上の喜び。

そのほかの表現 一番／一等／大変／極めて／この上ない／止(とど)めを刺す／マックス(最大)／ミニマム(最小)

もてなす 持てなす

【一献(いっこん)】 お酒をご馳走すること。 例一献差し上げたい。

【歓待(かんたい)】 客を手厚く持てなすこと。「款待」。 例遠来の友を歓待する。

【給仕(きゅうじ)】 飲食の世話をすること。その係り。 例客に給仕する。

【供応(きょうおう)】 ご馳走してもてなすこと。「饗応」。 例得意先を供応する。

【饗(きょう)する】 客などにご馳走してもてなす。 例来賓を饗する祝賀の宴。

【座持(ざも)ち】 宴席がしらけないようとりもつこと。 例座持ちのうまさも天分だ。

【賜餐(しさん)】 天皇が臣下を酒食に招くこと。 例賜餐の栄に浴する。

【相伴(しょうばん)】 一緒に自分も持てなしを受けること。 例お相伴にあずかる。

【造作(ぞうさ)】 もてなし。ご馳走。 例ご造作にあずかる。

【待遇(たいぐう)】 客などをもてなすこと。 例待遇の悪い旅館。

そのほかの表現 応接／応対／接客／接待／あしらい／レセプション

もと 元(本・基・素)

【因縁(いんねん)】 仏教で一切の物事の原因。 例前世からの因縁。

【因由(いんゆ)】 ことのおこり。原因。 例平家滅亡はそのおごりに因由する。

【大本(おおもと)】 物事の根本。一番のもと。 例大本から考え直す必要がある。

【元本(がんぽん)】 商売のもとで。元金。 例元本まですっかり失ってしまった。

【基幹(きかん)】 物事の土台。組織の中心。 例基幹産業の転換。

【基金(ききん)】 事業などの経済的基礎となるお金。 例会社設立のための基金。

【起源(きげん)】 物事のはじまり、起こり。 例生命の起源を探る。

【基礎(きそ)】 物事のおおもと、もとい。 例基礎から考え直す必要がある。

【基調(きちょう)】 思想や行動の根底にある考え方。 例政党の基調方針。

【基底(きてい)】 物事の基礎となる事柄。 例方針は基底から覆された。

【基盤(きばん)】 物事のよって立つ基盤。 例生活の基盤を確保する。

【原価】（げんか）仕入れ値。製作費用。 例新製品の製造原価。

【源泉】（げんせん）物事の生じるおおもと。 例彼の活力の源泉は何か？

【原点】（げんてん）物事の根拠や出発点。 例原点に立ちかえって考える。

【源流】（げんりゅう）物事の起こり。最初の姿。 例日本文化の源流をさぐる。

【根元】（こんげん）物事の一番のもと。「根源」。 例諸悪の根元。

【根底】（こんてい）物事を成立させるおおもと。 例彼の理論は根底から覆った。

【根本】（こんぽん）物事を成立させる出発点。 例考え方が根本から間違っている。

【資料】（しりょう）研究・判断のための基礎材料。 例調査資料を提出する。

【素因】（そいん）結果を生じるおおもと。原因。 例それが非行化の素因だ。

【素材】（そざい）もとになる材料。芸術作品の材料。 例新素材を使った水着。

【素地】（そじ）物事が成り立つための基礎。 例学者としての素地を受け継ぐ。

【礎石】（そせき）事業や仕事の基礎。 例近代国家の礎石となる。

【動機】（どうき）意思決定や行動を起こす直接の原因。 例犯行の動機が掴めない。

【土台】（どだい）物事を成り立たせる基礎。 例土台がしっかりしていない。

【本源】（ほんげん）事物が生まれ出るみなもと。起こり。 例本源に遡って議論する。

【元値】（もとね）商品の仕入れ価格。 例元値を割った大安売り。

【要因】（よういん）物事の大きな原因。 例事件のさまざまな要因。

【濫觴】（らんしょう）物事の始まり、起こり。 例古代文明濫觴の地を訪ねる。

そのほかの表現　原因／材料／資本／ベース（基礎）／ベーシック（基礎・基礎的）／オリジン（起源）／ルーツ（起源）／ドラスティック（根本的）／ファクター（要因）／ソース（源）／モチーフ（動機）／ファンデーション（基礎・化粧の下地）

⇩この項目も　わけ

もとめる　求める

【渇望】（かつぼう）のどから手が出るほどのぞむこと。 例飲み水を渇望する。

【希求】（ききゅう）願い求めること。 例世界平和を希求する。

【求婚】（きゅうこん）結婚を申し込むこと。プロポーズ。 例結婚の意志がかたまり求婚した。

【求償】（きゅうしょう）賠償や償還をもとめる。 例契約事項を求償する。

【強要】（きょうよう）無理に要求すること。 例自供を強要された。

【求道】（ぐどう）正しい道理を求めること。 例求道僧一休禅師。

【購入】（こうにゅう）ものを買い求めること。 例文房具を購入する。

【購買】（こうばい）ものを買い入れること。 例社内の購買部で買い物をする。

【請求】（せいきゅう）正当な権利を求めること。 例今月の請求書を作成する。

も

【探究(たんきゅう)】真実をさぐり得ようと努めること。 例ウィトゲンシュタインの哲学を探究する。

【注文(ちゅうもん)】こうして欲しいと期待して条件をつける。 例注文していた本が届けられる。

【追求(ついきゅう)】どこまでも追いかけ求めること。 例事件の真相を追求する。

【追究(ついきゅう)】学問などをとことん探究すること。 例真理を追究する。

【無心(むしん)】邪念がないこと。物をねだること。 例小遣いを無心しにくる。

【要求(ようきゅう)】強く求めること。必要であること。 例残業手当を要求する。

【要請(ようせい)】願い出て求める。強く必要とする。 例要請書を提出する。

【要望(ようぼう)】強く求め、望むこと。 例行政が住民の要望に応える。

そのほかの表現 プロポーズ／デマンド（要求）／リクエスト／クレーム（請求・苦情）／オーダー（注文）

⇩この項目も 望む

もどる 戻る

元のとおりになる。取り戻す。

【回復(かいふく)】例健康を回復した。

【逆流(ぎゃくりゅう)】普通の流れと反対に流れること。 例満ち潮で川が逆流した。

【逆行(ぎゃっこう)】流れと反対の方向に進むこと。 例時代に逆行する政策。

【生還(せいかん)】危険な状態の中を生きて帰る。 例戦場から生還する。

【復元(ふくげん)】もとの姿、状態に返すこと。 例復元した絵画をみる。

【復帰(ふっき)】もとどおりの状態に帰る。 例前の職場に復帰した。

【復旧(ふっきゅう)】こわれたものがもとに戻ること。 例線路の復旧作業。

【復古(ふっこ)】昔の状態に返ること。 例復古調の内装で統一されている。

そのほかの表現 復活／出戻り／リターン／カムバック／リカバー（回復）

もらう 貰う

【恵贈(けいぞう)】他からものを贈られたことの尊敬語。 例先輩より恵贈された記念品。

【恵与(けいよ)】恵み与える。贈られることの尊敬語。 例先生から恵与された言葉。

【査収(さしゅう)】調べてから受け取ること。 例仕入先からの納品書を査収する。

【収納(しゅうのう)】金品を受け納める。とり入れる。 例役所の収納係。

【収賄(しゅうわい)】わいろを受け取る。 例収賄罪で起訴される。

【授受(じゅじゅ)】受け渡し。やりとり。 例金銭の授受は慎重に。

【受納(じゅのう)】受け入れ納める。受け入れる。 例保険料を受納する。

【受領(じゅりょう)】受け取ること。 例代金の受領書を発行した。

⇩この項目も よみがえる・帰る・退く

【頂戴】ちょうだい　目上の人からもらうことの謙譲語。 例 喜んで頂戴致します。

【拝受】はいじゅ　受け取ることの謙譲語。いただく。 例 品物を拝受しました。

【拝領】はいりょう　もらうの謙譲語。いただく。 例 貴人から宝物を拝領した。

【奉戴】ほうたい　謹んでいただく。 例 王から剣を奉戴する。

【落手】らくしゅ　自分の手に受け取ること。 例 品物を落手した。

そのほかの表現　受賞／入手／頂く／承る／被る／賜る

⇩この項目も　受ける

や

やく　焼く（妬）

【延焼】えんしょう　火事が燃え移ること。 例 延焼をまぬがれた。

【嫉視】しっし　ねたましい気持ちで見ること。 例 友だちに嫉視される。

【嫉妬】しっと　他人をうらやむこと。 例 嫉妬心が生まれる。

【焼却】しょうきゃく　焼き捨てること。 例 ゴミを焼却する。

【焼失】しょうしつ　焼けて失うこと。 例 大震災で家を焼失した。

【焼尽】しょうじん　すっかり焼きつくすこと。 例 爆撃で町全体が焼尽した。

【羨望】せんぼう　うらやましく思うこと。 例 彼女は羨望の的だ。

【妬心】としん　ねたむ心。嫉妬心。 例 妬心が強いと嫌われる。

【燃焼】ねんしょう　燃えること。 例 布地の燃焼実験をする。

【悋気】りんき　男女間の嫉妬。 例 悋気による事件が起きる。

【類焼】るいしょう　他の家から出た火で火事になる。 例 間一髪で類焼をまぬがれた。

そのほかの表現　全焼／半焼／生焼け／やっかみ／岡焼き／ロースト／ジェラシー

やくそく　約束

【確約】かくやく　はっきり約束すること。 例 文書でお互いに確約する。

【口固め】くちがため　口止めをすること。 例 他に知られぬように口固めする。

【契約】けいやく　合意によって成立する約束。 例 アパートの賃貸契約をかわす。

【口約】こうやく　口約束。 例 簡単な口約をかわす。

【公約】こうやく　公衆に対して約束すること。 例 選挙の公約を守る。

【誓約】せいやく　必ず守る約束。 例 誓約書にサインをする。

【先約】せんやく　はじめにあった約束。 例 先約を優先する。

【内約】ないやく　内密に約束をする。内内の約束。 例 内約を結ぶ。

【密約】（みつやく） 秘かに約束する。 例契約の際に密約をかわす。

【盟約】（めいやく） 固く誓って約束をすること。 例薩摩と長州が盟約を結ぶ。

【黙約】（もくやく） 暗黙のうちに約束をすること。 例親しき友との黙約。

【黙契】（もっけい） 無言のうちに意志が一致する。 例神と人との黙契。

【約定】（やくじょう） とりきめを定めること。 例約定書をつくる。

【予約】（よやく） 前もって約束すること。 例ホテルの部屋を予約する。

⇩この項目も 結ぶ

やさしい 易しい

【安易】（あんい） たやすくできること。 例安易な方法を選ぶ。

【安直】（あんちょく） 手軽に簡単に行う。 例安直に手に入れる。

【易易】（いい） たやすいこと。 例易易諾諾と相手の要求に従う。

【簡易】（かんい） 手軽で簡単。 例携帯用簡易コンロ。

【簡単】（かんたん） 手数がかからず容易であること。 例簡単な問題。

【簡便】（かんべん） 簡単で便利なこと。 例簡便な新製品を買う。

【簡明】（かんめい） 簡単で解りやすい。 例簡明な文面で手紙を書く。

【簡約】（かんやく） 簡単にまとめること。 例長い論文を簡約する。

【一寸】（ちょっと） そう簡単には。 例一寸やそっとではできない。

【平易】（へいい） やさしく、わかりやすい。 例平易な文章を書くことに努める。

【平明】（へいめい） わかりやすいこと。 例平明な説明を聞く。

【無造作】（むぞうさ） 手軽で、凝っていないこと。 例無造作に髪を束ねる。

【容易】（ようい） やさしい。複雑でない。 例機械の操作が容易になった。

そのほかの表現 イージー／シンプル

⇩この項目も 楽・手軽

やさしい 優しい

【穏健】（おんけん） おだやかでしっかりしている。 例組織内で穏健派とみなされる。

【温厚】（おんこう） おだやかで情が厚い。 例温厚な人柄だ。

【温良】（おんりょう） おだやかですなお。 例温良な人物と出会う。

【温和】（おんわ） おだやかであたたかい。 例温和な地方へ旅行する。

【穏和】（おんわ） おとなしくおだやか。 例穏和な話し方をする。

【寛厚】（かんこう） 心が広く、人情に厚い。 例東北地方は寛厚な人が多いという。

【慈悲】（じひ） いつくしむ心。なさけ。 例慈悲深い人。

やさしく、おだやかな態度。【柔和（にゅうわ）】例柔和な面立ちに安らぐ。

上品でやさしい。【優雅（ゆうが）】例優雅なデザインの服を着る。

上品で美しい。【優美（ゆうび）】例優美で華麗な曲線の彫刻。

そのほかの表現 大人しい／情け深い／親切／マイルド

⇩この項目も 柔らかい・穏やか・親切

やしなう　養う

大きく育てること。【育成（いくせい）】例鉢植の花を育成する。

水がしみこむように自然に養う。【涵養（かんよう）】例徳を涵養する。

正しい行いをするよう身をおさめる。【修身（しゅうしん）】例修身の教科書。

学問や品性を高めること。【修養（しゅうよう）】例人生に修養は大切だ。

養いそだてる。【培養（ばいよう）】例培養した黴（びか）を実験に使う。

植えつけること。【扶植（ふしょく）】例親切心を扶植する。

生活を助け養うこと。【扶養（ふよう）】例扶養家族。

養い育てること。【養育（よういく）】例子どもの養育費を払う。

保護し育てること。【養護（ようご）】例養護学校へ通う。

海産物を人工的に育てること。【養殖（ようしょく）】例養殖の牡蛎（かき）を食べる。

養い育て、成長させること。【養成（ようせい）】例劇団の養成所に通う。

老人をいたわり大切にすること。【養老（ようろう）】例養老年金を受け取る。

やすい　安い（廉）

値段が安い。金額が低い。【低廉（ていれん）】例賃金が低廉だ。

安っぽい。値も安く、品も粗悪。【安手（やすで）】例安手の商品。

値段が安いと思う状態。【安目（やすめ）】例このところ物価が安目だ。

値段が安いこと。【廉価（れんか）】例特別に廉価販売される。

そのほかの表現 安価／安値／格安／極安／割安／円安／チープ（安っぽい）／リーズナブル（割安）／エコノミック（経済的）

やすむ　休む

静かに休むこと。【安息（あんそく）】例日曜日は安息日だ。

ゆったりと休みをとる。休息する。【憩う（いこう）】例木の下で憩う。

ひとやすみすること。【一服（いっぷく）】例仕事の区切りがついて一服する。

運転、運航を休むこと。【運休（うんきゅう）】例台風のため電車が運休する。

【休暇（きゅうか）】仕事を休むこと。 例夏の休暇をとる。

【休業（きゅうぎょう）】営業や仕事を休むこと。 例社員旅行のために休業する。

【休憩（きゅうけい）】仕事や活動をひとき休むこと。 例休憩時間に町を散歩する。

【休止（きゅうし）】一時休むこと。動きが止まること。 例作業の途中で休止する。

【休息（きゅうそく）】体を休め、ひと息つくこと。 例仕事と休息をうまくとる。

【欠勤（けっきん）】勤めを休むこと。 例風邪をひいて欠勤した。

【就床（しゅうしょう）】床につく。寝ること。 例風邪をひいて早めに就床した。

【就寝（しゅうしん）】寝ようとして床にはいる。 例いつもより早めの就寝時間。

【小休止（しょうきゅうし）】少しだけ休むこと。 例仕事の合間に小休止をとる。

【小憩（しょうけい）】ちょっとだけ休む。 例忙しくて小憩もとれない。

【病欠（びょうけつ）】病気で欠席や欠勤をすること。 例風邪で病欠届けをだす。

そのほかの表現 休講／休場／休戦／欠席／定休／年休／有休／代休／連休／一休み／手を休める／バカンス／ホリデー／レスト／バケーション

やぶる　破る

【違背（いはい）】規則、命令にそむくこと。違反。 例上司の命令に違背する。

【違反（いはん）】法律、契約に反すること。 例路上駐車の駐車違反で捕まる。

【違約（いやく）】約束を守らないこと。 例契約違反で違約金をとられる。

【撃砕（げきさい）】物や敵を打ち砕くこと。 例敵の本拠地を撃砕する。

【撃退（げきたい）】敵を追い払うこと。 例女性の敵を撃退する。

【撃破（げきは）】敵をうち破ること。 例敵の潜水艦を撃破した。

【寸裂（すんれつ）】ずたずたに裂けること。 例線路は爆撃で寸裂された。

【打倒（だとう）】うち負かし、たおすこと。 例世界チャンピオンを打倒した。

【打破（だは）】打ち破る。 例常識を打破する。

【背約（はいやく）】約束にそむくこと。 例背約して信用を失う。

【破棄（はき）】契約を取り消す。やぶり捨てる。 例契約を破棄した。

【破約（はやく）】約束や契約をやぶること。 例結婚の破約を告げた。

【破裂（はれつ）】破れ裂ける。 例風船が破裂する。

そのほかの表現 破損／バイオレーション（違反）／バースト（破裂）／エクスプロージョン（爆発）／ディストラクション（破壊）

⇩この項目も　壊す

やま　山

【奥山】（おくやま）里から離れた奥深い山。 例 奥山にきのこ採りに行く。

【尾根】（おね）山の峰と峰をつなぐ一番高い所。 例 尾根づたいに山頂まで歩く。

【丘陵】（きゅうりょう）起伏のゆるい土地。丘。 例 多摩丘陵を散歩する。

【銀嶺】（ぎんれい）雪が積もって銀色に輝いてみえる山。 例 銀嶺に輝く、晴れた日の冬山。

【高峰】（こうほう）高くそびえる山の峰。 例 山のむこうに高峰がみえる。

【最高峰】（さいこうほう）連山の中で一番高い峰。 例 アルプスの最高峰を制覇した。

【山塊】（さんかい）山脈から離れている山の群。 例 六甲山塊。

【山岳】（さんがく）隆起した地表の部分。山。 例 厳しい山岳地方の気候。

【山系】（さんけい）二つ以上の山脈が連なっている地形。 例 有名なヒマラヤ山系。

【山地】（さんち）山の多い土地。山の土地。 例 山地は起伏があって変化に富む。

【山脈】（さんみゃく）帯状に連なっている山々。 例 火山が並ぶ奥羽山脈。

【山稜】（さんりょう）山の尾根。 例 山稜に沿って歩く。

【山麓】（さんろく）山のふもと。山の裾。 例 山麓の山小屋に着く。

【主峰】（しゅほう）山群の中で一番高い山。 例 ヒマラヤの主峰はエベレスト。

【翠黛】（すいたい）緑にかすむ山のけしき。 例 初夏のけしきは翠黛の美。

【青山】（せいざん）緑の木でおおわれた山。 例 遠く青山を望む。

【高嶺】（たかね）高い峰。高い山。 例 高嶺から吹きおりる風をうける。

【外山】（とやま）人里から近い山。 例 裏の畑の後ろには外山がある。

【禿山】（はげやま）草木のはえてない山。 例 禿山に緑を取り戻すための運動。

【端山】（はやま）連山のふもとにある低い山。 例 端山といえども急な坂道を登る。

【満山】（まんざん）山の全体。山一面。 例 満山の桜を見にいく。

【深山】（みやま）奥深い山。また、山の美称。 例 深山から緑の風が流れくる。

【名山】（めいざん）美しい姿をした名高い山。 例 名山百選。

【稜線】（りょうせん）峰から峰へ続く山の線。 例 晴れた日は稜線がよく見える。

【霊峰】（れいほう）信仰の対象となる神聖な山。 例 霊峰月山。

【連山】（れんざん）連なった山々。 例 秩父連山をあおぐ。

【連峰】（れんぽう）連なりつづく山の峰。 例 北アルプス連峰をのぞむ。

そのほかの表現 高山／鉱山／台地／高原／山河／峠／ボタ山／マウンテン／モンテ（山）／ヒル（丘）／プラトー（高原）

やみ 闇

【暗黒】（あんこく）まっくらやみ。 例 中世は暗黒の時代といわれた。

【暗澹】（あんたん）希望がもてずに暗い。 例 暗澹とした気持ちになる。

【暗闇】（くらやみ）まっ暗いこと。見通しがつかないこと。例暗闇に猫の目が光る。

【五月闇】（さつきやみ）梅雨のころの暗い夜。例五月闇の中を歩く。

【漆黒】（しっこく）濡れたように黒くてつやのあること。例漆黒の髪の毛。

【蒼然】（そうぜん）うす暗いようす。古びたさま。例古色蒼然。

【つつ闇】（つつやみ）まっくらやみ。例夜の竹林はつつ闇の世界。

【常闇】（とこやみ）永久に暗いこと。例たちまち常闇の世界となる。

【夜陰】（やいん）夜中の暗やみ。例夜陰に乗じて盗みをはたらく。

【闇黒】（やみくろ）まったくの闇。例もののけの出そうな闇黒。

【夕闇】（ゆうやみ）月がなくて暗い夕方。例いつのまにか夕闇が迫る。

【宵闇】（よいやみ）月が出る前の夕方。例宵闇の空にはえる鳥の群。

【夜の帳】（よるのとばり）夜の闇。例夜の帳につつまれる。

そのほかの表現　暗がり／小暗い／ほの暗い／真っ暗

やめる　止める（辞・罷）

【引退】（いんたい）職や地位を退くこと。例現役を引退する。

【休止】（きゅうし）動きが止まること。例一旦休止してから再び機械を動かす。

【下野】（げや）官職から民間にくだること。例責任をとって下野する。

【辞職】（じしょく）自分から勤めをやめること。例会社に辞職願いを出す。

【辞任】（じにん）自分から任務をやめること。例委員長を辞任した。

【終止】（しゅうし）終わり。終わること。例結婚生活に終止符をうった。

【全廃】（ぜんぱい）すべて廃止する。例赤字路線バスを全廃した。

【退官】（たいかん）官職をやめること。例定年で退官した。

【退職】（たいしょく）職をやめること。例退職した後の生活設計を考える。

【停止】（ていし）途中で止まること。例事故のため電車が停止した。

【撤廃】（てっぱい）制度、法律などをとりやめる。例次期融資の撤廃を決める。

【廃刊】（はいかん）定期刊行物の発行を中止すること。例新情報誌が半年で廃刊した。

【廃業】（はいぎょう）会社の業務や営業をやめる。例不景気で廃業に追い込まれた。

【廃止】（はいし）制度などをやめ、行わないこと。例悪い慣習は廃止すべきだ。

【廃盤】（はいばん）生産しなくなったCDやレコード。例廃盤レコードの中に貴重なものがある。

【閉鎖】（へいさ）業務を閉じること。例不況で工場が閉鎖された。

【勇退】（ゆうたい）進んで職を退くこと。例数年残して定年前に勇退する。

【離職】（りしょく）職業や職務から離れること。例長年勤めた会社を離職した。

【離任】（りにん）任務を離れること。例離任式でしめくくる。

農業をやめること。【離農（りのう）】例離農して会社勤めを始める。

そのほかの表現 中止／退役／退学／退社／廃校／閉店／ストップ／リタイア／ドロップアウト

⇩この項目も 退く

やわらかい 柔らかい（軟）

おだやかであたたか。【温柔（おんじゅう）】例温柔な人柄だ。

おとなしく、素直。【柔順（じゅうじゅん）】例犬は飼い主に対して柔順だ。

やわらかく、しなやか。適応性がある。【柔軟（じゅうなん）】例頭を柔軟にしておく。

やわらかな性質。【軟質（なんしつ）】例軟質ゴムは軟らかい。

弱く、しっかりしていない。【軟弱（なんじゃく）】例軟弱な体を鍛える。

やさしく柔らかな様子。【柔和（にゅうわ）】例柔和な顔立ちの仏像。

そのほかの表現 しなやか／たおやか／フレキシブル（柔軟な）／ソフト／マイルド

⇩この項目も 優しい

ゆ

ゆうがた 夕方

日の入る夕方。【入相（いりあい）】例遠くから聞こえる入相の鐘。

日が暮れるころ。【暮れ方（くれがた）】例暮れ方に来客がある。

夕方。終わりに近い頃。【黄昏（たそがれ）】例黄昏時の太陽は大きく見える。

太陽が沈むこと。【日没（にちぼつ）】例秋は日没が早い。

夕暮れ。たそがれ。【薄暮（はくぼ）】例薄暮に揺れる芒の群。

夕暮れ。また、夜。【晩（ばん）】例家族そろって晩ごはん。

日の暮れるころ。夕方。【晩方（ばんがた）】例晩方の月は赤い。

夕方の風景。夕方。【晩景（ばんけい）】例なつかしい故郷の晩景。

日暮れ。夕方。また、その風景。【夕景（ゆうけい）】例夕景におあいしましょう。

夕方の時刻。夕方のころ。【夕刻（ゆうこく）】例夕刻の街は活気があふれる。

夕方。うす暗い夕方。【夕間暮れ（ゆうまぐれ）】例風情のある夕間暮れ。

夕方の後にくる夜の始まり。【宵（よい）】例宵の明星。

夜になったばかりのころ。【宵の口（よいのくち）】例宴会は宵の口から盛り上がる。

そのほかの表現 逢う魔が時／火ともしころ／日暮れ／夕べ／日の入り／夕暮れ／イブニング

ゆき　雪

【霰（あられ）】 水蒸気が氷結した白い粒状のもの。 例 雪から霰に変わった。

【淡雪（あわゆき）】 薄く積もった溶けやすい雪。 例 淡雪は春のはじまり。

【風花（かざばな）】 風に吹かれて飛んでくる雪。 例 幻想的な夜の風花。

【降雪（こうせつ）】 降る雪。雪が降ること。 例 北国の冬は降雪に閉じ込められる。

【豪雪（ごうせつ）】 大雪。大雪が降ること。 例 豪雪で交通網が寸断される。

【粉雪（こなゆき）】 さらさらした粉のような雪。 例 山に粉雪がちらつく。

【小雪（こゆき）】 少し降る雪。 例 暖かい地方にも時々小雪が舞う。

【細雪（ささめゆき）】 こまかに降る雪。 例 寺町には細雪がよく似合う。

【残雪（ざんせつ）】 消えないで残っている雪。 例 夏山の斜面に残る残雪。

【春雪（しゅんせつ）】 春に降る雪。 例 春雪は水分が多い。

【白雪（しらゆき）】 雪の美称。 例 遠くの山が白雪をかぶっている。

【深雪（しんせつ）】 深く積もった雪。 例 深雪に足をとられる。

【新雪（しんせつ）】 降ったばかりの雪。 例 新雪に足跡を残して歩く。

【積雪（せきせつ）】 降り積もった雪。 例 屋根の上の積雪を落とす。

【霜雪（そうせつ）】 霜と雪のこと。 例 霜雪に朽ちた城跡。

【根雪（ねゆき）】 春まで融けずに残る雪。 例 根雪が融けたら本当の春になる。

【斑雪（はだれゆき）】 まだらに降り積もった雪。 例 うっすら積もる斑雪。

【初雪（はつゆき）】 冬のはじめに降る雪。新年に降る雪。 例 今年の初雪は早い。

【雹（ひょう）】 雷とともに降る氷の塊。 例 雹による作物の被害。

【氷雪（ひょうせつ）】 氷と雪のこと。 例 氷雪地帯で生活している人々。

【風雪（ふうせつ）】 風と雪。人生の苦難。 例 風雪の厳しい北の国。

【吹雪（ふぶき）】 強風とともに降る雪。 例 吹雪で先が見えない。

【牡丹雪（ぼたんゆき）】 大きな雪片の雪。 例 絵にかいたような牡丹雪。

【万年雪（まんねんゆき）】 一年中消えない雪。 例 万年雪におおわれている山頂。

【霙（みぞれ）】 雨が混ざった雪。 例 雨が霙に変わった。

【綿雪（わたゆき）】 綿をちぎったような雪。 例 ふわふわと綿雪が降りてくる。

そのほかの表現 大雪／どか雪／スノー／バージン・スノー（新雪）／パウダー・スノー（粉雪）／ブリザード（吹雪）

ゆく いく　行く（往）

【赴く（おもむく）】 場所に向かう。状態に向かう。 例 イギリスに赴く。

【逆行】（ぎゃっこう）流れに逆らって進む。 例 時代に逆行する。

【急行】（きゅうこう）急いで行く。急行列車。 例 現場に急行する。

【吟行】（ぎんこう）詩歌を作り、吟じながら歩く。 例 短歌の吟行会に参加した。

【携行】（けいこう）身に携えて持っていくこと。 例 キャンプへ行くときの携行品。

【参上】（さんじょう）でかけることの謙譲語。うかがう。 例 後日参上いたします。

【徐行】（じょこう）乗物がゆっくりすすむ。 例 悪路で車を徐行させる。

【進行】（しんこう）前へ進んでいく。 例 癌が進行している。

【随行】（ずいこう）つき従っていくこと。 例 大臣に随行する記者団。

【先行】（せんこう）先に行く。先にすること。 例 先行して出発する。

【走行】（そうこう）走ること。 例 車の走行距離をみる。

【遡行】（そこう）流れをさかのぼる。 例 鮭が川を遡行する。

【蛇行】（だこう）うねり曲がる。 例 蛇行する坂道。

【辿る】（たどる）探し求めながら進む。 例 知らない道を辿る。

【直行】（ちょっこう）目的地にまっすぐ行く。 例 連絡を受けてすぐに直行した。

【同行】（どうこう）一緒にいくこと。 例 新人セールスと同行する。

【尾行】（びこう）気づかれないよう後を付いていく。 例 容疑者を尾行する。

【夜行】（やこう）夜歩くこと。夜行列車。 例 猫は夜行性の生きもの。

【陸行】（りくこう）陸路を行く。 例 陸行六日で到着する。

【連行】（れんこう）人を連れていく。 例 容疑者を連行する。

そのほかの表現 通行／歩行／ゴー／エスコート（同行）／フォロー（随行）

ゆずる

譲る

【委譲】（いじょう）ゆだね譲ること。 例 代理人に権限を委譲する。

【移譲】（いじょう）譲り移すこと。 例 土地の権利を移譲する。

【親譲り】（おやゆずり）親から遺伝的に譲りうけたこと。 例 頑固な性格は親譲り。

【割譲】（かつじょう）領土の一部を割って譲ること。 例 戦勝国に領土を割譲する。

【互譲】（ごじょう）互いに譲ること。 例 互譲の精神をはぐくむ。

【譲渡】（じょうと）譲り渡すこと。 例 家の権利を譲渡する。

【譲歩】（じょうほ）押しつけずに折り合いをつける。 例 これ以上譲歩できない。

【譲与】（じょうよ）ものを譲り与える。 例 親の財産を譲与される。

【妥協】（だきょう）譲りあって問題を解決する。 例 妥協案が成立した。

【同調】（どうちょう）意見や調子をあわせる。 例 周りの意見に同調する。

【分譲】（ぶんじょう）分けて譲ること。 例 分譲地を購入する。

分け配ること。【分配（ぶんぱい）】例利益を分配する。

分け与えること。【分与（ぶんよ）】例土地を子どもたちに分与する。

そのほかの表現 ディビジョン（分配）／コミッション（委任）／

⇩この項目も 任せる

ゆたか 豊か

豊かなようす。ゆとり。【潤沢（じゅんたく）】例潤沢な資金を持つ会社。

金持ちで身分や地位が高いこと。【富貴（ふうき）】例富貴な一族。

富んで強い。【富強（ふきょう）】例富強を誇る先進国。

財産を多くもつ。金持ち。【富裕（ふゆう）】例富裕な環境で育つ。

豊かでうるおいがある。【豊潤（ほうじゅん）】例豊潤な土地に住む。

穀物が豊かにみのること。【豊穣（ほうじょう）】例豊穣の秋を迎える。

豊かでたっぷりあること。【豊富（ほうふ）】例豊富な経験から意見を述べる。

豊か。肉づきがいいこと。【豊満（ほうまん）】例豊満な肉体の女性。

豊かに満ちているさま。【満満（まんまん）】例満満と水をたたえる。

財産・資産がある。金持ち。【有産（ゆうさん）】例有産階級の特権。

生活が経済的にゆたかなこと。【裕福（ゆうふく）】例老後は裕福に暮らしたい。

そのほかの表現 豊水／山盛り／たっぷり／リッチ／グラマー

ゆるす 許す（赦・聴）

聞きとどける。【允可（いんか）】例手紙で允可を依頼する。

許し、認めること。【允許（いんきょ）】例親に相談して允許してもらう。

刑罰を恩典により許したり軽くする。【恩赦（おんしゃ）】例ご成婚で恩赦をうける。

寛大な気持ちで人を許すこと。【海容（かいよう）】例ご海容ください。

許すこと。みのがすこと。【仮借（かしゃく）】例仮借なく告訴する。

みのがすこと。みすごすこと。【看過（かんか）】例看過できない怠慢。

思いやり深く広い心で許す。【寛恕（かんじょ）】例寛恕を乞うしだい。

怒りを静めて許し、我慢すること。【堪忍（かんにん）】例堪忍袋の緒が切れる。

過失を許すこと。【勘弁（かんべん）】例小さな失敗を勘弁してもらう。

心が広く受け入れること。【寛容（かんよう）】例人には寛容でありたい。

願いを聞き了承すること。【許諾（きょだく）】例申請が許諾された。

許し認めること。【許容（きょよう）】例ここまでが許容範囲だ。

君主が臣下の奏上を許可すること。【裁可（さいか）】例天皇の裁可で終戦となる。

【裁許】（さいきょ）役所で審査の上、許可する。 例新事業を裁許してもらう。

【赦免】（しゃめん）罪や過失を許す。 例罪人を赦免する。

【聴許】（ちょうきょ）聞きいれること。 例たっての願いを聴許する。

【勅許】（ちょっきょ）天皇が許可すること。 例勅許を得て開国する。

【特許】（とっきょ）行政が与える特定の権利。 例特許登録を申請する。

【認可】（にんか）公的機関が正式に認めること。 例市が保育所を認可する。

【認許】（にんきょ）認め許すこと。 例親の認許を得て婚約する。

【認容】（にんよう）認め許すこと。容認。 例認容の精神で人と接する。

【目溢し】（めこぼし）見のがすこと。おめに見る。 例四文字語連呼についてお目溢しを乞う。

【免許】（めんきょ）行政が許可すること。奥義の伝授。 例車の免許をとる。

【免罪】（めんざい）罪を許すこと。 例教会の免罪符。

【黙許】（もっきょ）何も言わず許すこと。 例恩師が黙許してくれた。

【宥恕】（ゆうじょ）寛大な心で許すこと。 例仏の宥恕にすがる。

【容赦】（ようしゃ）許すこと。 例情け容赦のない人だ。

【容認】（ようにん）受け入れ許すこと。 例自由思想を容認する。

【諒恕】（りょうじょ）事情を知って許すこと。 例やむを得ないことと諒恕してくれた。

【和解】（わかい）相互に寄り合って仲直りすること。 例長年のいさかいを和解した。

そのほかの表現　承認／許可／官許／公許／放免／免じる／見逃す／ライセンス

よ

よい　良い（善・好）

【剴切】（がいせつ）大変適切なこと。 例剴切な意見書。

【恰好】（かっこう）適当である。手頃なこと。 例恰好な家具を見つける。

【佳良】（かりょう）かなりよいこと。 例成績佳良な生徒。

【究竟】（くっきょう）きわめて都合のよいこと。 例究竟の隠れ家を発見した。

【好個】（こうこ）ちょうどよい。 例購入するのに好個な条件。

【好適】（こうてき）ちょうどよく適する。 例海に行くには好適な天気だ。

【最善】（さいぜん）一番適当。一番いい。 例成績を上げる最善の方法。

【最適】（さいてき）最も適している。 例生物にとっての最適な環境を考える。

【最良】（さいりょう）もっともよいこと。 例最良な方法をとる。

【純良】（じゅんりょう）純粋。優良。 例純良な青年たちと出会う。

【淳良】（じゅんりょう）飾り気がなく善良。 例淳良な国民性。

すぐれて美しい。【絶佳（ぜっか）】例風光絶佳な地。

とてもよい。【絶好（ぜっこう）】例絶好の登山日和。

素直で正直な性格。【善良（ぜんりょう）】例善良な市民。

適切にあてはまる。【妥当（だとう）】例妥当な判断をくだす。

その場によく適する。【適宜（てきぎ）】例指導員を適宜に配置する。

ちょうどよく正当なこと。【適正（てきせい）】例この商品は適正価格になっている。

ぴったり合うこと。【適切（てきせつ）】例適切な意見に感心する。

ちょうどよく合う。ふさわしい。【適当（てきとう）】例適当な運動が健康によい。

まさっている。【優良（ゆうりょう）】例他よりも優良な品質。

理想に合っている状態。【理想的（りそうてき）】例理想的な母親像。

よい性質。【良性（りょうせい）】例良性の腫瘍で安心した。

そのほかの表現　適度／良好／グッド／ベター／ベスト／ナイス／トレビアン／エクセレント／ワンダフル／ファンタスティック

⇩この項目も　優れる・見事

よう　酔う

酒を飲んだ後に残る不快な症状。【宿酔（しゅくすい）】例宿酔で頭が重い。

夢中になって心を奪われる。【心酔（しんすい）】例ビートルズに心酔した。

酒に酔っている人。よっぱらい。【酔漢（すいかん）】例酔漢が電車で寝過ごす。

酒に酔ってよろめきながら歩くこと。【千鳥足（ちどりあし）】例千鳥足になって帰る。

酒に酔いつぶれる。【沈酔（ちんすい）】例沈酔した友人を家まで送る。

ひどく酒に酔う。【泥酔（でいすい）】例忘年会で泥酔状態になる。

気持ちよく酔う。うっとりする。【陶酔（とうすい）】例音楽に陶酔する。

酒で少し酔うこと。【生酔い（なまよい）】例生酔い気分でカラオケをする。

少し酒に酔う。ほろ酔い。【微醺（びくん）】例酒は微醺が好ましい。

少し酒に酔う。ほろ酔い。【微酔（びすい）】例微酔を帯びた美人は色っぽい。

酒にひどく酔う。【酩酊（めいてい）】例帰れなくなるくらい酩酊した。

酔ってだらしなくなる。【乱酔（らんすい）】例乱酔した友人を介抱する。

そのほかの表現　深酔い／ほろ酔い／悪酔い／二日酔い／ドリンカー／キッチン・ドリンカー／パンチ・ドランカー

よそおい　装い

装束をつける。身なり。【衣紋（えもん）】例時代劇では衣紋の考証が重要だ。

【仮装】（かそう）他のものを真似た衣装を着る。 例仮装行列。

【軽装】（けいそう）身軽な服装をすること。 例軽装で買い物にでる。

【化粧】（けしょう）美しくなるよう顔をつくる。 例鏡の前で化粧をする。

【装束】（しょうぞく）衣服をつける。身仕度。 例祭の装束。

【正装】（せいそう）公式な場に出席する時の正式な服装。 例正装でのご出席をお願いします。

【盛装】（せいそう）華やかに着飾る。 例盛装して演奏会に行く。

【装飾】（そうしょく）外側を飾ること。 例宝石など装飾品の数々。

【美粧】（びしょう）美しく装う。美しく化粧をする。 例花嫁の美粧が映える。

【美装】（びそう）美しく装う。 例パーティに美装して出席する。

【武装】（ぶそう）戦いのための装備を身につける。 例武装した兵隊。

【扮装】（ふんそう）演技するために身につける服装。 例凝った扮装の舞台。

【変装】（へんそう）服装などを変えて別人のようになる。 例ハロウィンパーティで変装する。

【迷彩】（めいさい）他の物と区別がつかないように彩る。 例海兵隊の迷彩服。

【略装】（りゃくそう）略式化された服装。 例結婚式に略装で出席する。

【旅装】（りょそう）旅行のための服装。旅行の身支度。 例帰宅して旅装を解く。

【礼装】（れいそう）儀式などのための正式な服装。 例モーニングや燕尾服は礼装である。

そのほかの表現 洋装／和装／外装／内装／デコレーション（装飾）／メイク／メーキャップ／ドレスアップ

よぶ　呼ぶ（喚）

【改称】（かいしょう）呼び名を改めること。 例店の名前を改称する。

【公称】（こうしょう）一般的に言われていること。 例公称二十万部を誇る。

【呼号】（こごう）呼び叫ぶこと。 例離れた両岸から呼号する。

【呼称】（こしょう）名づけ呼ぶこと。 例通称おさびし山と呼称されている。

【誇称】（こしょう）誇って大げさに言うこと。 例誇称がすぎると信用されない。

【疾呼】（しっこ）早口ではげしく呼ぶ。 例大声で生徒の名前を疾呼する。

【召喚】（しょうかん）指定された日時に裁判所が呼び出す。 例被告人が召喚される。

【召還】（しょうかん）派遣した人などを呼び戻す。 例テレビゲームで人気キャラを召還する。

【召集】（しょうしゅう）上のものが下のものを召し集める。 例臨時国会の召集。

【招集】（しょうしゅう）招き集めること。 例先生が生徒に招集をかける。

【招請】（しょうせい）招き来てもらう。 例招請に応じて集まる。

【招待】（しょうたい）客を招いてもてなす。 例パーティに招待された。

【招致】（しょうち）招いて来てもらう。 例ワールドカップを招致した。

礼をつくして人を招く。【招聘（しょうへい）】例名高い指揮者を招聘する。

招きよせる。【招来（しょうらい）】例災いを招来する結果となった。

声の限り叫ぶ。【絶叫（ぜっきょう）】例遊園地の絶叫マシーンに乗る。

勝手に上の称号をとなえる。【僭称（せんしょう）】例教祖を僭称する男。

大声で呼ぶ。【大呼（たいこ）】例大呼して人に知らせる。

全体をひっくるめていう呼び名。【汎称（はんしょう）】例さくらと汎称される樹々。

並べ合わせて誉めること。【併称（へいしょう）】例李杜と併称される。

名付ける。【命名（めいめい）】例生まれた子を「花子」と命名する。

大声で同じことを言うこと。【連呼（れんこ）】例連呼点検を忘れずに。

そのほかの表現 総称／通称／敬称／謙称／自称／呼び声／ネーム／コール／ネーミング／インビテーション（招待）

⇩この項目も 名（な）

よみがえる 蘇る（甦）

生き返る。【回生（かいせい）】例起死回生の逆転ホームラン。

衰えを勢いに一変させること。【回天（かいてん）】例回天の大事業を興す。

元どおりになること。【回復（かいふく）】例奇跡的に健康が回復した。

よい状態に返ること。【更生（こうせい）】例少年のための更生施設。

衰えていたものがまた興ること。【再興（さいこう）】例国家再興の願い。

人間や物が生き返ること。【再生（さいせい）】例再生の喜び。

ふたたび来る。【再来（さいらい）】例ミケランジェロの再来と言われる彫刻家。

新しく生まれる。生まれ変わる。【新生（しんせい）】例新生の交響楽団。

蘇ること。息を吹き返すこと。【蘇生（そせい）】例蘇生術で生き返る。

何度も生まれ変わる。【多生（たしょう）】例袖振り合うも多生の縁。

生まれ変わること。【転生（てんせい）】例輪廻転生。

もとにもどすこと。【復元（ふくげん）】例昔の絵画を復元する。

生き返る。やめたことを再びおこす。【復活（ふっかつ）】例キリストの復活。

もとに戻ること。【復旧（ふっきゅう）】例不通になっていた道が復旧した。

ふたたび盛んになること。【復興（ふっこう）】例震災から復興をとげる。

死んでも生まれ変わるという考え。【輪廻（りんね）】例三界六道に輪廻する。

そのほかの表現 復古／復帰／リバイバル（再生）／リカバリー（回復）／ルネサンス（文芸復興）

⇩この項目も 戻る

よむ

読む（詠）

【暗唱(あんしょう)】文を覚えて言葉でいう。 例詩を暗唱する。

【詠歌(えいか)】詩歌をよむ。その歌。 例詠歌の心得がある。

【会読(かいどく)】何人かの人が寄り集まって本を読む。 例会読する本を選ぶ。

【回読(かいどく)】一冊の本を何人かで回して読むこと。 例友だちと回読する。

【吟詠(ぎんえい)】詩歌を作り、声に出して歌うこと。 例吟詠会。

【偶詠(ぐうえい)】心に浮かんだまま詩歌を作る。 例偶詠を推敲する。

【苦吟(くぎん)】苦心して詩歌をつくる。 例苦吟のあとがうかがえる。

【口誦(こうしょう)】声をだして読む。 例漢詩を口誦する。

【誤読(ごどく)】読み違える。 例テクストには誤読の自由もある。

【察知(さっち)】推察して知ること。 例危険を察知する。

【詩作(しさく)】詩をつくること。 例詩作する楽しさを知る。

【熟読(じゅくどく)】文の内容をじっくり読み取る。 例時間をかけて熟読する。

【渉猟(しょうりょう)】たくさんの本を読みあさる。 例好きな分野の書物を渉猟する。

【書見(しょけん)】本を読むこと。 例書見するために一日あける。

【真読(しんどく)】経文の全文を省略なく読むこと。 例真読し修行する。

【推測(すいそく)】物事の将来をおしはかること。 例推測してものをいう。

【精読(せいどく)】よく注意して読む。 例もう一度精読してみる。

【即詠(そくえい)】その場ですぐ詩歌をよむ。 例平安人には即詠の才能があった。

【卒読(そつどく)】急いで本を読みおえる。 例時間がなくて卒読する。

【素読(そどく)】意味内容より文字を声にして読む。 例文章の理解にはまず素読が第一だ。

【題詠(だいえい)】まず題を決め詩歌を読む。 例句会に題詠はつきものだ。

【耽読(たんどく)】夢中になって本を読む。 例推理小説を耽読する。

【通読(つうどく)】終わりまでざっと読む。 例一晩で通読した。

【転読(てんどく)】略読して全体を読んだことにする。 例大般若経の転読。

【洞察(どうさつ)】見抜くこと。 例洞察力でものを考える。

【読史(どくし)】歴史の本を読む。 例読史こそ秋の夜の楽しみ。

【読誦(どくじゅ)】声をだして経を読むこと。 例一心不乱に読誦する。

【読唱(どくしょう)】人の先にたって読み唱える。 例経を読唱する。

【読誦(どくしょう)】声にだして本を読む。 例読誦して暗記する。

【読破(どくは)】すべて読み通す。 例難解な本を読破する。

【読了(どくりょう)】全部読み終えること。 例全集を全巻読了した。

読み通すこと。【読過《どっか》】例 気がつくと一冊読過していた。

読むことの謙譲語。【拝読《はいどく》】例 お手紙を拝読いたしました。

難解な文や文字を推測しながら読む。【判読《はんどく》】例 判読不可能な悪筆。

二つ以上のものを同時に読む。【併読《へいどく》】例 二冊の本を併読する。

うやうやしく読む。【奉読《ほうどく》】例 勅語を奉読する。

内容を味わいながら読む。【味読《みどく》】例 時間をかけて味読する。

声をださずに読む。【黙読《もくどく》】例 電車の中で黙読する。

翻訳して読む。【訳読《やくどく》】例 洋書を訳読する。

歩きまわりながら詩歌を詠む。【遊吟《ゆうぎん》】例 遊吟詩人。

数人で順番に読んで研究する。【輪読《りんどく》】例 班をつくり輪読する。

声高く読む。朗読。【朗唱《ろうしょう》】例 芝居の台本を朗唱する。

詩や文章を声に出して読み上げる。【朗読《ろうどく》】例 詩の朗読会。

そのほかの表現　読書／愛読／一読／音読／解読／購読／多読／直読／読解／乱読／読経《どきょう》／読図／繙《ひもと》く／リーディング

よりどころ　拠り所

拠り所とするところ。【依拠《いきょ》】例 法に依拠して国をつくる。

確かな証拠。【確証《かくしょう》】例 犯人だという確証を得た。

もとになる拠り所。【原拠《げんきょ》】例 結論の原拠を示す。

引用文などの出所となる書物。【出典《しゅってん》】例 出典を明示して説明する。

標準的なものを拠り所とすること。【準拠《じゅんきょ》】例 指導要領に準拠してつくられる。

証明する根拠。【証拠《しょうこ》】例 手がかりは幾つかの証拠。

証拠。証人。【証左《しょうさ》】例 これこそ彼が正しい証左だ。

事実を証明する拠り所。【証憑《しょうひょう》】例 証憑を審らかにする。

置かれている状況。見地。【立場《たちば》】例 立場がない状態だ。

言葉や文などの拠り所。【典拠《てんきょ》】例 典拠を明らかにせよ。

拠り所となる場所。【本拠《ほんきょ》】例 本拠地を決める。

明らかではっきりした証拠。【明証《めいしょう》】例 犯人である明証がない。

拠り所を定めること。【立脚《りっきゃく》】例 彼の理論は経験に立脚している。

議論の拠り所。根拠となる命題。【論拠《ろんきょ》】例 論拠をはっきりさせる。

そのほかの表現　ソース（出典）／レファレンス（出典）／プルーフ（証拠）

よる　夜

【暗夜（あんや）】暗い夜。闇のような夜。 例暗夜に乗じて盗みに入る。

【幾夜（いくよ）】多くの夜。幾晩。 例眠れぬ幾夜を過ごす。

【丑三つ（うしみつ）】午前二時から二時半。夜中。 例草木も眠る丑三つ時。

【朧月夜（おぼろづきよ）】朧月のでている夜。 例朧月夜の春の風。

【朧夜（おぼろよ）】朧月のでている夜。おぼろづきよ。 例朧夜の月を眺めながら帰宅する。

【後夜（ごや）】夜半から朝まで。 例後夜の勤行。

【小夜（さよ）】夜。 例小夜更けて静寂となる。

【三更（さんこう）】午後十一時から午前一時までの時間。 例週末三更まで夜更かしをする。

【残夜（ざんや）】夜明けがた。 例残夜の冷え込みに目が覚める。

【霜夜（しもよ）】霜の下りる寒い夜。 例きりぎりす鳴くや霜夜のさむしろに。

【春宵（しゅんしょう）】春の宵。春の夕方。 例春宵一刻値千金。

【初更（しょこう）】午後七時から九時までの時間。 例初更の月が美しい。

【初夜（しょや）】結婚した夫婦の初めての夜。 例海外で初夜を迎える。

【深更（しんこう）】夜更け。深夜。 例深更まで読書に夢中になる。

【清夜（せいや）】涼しくて静かな夜。 例清夜の月光を楽しむ。

【聖夜（せいや）】クリスマスの前夜。クリスマス・イヴ。 例聖夜を祝う。

【逮夜（たいや）】葬儀の前夜。忌日の前夜。 例故人の話で逮夜がすぎる。

【長夜（ちょうや）】冬の長い夜。 例長夜の宴が続く。

【熱帯夜（ねったいや）】気温が二十五度以上の寝苦しい夜。 例熱帯夜で寝不足になる。

【八十八夜（はちじゅうはちや）】立春から八十八日目の日。 例夏も近づく八十八夜。

【白夜（びゃくや）】北極などで夜でも薄明が広がること。 例夏の北欧の夜は白夜が続く。

【星月夜（ほしづくよ）】星の光が明るく見える夜。 例天の川も見える星月夜。

【暮夜（ぼや）】夜。夜中。 例暮夜目覚め手洗いにいく。

【短夜（みじかよ）】夏の短い夜。夏の明けやすい夜。 例キャンプの短夜が明ける。

【夜半（やはん）】夜中。よふけ。真夜中。「よわ」。 例夜半突貫工事の音が聞こえる。

【闇夜（やみよ）】月のない真っ暗な夜。暗夜。 例闇夜の烏。

【宵（よい）】夕方と夜の間の時。 例一番に見えるのは宵の明星。

【宵の口（よいのくち）】日が暮れてまもない時間。夜の入口。 例宵の口の銭湯通い。

【良夜（りょうや）】月の明るい夜。中秋名月の夜。 例良夜に庭で酒盛りをする。

【涼夜（りょうや）】涼しい夜。 例秋の涼夜を楽しむ。

そのほかの表現 雨夜／夜長／ミッドナイト／ホーリーナイト／イブニング

よわい

弱い

【足弱】あしよわ　歩く力が弱いこと。　例足弱のため車椅子を利用する。

【華奢】きゃしゃ　細身で弱々しい姿。頑丈でない物。　例華奢な体つきをしている。

【虚弱】きょじゃく　体が弱く、ひ弱なこと。　例虚弱体質を運動で治す。

【腰弱】こしよわ　腰の力が弱い。忍耐力のないこと。　例腰弱では何事も達成できない。

【脆弱】ぜいじゃく　体や物、組織などが弱いこと。　例脆弱な体が丈夫になった。

【繊弱】せんじゃく　きゃしゃで弱々しいこと。　例繊弱に見えるが精神力はある。

【腺病質】せんびょうしつ　体が弱い小児の体質のこと。　例風邪に弱い腺病質の子供。

【惰弱】だじゃく　怠けて弱々しく、体力のないこと。　例惰弱な精神を鍛える。

【軟弱】なんじゃく　軟らかく弱い。また、意志が弱い。　例軟弱な地質のため危険だ。

【柔弱】にゅうじゃく　気力がなく弱々しいこと。　例高齢になると柔弱になる。

【薄弱】はくじゃく　弱く、うすい。確かでない。　例薄弱な根拠による批判。

【文弱】ぶんじゃく　文事にふけり、弱弱しいこと。　例今時文弱な青年などいない。

【脆い】もろい　弱い。こわれやすい。　例家の土台が脆くなった。

【幼弱】ようじゃく　幼くてかよわい。かよわい人。　例幼弱な子供を守る。

【弱気】よわき　気が弱い。気力に欠ける。　例弱気な人を勇気づける。

【羸弱】るいじゃく　体が弱い。疲れる。かよわい。　例羸弱なお年寄りを看護する。

【劣弱】れつじゃく　勢力、体力が劣って弱いこと。　例劣弱な体がやっと健康になる。

そのほかの表現　弱小／弱体／病弱／貧弱／弱音／ウイークポイント／シャイ

ら

らく

楽

【安気】あんき　心配がなく心が安らかなこと。　例毎日を安気な気持ちですごす。

【安楽】あんらく　心身とも苦痛がなく安らかで楽しい。　例安楽死を議論する。

【気楽】きらく　苦労がなく気分が楽なこと。のんき。　例気楽な老後をおくる。

【浩然】こうぜん　気持ちが広くゆったりしている。　例浩然と構える。

【易易】やすやす　きわめてやさしい。簡単に。　例易易と大金を手にする。

【愉楽】ゆらく　快いたのしみ。　例愉楽の時を味わう。

そのほかの表現　楽楽／容易／苦も無く／難無く／イージー／アット・ホーム

⇩この項目も　のんびり・易しい

れ

れいぎ 礼儀

【行儀（ぎょうぎ）】立ち居振る舞いの作法。行為。 例 行儀よくしなさい。

【虚礼（きょれい）】気持ちの伴わないうわべだけの礼儀。 例 虚礼廃止。

【儀礼（ぎれい）】形式を整えて行う礼法。 例 儀礼に則り式が進行する。

【欠礼（けつれい）】礼儀を欠くこと。挨拶をしない。 例 欠礼は社会人の恥。

【作法（さほう）】動作の正しい方式や方法。きまり。 例 礼儀作法を身につける。

【失敬（しっけい）】人に対し礼を失う。そのふるまい。 例 失敬のないように気をつける。

【謝儀（しゃぎ）】感謝の気持ちを金品などで表す礼儀。 例 謝儀を忘れず人とつき合う。

【謝礼（しゃれい）】感謝の心を表す金品や言葉。 例 心ばかりの謝礼をする。

【非礼（ひれい）】礼儀に反すること。 例 度重なる非礼を詫びる。

【品行（ひんこう）】道徳上からみた行い。ふるまい。 例 品行方正にふるまう。

【風儀（ふうぎ）】行儀。風習。作法。作法にそった姿。 例 昔の風儀は見られない。

【不敬（ふけい）】皇室、社寺に対し敬意を欠くこと。 例 戦前には不敬罪があった。

【無作法（ぶさほう）】作法を欠くこと。ぶしつけ。 例 無作法さに唖然とする。

【返礼（へんれい）】受けた礼に対し礼を返すこと。 例 丁重な返礼を頂いた。

【容儀（ようぎ）】礼儀にかなった身のこなし、姿。 例 礼服を着て容儀を整える。

【略儀（りゃくぎ）】略式のこと。 例 結婚式を略儀でおこなう。

【礼式（れいしき）】礼儀を表す作法。 例 礼式を身につける。

【礼節（れいせつ）】礼儀と節度のこと。 例 衣食足りて礼節を知る。

【礼法（れいほう）】礼儀作法。 例 礼法に則って挨拶をする。

そのほかの表現 失礼／無礼／エチケット／マナー／フォーマル（儀礼的）

わ

わかる 分かる（判・解）

【会得（えとく）】意味を理解して自分のものにする。 例 パソコンの操作を会得する。

【解釈（かいしゃく）】意味を受け手の側から理解説明する。 例 難文を解釈する。

【合点（がってん）】承知する。うなずく。納得する。 例 合点承知した。

【感得（かんとく）】感じて会得する。真理を語り合う。 例 人間の本質を感得する。

【曲解（きょっかい）】相手の言動にわざと別の解釈をする。 例 問題が曲解されて伝わった。

【誤解（ごかい）】意味をとり違えて誤った理解をする。 例 誤解されやすい人物だ。

【悟得（ごとく）】悟りをひらき真理を得ること。 例 修行僧が悟得の境地に至る。

【誤認（ごにん）】違うものを誤って認めること。 例暗くて誤認した。

【悟る（さとる）】真理を得る。はっきり理解する。 例人生の意味を悟る。

【自得（じとく）】自分の努力で会得すること。 例自得したものは忘れない。

【首肯（しゅこう）】納得しうなずくこと。 例首肯しがたい事実だ。

【承知（しょうち）】内容を知り聞き入れること。 例その件は承知した。

【説得（せっとく）】話して納得させること。 例彼の話は説得力がある。

【疎通（そつう）】妨げなく意志が通じること。 例時間をかけて意志の疎通をはかる。

【体得（たいとく）】よく理解して自分のものにすること。 例父の考えを体得した。

【知得（ちとく）】知り得ること。理解すること。 例事実の誤りを知得する。

【得心（とくしん）】十分に納得すること。 例時間をかけて得心がいった。

【読解（どっかい）】文章の意味を理解すること。 例読解力が国語力の中心だ。

【納得（なっとく）】他人の考えを認めること。了解。 例話してみると納得がいった。

【難解（なんかい）】理解できないこと。難しいこと。 例難解な問題に四苦八苦する。

【把握（はあく）】しっかり理解すること。 例全体を把握し判断する。

【把捉（はそく）】意味をしっかりつかむこと。 例個々を把捉して全体を摑む。

【早合点（はやがてん）】よく知らないのにわかった気になる。 例急かされて早合点してしまう。

【判明（はんめい）】明瞭にわかること。明瞭になること。 例事件の真相が判明した。

【氷解（ひょうかい）】氷が解けるように疑念が消えること。 例これで問題が氷解した。

【不可解（ふかかい）】理解ができないこと。 例不可解な言動で理解不能だ。

【分別（ふんべつ）】常識的な判断をすること。 例もう分別のつく年頃だ。

【味得（みとく）】内容をよく味わい理解すること。 例古典を熟読し味得する。

【理解（りかい）】物事や人間の心の意味がわかること。 例父の気持ちが理解できた。

【了解（りょうかい）】わかること。会得すること。 例暗黙のうちに了解する。

【了承（りょうしょう）】相手の事情を理解し承知すること。 例了承する旨を伝える。

【弁える（わきまえる）】ものの道理を充分に知り、判断する。 例立場を弁えるのが大人だ。

⇩この項目も 知る・認める

わかれる 分かれる（別）

【永訣（えいけつ）】永遠の別れ。死による別れ。 例異国で戦友と永訣した。

【永別（えいべつ）】二度と会えない別れ。死に別れ。 例遺影に永別の挨拶をした。

【決別（けつべつ）】きっぱり別れること。 例過去の自分と決別する。

【告別（こくべつ）】別れを告げること。 例友人の告別式に参加した。

【四散（しさん）】ちりぢりに分かれる。四方に散る。 例戦時中に一家四散した。

【破鏡（はきょう）】夫婦が離別すること。例夫婦破鏡の憂き目を見る。

【分化（ぶんか）】同質なものが複雑なものへ分岐する。例時間を経て複雑に分化した。

【分岐（ぶんき）】方向が分かれること。わかれめ。例道の分岐点にぶつかる。

【分散（ぶんさん）】ばらばらに分かれること。散らばり。例相手のチーム力を分散する。

【分断（ぶんだん）】断ち切って別れ別れになること。例南北が分断される。

【分裂（ぶんれつ）】一つのまとまりが分かれ裂けること。例細胞分裂。

【別離（べつり）】別れ。別れること。離別。例故郷との別離を悲しむ。

【物別れ（ものわかれ）】意見が一致せず別れること。例話し合いが物別れに終わる。

【離婚（りこん）】夫婦が婚姻関係を解消すること。例離婚訴訟を起こす。

【離散（りさん）】離れ離れになること。例中国で一家離散となった。

【離別（りべつ）】人と別れ会えなくなること。例悲しい離別を経験する。

【留別（りゅうべつ）】旅立つ人が留まる人に別れを告げる。例留別の詞を贈る。

そのほかの表現 一別／死別／生別／グッドバイ／クロスロード（分岐）

⇩この項目も 離す・分ける

わけ　訳

【原因（げんいん）】物事を引き起こすもと。例事故原因を究明する。

【根拠（こんきょ）】言動のもとになる理由。よりどころ。例行為の根拠を明らかにする。

【子細（しさい）】物事の詳しい事情。詳細。例子細に理由を尋ねる。

【事由（じゆう）】物事の理由、原因。例行為の事由を了解する。

【条理（じょうり）】物事の訳柄、筋道、道理。例条理ある疑いの彼方に。

【情理（じょうり）】人情と道理。ことの筋道。例情理を了解して赦す。

【事理（じり）】物事の道理、筋道。例事理を究める。

【辻褄（つじつま）】合うべきものが合うことの道理。例彼の言い訳は辻褄が合わない。

【道理（どうり）】物事のあるべき筋道。例道理に合った生き方。

【内実（ないじつ）】内部の事実、事情。本当のところ。例事件の内実を探る。

【内情（ないじょう）】表には出せない内部の事情。例本当の内情は隠されている。

【所以（ゆえん）】物事にたいする訳、いわれ、根拠。例所以を辿って理解する。

【理屈（りくつ）】すじの通った考え。こじつけの理由。例へ理屈をこねる。

【論理（ろんり）】思考や議論の法則。すじみち。例論理的に説明する。

そのほかの表現 理由／要因／実情／リーズン（理由）／ファクター（要因）／ルーツ／エクスキューズ（言い訳）／ロジック（論理）

⇩この項目も 元

わける 分ける（別）

【案分（あんぶん）】 数量に比例した割合で物を割り振る。例費用を人数で案分する。

【解体（かいたい）】 ものをばらばらに分けること。例仏像の解体修理をする。

【均分（きんぶん）】 等しく分けること。例利益を均分する。

【区画（くかく）】 一定の場所に仕切を入れること。例駅前を区画整理する計画。

【種別（しゅべつ）】 種類によって分けること。例採集した昆虫を種別する。

【仕訳（しわけ）】 区分すること。分類してわける。例伝票の仕訳作業。

【折半（せっぱん）】 半分に分けること。二等分する。例かかった費用を折半する。

【配分（はいぶん）】 配り分けること。例差し入れの食糧を配分する。

【頒布（はんぷ）】 いきわたるように配ること。例デパートの商品頒布会。

【分解（ぶんかい）】 一つのものを個々の要素に分ける。例時計を分解してみる。

【分割（ぶんかつ）】 一つのものを幾つかに分けること。例分割民営化。

【分断（ぶんだん）】 断ち切り別れること。例東西に国境線で分断される。

【分配（ぶんぱい）】 分けて配ること。例黒字分を従業員に平等に分配する。

【分筆（ぶんぴつ）】 台帳に載っている土地を分割する。例広い土地を分筆して登記する。

【分別（ぶんべつ）】 種類によって分けること。例分別ゴミの捨て方を守る。

【分与（ぶんよ）】 分け与えること。例親が子供に財産を分与する。

【分離（ぶんり）】 分けて離すこと。例本国から分離独立する。

【類別（るいべつ）】 種類ごとに分けること。例多くの物を類別して理解する。

そのほかの表現 区分／区別／配布／分別／分類／両分／等分／二分／セパレート（別々）／ディビジョン（区画）

わざ 技

【演技（えんぎ）】 大衆の前で技芸を演じて見せること。例政治家も演技力がある。

【技芸（ぎげい）】 芸術分野に関わる技術。例伝統的な技芸を修得する。

【技巧（ぎこう）】 表現や制作を巧みに行う腕。例技巧を凝らしたデザイン。

【技術（ぎじゅつ）】 物事を巧みに行うわざ。例未来を拓く先端技術。

【技能（ぎのう）】 ものを作る仕事を巧みに行える腕。例ワープロの技能検定を受ける。

【技法（ぎほう）】 表現や技術の分野での技巧上の方法。例陶芸の技法を我がものにする。

【技量（ぎりょう）】 物事を行う上でのうまさや腕前。例技量の腕を競う。

【実技（じつぎ）】 実際の現場での技術や演技。例実技指導で力がついた。

【心技（しんぎ）】 精神と技能、技術面。例柔道では心技一体が理想だ。

【特技】（とくぎ）自信を持つ特にすぐれた技能。例結婚式で特技を披露する。

【美技】（びぎ）みごとな技。美しい技。例内野手の美技を賞讃する。

【妙技】（みょうぎ）すぐれて見事な技。例曲芸師の妙技に見惚れる。

【余技】（よぎ）専門以外に身につけた技芸。例彼は余技に長けている。

そのほかの表現 足技／大技／小技／寝技／スキル（技）／テクニック／テクノロジー／テクニシャン／ファイン・プレー

わざわい　災い（禍）

【禍害】（かがい）災難。わざわい。例思わぬ禍害にあう。

【奇禍】（きか）思ってもみない災難。例旅先で奇禍に見舞われる。

【危害】（きがい）生命に及ぼす危険や損害。例人への危害を防止する。

【危難】（きなん）命にかかわるような災難。例危難回避に努める。

【災禍】（さいか）天災や事故による災い。例地震による災禍は甚大だ。

【災害】（さいがい）天災や人為的なものから受ける被害。例台風の災害に見舞われた。

【災難】（さいなん）突然ふりかかる不幸な出来事。例とんだ災難だった。

【災厄】（さいやく）わざわい。例災厄に遭わぬよう祈願する。

【惨禍】（さんか）痛ましいわざわい。例広島の惨禍を忘れない。

【震災】（しんさい）地震による災害。例震災時の避難路を確保する。

【水難】（すいなん）水から発した災難。例夏休みには水難事故が多い。

【舌禍】（ぜっか）言葉によって受ける災い。例喋りすぎるは舌禍のもと。

【戦禍】（せんか）戦争による混乱や災い。例戦禍の渦に巻き込まれた。

【戦災】（せんさい）戦争によって受けた災害。例戦災で家族を失った。

【筆禍】（ひっか）発表した文によって起こる災難。例筆禍を恐れず正論を書く。

【厄難】（やくなん）災い。ひどい災難。例厄難よけのお守りをつける。

【輪禍】（りんか）車などの乗物によって起こる災難。例輪禍によってサッカー生命を断たれる。

そのほかの表現 火災／人災／天災／不運／リスク／リスキー／デンジャラス（危険な）

⇩この項目も 不幸せ

わずらわしい　煩わしい

【億劫】（おっくう）面倒くさくやる気がでない。例億劫で出掛ける気がしない。

【造作】（ぞうさ）手の掛かること。面倒。例なんの造作もない。

【大儀】（たいぎ）面倒なこと。骨が折れること。例体を動かすのも大儀だ。

細かすぎて煩わしいこと。【煩瑣（はんさ）】例提出書式の煩瑣さに往生する。

煩わしくこみいっていること。【煩雑（はんざつ）】例煩雑な手続きにいらつく。

物事が多くてごたごたすること。【繁雑（はんざつ）】例引越の後の繁雑な日々。

細かくて煩わしいこと。【繁縟（はんじょく）】例繁縟な規則。

物事が多く煩わしいこと。【煩多（はんた）】例煩多な手順を簡素化する。

うるさくて煩わしい出来事。【煩累（はんるい）】例煩累なことに追われる。

物事や関係、事情が込み入っている。【複雑（ふくざつ）】例複雑な気持ちで言葉が出ない。

手数がかかり煩わしいこと。【面倒（めんどう）】例面倒な人間関係に嫌気がさす。

手数がかかって迷惑なこと。【厄介（やっかい）】例厄介な仕事を引き受けた。

わたし わたくし　私

自分自身をさす言葉。【己（おのれ）】例己の浅はかさに嫌気がさす。

自分たちをさすやや乱暴な言い方。【俺等（おれら）】例俺等の仲で遠慮はいらない。

自分のことを謙遜していう言葉。【愚生（ぐせい）】例愚生の浅学を恥じる。

僧が自分を謙遜していう言葉。【愚僧（ぐそう）】例愚僧の話を聞きなさい。

老人が自分を謙遜していう言葉。【愚老（ぐろう）】例愚老も喜寿となった。

われわれ。われら。【吾人（ごじん）】例勇気は吾人の誇りだ。

自分たちをやや卑下して言う語。【此方人等（こちとら）】例此方人等江戸っ子だ。

わたくし。我々。自分の方。【此方（こちら）】例此方にも言い分はある。

自分の家のこと。【自家（じか）】例自家製の糠漬けを販売する。

自分自身を意識すること。【自我（じが）】例自我の芽生える年頃になる。

自分やその人自身のこと。【自己（じこ）】例治療費を自己負担する。

当の本人やその人。【自身（じしん）】例自身の考えを論文にまとめる。

官職の人が自分を謙遜して言う言葉。【小職（しょうしょく）】例小職、これ以上の出世は求めず。

男子が自分を謙遜していう言葉。【小生（しょうせい）】例小生は望みなどありません。

武士が自分を謙遜していう言葉。【拙者（せっしゃ）】例拙者は柳生十兵衛です。

わたし。【某（それがし）】例某の人生は波瀾万丈だった。

おれさま。わが輩。【乃公（だいこう）】例乃公出でずんば。

帝王、天皇が自分をさしていう言葉。【朕（ちん）】例朕は国家なり。

自分をへりくだっていう言葉。【手前（てまえ）】例手前どもとしましては。

自分をへりくだっていう語。【不肖（ふしょう）】例進行役は不肖私が勤めます。

われ。わたし。自分。「予」。【余（よ）】例余にとって不可能はない。

われら。われわれ。【余輩（よはい）】例余輩の交わり。

老人が自分をへりくだっていう言葉。【老生（ろうせい）】例老生の最後の望み。

自分を尊大にいう言葉。わたし。【我輩（わがはい）】例我輩はカモである。

われわれ。わたくしたち。【我等（われら）】例自由を我等に。

そのほかの表現 僕／我我／ミー／マイセルフ／自分／当方／我／俺／

わたる 渡る

横または東西の方向によこぎる。【横断（おうだん）】例横断歩道を渡る。

世の中をうまく渡る。【泳ぐ（およぐ）】例政界を巧みに泳ぐ。

世渡り。世間で暮らすこと。【処世（しょせい）】例人生の処世術を学ぶ。

世渡りの道。【世路（せろ）】例世路にまみれる。

ヨーロッパへ渡航すること。【渡欧（とおう）】例音楽の勉強のため渡欧する。

河をわたる。【渡河（とか）】例シーザーの渡河の喩え。

海を渡ること。【渡海（とかい）】例鑑真が苦難の末渡海来朝した。

船や飛行機で海を渡る。【渡航（とこう）】例渡航手続きをする。

歩いて川などをわたる。【徒渉（としょう）】例川の浅瀬を徒渉する。

世渡り。【渡世（とせい）】例寅さんの渡世稼業。

アメリカへ渡る。【渡米（とべい）】例渡米計画をたてる。

海洋を渡る。【渡洋（とよう）】例咸臨丸が渡洋する。

あちこち歩き回る。諸国を遍歴する。【跋渉（ばっしょう）】例山野を跋渉する。

わらう 笑う

ばかにして笑う。【嘲る（あざける）】例衆愚がイエスを嘲る。

にっこりする。ちょっと笑う。【一笑（いっしょう）】例一笑に付する。

笑い顔。笑いをふくんだ顔。【笑顔（えがお）】例笑顔で挨拶をする。

相好がくずれるほどのあふれる笑い。【笑壺（えつぼ）】例笑壺に入ると止まらない。

色っぽい笑い。【嬌笑（きょうしょう）】例嬌笑しながらねだる。

にが笑い。【苦笑（くしょう）】例下手な駄洒落に苦笑する。

大口をあけて笑うこと。【哄笑（こうしょう）】例体が揺れるほど哄笑する。

あざけって笑う。冷笑。【嗤笑（ししょう）】例彼の嗤笑に憤慨する。

自分で自分をあざけ笑うこと。【自嘲（じちょう）】例自嘲的な笑いを浮かべる。

堪えられず思わず笑ってしまう。【失笑（しっしょう）】例失笑を買ってしまった。

大いに笑うこと。【大笑（たいしょう）】例旧友との思い出話に大笑した。

周りを気にせず大きな声で笑う。【高笑い（たかわらい）】例武士の高笑い。

【談笑】（だんしょう）気易く笑いをまじえた会話。例 喫茶店で談笑する。

【嘲笑】（ちょうしょう）笑いものにすること。例 他人を嘲笑する番組が多い。

【爆笑】（ばくしょう）大勢の人が大声で笑うこと。例 会場が爆笑の渦に包まれた。

【微苦笑】（びくしょう）微笑と苦笑とが混ざった笑い。例 思わず微苦笑をうかべる。

【微笑】（びしょう）ほほえみ。例 モナリザの微笑。

【憫笑】（びんしょう）あわれみさげすんで笑うこと。例 妻の憫笑を招いた。

【噴飯】（ふんぱん）ばからしくてふき出して笑うこと。例 あの間違いは噴飯物だ。

【冷笑】（れいしょう）見下した態度であざわらうこと。例 場違いな事をして冷笑された。

【朗笑】（ろうしょう）朗らかに笑うこと。例 若者達の朗笑が響く。

そのほかの表現 薄ら笑い／独り笑い／含み笑い／微笑（ほほえ）み／思い出し笑い／忍び笑い／追従（ついしょう）笑い／作り笑い／照れ笑い／泣き笑い／ほくそえむ／スマイル

わるい 悪い

【悪辣】（あくらつ）非常にたちが悪いこと。例 映画の悪辣な登場人物。

【悪し様】（あしざま）悪意をもって悪く受け取る様子。例 悪し様に決めつける。

【奸悪】（かんあく）心がねじ曲がっている。例 彼の奸悪な性格は治せない。

【凶悪】（きょうあく）残忍でむごい事を平気でする。例 凶悪犯が逮捕される。

【欠格】（けっかく）最低必要な資格を欠いている。例 欠格者のため退職してもらう。

【極悪】（ごくあく）この上なく悪いこと。例 極悪非道の罪人。

【最悪】（さいあく）最も悪いこと。最も悪い状態。例 最悪の結果になった。

【邪悪】（じゃあく）心がよこしまで悪い。例 邪悪な精神を追い払う。

【邪気】（じゃき）素直でなくねじけた気持ち。例 自分の中の邪気を退治する。

【粗悪】（そあく）粗末で出来が悪いこと。例 粗悪な製品を返品する。

【腹黒い】（はらぐろい）心に悪だくみがある。例 腹黒い心が見え隠れする。

【卑怯】（ひきょう）心が弱く、勇気がないこと。例 集団で一人を囲むのは卑怯だ。

【卑劣】（ひれつ）品性がなく、いやしいこと。例 卑劣な手段で脅される。

【不良】（ふりょう）よい状態でない。例 不良品を再度作り直す。

【暴悪】（ぼうあく）道理がなく非常に荒々しいこと。例 不条理で暴悪な犯罪が続く。

【劣悪】（れつあく）品質、性質が劣ること。例 難民は劣悪な環境の中にいる。

【陋劣】（ろうれつ）卑劣で軽蔑すべきこと。例 陋劣な自己を恥じる。

そのほかの表現 不都合／バッド／ワースト／ダーティ

索引

【ま】

【み】

【む】

索引

【つ】

【て】

索引

索引

索引

索引

索引

【か】

五十音順ことば選び索引

※太字は見出し項目

ことば選び実用辞典

2003年11月10日　初版発行
2019年８月９日　初版第27刷発行

発行人　土屋　徹
編集人　芳賀靖彦
発行所　株式会社　学研プラス
〒141-8415　東京都品川区西五反田 2-11-8
印刷所　信毎書籍印刷株式会社

●この本に関する各種お問い合わせ先
本の内容については　TEL 03-6431-1602（編集部直通）
在庫については　TEL 03-6431-1199（販売部直通）
不良品（落丁、乱丁）については　TEL 0570-000577
学研業務センター
〒354-0045　埼玉県入間郡三芳町上富 279-1
●上記以外のお問い合わせは
TEL 03-6431-1002（学研お客様センター）

学研の書籍・雑誌についての新刊情報・詳細情報は、下記をご覧ください。
学研出版サイト　https://hon.gakken.jp/